建设工程
勘察设计合同纠纷
裁判指引

GUIDELINES ON
DECIDING DISPUTES ARISING OUT OF
CONSTRUCTION SURVEY & DESIGN CONTRACTS

常设中国建设工程法律论坛第十二工作组 著

法律出版社 LAW PRESS·CHINA
北京

图书在版编目(CIP)数据

建设工程勘察设计合同纠纷裁判指引 / 常设中国建设工程法律论坛第十二工作组著. -- 北京 : 法律出版社, 2021

ISBN 978-7-5197-5859-2

Ⅰ. ①建… Ⅱ. ①常… Ⅲ. ①建筑工程-合同纠纷-审判-中国 Ⅳ. ①D923.65

中国版本图书馆 CIP 数据核字(2021)第 169574 号

建设工程勘察设计合同纠纷裁判指引
JIANSHE GONGCHENG KANCHA SHEJI HETONG JIUFEN CAIPAN ZHIYIN

常设中国建设工程法律论坛第十二工作组 著

责任编辑 章 雯 慕雪丹
装帧设计 马 帅

出版发行 法律出版社
编辑统筹 法商出版分社
责任校对 赵明霞
责任印制 胡晓雅
经 销 新华书店

开本 710 毫米×1000 毫米 1/16
印张 23 **字数** 370 千
版本 2021 年 10 月第 1 版
印次 2021 年 10 月第 1 次印刷
印刷 固安华明印业有限公司

地址:北京市丰台区莲花池西里 7 号(100073)
网址:www.lawpress.com.cn
投稿邮箱:info@lawpress.com.cn
举报盗版邮箱:jbwq@lawpress.com.cn

销售电话:010-83938349
客服电话:010-83938350
咨询电话:010-63939796

书号:ISBN 978-7-5197-5859-2
定价:88.00 元

凡购买本社图书,如有印装错误,我社负责退换。电话:010-83938349

常设论坛第十二工作组成员

姓　名	工作单位	职　务
召集人：		
高印立	北京采安律师事务所	合伙人、高级顾问
檀中文	中航勘察设计研究院有限公司	法律顾问
成员（以姓氏拼音为序）：		
陈鸣飞	中国移动通信集团设计院有限公司	信息建筑业务部专家
陈鑫范	北京中伦（杭州）律师事务所	合伙人
单　宾	北京市中闻律师事务所	顾问
丁益明	苏州金螳螂建筑装饰股份有限公司	法务合约中心副总经理
郭秀桂	广东洋三律师事务所	律师
李雪品	浙江六和（温州）律师事务所	副主任
刘育民	中电投工程研究检测评定中心有限公司	司法鉴定所所长
孙　傲	腾讯科技（深圳）有限公司	高级法律顾问
谢　佑	浙江省舟山市中级人民法院	副庭长
徐寅哲	上海市建纬律师事务所	高级合伙人

常设中国建设工程法律论坛
第四届主席会议

姓　名	主席会议任职	工作单位	职　务
谷　岩	轮值主席	中国国际经济贸易仲裁委员会	仲裁院副院长
陈福勇	轮值主席	北京仲裁委员会 / 北京国际仲裁中心	副秘书长
安　欣	副主席	深圳国际仲裁院	副院长
于　涛	副主席	石家庄仲裁委员会	副秘书长
王天喜	副主席	广州仲裁委员会	副主任
陆春玮	副主席	上海仲裁委员会	副主任兼秘书长
王唯骏	副主席	上海国际经济贸易仲裁委员会 / 上海国际仲裁中心	副秘书长
张光宏	副主席	宁波仲裁委员会	副主任兼秘书长
白　冬	轮值副主席	马鞍山仲裁委员会	副主任兼秘书长

常设中国建设工程法律论坛
专家咨询委员会

姓　名	工作单位	职　务
Mohamed S. Abdel Wahab（主席）	Zulficar& Partners 律师事务所创始合伙人	开罗大学教授
辛正郁（联席主席）	北京市天同律师事务所	主任
Alexis Mourre（委员）	Castaldi Mourre & Partners 律师事务所	创始合伙人
Anthony Houghton SC（委员）	香港德辅律师事务所（Des Voeux Chambers）	资深大律师
Jakob Ragnwaldh（委员）	瑞典 Mannheimer Swartling 律师事务所合伙人，斯德哥尔摩商会仲裁院（SCC）	副主席
Jeremy Nicholson QC（委员）	英国 4 Pump Court	御用大律师
John Bishop（委员）	仲裁事务所（Arbitration Chambers）	独立仲裁员
Michael David Kuper SC（委员）	南部非洲仲裁基金会（AFSA）	主席
Michael E. Schneider（委员）	瑞士 Lalive 律所创始合伙人，瑞士仲裁协会（ASA）	荣誉主席
Nikolaus Pitkowitz（委员）	Pitkowitz & Partners 律师事务所 创始合伙人，维也纳国际仲裁中心（VIAC）	副主席
Sarah Grimmer（委员）	香港国际仲裁中心（HKIAC）	秘书长
Stavros Brekoulakis（委员）	伦敦玛丽女王大学（Queen Mary University of London）	教授
Tony Dymond（委员）	美国德普律师事务所（Debevoise & Plimpton LLP）	合伙人
Sir Vivian Ramsey（委员）	新加坡国际商事法院（SICC）	法官
VK Rajah SC（委员）	新加坡 Duxton Hill Chambers 出庭律师事务所	资深大律师

序　言

常设中国建设工程法律论坛第十二工作组成立于2020年11月，最终形成调研成果——《建设工程勘察设计合同纠纷裁判指引》（以下简称《指引》）。《指引》以裁判指引条文加释义的形式系统梳理建设工程勘察设计合同纠纷中的常见问题，提出裁判思路和处理方法建议，旨在为法官和仲裁员的裁判提供参考。

勘察设计类合同是建设工程合同中不可或缺的组成部分。近年来，勘察设计行业不断壮大，勘察设计类合同纠纷案件数量大幅增加，但勘察设计类合同纠纷标的额、数量都远不及施工合同，实践中尚未被充分重视。同时，勘察设计类合同纠纷较强的技术特点和小众化的争议难点始终是裁判者面临的挑战与困扰。受限于勘察设计业务的技术性和专业性，实务中可供参考的司法案例较少，这进一步加大了该类合同纠纷裁判的不确定性，不利于合同当事人对裁判结果作出合理预期。因此，对于裁判机构及合同当事人而言，总结和研究一套适用于勘察设计类合同纠纷，特别是适用于新时期背景下勘察设计类合同的裁判规则迫在眉睫。

为解决长期困扰勘察设计行业的难题，厘清勘察设计类合同争议解决领域中的事实认定和法律适用问题，为司法与仲裁实践中日益增加的勘察设计类合同纠纷提供裁判指引，激发广大建设工程法律执业者的思考与讨论，第十二工作组撰写了本《指引》。《指引》全书30余万字，包括七章51个条文，按照导论，建设工程勘察、设计合同效力，建设工程勘察、设计合同的解除，建设工程勘察、设计费用，建设工程勘察、设计质量，建设工程勘察、设计工期，其他等七个主题归类列章。每一条文均包括“条文题目”“条文内容”“条文主旨”“理解与适用”等四个部分。其中，“条文题目”以高度凝练的语句归纳出该条指引所要解决的法律问题,便于读者检索;“条文内容”按照司法解释的表述习惯,对勘察设计类合同纠纷裁判思路提供指引;“条文主旨”是对条文内容的具象化描述;“理解与适用”则对条文内容适用过程中需要注意的问题进行说明,对条文形成的法律依据和工作组研讨过程中的不同观点做了介绍,并在梳理归纳和比较分析不同观点的基础上,阐明第十二工作组对争议问题的立场及理由。同时,全书采取学理论证与实证分析相结合的方法,对条文的理解与适用进行研析,为司法实务中可能出现的相关疑难问题提供解决路径。

第十二工作组自成立以来,先后在北京、杭州、苏州等地召开了3次现场工作例会。即便在受新冠肺炎疫情影响无法召开现场会议的特殊情况下,工作组仍然利用网络平台召开了多次成员大会及组长会议,持续深入调研,不断完善文稿。

“清泉潺潺,端赖源头活水”,专业技术性强的勘察设计类合同和纷繁复杂的司法与仲裁实践为工作组的调研提供了鲜活样本,为《指引》聚焦了值得正视和深入研究的疑难问题。《指引》内容涉及诸多长期以来尚未达成共识的理论问题和具有前沿性的法律热点问题,既是对法学研究成果的归纳总结,也是对实践需求的集中反馈。对于实践中的疑难复杂问题、尚未形成定论的学术争鸣,《指引》列明了学界、业界的不同观点,以期客观呈现司法裁判和实务解读的多样性、丰富性,为读者带来更多的启发和思考。因时间和能力所限,相信《指引》仍有进一步完善的空间。欢迎广大读者提出宝贵建议,我们将虚心受教并对本书再行完善和修订。

《指引》的成稿仰赖第十二工作组专业造诣深厚的法官、律师、企业法务专家、仲裁员、设计师、鉴定人等的无私奉献。在此,我们隆重介绍第十二工作组全体成员,他们是:

召集人:

高印立　　北京采安律师事务所合伙人、高级顾问

檀中文　　中航勘察设计研究院有限公司法律顾问

成员(以姓氏拼音为序):

陈鸣飞　　中国移动通信集团设计院有限公司信息建筑业务部专家

陈鑫范　　北京中伦(杭州)律师事务所合伙人

单　宾　　北京市中闻律师事务所顾问
丁益明　　苏州金螳螂建筑装饰股份有限公司法务合约中心副总经理
郭秀桂　　广东洋三律师事务所律师
李雪品　　浙江六和(温州)律师事务所副主任
刘育民　　中电投工程研究检测评定中心有限公司司法鉴定所所长
孙　傲　　腾讯科技(深圳)有限公司高级法律顾问
谢　佑　　浙江省舟山市中级人民法院副庭长
徐寅哲　　上海市建纬律师事务所高级合伙人

第十二工作组按写作章节下设七个工作小组,每个小组的组长都肩负凝聚共识、鼓舞士气、落实任务、协调分工、保障质量等重任。他们是:陈鸣飞、陈鑫范、单宾、丁益明、刘育民、徐寅哲、谢佑。同时,为进一步提升工作成果的质量,工作组还专门设立了审核组,负责本书全部内容的审核工作。审核组成员为:陈鸣飞、陈鑫范、高印立、郭秀桂、檀中文、徐寅哲。

需要特别指出的是,除前述第十二工作组全体成员之外,还有众多辅助工作人员参与了《指引》调研工作,慷慨无私地付出了大量精力和时间,在此对包娱缦、韩艺、张敏、周苗苗等同仁致以衷心和真诚的感谢。

此外,还要感谢常设论坛的成员、观察员和建设工程法律界的众多同仁对第十二工作组给予的热情帮助和真诚鼓励。感谢北京仲裁委员会(北京国际仲裁中心)为调研提供案例素材,感谢张晓霞、刘思俣等对《指引》提出的宝贵意见与建议。感谢中航勘察设计研究院有限公司提供技术支持,感谢苏州金螳螂建筑装饰股份有限公司、浙江西湖律师事务所、北京采安律师事务所为召开工作组会议提供的有力支持与保障。第十二工作组成果凝聚着工作组成员和无数行业同仁的智慧、汗水与情怀。法律之路漫漫,我们将始终心怀感激,坚定前行!

孙　巍
常设中国建设工程法律论坛秘书长
《中国建设工程法律评论》主编
2021年9月6日

凡　　例

一、机构名称全称与简称对照

全称	简称
最高人民法院	最高院
最高人民检察院	最高检
××省/市高级人民法院	××高院
××市中级人民法院	××中院
××仲裁委员会	××仲裁委
住房和城乡建设部/厅/局	住建部/厅/局
住房和城乡建设管理委员会	住建委
建设行政主管部门、建设主管部门	建设主管部门
国家发展和改革委员会	国家发改委
国家工商行政管理总局①	工商总局

二、规范性文件全称与简称对照

（一）法律

全称	简称
《中华人民共和国民法典》	《民法典》
《中华人民共和国建筑法》	《建筑法》
《中华人民共和国城乡规划法》	《城乡规划法》

① 2018 年 3 月，根据第十三届全国人民代表大会第一次会议批准的国务院机构改革方案，不再保留国家工商行政管理总局。

续表

全称	简称
《中华人民共和国招标投标法》	《招标投标法》
《中华人民共和国安全生产法》	《安全生产法》
《中华人民共和国民事诉讼法》	《民事诉讼法》
《中华人民共和国著作权法》	《著作权法》
《中华人民共和国刑法》	《刑法》
《中华人民共和国合同法》(已失效)	原《合同法》
《中华人民共和国侵权责任法》(已失效)	原《侵权责任法》
《中华人民共和国政府采购法》	《政府采购法》

(二)行政法规、部门规章和其他部门规范性文件

全称	简称
《建设工程质量管理条例》(2019 年修订)	《建设工程质量管理条例》
《建设工程勘察设计管理条例》(2017 年修订)	《建设工程勘察设计管理条例》
《中华人民共和国招标投标法实施条例》(2019 年修订)	《招标投标法实施条例》
《建筑工程设计招标投标管理办法》(住房和城乡建设部令第 33 号)	《建筑工程设计招标投标管理办法》
《建筑工程方案设计招标投标管理办法》(建市〔2008〕63 号)	《建筑工程方案设计招标投标管理办法》
《房屋建筑和市政基础设施工程施工图设计文件审查管理办法》(2018 年修订)	《房建市政工程施工图审查管理办法》
《铁路建设工程施工图设计文件审查管理办法》(国铁工程监规〔2020〕51 号)	《铁路工程施工图审查管理办法》
《人民防空工程施工图设计文件审查暂行办法》(〔2001〕国人防办字第 90 号)	《人防工程施工图审查暂行办法》
《工程咨询行业管理办法》(国家发展和改革委员会令第 9 号)	《工程咨询行业管理办法》
《建设工程勘察设计资质管理规定》(2018 年修订)	《建设工程勘察设计资质管理规定》

续表

全称	简称
《工程勘察资质标准》(2013 年版)	《2013 版工程勘察资质标准》
《工程设计资质标准》(2007 年版)	《2007 版工程设计资质标准》
《关于外国企业在中华人民共和国境内从事建设工程设计活动的管理暂行规定》(建市〔2004〕78 号)	《关于外国企业在中华人民共和国境内从事建设工程设计活动的管理暂行规定》
《房屋建筑和市政基础设施工程勘察文件编制深度规定》(2020 年版)	《2020 版房建市政工程勘察深度规定》
《建筑工程设计文件编制深度规定》(2016 年版)	《2016 版建筑工程设计深度规定》
《建设工程勘察质量管理办法》(2021 年修订)	《建设工程勘察质量管理办法》
《工程建设项目勘察设计招标投标办法》(2013 年修订)	《工程建设项目勘察设计招标投标办法》
《岩土工程勘察规范》(2009 年版)	《2009 版岩土工程勘察规范》
《工程勘察设计收费管理规定》(计价格〔2002〕10 号)(已失效)	原《工程勘察设计收费管理规定》
《工程勘察收费标准》(已失效)	原《工程勘察收费标准》
《工程设计收费标准》(已失效)	原《工程设计收费标准》
《房屋建筑和市政基础设施项目工程总承包管理办法》(建市规〔2019〕12 号)	《房建市政工程总承包管理办法》
《实施工程建设强制性标准监督规定》(建设部令第 81 号,2015 年修正)	《实施工程建设强制性标准监督规定》
《建设工程安全生产管理条例》(国务院令第 393 号)	《建设工程安全生产管理条例》
《中华人民共和国著作权法实施条例》(2013 年修订)	《著作权法实施条例》
《海洋工程勘察资质分级标准》(建设〔2001〕217 号)	《海洋工程勘察资质分级标准》
《工程勘察资质标准实施办法》(建市〔2013〕86 号)	《工程勘察资质标准实施办法》
《建筑工程施工发包与承包违法行为认定查处管理办法》	《施工发承包违法行为管理办法》

续表

全称	简称
《公路工程地质勘察规范》(JTG C20－2011)	《2011 版公路工程地质勘察规范》
《水运工程岩土勘察规范》(JTS 133－2013)	《2013 版水运工程岩土勘察规范》
《铁路工程地质勘察规范》(TB 10012－2019)	《2019 版铁路工程地质勘察规范》
《水利水电工程地质勘察规范》(GB 50487－2008)	《2008 版水利水电工程地质勘察规范》

(三)司法解释

全称	简称
《最高人民法院关于审理建设工程施工合同纠纷案件适用法律问题的解释(一)》	《施工合同司法解释(一)》
《最高人民法院关于审理建设工程施工合同纠纷案件适用法律问题的解释》(已失效)	原《施工合同司法解释》
《最高人民法院关于审理建设工程施工合同纠纷案件适用法律问题的解释(二)》(已失效)	原《施工合同司法解释(二)》
《最高人民法院关于民事诉讼证据的若干规定》(2019 修订)	《证据规定》
《最高人民法院关于审理著作权民事纠纷案件适用法律若干问题的解释》(2020 年修订)	《著作权司法解释》
《最高人民法院关于适用〈中华人民共和国民事诉讼法〉若干问题的解释》	《民诉法解释》
《最高人民法院关于适用〈中华人民共和国合同法〉若干问题的解释(二)》	原《合同法司法解释(二)》
《全国法院民商事审判工作会议纪要》(法〔2019〕254 号)	《九民会议纪要》

三、示范文本全称与简称对照

全称	简称
《建设工程勘察合同(示范文本)》(GF－2016－0203)	《2016 版建设工程勘察合同示范文本》
《建设工程设计合同示范文本(房屋建筑工程)》(GF－2015－0209)	《2015 版房建工程设计合同示范文本》
《建设工程设计合同示范文本(专业建设工程)》(GF－2015－0210)	《2015 版专业工程设计合同示范文本》
《中华人民共和国标准勘察招标文件(2017 年版)》	《2017 版标准勘察招标文件》
《中华人民共和国标准设计招标文件(2017 年版)》	《2017 版标准设计招标文件》
《公路工程标准勘察设计招标文件(2018 年版)》	《2018 版公路工程标准勘察设计招标文件》

目 录

导　论

第一节　建设工程勘察、设计的概念

一、建设工程勘察相关概念

关于建设工程勘察的定义，《建设工程勘察设计管理条例》第 2 条第 2 款规定："本条例所称建设工程勘察，是指根据建设工程的要求，查明、分析、评价建设场地的地质地理环境特征和岩土工程条件，编制建设工程勘察文件的活动。"可见，建设工程勘察的活动包含查明、分析、评价及编制四项工作内容，即除了查明客观的环境特征和岩土工程条件外，还需要在勘察工作原始资料的基础上，通过整理、分析、归纳、评价，提出结论和建议，形成工程建设服务的技术文件。建设工程勘察文件包括工程测量报告、岩土工程勘察报告、水文地质勘察报告、岩土工程设计等图纸、图表和文字说明。

关于工程勘察范围，《2013 版工程勘察资质标准》"总则"规定"包括建设工程项目的岩土工程、水文地质勘察和工程测量"。值得注意的是，岩土工程与工程地质内容相近、关系密切，但又有实质性的区别。工程地质与岩土工程的共同点都是研究工程建设过程中地质条件和地质环境的合理利用与保护，而区别在于：工程地质是地质学的一个分支，其本质是一门应用科学；岩土工程是土木工程的一个分支，其本质是一种工程技术。工程地质与岩土工程的关系可归纳为工程地质是岩土工程的基础,岩土工程是工程地质的延伸。[①] 工程地质侧重于研究地质现象、地质成因和演化、地质规律、地质与工程的相互作用;岩土工程则是侧重研究岩土的力学性质,解决工程建设中的岩土技术问题,以便根据工程目的和地质条件,建造满足使用要求和安全要求的工程或工程的一部分。可见,建设工程勘察的内涵较岩土工程勘察的内涵更宽泛,岩土工程勘察是为了满足工程建设的要求,有明确的针对性,不同于一般的地质勘察。在实务中,针对工程项目的地勘报告,指的就是岩土工程勘察报告。

二、建设工程设计相关概念

关于建设工程设计的定义,《建设工程勘察设计管理条例》第 2 条第 3 款规定:"本条例所称建设工程设计,是指根据建设工程的要求,对建设工程所需的技术、经济、资源、环境等条件进行综合分析、论证,编制建设工程设计文件的活动。"工程设计文件包括方案设计、初步设计、施工图设计、工程概算、工程预算等图纸、图表和文字说明。

关于工程设计范围,《2007 版工程设计资质标准》"总则"规定"包括本行业建设工程项目的主体工程和配套工程(含厂/矿区内的自备电站、道路、专用铁路、通信、各种管网管线和配套的建筑物等全部配套工程)以及与主体工程、配套工程相关的工艺、土木、建筑、环境保护、水土保持、消防、安全、卫生、节能、防雷、抗震、照明工程等"。因此,建设工程设计的范围涵盖《2007 版工程设计资质标准》所包括的 21 个行业建设工程的主体工程和配套工程设计。

第二节 建设工程勘察、设计的工作阶段和内容

一、工程勘察的基本工作阶段和内容

工程勘察的基本工作阶段划分与工程设计阶段的划分基本对应。不同行业、不同规模、不同类型的建设项目,其工程勘察的基本工作阶段不尽相同,一

① 张忠苗主编:《工程地质学》,中国建筑工业出版社 2007 年版,第 4 页。

般将勘察阶段分为三至五个阶段不等，其中采用三阶段划分法（分为可行性研究、初步勘察、详细勘察三个阶段）的居多。房屋建筑、市政工程、公路、水利工程等主要的行业对勘察阶段划分详见表0－1，工程勘察的各基本工作阶段内容详见表0－2。

表0－1 主要行业勘察阶段的划分①

序号	建设项目类型	勘察阶段				适用规范
1	房屋建筑和构筑物	可行性研究勘察	初步勘察	详细勘察	施工勘察（非固定阶段）	《2009版岩土工程勘察规范》
2	管道工程	选线勘察	初步勘察	详细勘察	—	
3	架空线路工程	—	初步勘察	施工图设计勘察	—	
4	核电厂	初步可行性研究勘察、可行性研究勘察	初步设计、勘察	施工图设计勘察	工程建造勘察	
5	公路	可行性研究（预可勘察、工可勘察）	初步勘察	详细勘察	—	《2011版公路工程地质勘察规范》
6	港口	可行性阶段勘察	初步设计阶段勘察	施工图设计阶段勘察	必要时施工期勘察	《2013版水运工程岩土勘察规范》
7	铁路	踏勘、初测	定测	补充定测	施工、营运阶段根据需要开展地质工作	《2019版铁路工程地质勘察规范》

① 《工程地质手册》编委会编：《工程地质手册》（第5版），中国建筑工业出版社2018年版，第41～42页。

续表

序号	建设项目类型	勘察阶段				适用规范
8	水利水电	规划、项目建议书、可行性研究	初步设计、招标设计	施工图详图设计	—	《2008 版水利水电工程地质勘察规范》
9	水利水电（病险水库除险加固）	安全评价、可行性研究	初步设计	—	—	

表 0－2　各勘察阶段的勘察目的、要求和主要工作方法①

勘察阶段	可行性研究勘察	初步设计阶段勘察（初勘）	施工图设计阶段勘察（详勘）	施工勘察
设计要求	满足确定场址方案	满足初步设计	满足施工图设计	满足施工中具体问题的设计，随勘察对象不同而不同
勘察目的	对拟选场址的稳定性和适宜性作出评价	初步查明场地岩土条件，进一步评价场地的稳定性	查明场地岩土条件，提出设计、施工所需参数，对设计、施工和不良地质作用的防治等提出建议	解决施工过程中出现的岩土工程问题
主要工作方法	搜集分析已有资料，进行场地踏勘，必要时进行一些勘探和工程地质测绘工作	调查、测绘、物探、钻探、试验，目的不同侧重点不同	根据不同勘察对象和要求确定，一般以勘探和室内外测试、试验为主	施工验槽、钻探和原位测试

① 《工程地质手册》编委会编：《工程地质手册》（第 5 版），中国建筑工业出版社 2018 年版，第 41 ~ 42 页。

二、工程设计的基本工作阶段和内容

建设工程设计按照工程进展分阶段实施。工程设计一般分为方案设计、初步设计和施工图设计三个阶段。大型基础设施、复杂工业项目等工程在方案设计之前通常进行可行性研究，必要时进行预可行性研究，并在初步设计和施工图设计之间增加扩大初步设计阶段。

由于行业不同和惯例差异，对工程设计阶段划分也有所不同。大部分行业设计阶段一般包括初步设计阶段和施工图设计阶段，而某些行业工程设计阶段起始于方案设计阶段（如建筑行业），某些工程设计阶段则起始于总体设计（如石油化工行业），还有些行业工程在技术复杂、基础资料缺乏和不足的情况下还会增加技术设计阶段（如公路、水利行业）。视各自特点和管理要求，各行业工程对于设计阶段的划分亦有所区别，受篇幅所限，本书仅针对部分行业的设计阶段进行总结汇总，详见表0－3。

表0－3　部分行业建设工程的设计阶段划分

序号	行业工程	方案设计	初步设计	技术设计	施工图设计	备注
1	煤炭		★		★	
2	石油化工		★		★	一般包括：总体设计、基础工程设计（初步设计）和详细工程设计（施工图设计）等阶段
3	电力		★		★	
4	机械		★		★	
5	电子通信广电		★		★	规模较小、技术成熟或套用标准设计的可编制一阶段设计
6	公路		★	▲	★	对于技术简单、方案明确的小型建设项目，可采用一阶段设计，即一阶段施工图设计
7	市政		★		★	对于技术简单、方案明确的小型建设项目，经主管部门批准，工程设计可按一阶段直接进行施工图设计

续表

序号	行业工程	方案设计	初步设计	技术设计	施工图设计	备注
8	建筑	★	★		★	对于技术要求相对简单的民用建筑工程，当有关主管部门在初步设计阶段没有审查要求，且合同中没有作初步设计的约定时，可在方案设计审批后直接进入施工图设计
9	水利		★	▲	★	对于重大项目和技术复杂项目，可根据需要增加技术设计阶段
10	建材矿山		★		★	
11	医药		★		★	

注：★，一般性原则适用；▲，特殊情况下（如重大项目、技术复杂、基础资料缺乏和不足等情况适用）。

以建筑工程为例，一般分为方案设计、初步设计和施工图设计三个阶段；对于技术要求相对简单的民用建筑工程，当有关主管部门在初步设计阶段没有审查要求，且合同中没有作初步设计的约定时，可在方案设计审批后，直接进入施工图设计阶段。装配式建筑工程设计中宜在方案阶段进行"技术策划"。① 建筑工程各阶段设计文件包含的内容详见附表0－4。

表0－4 各阶段设计文件包含的内容

方案设计文件	初步设计文件	施工图设计文件
设计说明书（含各专业设计说明和投资估算等内容）	设计说明书（包括设计总说明、各专业设计说明）	所有专业的设计图纸（含图纸目录、说明和必要的设备、材料表等）
总平面图及相关建筑设计图纸	专业设计图纸、主要设备或材料表、工程概算等	工程预算书
设计委托或设计合同中规定的透视图、鸟瞰图、模型等	各专业计算书（该类文件不属于必须交付的设计文件）	各专业计算书（该类文件不属于必须交付的设计文件）

当建设单位另行委托相关单位承担项目专项设计（包括二次设计）时，主体

① 2016年版《建筑工程设计文件编制深度规定》第1.0.12项。

建筑设计单位应提出专项设计的技术要求,并对主体结构和整体安全负责。专项设计单位应依据相关深度要求以及主体建筑设计单位提出的技术要求进行专项设计,并对设计内容负责。部分专项设计文件包含的内容详见表0－5。

表0－5 各专项设计文件包含的内容

建筑幕墙工程设计		基坑与边坡工程设计		建筑智能化设计		
初步设计	施工图设计	初步设计	施工图设计	方案设计	初步设计	施工图设计
设计说明书、设计图纸、力学计算书等	设计说明书、设计图纸、计算书	设计说明、设计图纸	设计说明、设计图纸、计算书	设计说明书、系统造价估算	设计说明书、设计图纸、系统概算	设计说明、设计图纸、主要设备与材料表、系统预算

工程设计服务内容包括工程设计基本服务和工程设计其他服务。其中,工程设计基本服务是指设计人根据发包人的委托,提供编制方案设计文件、初步设计文件(含初步设计概算)、施工图设计文件服务,并相应提供设计技术交底、解决施工中的设计技术问题、参加竣工验收等服务。工程设计其他服务是指发包人根据工程设计实际需要,要求设计人另行提供且发包人应当单独支付费用的服务,包括总体设计服务、主体设计协调服务、采用标准设计和复用设计服务、非标准设备设计文件编制服务、施工图预算编制服务、竣工图编制服务等。一般而言,基本服务费用包含在设计费中,工程设计其他服务的费用则根据具体服务内容收取。当然,当事人对设计费的范围有约定的,应当从其约定。

第三节 建设工程勘察、设计的管理要求

一、工程勘察、设计的法律制度及标准概况

(一)建设工程勘察、设计行业的立法概况

建设工程是一个复杂、多环节的综合活动,在整个建设活动中,勘察是基础,设计是灵魂。因此,加强建设工程勘察、设计的过程管理,是避免质量安全

问题出现的关键所在。目前，我国工程勘察、设计相关的法律法规已形成了以法律、行政法规、部委规章以及规范性文件为框架的法律制度。中华人民共和国成立初期至今，我国发布的与勘察、设计相关的主要法律、法规、规章和规范性文件，按照法律效力层级主要有：

1. 法律

1997 年全国人民代表大会常务委员会颁布的《建筑法》(2019 年修正)

2. 行政法规

1983 年国务院颁布的《建设工程勘察设计合同条例》(已失效)

2000 年国务院颁布的《建设工程质量管理条例》(2019 年修订)

2000 年国务院颁布的《建设工程勘察设计管理条例》(2017 年修订)

3. 各部委颁发的规章和规范性文件

1952 年政务院财经委颁布的《基本建设工作暂行办法》(已失效)

1978 年原国家建设委员会(以下简称国家建委)颁布的《设计文件的编制和审批办法》

1980 年原国家建委颁布的《工程建设标准规范管理办法》

1983 年原城乡建设环保部颁布的《全国建筑标准设计管理办法》(已失效)

1983 年原国家计划委员会(以下简称国家计委)颁布的《基本建设设计工作管理暂行办法》《基本建设勘察工作管理暂行办法》

1986 年原国家计委、对外经济贸易部颁布的《中外合作设计工程项目暂行规定 》(已失效)

1992 年原建设部颁布的《工程建设国家标准管理办法》《工程建设行业标准管理办法》

1999 年原建设部颁布的《建设工程勘察设计市场管理规定》(已失效)

2000 年原建设部颁布的《建筑工程设计招标投标管理办法》(已失效)、《建设工程勘察设计管理条例》(2017 年修订)、《实施工程建设强制性标准监督规定》(2015 年修正)

2001 年原建设部颁布的《建设工程勘察设计企业资质管理规定》(已失效)

2002 年原建设部、对外贸易经济合作部颁布的《外商投资建设工程设计企业管理规定》(已失效)

2003 年原建设部、对外贸易经济合作部颁布的《外商投资城市规划服务企

业管理规定》(2011 年修正)

2003 年国家发改委等部门颁布的《工程建设项目勘察设计招标投标办法》(2013 年修正)

2005 年原建设部颁布的《勘察设计注册工程师管理规定》(2016 年修正)

2000 年原建设部颁布的《建筑工程设计招标投标管理办法》(2017 年修正)

上述法律法规不仅构建了我国工程建设勘察、设计的法规框架,也对我国工程建设勘察、设计的法治建设起到了极大的推进作用。例如,《建设工程勘察设计管理条例》作为一部调整和规范建设工程勘察、设计活动中各方面社会关系的重要行政法规,在规范勘察设计市场活动,确保勘察设计质量,保护勘察设计活动当事人合法权益等方面发挥了巨大作用。特别是针对建设工程勘察、设计活动中存在的突出问题,确立了一系列制度和措施,例如:(1)关于勘察、设计单位、人员的资质与资格管理;(2)勘察、设计的发包方式、设计方案评标原则、发包方与承包方的责任和义务等规定;(3)勘察、设计文件的编制与实施的规定;(4)对勘察、设计活动的监督管理等,都为勘察、设计活动规范化市场活动提供了法定的指导依据。此外,除解决了实践中存在的突出问题外,《建设工程勘察设计管理条例》又与其他法律(如《建筑法》《招标投标法》)、行政法规(如《建设工程质量管理条例》)进行了较好的衔接。

除上述法律法规外,建设工程勘察、设计合同示范文本对于勘察设计活动市场的规范,也起到了巨大作用。2015 年 3 月,住建部、工商总局两部门联合发布了《2015 版房建工程设计合同示范文本》《2015 版专业工程设计合同示范文本》,这两个示范文本均由合同协议书、通用合同条款和专用合同条款三部分组成。

其中,《2015 版房建工程设计合同示范文本》适用于建设用地规划许可证范围内的建筑物构筑物设计、室外工程设计、民用建筑修建的地下工程设计及住宅小区、工厂厂前区、工厂生活区、小区规划设计及单体设计等,以及所包含的相关专业的设计内容(总平面布置、竖向设计、各类管网管线设计、景观设计、室内外环境设计及建筑装饰、道路、消防、智能、安保、通信、防雷、人防、供配电、照明、废水治理、空调设施、抗震加固等)等工程设计活动。

《2015 版专业工程设计合同示范文本》则适用于房屋建筑工程以外各行业建设工程项目的主体工程和配套工程(含厂/矿区内的自备电站、道路、专用铁路、通信、各种管网管线和配套的建筑物等全部配套工程)以及与主体工程、配套工程相关的工艺、土木、建筑、环境保护、水土保持、消防、安全、卫生、节能、防雷、抗震、照明工程等工程设计活动。

2016 年 9 月,住建部、工商总局联合发布了《2016 版建设工程勘察合同示范文本》,该示范文本由合同协议书、通用合同条款和专用合同条款三部分组成,适用于岩土工程勘察、岩土工程设计、岩土工程物探/测试/检测/监测、水文地质勘察及工程测量等工程勘察活动,其中岩土工程设计也可使用《2015 版专业工程设计合同示范文本》。

2017 年 9 月,国家发改委等九部委印发了《2017 版标准勘察招标文件》《2017 版标准设计招标文件》等五个标准招标文件。标准招标文件中包含的通用合同条款、专用合同条款、合同附件格式等,也可视为示范文本。

(二)勘察、设计标准概况

工程建设标准是进行基本建设勘察、设计、施工及验收的重要依据,是组织现代化工程建设的重要手段,是开展工程建设技术管理的重要组成部分。加强标准的管理工作,不断提高标准的水平,充分发挥标准在工程建设中的作用,对保证和提高工程质量,加快建设速度,节约原料、材料,合理使用建设资金,推广科学技术成果,保护人民身体健康,保障国家和人民生命财产安全,提高劳动生产率等,都具有重要作用。

1. 工程建设标准体系概况

按领域划分,我国的工程建设标准可以分为城乡规划、城乡建设、房屋建筑、信息技术、建材工程、冶金工程、有色金属、医药工程、纺织工程、化工、电子工程、石油天然气工程、水利工程、兵器工程、医疗卫生、石油化工工程等。

按类型划分,可以分为强制性标准和推荐性标准。其中国家强制性标准主要包括:(1)工程建设勘察、规划、设计、施工及验收等通用的综合标准和重要的通用的质量标准;(2)工程建设通用的有关安全、卫生和环境保护的标准;(3)工程建设重要的通用的术语、符号、代号、量与单位、建筑模数和制图方法标准;(4)工程建设重要的通用的试验、检验和评定方法等标准;(5)工程建设重要的通用的信息技术标准;(6)国家需要控制的其他工程建设通用的标准。

根据工程建设标准信息网(http://www.ccsn.org.cn/)统计,以房屋建筑为例，现有国家和行业标准共计829本，其中现行国标232本，现行行标267本，在编国标67本，在编行标60本，待定330本。2015年3月11日，《国务院关于印发深化标准化工作改革方案的通知》（国发〔2015〕13号）中提到，我国标准工作存在四个方面的问题：一是标准缺失老化滞后，难以满足经济提质增效升级的需求；二是标准交叉重复矛盾，不利于统一市场体系的建立；三是标准体系不够合理，不适应社会主义市场经济发展的要求；四是标准化协调推进机制不完善，制约了标准化管理效能提升。其中关于标准交叉重复矛盾提到："二是标准交叉重复矛盾，不利于统一市场体系的建立。标准是生产经营活动的依据，是重要的市场规则，必须增强统一性和权威性。目前，现行国家标准、行业标准、地方标准中仅名称相同的就有近2000项，有些标准技术指标不一致甚至冲突，既造成企业执行标准困难，也造成政府部门制定标准的资源浪费和执法尺度不一。特别是强制性标准涉及健康安全环保，但是制定主体多，28个部门和31个省（区、市）制定发布强制性行业标准和地方标准；数量庞大，强制性国家、行业、地方三级标准万余项，缺乏强有力的组织协调，交叉重复矛盾难以避免。"

我国的工程建设标准体系长久以来采用"两类"（强制性标准和推荐性标准）、"四级"（国家标准、行业标准、地方标准、企业标准）的技术标准体制。自《标准化法》于2017年11月4日修订通过后，标准分类调整为国家标准、行业标准、地方标准和团体标准、企业标准。自此，团体标准正式进入了标准序列，拥有了法律地位。同时，《标准化法》将国家标准分为强制性标准、推荐性标准，行业标准、地方标准是推荐性标准。从而，我国的工程建设标准体系变为"两类"（强制性国家标准和推荐性标准）、"五级"（国家标准、行业标准、地方标准、团体标准、企业标准）。2017年7月，《住房城乡建设部办公厅关于征求工程建设标准体制改革方案（征求意见稿）意见的函》（建办标函〔2017〕496号）提出："将现行标准中分散的强制性规定，精简整合为全文强制性工程建设规范（以下简称工程规范），逐步过渡为技术法规，实现与现行法律法规的深度融合。"工程规范是开展工程建设活动的"底线"要求，具有"技术法规"性质，在我国工程建设标准规范体系中位于顶层。2019年，住建部就《城乡给水工程项目规范》等38项住房和城乡建设领域工程规范征求意见，其中包含13项项目规范、25项通用规范，涉及《住宅项目规范》《园林工程项目规范》《民用建筑通用规范》《工程勘察通用规范》等几十项工程建设规范（全文强制）的制定和研编。

2019 年 8 月 30 日,《住房和城乡建设部办公厅关于再次征求〈城乡给水工程项目规范〉等住房和城乡建设领域全文强制性工程建设规范意见的函》(建办标函〔2019〕492 号)对《工程勘察通用规范》《工程测量通用规范》等 40 项工程规范公开征求意见。该函中明确“参照国际通行做法,工程规范发布后将替代现行强制性条文,并作为约束推荐性标准和团体标准的基本要求”。

2021 年 4 月,住建部连续发布了第 61 ~ 73 号公告,发布了《建筑与市政工程抗震通用规范》等 13 项强制性工程建设规范。各公告均强调,本规范为强制性工程建设规范,全部条文必须严格执行。现行相关强制性条文同时废止。现行工程建设标准中有关规定与本规范不一致的,以本规范的规定为准。

2. 勘察、设计标准的具体要求

根据《基本建设设计工作管理暂行办法》《基本建设勘察工作管理暂行办法》的规定,工程勘察设计标准包括工程建设勘察设计规范和工程标准设计两种。其中,工程建设勘察设计规范是强制性勘察设计标准,是技术法规,是在一切工程勘察、设计工作中都必须执行的标准。工程设计标准是推荐性设计标准,建设单位和设计单位要积极采用,根据各地的条件和情况,在无特别理由时,必须遵守,不得另行设计或改变。工程建设勘察设计标准作为工程建设标准的重要组成部分一直指导着勘察设计的实务工作。按新的标准化法及工程建设标准体制改革要求,勘察设计标准分为国家标准、行业标准、地方标准、团体标准和企业标准五级。勘察设计的国家标准,是在全国范围内统一执行的技术要求;勘察设计的行业标准,是在没有国家标准的情况下,需要在全国某个行业范围内统一执行的技术要求;勘察设计的地方标准,是在前两种标准没有,而需要在某一行政区域内统一执行的技术要求;勘察设计的团体标准,是由团体按照团体确立的标准制定程序自主制定发布,由社会自愿采用的标准;勘察设计的企业标准,是在企业范围内需要协调、统一的技术要求、管理要求和工作要求所制定的标准。其中,现行勘察设计的国家标准、行业标准、地方标准均还保留一定数量的强制性规定,该类强制性规定(特别是“黑体条款”)是国家通过法律形式明确要求执行的条款,属于“技术法规”,违反强制性标准的当事人将承担相应的法律责任。[①] 推荐性标准(或非严格强制性条款)则是国家鼓励自愿采用或推荐采用的、具有指导作用而不强制执行的技术条款,当在合同未约定参考的情形下,一方当事人对于该类标准的适用具有一定的自主性。

勘察设计行业中,除标准规范外,还有大量的设计手册、标准图集等,虽然并非属于强制性标准的范畴内,但由于其适用性广、指导性强,已然成为指导实务工作的重要技术文件。例如,住建部工程质量安全监管司、中国建筑标准设计研究院编制的《全国民用建筑工程设计技术措施》,原中国有色工程设计研究总院主编的《混凝土结构构造手册》,北京市建筑设计研究院有限公司主编的《建筑结构专业技术措施》以及中国建筑标准设计研究院主持编制的 G101《混凝土结构施工图平面整体表示方法制图规则和构造详图》系列图集,已然成为建筑行业必备的技术文件。

二、工程勘察、设计的收费

(一)工程勘察、设计的收费管理要求

原国家计委、建设部发布的《工程勘察设计收费管理规定》(已废止)第 5 条曾规定:"工程勘察和工程设计收费根据建设项目投资额的不同情况,分别实行政府指导价和市场调节价。建设项目总投资估算额 500 万元及以上的工程勘察和工程设计收费实行政府指导价;建设项目总投资估算额 500 万元以下的工程勘察和工程设计收费实行市场调节价。"原《工程勘察设计收费管理规定》的颁布与实施,对于规范工程勘察设计收费行为,维护发包人、勘察人和设计人的合法权益起到了重要作用。

2015 年 3 月,国家发改委《关于进一步放开建设项目专业服务价格的通知》(发改价格〔2015〕299 号)在已放开非政府投资及非政府委托的建设项目专业服务价格的基础上,全面放开实行政府指导价管理的建设项目专业服务价格,实行市场调节价,其中就包括工程勘察设计费。

2016 年 1 月,国家发改委《关于废止部分规章和规范性文件的决定》(国家发展和改革委员会令第 31 号)废止了《工程勘察设计收费管理规定》。至此,勘

① 《建设工程质量管理条例》第 19 条第 1 款规定:"勘察、设计单位必须按照工程建设强制性标准进行勘察、设计,并对其勘察、设计的质量负责。"

察设计行业在“简政放权、放管结合”的大背景下正式进入了“市场调节”阶段，充分发挥行业协会服务企业和行业自律作用。行业协会在该阶段发挥着行业引导的关键作用，例如，中国勘察设计协会于2016年12月发布《关于建筑设计服务成本要素信息统计分析情况的通报》（中设协字〔2016〕89号），意在维护建筑设计市场秩序，反对不正当竞争，为保证工程设计质量提供信息支持；中国照明学会于2017年8月发布团体标准《照明工程设计收费标准》（T/CIES 002－2016），作为照明专项工程设计收费的参考依据。

然而，实务中的一些工程项目，特别是政府投资项目、大型国有企业投资项目以及涉及重大公共利益项目等，在工程勘察设计费预估、招标控制价编制以及勘察设计合同价款约定方面，依然在很大程度上参考了《工程勘察设计收费管理规定》所配套的《工程勘察收费标准》和《工程设计收费标准》。

可见，虽然原《工程勘察设计收费管理规定》已丧失了行政管理效力，但其配套的收费标准，依然被某些市场主体作为参考的依据继续沿用。此处摘取《工程勘察收费标准》和《工程设计收费标准》中关于“勘察收费”和“设计收费”的计算组成项，以分析上述收费的形成过程，详见表0－6。

表0－6　勘察设计收费计算公式

公式项	通用工程勘察收费计算公式	工程设计收费计算公式
辅助公式3	工程勘察技术工作收费＝工程勘察实物工作收费×技术工作收费比例	基本设计收费＝工程设计收费基价×专业调整系数×工程复杂程度调整系数×附加调整系数
辅助公式2	工程勘察实物工作收费＝工程勘察实物工作收费基价×实物工作量×附加调整系数	工程设计收费基准价＝基本设计收费＋其他设计收费
辅助公式1	工程勘察收费基准价＝工程勘察实物工作收费＋工程勘察技术工作收费	其他设计收费＝总体设计费（如有）＋主体设计协调费（如有）＋采用标准设计（如有）＋复用设计费（如有）＋非标准设备设计文件编制费（如有）＋施工图预算编制费（如有）＋竣工图编制费（如有）……
计算公式	工程勘察收费＝工程勘察收费基准价×（1±浮动幅度值）	工程设计收费＝工程设计收费基准价×（1±浮动幅度值）

然而,表 0 -6 中的其他设计收费所涵盖的设计服务项,已不能完全满足现行市场的设计需求。为了更好地对比分析服务内容所对应的收费标准,以下特将《关于建筑设计服务成本要素信息统计分析情况的通报》(中设协字〔2016〕89 号)和原《工程勘察设计收费管理规定》进行对比说明,详见表 0 -7。

表 0 -7 其他设计服务项的收费标准

序号	服务内容	《关于建筑设计服务成本要素信息统计分析情况的通报》	原《工程勘察设计收费管理规定》
		服务成本附加系数	基本设计收费附加系数
1	总体设计	0.1	0.05
2	设计总包服务、主体设计协调	0.1 ~0.2	0.05
3	绿色建筑设计	一星:0.05 二星:0.15 三星:0.30	—
4	BIM 技术设计	0.2 ~0.5	—
5	被动式节能设计	0.1 ~0.3	—
6	预制装配式设计	0.1 ~0.3	—
7	建筑智能化设计	0.1 ~0.35	—
8	编制施工招标技术文件	0.1	—
9	编制工程量清单	0.06 ~0.1	—
10	编制施工图预算	0.1	0.1
11	建设过程第三方设计咨询	0.1 ~0.3	—
12	编制竣工图	0.1	0.08

需要特别注意的是,《关于建筑设计服务成本要素信息统计分析情况的通报》是针对设计服务成本的测算,其相应的附加系数的计算依据为设计基本服务成本。

(二)工程勘察、设计费用的计费特点

根据《住房和城乡建设部办公厅关于征求〈建设项目总投资费用项目组成〉〈建设项目工程总承包费用项目组成〉意见的函》(建办标函〔2017〕621 号)所附《建设项目总投资费用项目组成》(征求意见稿)第 22 条的规定,“勘察费是指勘察人根据发包人的委托,收集已有资料、现场踏勘、制定勘察纲要,进行勘察作业,以及编制工程勘察文件和岩土工程设计文件等收取的费用”,“设计费是指设计人根据发包人的委托,提供编制建设项目初步设计文件、施工图设计文件、非标准设备设计文件、竣工图文件等服务所收取的费用”。无论是勘察费还是设计费,在该意见函以及国家发改委、建设部《关于印发建设项目经济评价方法与参数的通知》(第三版)(发改投资〔2006〕1325 号)中,均将勘察设计费列入建设项目总投资费用项目组成中的建设工程其他费用,而将施工工程款列入工程费用。

从市场交易的角度,勘察设计费、施工价款分别是勘察人、设计人、施工人从事勘察、设计、施工获得的对价。工程勘察的主要工作内容,是勘察人利用专业技术人员和仪器设备,将建设场地的地质水文情况“察出来”,为建设选址、工程设计和施工提供依据;工程设计,是设计技术人员将工程项目的建设构想包括拟建项目的功能、规模、形状等以专业图纸的形式“画出来”,作为施工的依据;而工程施工,则是组织建筑工人和机械设备、建筑材料,通过一定的施工工艺将画在设计图纸上的虚拟建筑物“造出来”。

勘察费的资源转化,既有勘察人的专业技术人员、勘察劳务工人等人力成本,也有专业钻探机械和勘察仪器设备的投入,还有现场安全生产措施费的投入。其中,勘察劳务工人的人力成本、钻探机械和勘察仪器设备的成本和现场安全生产措施费,在性质上接近工程施工成本。勘察工作的主要成果是将“察出来”的建设场地地质水文情况整理成勘察报告。有些勘察单位从事的岩土工程施工业务,如工程降水施工、地基处理施工、基坑支护施工等,其资源投入和成果转化更接近于施工。在建设项目总投资费用组成中,工程降水的费用属于工程费用中的措施项目费,地基处理和基坑支护费用属于工程费用的一部分。

设计费主要是设计人聘请的各专业设计人员的人力成本,设计费的资源转化,是将脑力劳动转化为设计图纸等智力成果。设计图纸的载体包括电子数据、纸质的设计图纸、建筑物模型等。至于岩土工程设计文件，在岩土工程体制下，尽管其属于岩土工程的范围，但其资源投入和成果转化更接近工程设计，这一点与传统的勘察体制有所区别。

施工工程款的资源转化，是将施工人投入的建筑劳动力成本、机械设备、建筑材料，转化为实体建筑物。

1. 工程勘察费用的计费特点

在实务中，勘察合同约定的计价模式，不是完全按原《工程勘察设计收费管理规定》和原《工程勘察收费标准》执行，通常对该收费标准进行了简化或变更。以民间和社会资本投资的房屋建设项目勘察为例，某些地区对此类项目勘察的合同价款，通常采用按实物工作量结算综合单价合同，其综合单价分别按控制性孔、一般性孔并结合孔底终孔要求进入的微风化岩层、中风化岩层、强风化岩层，单价各不相同。

对原《工程勘察设计收费标准》第 1.0.12 项规定“工程勘察收费基准价不包括以下费用：办理工程勘察相关许可，以及购买有关资料费；拆除障碍物，开挖以及修复地下管线费；修通至作业现场道路，接通电源、水源以及平整场地费；勘察材料以及加工费；水上作业用船、排、平台及水监费；勘察作业大型机具搬运费；青苗、树木以及水域养殖物赔偿费等。发生以上费用的，由发包人另行支付”，当事人也可能在勘察合同中将其修改为：由勘察人结合现场踏勘和调查情况在综合单价中综合考虑，或由勘察人在投标报价时将需要另行计算的费用单列，否则已包含在清单各项目报价中，发包人不另行支付。

此外，交通运输部公路局发布的 2018 年版《公路工程标准勘察设计招标文件》第三卷第六章投标文件格式“投标文件（报价文件）”“二、勘察设计费用清单”“（一）报价清单说明”也有类似规定，具体如下：

（1）“报价清单”应与“投标人须知”“通用合同条款”“专用合同条款”“发包人要求”一起使用。投标人应根据本招标项目前一阶段（工程可行性研究评估阶段或初步设计阶段）批复意见和强制性要求，按照本招标文件规定的勘察设计工作内容和计划工作量，认真阅读分析本招标项目勘察设计原始资料，在编制完成技术建议书的前提下，慎重提出“报价清单”，并以此作为本招标项目勘察设计费的基础。

（2）设计人应按照国家有关工程建设标准强制性条文和交通运输部有关标

准、规范、规程、定额、办法、示例等要求的内容和深度，开展本招标项目的勘察设计工作，并将勘察设计费计入相应的报价项目中。“报价清单”所列的报价，应包括测量、勘察、测试、设计、专题研究等为完成本招标项目勘察设计全过程的一切费用，包括按合同规定应完成的勘察设计费和后续服务费（招标配合与施工配合）、与勘察设计文件审查有关的各种会议的会务费以及设计人自行委托咨询的咨询费、利润、税金等与此有关的一切费用。

（3）“报价清单”为通用表格，投标人应根据本招标项目工作内容，按照表格格式详细填写，以免遗漏或有误。投标人没有报价的项目，发包人将认为有关费用已包含在其他项目之中，不另行支付。凡清单项目中未包含的但在勘察设计中又必须完成的工作内容，均被认为已包含在清单各项目报价中，发包人不另行支付。

2. 工程设计费用的计费特点

工程设计费用一般包括基本设计费用和其他设计费用。其中，设计基本服务计费方式主要包括投资费率计费方式、单位建筑面积计费方式和工日定额计费等方式，具体的计费方式可由发包人与设计人协商确定。

（1）投资费率计费方式

投资费率计费采取按照建设项目建筑安装工程费用（以下简称计费额）分档定额计取，原《工程勘察设计收费管理规定》、中国勘察设计协会《建筑设计服务计费指导》等均采用了表0－8的分档计费率，可先按照批准的项目建议书或可行性研究报告投资估算中计费额计取，无投资估算的参照当地同期同类同规模工程项目的经验建筑安装工程费用计取。按估算计费额计取的设计费为暂估设计费，最终以初步设计概算中的实际计费额为依据确定设计费。在实践中，为了方便起见，有时也会拿投资额作为计费额来计算设计费。对于改扩建和技术改造类，往往直接采用投资额作为计费额。

表0－8　分档计费率

序号	计费额（万元）	收费基价（万元）	计费率（%）
1	200	9.0	4.5
2	500	20.9	4.18
3	1000	38.8	3.88

续表

序号	计费额(万元)	收费基价(万元)	计费率(%)
4	3000	103.8	3.46
5	5000	163.9	3.3
6	8000	249.6	3.12
7	10,000	304.8	3.05
8	20,000	566.8	2.83
9	40,000	1054.0	2.64
10	60,000	1515.2	2.53
11	80,000	1960.1	2.45
12	100,000	2393.4	2.39
13	200,000	4450.8	2.23
14	400,000	8276.7	2.07
15	600,000	11,897.5	1.98
16	800,000	15,391.4	1.92
17	1,000,000	18,793.8	1.88
18	2,000,000	34,948.9	1.747
19	>2,000,000	—	1.60

(2)单位建筑面积计费方式

部分项目也可采用单位建筑面积方式计费,即通过双方协商确定的某一项目类别的收费单价,乘以预计建筑面积得到设计费。

(3)工日定额计费方式

项目采用工日定额方式计费,可按以下公式计算:

工日定额计费 = 该项目投入设计师相应工日费用 ×(定额工日 ÷ α ÷ β + 辅助工日)。其中,α、β 为出勤率和作业率等劳动管理指标,可参考《全国建筑设计劳动(工日)定额》取值。

(4)其他方式

部分项目立项之后直接发包(项目承包模式以工程总承包模式居多),由于未完成可研且未形成相对确定的投资估算,对于设计费的计费方式仅确定下浮率(让利率),记为 β,待施工图完成后,编制施工图预算,记为 S,并以事先约定好的计费费率(如参考表 0－8 插值算取,记为 η),则最终的设计费结算费用＝$\beta \times S \times \eta$。

建设工程涉及诸多行业工程,每一个行业工程均有各自的特点,因此工程设计计费也存在明显的行业特性。比如,市政交通、通信工程等工程设计收费一般以计费额按一定比例记取设计费,单位建筑面积或工日定额方式并不适用;管线综合工程则一般按根·千米为单位指标记取设计费;铁路工程则常以公里数作为设计费计费的指标。不同行业工程还要考虑不同的专业调整系数、工程复杂调整系数等因素。同时,设计工作特别是某些专业设计工作具有一定的复用性,因此在实务的设计计费中,还会对于多方案设计或标准化设计进行复用性的折减。

三、建设工程施工图设计文件审查

(一)施工图审查制度概况

房屋建筑和市政基础设施工程施工图设计文件审查(以下简称施工图审查)制度,是依据《建设工程质量管理条例》和《建设工程勘察设计管理条例》设立的一项质量安全监管制度。施工图审查制度在我国实施近二十五年来,消除了大量存在于工程设计中的安全隐患,避免了大量工程安全事故的发生,最大限度减少因设计原因导致的房屋倒塌事故。施工图审查制度在避免违反强制性标准、保障勘察设计质量、保障公众安全、规范勘察设计市场秩序、提升勘察设计水平以及为政府部门决策提供依据等方面发挥了重要作用。随着国家工程审批制度的不断改革和完善,施工图审查制度也在不断进行改革优化,特别是"十三五"期间,政府管理部门对施工图审查工作提出了一系列改革措施,以保障营商环境和工程建设项目审批制度改革顺利推进。为了更好地了解施工图审查制度的改革与发展路径,可以将施工图制度的发展分为试点阶段、行政推行阶段、行业自律阶段及后发展阶段等四个阶段,详见图 0－1。

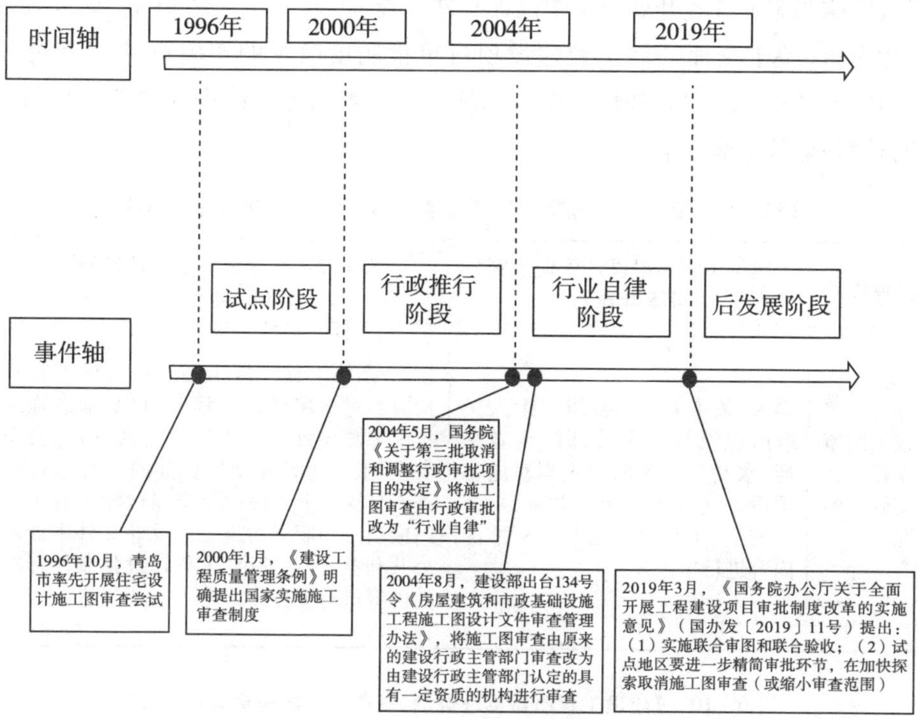

图 0－1 施工图审查制度的发展与改革历程

（二）施工图审查制度的改革

根据 2017 年国务院《关于修改部分行政法规的决定》，国务院对《建设工程质量管理条例》《建设工程勘察设计管理条例》中有关施工图设计文件审查的部分进行了修改，取消了其中“县级以上人民政府建设行政主管部门应当对施工图设计文件中涉及公共利益、公众安全、工程建设强制性标准的内容进行审查”的相关规定，仅保留了“县级以上人民政府交通运输等有关部门应当按照职责对施工图设计文件中涉及公共利益、公众安全、工程建设强制性标准的内容进行审查”，具体修订前后详见表 0－9 和表 0－10。可见，自此除交通运输等有关部门外，建设行政主管部门等相关部门对施工图审查不再有法定职责。2018 年 12 月 29 日，住建部修订了《房屋建筑和市政基础设施工程施工图设计文件审查管理办法》（以下简称《房建市政工程施工图审查管理办法》），提出“逐步推行以政府购买服务方式开展施工图设计文件审查”。2019 年 3 月 13 日，国务院办公厅发布《关于全面开展工程建设项目审批制度改革的实施意见》（国办发〔2019〕11 号），提出“将加快探索取消施工图审查”，施工图设计文件审查制度的行政强监管态势逐渐弱化。

表 0－9 《建设工程勘察设计管理条例》有关施工图审查修订情况

审查内容	《建设工程勘察设计管理条例》（2015 年修订）	《建设工程勘察设计管理条例》（2017 年修订）
施工图审查相关条文修订情况	第 33 条第 1 款　县级以上人民政府建设行政主管部门或者交通、水利等有关部门应当对施工图设计文件中涉及公共利益、公众安全、工程建设强制性标准的内容进行审查	第 33 条第 1 款　施工图设计文件审查机构应当对房屋建筑工程、市政基础设施工程施工图设计文件中涉及公共利益、公众安全、工程建设强制性标准的内容进行审查。县级以上人民政府交通运输等有关部门应当按照职责对施工图设计文件中涉及公共利益、公众安全、工程建设强制性标准的内容进行审查

表 0－10 《建设工程质量管理条例》有关施工图审查修订情况

审查内容	《建设工程质量管理条例》（2000 年版）	《建设工程质量管理条例》（2017 年修订）（2019 年修订）
施工图审查相关条文修订情况	第 11 条　建设单位应当将施工图设计文件报县级以上人民政府建设行政主管部门或者其他有关部门审查。施工图设计文件审查的具体办法，由国务院建设行政主管部门会同国务院其他有关部门制定。 施工图设计文件未经审查批准的，不得使用	第 11 条　施工图设计文件审查的具体办法，由国务院建设行政主管部门、国务院其他有关部门制定。 施工图设计文件未经审查批准的，不得使用

然而，施工图设计文件的质量问题依然十分严峻，根据调研统计，近年全国施工图一次审查合格率不足 50%。[①] 因此，在加快探索取消施工图设计文件审查（或缩小审查范围）的同时，告知承诺制、设计人员终身负责制等管理措施以及“谁设计，谁负责”“谁投资，谁负责”的理念需要不断强化。并且，“施工图设

① 王翠坤：《坚持工程设计审查制度，守住建筑结构安全底线》，载《中国勘察设计》2020 年第 6 期。

计文件未经审查批准的，不得使用”的条款，依然保留在《建设工程质量管理条例》第 11 条的规定中。

（三）贯彻施工图审查制度的具体要求

不同建设工程对于施工图审查的要求不尽相同。《房建市政工程施工图审查管理办法》第 11 条规定：“审查机构应当对施工图审查下列内容：（一）是否符合工程建设强制性标准；（二）地基基础和主体结构的安全性；（三）消防安全性；（四）人防工程（不含人防指挥工程）防护安全性；（五）是否符合民用建筑节能强制性标准，对执行绿色建筑标准的项目，还应当审查是否符合绿色建筑标准；（六）勘察设计企业和注册执业人员以及相关人员是否按规定在施工图上加盖相应的图章和签字；（七）法律、法规、规章规定必须审查的其他内容。”

根据《铁路建设工程施工图设计文件审查管理办法》第 12 条的规定，审查机构的审查内容不仅包括“土建工程的地基基础、主体结构和防护工程结构的稳定性、安全性审查”，还包括“是否按照经批准的初步设计文件进行施工图设计”的审查以及“是否达到规定的设计深度要求”。《人民防空工程施工图设计文件审查管理办法》第 12 条则将施工图“对初步设计审查意见进行的调整和修改应合理”也纳入施工图审查的主要内容范畴。

我国部分行业的施工图设计文件依然采用行业行政主管部门审查的管理要求，如《航道工程建设管理规定》（交通运输部令 2019 年第 44 号）第 14 条规定：“县级以上交通运输主管部门按照规定的职责对航道工程建设项目施工图设计文件中涉及公共利益、公众安全、工程建设强制性标准的内容进行审查。”《港口工程建设管理规定》第 16 条规定：“所在地港口行政管理部门负责港口工程建设项目施工图设计审批，对施工图设计文件中涉及公共利益、公众安全、工程建设强制性标准的内容进行审查。”

对于此类项目，施工图设计文件未经相应行业行政主管部门审批不得使用。由于负责设计审批的行业行政主管部门不具备技术审查能力，其往往委托其他设计单位对施工图设计文件进行技术审查，并以此技术审查结论作为其对施工图设计文件技术层面的审批依据。例如，《航道工程建设管理规定》第 18 条对于技术审查咨询主要的核查内容作了详细规定，包括“（一）工程建设规模和主要建设内容与项目审批、核准文件或者备案信息的符合性；施工图技术审查咨询还应当核查与初步设计文件的符合性。(二)工程设计与强制性标准的符合性。(三)总体设计、总体布置、主要设备配置的合理性。(四)地基基础、主要建筑物、金属结构等设计的合理性、安全性、稳定性、耐久性。(五)主要施工方案、施工组织设计、疏浚土处理方式等的合理性。(六)环境保护、安全、防震、消防、节能等涉及公共利益、公众安全的工程措施与强制性标准的符合性。(七)工程概(预)算的编制依据和方法的合理性”。

四、工程勘察、设计行业资质管理要求

(一)我国勘察、设计行业资质管理要求及历史沿革

我国勘察、设计行业资质管理始于1983年原国家计委颁布的《基本建设设计工作管理暂行办法》,该办法明确了工程设计实行市场准入制度。根据《行政许可法》第12条第3项的规定,提供公众服务并且直接关系公共利益的职业、行业,需要确定具备特殊信誉、特殊条件或者特殊技能等资格、资质的事项,可以设立行政许可。工程勘察、设计直接关系社会公共利益,显然属于行政许可范围。

《建筑法》第13条规定:“从事建筑活动的建筑施工企业、勘察单位、设计单位和工程监理单位,按照其拥有的注册资本、专业技术人员、技术装备和已完成的建筑工程业绩等资质条件,划分为不同的资质等级,经资质审查合格,取得相应等级的资质证书后,方可在其资质等级许可的范围内从事建筑活动。”

《建设工程安全生产管理条例》第4条规定:“建设单位、勘察单位、设计单位、施工单位、工程监理单位及其他与建设工程安全生产有关的单位,必须遵守安全生产法律、法规的规定,保证建设工程安全生产,依法承担建设工程安全生产责任。”

《建设工程勘察设计管理条例》第7条亦明确国家对从事建设工程勘察、设计活动的单位,实行资质管理制度。具体办法由国务院建设行政主管部门商国务院有关部门制定。由此可见,工程勘察人、设计人必须在政府监管核准的“资质”范围内,才能开展相应的勘察、设计活动。勘察人、设计人拥有的注册资本、具有执业资格的专业技术人员、技术装备和已完成的工程业绩等,是其在勘察、设计行业能力的体现,也是行政主管部门评价勘察人、设计人的主要依据。

随着我国社会主义市场经济体制的逐步完善和工程勘察设计行业体制改革的深入发展,与之相适应,工程设计资质管理制度和资质标准经历了1991

年、1997 年（建设部令第 60 号）、2001 年（建设部令第 93 号）和 2007 年（建市〔2007〕86 号、建设部令第 160 号）四次较大的调整修订。对企业资质条件的考核，经历了从考核单位技术人员总体数量到考核主要技术人员个人资历的转变。

2001 年版《工程设计资质分级标准》于 2001 年 1 月颁布实施，该标准打破了部门的界限，从工程建设项目设计类型出发，合并了相关行业、专业，促进了企业业务范围的拓宽和在做大做强方向的发展，推动了市场的统一。为了适应新的形势，在 2001 年版《工程设计资质分级标准》的基础上，国家颁布了 2007 年版《建设工程勘察设计资质管理规定》和《2007 版工程设计资质标准》。按照 2007 年版要求，所有勘察设计单位自 2010 年 4 月 1 日起启用新版资质证书，届时，旧版工程设计资质证书全部作废。

2020 年 11 月，住建部发布《关于印发建设工程企业资质管理制度改革方案的通知》（建市〔2020〕94 号），按照国务院办公厅《关于印发全国深化"放管服"改革优化营商环境电视电话会议重点任务分工方案的通知》（国办发〔2019〕39 号）要求，深化建筑业"放管服"改革，对于建设工程企业资质管理体制提出了具体的改革方案。改革方案中对于工程勘察、设计资质进行了精简与归并，内容如下：

1. 工程勘察资质。保留综合资质；将 4 类专业资质及劳务资质整合为岩土工程、工程测量、勘探测试等 3 类专业资质。综合资质不分等级，专业资质等级压减为甲、乙两级。

2. 工程设计资质。保留综合资质；将 21 类行业资质整合为 14 类行业资质；将 151 类专业资质、8 类专项资质、3 类事务所资质整合为 70 类专业和事务所资质。综合资质、事务所资质不分等级；行业资质、专业资质等级原则上压减为甲、乙两级（部分资质只设甲级）。

同时为了做好资质标准修订和换证工作，确保平稳过渡，改革方案设置了 1 年过渡期，到期后实行简单换证，即按照新旧资质对应关系直接换发新资质证书，不再重新核定资质。此次勘察、设计企业资质改革，进一步放宽了建筑市场准入限制，有利于个别企业扩大承揽业务范围和规模；司法裁判活动也应关注这一改革，甄别对应行业的资质条件，准确认定合同效力。

（二）我国勘察设计行业资质管理法律体系

我国现行工程勘察设计资质管理由《建筑法》《建设工程质量管理条例》

《建设工程勘察设计管理条例》《建设工程勘察设计资质管理规定》《外商投资建设工程设计企业管理规定》《外商投资建设工程设计企业管理实施细则》《工程设计资质标准》《工程勘察资质标准》《工程设计施工一体化资质标准》(《建筑智能化工程设计与施工资质标准》《消防设施工程设计与施工资质标准》《建筑装饰装修工程设计与施工资质标准》《建筑幕墙工程设计与施工资质标准》)组成了一个基本的法律体系,见图 0－2。

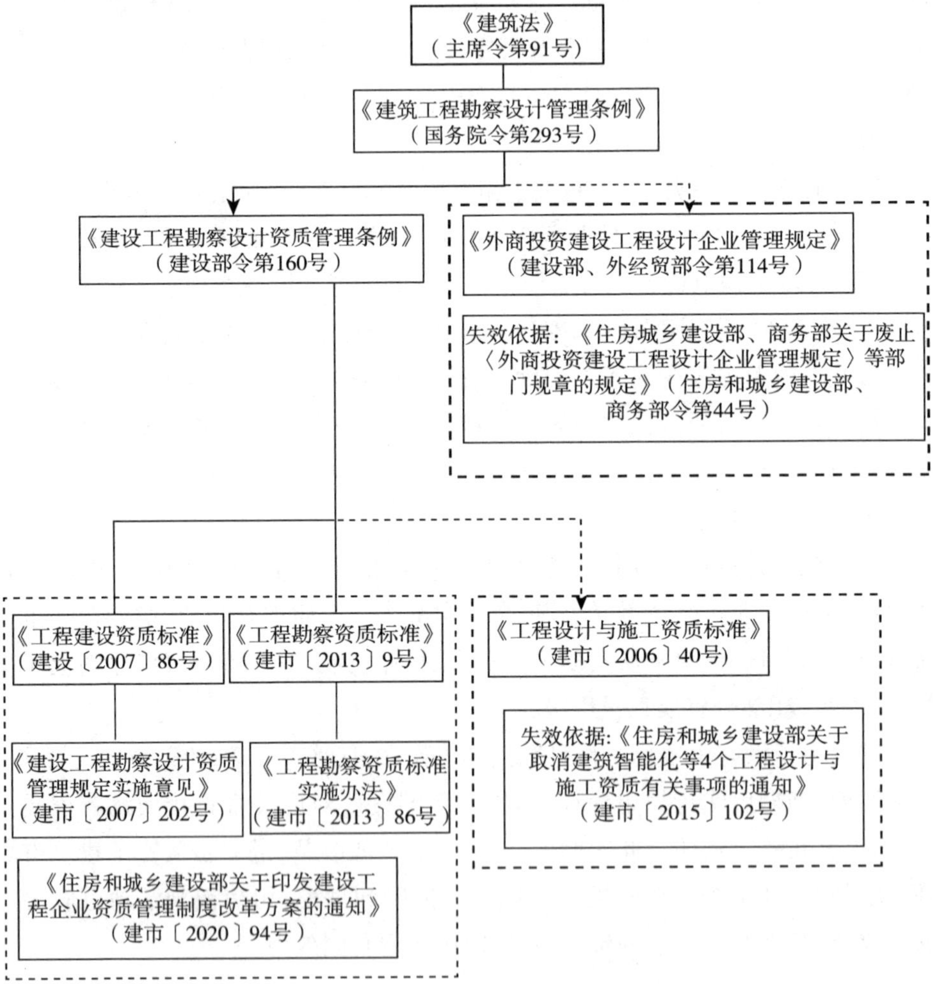

图 0－2　我国现行勘察设计资质法律体系

（三）我国勘察设计行业个人执业管理要求

20世纪90年代之前，我国的勘察设计工程技术人员实行的是专业技术职称的评定，没有注册执业制度。为了进一步改进勘察设计人员的管理，提升技术人员水平，强化勘察设计人员责任，建立与市场经济相适应的人员管理制度，政府监管部门认真分析研究国外的技术人员市场准入制度，借鉴吸收国外对注册人员的管理经验，开始了中国勘察设计技术人员执业资格注册管理。1994年，辽宁省进行了注册建筑师的试点考试。1995年，国务院发布了《注册建筑师条例》，1997年1月1日起中国正式开始实行注册建筑师制度。1997年建设部、人事部制定印发了《注册结构工程师执业资格制度暂行规定》，确立了注册结构工程师制度。

2001年1月，原人事部、原建设部《关于发布〈勘察设计注册工程师制度总体框架及实施规划〉及〈全国勘察设计注册工程师管理委员会组成人员名单〉的通知》（人发〔2001〕5号）指出："结合我国国情并参照国外注册执业制度的通行作法，我国勘察设计行业执业注册资格分为三大类，即注册工程师、注册建筑师、注册景观设计师。"

发展至今，勘察设计注册工程师执业资格考试设有：一、二级注册结构工程师，注册土木工程师（岩土、港口与航道工程、水利水电工程），注册公用设备工程师（暖通空调、动力、给水排水），注册电气工程师（发输变电、供配电），注册化工工程师，注册环保工程师等专业。注册建筑师则分为一级注册建筑师和二级注册建筑师。

1. 注册建筑师的执业范围

《注册建筑师条例》第20条规定："注册建筑师的执业范围：（一）建筑设计；（二）建筑设计技术咨询；（三）建筑物调查与鉴定；（四）对本人主持设计的项目进行施工指导和监督；（五）国务院建设行政主管部门规定的其他业务。"

《注册建筑师条例实施细则》第29条规定："一级注册建筑师的执业范围不受工程项目规模和工程复杂程度的限制。二级注册建筑师的执业范围只限于承担工程设计资质标准中建设项目设计规模划分表中规定的小型规模的项目。注册建筑师的执业范围不得超越其聘用单位的业务范围。注册建筑师的执业范围与其聘用单位的业务范围不符时，个人执业范围服从聘用单位的业务范围。"

以建筑行业（建筑工程）建设项目——一般公共建筑为例，一、二级注册建筑师执业范围归纳详见表0－11。

表 0－11　一、二级注册建筑师执业范围（以一般公共建筑为例）

建设项目	工程等级特征	一级注册建筑师执业范围		二级注册建筑师执业范围
		大型	中型	小型
一般公共建筑	单体建筑面积	20,000m²	5000～20,000m²	≤5000m²
	建筑高度	＞50m	24～50m	≤24m
	复杂程度	1. 大型公共建筑工程	1. 中型公共建筑工程	1. 功能单一、技术要求简单的小型公共建筑工程
		2. 技术要求复杂或具有经济、文化、历史等意义的省（市）级中小型公共建筑工程	2. 技术要求复杂或有地区性意义的小型公共建筑工程	2. 高度＜24m 的一般公共建筑工程
		3. 高度＞50m 的公共建筑工程	3. 高度 24～50m 的一般公共建筑工程	3. 小型仓储建筑工程
		4. 相当于四、五星级饭店标准的室内装修、特殊声学装修工程	4. 仿古建筑、一般标准的古建筑、保护性建筑以及地下建筑工程	4. 简单的设备用房及其他配套用房工程
		5. 高标准的古建筑、保护性建筑和地下建筑工程	5. 大中型仓储建筑工程	5. 简单的建筑环境设计及室外工程
		6. 高标准的建筑环境设计	6. 一般标准的建筑环境设计和室外工程	6. 相当于一星级饭店及以下标准的室内装修工程
		7. 技术要求复杂的工业厂房	7. 跨度小于 30 米、吊车吨位小于 30 吨的单层厂房或仓库，跨度小于 12 米、6 层以下的多层厂房或仓库	7. 跨度小于 24 米、吊车吨位小于 10 吨的单层厂房或仓库，跨度小于 6 米、楼盖无动荷载的 3 层以下的多层厂房或仓库
		—	8. 相当于二、三星级饭店标准的室内装修工程	—

2. 注册工程师的执业范围

《勘察设计注册工程师管理规定》第 4 条规定:“注册工程师按专业类别设置,具体专业划分由国务院住房城乡建设主管部门和人事主管部门商国务院有关部门制定。除注册结构工程师分为一级和二级外,其他专业注册工程师不分级别。”第 19 条规定:“注册工程师的执业范围:(一)工程勘察或者本专业工程设计;(二)本专业工程技术咨询;(三)本专业工程招标、采购咨询;(四)本专业工程的项目管理;(五)对工程勘察或者本专业工程设计项目的施工进行指导和监督;(六)国务院有关部门规定的其他业务。”

以注册结构工程师为例,《注册结构工程师执业资格制度暂行规定》第 18 条规定,“注册结构工程师的执业范围:(一)结构工程设计;(二)结构工程设计技术咨询;(三)建筑物、构筑物、工程设施等调查和鉴定;(四)对本人主持设计的项目进行施工指导和监督;(五)建设部和国务院有关部门规定的其他业务。一级注册结构工程师的执业范围不受工程规模及工程复杂程度的限制”。

由于勘察、设计注册工程师仅注册结构工程师分为一级与二级,故对于二级注册结构工程师的执业范围,需进一步探讨。《注册结构工程师执业及管理工作有关问题的暂行规定》第 1 条对于注册结构工程师制度的实施范围进行了规定,即:“(一)此次注册结构工程师执业制度只限在一级注册结构工程师范围内实施。(二)自 1999 年 1 月 1 日起民用建筑二级及以上项目(按民用建筑工程设计等级分类表执行)及工业建筑中型及以上项目(按国务院有关部、局和全国性行业总公司行业工程项目等级分类标准执行)实行注册结构工程师签字制度。过渡期内三级及以下项目是否试行注册结构工程师签字制度,由各省、自治区、直辖市建设行政主管部门根据本地区实际情况研究决定。”言外之意,二级注册结构工程师仅针对三级及以下项目,且是否执行以各省、自治区、直辖市建设行政主管部门自行决定。

根据《注册结构工程师执业及管理工作有关问题的暂行规定》,并结合《建筑工程设计资质分级标准》,可对一级、二级注册结构工程师的执业范围进行确定,以一般公共建筑为例,具体执业范围详见表 0 - 12。

表 0 – 12　一、二级注册结构工程师执业范围（以一般公共建筑为例）

建设项目	工程等级特征	一级注册结构工程师执业范围			二级注册结构工程师执业范围
		特级	一级	二级	三级
一般公共建筑	单体建筑面积（m^2）	≥8 万	>2 万 ≤8 万	>0.5 万 ≤2 万	≤0.5 万
	立项投资（元）	>2 万	>4000 ≤2 万	>1000 ≤4000	≤1000
	建筑高度（m）	>100	>50 ≤100	>24 ≤50	≤24（其中砌体建筑不得超过抗震规范高度限值要求）

第四节　建设工程勘察、设计合同纠纷法律适用的特殊性

一、建设工程勘察、设计合同与施工合同的区别

《民法典》第 788 条第 2 款规定："建设工程合同包括工程勘察、设计、施工合同。"建设工程勘察合同，是指发包人与勘察人就完成建设工程地理、地质状况的调查研究工作而达成的协议。[①] 建设工程设计合同，是指发包人与设计人就完成建设工程设计工作而达成的协议。建设工程施工合同，是指建设单位（发包人）与施工单位（承包人）之间，为完成商定的建设工程项目的建设任务，而签订的明确双方权利义务关系的协议。[②]

尽管建设工程勘察、设计、施工合同均属于建设工程合同，但从当前司法实

① 最高人民法院民法典贯彻实施工作领导小组主编：《中华人民共和国民法典合同编理解与适用》（三），人民法院出版社 2020 年版，第 1904 页。

② 何佰洲、李素蕾、郑宪强编著：《工程合同法律制度》（第 2 版），中国建筑工业出版社 2019 年版，第 212 页。

践来看,对于勘察、设计、施工合同来说,还是存在显著不同的,主要体现在以下几个方面:

(一)诉讼管辖不同

根据《民事诉讼法》第33条,《民诉法解释》第28条第2款的规定,建设工程施工合同纠纷按照不动产纠纷确定管辖,即统一由工程所在地人民法院管辖,当事人不得约定其他管辖法院,否则将因违反专属管辖的规定而无效。

但就建设工程勘察、设计合同是否适用专属管辖,实践中存在争议。最高院认为,建设工程勘察、设计合同不适用专属管辖。[①] 如最高院在(2017)最高法民辖30号民事裁定书中认为,《民诉法解释》第28条第2项规定,农村土地承包经营合同纠纷、房屋租赁合同纠纷、建设工程施工合同纠纷、政策性房屋买卖合同纠纷,按照不动产纠纷确定管辖。对该项涉及的建设工程施工合同纠纷的理解,应不限于《民事案件案由规定》的建设工程合同项下的第三级、第四级案由"建设工程施工合同纠纷",还包括该项下的建设工程施工相关案件:建设工程施工合同纠纷、建设工程价款优先受偿权纠纷、建设工程分包合同纠纷、建设工程监理合同纠纷、装饰装修合同纠纷、铁路修建合同纠纷、农村建房施工合同纠纷。

(二)实际施工人制度不同

根据《施工合同司法解释(一)》第43条的规定,在建设工程施工合同领域,实际施工人可以起诉发包人要求其在欠付范围内支付工程款。根据该条规定,实际施工人仅限于施工合同领域,不包含设计合同领域。因此,在建设工程设计合同中,并无实际施工人制度的适用空间。

(三)工程价款优先受偿权适用不同

根据《民法典》第807条的规定,发包人未按照约定支付价款的,承包人可以在符合条件的情况下行使工程价款优先受偿权。本条规定的工程价款优先

---

① 高民智:《关于民诉法解释中有关管辖若干问题的理解与适用》,载《人民法院报》2015年8月27日,第5版。

受偿权行使主体，通常认为除工程总承包合同外，仅限于施工合同承包人，不包括勘察人和设计人。因此，在传统的发包模式下，勘察人和设计人通常并不能依据《民法典》第807条的规定行使建设工程价款优先受偿权。

(四)留置权适用不同

根据《民法典》关于留置权的规定，在发包人未按照约定支付勘察费、设计费时，勘察人、设计人应当享有留置权。建设工程施工合同的承包人，通常认为其享有建设工程价款优先受偿权，但该权利并非留置权。因此，在能否行使留置权的问题上，勘察人、设计人、施工人也并不相同。

由上述分析可知，建设工程勘察、设计、施工合同虽均属于建设工程合同，但在法律适用上，还是存在诸多不同。在实践中，需要引起各方关注。

二、建设工程施工合同相关规则的类推适用

类推适用，是当受理的案件在现行法律中找不到具体规定的情况下，司法实践中最常用的一种法律解释方法。类推适用要求在查清案件事实的基础上，找到类似案件的法律规则，根据"类似案件相似处理"的法律原则，对缺少法律规定的案件作出处理。

现代民法不禁止类推适用，民法典设立类推适用制度契合"法律适用的正义"，即"同案同判，类案类判"。如果两个社会关系的关键法律事实相同，只是在并不影响法律定性的事实上存在差异，对两者适用同一法律规范，使当事人的法律处遇相同，既弥补了法律规定不周延的漏洞，又平等保护了当事人权益。[①] 为此，《民法典》有很多条文采用了"参照适用"的表述，如第521条第3款规定，"连带债权参照适用本章连带债务的有关规定"。第646条规定："法律对其他有偿合同有规定的，依照其规定；没有规定的，参照适用买卖合同的有关规定。"《民法典》第三编第十八章建设工程合同第806条第2款规定："合同解除后，已经完成的建设工程质量合格的……参照本法第七百九十三条的规定处理。"第808条规定："本章没有规定，适用承揽合同的有关规定。"此时无须裁判者作出判断，直接参照适用即可。

---

① 谢鸿飞：《民法典规范的类推适用》，载《检察日报》2020年11月30日，第3版。

建设工程施工合同与建设工程勘察、设计合同,本质上均属于承揽合同,在案由设置上,均系三级案由“建设工程合同”下的并列四级案由,但现行法律法规对于建设工程施工合同的规范较多,而对于建设工程勘察、设计合同的规范较少,主要集中于《建筑法》《建设工程勘察设计管理条例》《民法典》等,较多的散见于行政主管部门颁布的部门规章和规范性文件中,如《建筑工程设计招标投标管理办法》《建筑工程方案设计招标投标管理办法》《房建市政工程施工图审查管理办法》《建设工程勘察设计资质管理规定》《2007 版工程设计资质标准》《工程勘察资质标准实施办法》等。对于建设工程勘察合同、建设工程设计合同是否可以参照适用《施工合同司法解释(一)》的相关规定,存在争议。

笔者认为,建设工程类纠纷的特殊性在于,建设工程的最终所有人或者使用人往往不是发包人、承包人等建设工程勘察、设计、施工的参与人,而是购房人或者其他不特定的社会主体。因此,建设工程具有显著的公共性,这使建设工程勘察、设计合同与施工合同涉及公共利益及第三人利益保护的问题,其立法目的具有一致性。因此,建设工程勘察、设计合同原则上可以参照适用《施工合同司法解释(一)》的相关规定,但鉴于勘察、设计程序处于前端、专业性强、智力成果属性显著的特点,如前所述,施工合同中的部分规则及竣工验收、规划审批对合同效力的影响等就无法参照适用。

三、关于建设工程勘察、设计合同的主要争议

(一)工程勘察、设计合同效力

影响合同效力的原因主要包括:(1)违反资质管理规定,如没有资质的借用有资质的承揽业务,或者低资质借用高资质承揽业务。(2)转包或者违法分包,如有的设计人将方案设计、初步设计、施工图设计全部转包给第三方,或者将其中部分阶段工作交由第三方完成。(3)未按照法律规定进行招投标。(4)关于中外合作设计合同效力问题。工程设计领域中外合作项目中还存在涉外纠纷,主要是外方企业能够参与哪些设计环节的工作。根据《关于外国企业在中华人民共和国国内从事建设工程设计的管理暂行规定》,我国对于建设工程初步设计之前的方案设计并未规定具体的准入条件,也未规定必须具备相应的设计资质,故对于方案设计外国企业可以直接承接,但是后续阶段的设计就需要采用

中外合作设计的方式。(5)合同效力的补正。在建设工程施工合同领域,司法解释明确了竣工验收前的资质补正问题,但是建设工程勘察、设计合同纠纷的审理并无专门的司法解释予以规范,故勘察、设计合同的效力补正存在争议。

(二)工程勘察、设计合同解除

此类争议主要在于解除合同的原因是否成就,以及对于合同解除时已完成工作量的认定等。工作量的认定一般根据工作进度结合合同约定酌情确定,有时也需要通过鉴定程序确定。勘察、设计工作量的认定具有很强的特殊性,例如,勘察的工作量既有勘探等外业实物工作量,又有内业整理、报告书编写、绘制图纸等技术性很强的工作量。设计工作量主要是以绘制设计图纸、编制设计文件等为主,具有明显的智力成果特征。因此,对于勘察、设计合同解除时已完成工作量的认定具有特殊性,本书用 4 个条文具体规定了勘察、设计合同解除后费用的结算以及计算方法。

(三)工程勘察、设计费用争议

此类争议主要包括发包人是否应当支付勘察、设计费,勘察、设计费用的数额如何计算等。此部分争议的难点主要在于勘察、设计工作量的认定,发包人要求变更或发包人要求错误对勘察、设计费用的影响,合同无效情形下勘察、设计费的认定,勘察、设计费的鉴定等方面。本书针对上述难点展开研究,结合勘察、设计工作的特点,提出了相应的处理规则。

(四)工程勘察、设计质量争议

此类争议主要集中在勘察、设计成果是否满足合同约定,包括是否满足范围、内容和深度要求;勘察、设计成果是否存在质量问题以及可能需要的鉴定;是否以通过强制审查作为质量符合约定的标准等。此部分争议的难点主要在于勘察、设计质量缺陷的判断标准,不同设计阶段对设计质量缺陷责任认定问题,输入介质、环境条件是否对设计质量造成影响,工程总承包项目中设计分包的责任划分,勘察、设计质量鉴定,建设工程质量事故中涉及勘察、设计责任的认定等问题。本书针对上述疑难问题,共制定了 13 个条文,期望为勘察、设计质量争议的处理提供依据和方法。

（五）工程勘察、设计工期纠纷

工期争议在建设工程施工合同纠纷中属于比较复杂的争议类型。勘察、设计的工期争议因勘察、设计工作中存在更多的技术性因素、需要当事人之间更多的往复沟通而更为复杂。例如，设计工作本身就是就发包人的想法、意图转化为设计图纸、文件的过程。在设计之初，发包人的意图可能是不明确，甚至是模糊的，因此在确定设计方案的过程中，需要设计师和发包人不断进行沟通交流，在交流中让设计师理解发包人的意图，也让发包人的意图变得更为清晰。这样的交流会对工期会产生较大的影响。另外，由于勘察、设计的工作成果为图纸文件资料等智力成果，因此对于勘察、设计开始工作日期和实际完成工作日期的认定与施工合同相比也具有特殊性。

（六）涉及知识产权纠纷

勘察、设计相关争议中还有一类较为特殊的争议，即涉及知识产权的相关纠纷。比较常见的，如招标人不当使用未中标投标人智力成果，勘察、设计单位员工职务作品的知识产权归属等问题。工程勘察、设计招投标过程中，投标人的投标文件往往包含勘察、设计方案、效果图等。招标人应在授权范围内合理使用投标人交付的智力成果。对于未中标的其他投标人投标文件中所包含的勘探方案、设计方案、效果图等智力成果，除投标人明确表示同意外，招标人不得以复制、修改等方式直接或间接使用，也不得以明示或暗示的方式允许第三人使用，超出合理使用范围构成侵权的，应当承担相应法律责任。

（七）管辖纠纷

根据《民诉法解释》的规定，建设工程施工合同纠纷由不动产所在地专属管辖，但是建设工程勘察、设计纠纷的管辖存在争议，一种观点认为应属于专属管辖，另一种观点认为应依照一般合同进行管辖。

第一章 建设工程勘察、设计合同效力

第 1.1 条 【准确认定建设工程勘察、设计合同法律关系】仅提供勘察、设计咨询、配合等服务，而不从事实质性勘察、设计工作的，不宜认定为建设工程勘察、设计合同法律关系。

名为勘察、设计咨询、配合等服务合同，实为从事实质性勘察、设计工作的，应认定为建设工程勘察、设计合同法律关系。

【条文主旨】

应以当事人实际履行的权利义务为基础，探究其真实意思表示，从而认定是否属于建设工程勘察、设计合同法律关系，综合认定合同效力。

【理解与适用】

一、界定基础法律关系的重要性

基础法律关系是指法律规范所确认和调整的，在人们行为过程中形成的权利和义务关系，它往往决定着案件的案由、管辖和诉讼策略。在实践中，外化的法律关系背后经常隐藏着另一种法律关系，而该隐藏的法律关系往往又对当事人直接产生约束。当既存的外化法律关系与隐藏的法律关系并存时，需要通过证据的证明力及对实际履行情况的分析与梳理，以此确定法律关系的性质，它直接影响着合同效力的审查。

2019年《全国法院民商事审判工作会议纪要》(以下简称《九民会议纪要》)指出:"民商事审判工作要树立正确的审判理念……通过穿透式审判思维,查明当事人的真实意思,探求真实法律关系。"最高院审判委员会专职委员刘贵祥在该会议的讲话中指出:"要树立穿透式审判思维,在准确揭示交易模式的基础上,探究当事人真实交易目的,根据真实的权利义务关系认定交易的性质与效力。"通俗地讲,穿透式审判思维就是透过现象看本质,注重对案件当事人意思表示以及法律关系的实质性审查。

穿透式审判思维并不是一个新概念,原《民法通则》和原《合同法》的有关"恶意串通,损害国家、集体或者第三人利益""以合法形式掩盖非法目的""损害社会公共利益"而导致民事行为或合同无效的规定,都是典型的穿透式审判思维。《民法典》第146条规定:"行为人与相对人以虚假的意思表示实施的民事法律行为无效。以虚假的意思表示隐藏的民事法律行为的效力,依照有关法律规定处理。"该条系对原《民法总则》第146条的吸收,明确了伪装行为、隐藏行为都属于以假意掩盖真意,对其均应审查真实的权利义务关系。最高院长期以来均倡导探究真实意思表示的审判理念,如最高院2017年第2期公报案例李建国与孟凡生、长春圣祥建筑工程有限公司等案外人执行异议之诉案,最高院认为其是以内部承包合同为名,行挂靠之实的,不应认定为内部承包,应认定为挂靠关系。

在涉及建设工程勘察、设计合同案件中,当事人基于各自利益的考量,名义合同与实质合同很可能存在背离,这就需要慎重审查当事人具体合同项下的权利义务以及实际行为,并在此基础上准确判断该案件是否属于建设工程勘察、设计合同,属于哪个阶段的合同。比如,原告某冶金勘察设计研究院股份有限公司与被告夏华模具制造有限公司建设工程勘察合同纠纷案,双方签订《建设工程勘察测绘合同》,约定被告委托原告对被告的新建厂房项目规划进行竣工测绘,双方对测绘范围和测绘内容(包括建筑面积复核、绿化面积复核、建筑物高度及立面测量、建筑三维建模、景观三维建模、建筑物放线、房产测绘、建筑工程规划复测)及测绘工程费等作出约定,后因勘察费用争议引发诉讼。法院审查后认为,虽然原告名称中含有"勘察设计"的字眼,也具有勘察、设计的资质,被告也完成了相应的"勘察测绘工作",立案案由定为建设工程勘察合同纠纷,但双方之间的关系并非建设工程勘察合同法律关系。因为在传统施工模式下,勘察活动应当在设计、施工之前,其勘察文件应作为设计、施工的前提。在本案中,对竣工后的房屋建筑进行测绘,并非建设工程勘察合同。[①] 鉴于上述合同名为建设工程勘察合同实为承揽合同,法院变更案由为承揽合同。建设工程勘察合同纠纷与承揽合同系两个不同法律评价的法律关系,在合同效力的认定方面考虑的因素显然不同。

二、慎重审查合同效力

合同效力是合同对当事人所具有的法律拘束力,是基于对国家利益、社会公共利益的保护而对当事人的合意进行的法律上评价。合同效力"关涉合同的价值判断,对合同的效力和性质认定不必基于当事人的请求,人民法院可依职权主动进行审查"。[②] 不同性质的合同,决定了不同的诉讼请求。例如,在建设工程施工合同纠纷中,如果是有效合同,则合同应适当、完整地履行,合同中的条款对合同双方具有法律约束力,除非当事人根据约定和法定条件进行了相应变更;如果是无效合同,合同中除争议解决条款、计价条款之外的大多数条款将不再具有价值,众多的权利义务约定不再具有约束力。如果将无效的合同认定为有效的合同,会导致案件审理的基本前提产生错误,进而使案件裁判的基础错误,往往导致司法领域的改判或发回重审。对此,《九民会议纪要》第 36 条特别强调:"在双务合同中,原告起诉请求确认合同有效并请求继续履行合同,被告主张合同无效的,或者原告起诉请求确认合同无效并返还财产,而被告主张合同有效的,都要防止机械适用'不告不理'原则,仅就当事人的诉讼请求进行审理,而应向原告释明变更或者增加诉讼请求,或者向被告释明提出同时履行抗辩,尽可能一次性解决纠纷……第一审人民法院未予释明,第二审人民法院认为应当对合同不成立、无效或者被撤销的法律后果作出判决的,可以直接释明并改判……"基于此,合同效力的审查是被裁判者视为重中之重的问题。

在建设工程勘察、设计合同纠纷中,合同的效力认定往往成为案件的争议焦点和处理难点,直接影响当事人利益诉求和胜负走向。以从业准入资质为

---

① 周利明:《解构与重塑:建设工程合同纠纷审判思维与方法》,法律出版社 2019 年版,第111 ~ 112 页。

② 最高人民法院民事审判第一庭编著:《最高人民法院建设工程施工合同司法解释(二)理解与适用》,人民法院出版社 2019 年版,第 74 页。

例，现行法律明确规定从事建设工程勘察、设计活动应取得相应的勘察、设计资质。《建筑法》第13条规定："从事建筑活动的建筑施工企业、勘察单位、设计单位和工程监理单位，按照其拥有的注册资本、专业技术人员、技术装备和已完成的建筑工程业绩等资质条件，划分为不同的资质等级，经资质审查合格，取得相应等级的资质证书后，方可在其资质等级许可的范围内从事建筑活动。"《建设工程勘察设计管理条例》第8条第1款规定："建设工程勘察、设计单位应当在其资质等级许可的范围内承揽建设工程勘察、设计业务。"《建设工程质量管理条例》第18条规定："从事建设工程勘察、设计的单位应当依法取得相应等级的资质证书，并在其资质等级许可的范围内承揽工程。禁止勘察、设计单位超越其资质等级许可的范围或者以其他勘察、设计单位的名义承揽工程……"根据上述规定，从事具体的勘察、设计工作的主体，应当具备行业主管部门要求的资质，否则有关行为不被法律法规所认可，导致合同无效。

因为建设工程勘察、设计活动存在资质准入要求，故行业内往往充斥着缺乏资质等级的设计单位或个人"打擦边球"的现象。其中，典型的情形就是名义上为勘察、设计咨询、配合服务，但实际上是由所谓的"咨询者""配合者""服务者"等从事实质性的勘察、设计工作。实践中不乏此类纠纷。

（一）名为设计优化，实为从事设计活动，如果"优化者"缺乏相应资质，则设计合同无效

在最高院(2019)最高法民申974号案中，正国优公司主张其仅实施了设计优化任务，并不需要设计资质。最高院经审查认为，正国优公司与中汇国银公司签订的《建设工程设计优化合同》性质上属于建设工程设计合同，双方约定正国优公司提交的设计成果在设计院不能及时改图、出图情形下，由正国优公司改图、出图，直接将设计成果转化为新的设计图，所以正国优公司的工作实质上有替代设计院的工作内容，这表明正国优公司并非仅对已有设计提供优化建议，而是进行新的替代性或补充性的设计，应当认定为建设工程设计合同纠纷。鉴于正国优公司的经营范围为建筑工程设计及咨询、装饰设计，并未提供证据证明其已依法取得建设行政主管部门颁发的资质证等相关证据，故二审法院认定上述合同属于无效合同是正确的。这是从实际从事的内容角度进行界定。

（二）名为设计组织，实为从事设计活动，如果“组织者”缺乏相应资质，则设计合同无效

在最高院（2018）最高法民申 1961 号案中，际高公司主张案涉的《设计合同》有效，理由是该公司仅为设计组织者，无须设计资质，合同约定的三项设计任务均由其他公司负责。最高院经审查认为，虽然《设计合同》约定了际高公司的德国合作伙伴及清华大学参与工程的设计，但发包人与上述第三方没有直接的权利义务关系，际高公司是实际上的建筑设计单位，履行了设计单位的所有设计工作。鉴于工程设计应当符合法律规定的资质条件，但际高公司缺乏设计资质，故该院认定案涉的《设计合同》和《补充协议》均无效。

（三）名为设计配合咨询，实为从事设计活动，如果“配合咨询者”缺乏相应资质，则设计合同无效

在台州中院（2016）浙 10 民终 158 号案中，原、被告签订《项目建设工程设计合同（方案阶段）》，约定原告设计服务的内容为担任建筑方案设计及全程技术顾问、协助被告建筑方案的送审报批，以拿到相关部门审批文件为准，与被告另行委托的具有相关设计资质的设计合作单位组成设计联合体，共同合作完成该项目的设计工作。该院经审查认为，原告主张其主要工作系配合有资质的设计联合体作出说明、审图、设计配合、咨询，然而，根据双方签订的项目工程设计合同约定，原告主持设计方案的设计，需提交平面图、设计图、布置图等实体性文件，系负责目标地块的建筑设计方案的全部设计工作，包括建筑方案设计阶段主持设计与扩初设计、施工图纸设计阶段协助配合等内容。鉴于原告不具备相应建筑方案的设计主体资质，最终认定涉案的建设工程设计合同无效。

三、建设工程勘察、设计与其他关联活动的区别

针对实践中极易混淆的几个概念，重点列举以下几个概念的区别，以便进一步把握建设工程勘察、设计的内涵。

（一）概念性方案和实施性方案的区别

根据《建筑工程方案设计招标投标管理办法》第 11 条的规定，建筑工程方

案设计招标类型分为建筑工程概念性方案设计招标和建筑工程实施性方案设计招标两种类型。从《民用建筑设计术语标准》(GB/ T 50504 - 2009)的定义分析,[①]概念设计是项目设计前期工作中对项目的初步研究和假想题目的学术探讨,更强调建筑师的设计理念和创意。从《建设工程勘察设计管理条例释义》的阐述分析可知,[②]方案设计是对建设项目进行总体部署和安排,使设计构思和设计意图具体化;细化总平面布局、功能分区、总体布置、空间组合、交通组织等;细化总用地面积、总建筑面积等各项技术经济指标。可见,该行政法规对于方案设计文件的深度要求远远超出了概念性方案设计的深度要求,而概念性方案设计并不在该行政法规提及的方案设计的概念范畴内。

虽然概念性方案设计和实施性方案设计都属于方案设计,但其存在本质性的差异。概念性方案设计虽可认定为工程设计活动中的一项阶段性内容,但不宜认定为是需要相应工程设计资质才可从事的工程设计活动。除此之外,为学术性的项目方案设计竞赛或不以工程项目设计工作承接为目的的"创意征集"等活动提供方案设计的行为,同样不宜被认定为从事工程设计活动。

对于名为"概念性方案设计"实为"建筑设计"的情形也应予以关注。如在郑州中院(2020)豫 01 民终 13525 号案中,双方当事人签订的《河南固始县吴其濬文化产业园项目定位策划及总体规划暨概念性方案设计合同》,虽然合同名称为定位策划及总体规划暨概念性方案设计,但合同项下的设计内容中包括建筑设计(其中包含建筑层高控制、主要节点建筑总平面、主要节点设计说明及技术指标、单体建筑技术指标等)、综合管网规划(其中包含燃气、电力电信)、综合交通规划图等。法院最终判定该合同系建设工程设计合同,因违反法律强制性规定,属无效合同。

(二)建设工程设计与设计优化的区别

建设工程设计活动包含对建设工程所需的技术、经济、资源、环境等条件进

---

① 根据《民用建筑设计术语标准》(GB/T 50504 - 2009)的规定,概念设计是对设计对象的总体布局、功能、形式等进行可能性的构想和分析,并提出设计概念及创意;方案设计是对拟建的项目按设计依据的规定进行建筑设计创作的过程,对拟建项目的总体布局、功能安排、建筑造型等提出可能且可行的技术文件,是建筑工程设计全过程的最初阶段。

② 国务院法制办、农林资源环保司等编著:《建设工程勘察设计管理条例释义》,中国计划出版社 2001 年版,第 85 页。

行综合分析、论证、编制建设工程设计文件三大部分。设计优化则是在原设计成果的基础上进行的优化或优选(方案),其同样包括分析、论证及编制优化设计文件,因此对于优化设计是否为工程设计的判定在业界一直存在争议。目前,法律法规尚未对优化设计给出定义,个别部门规章中有所提及,如《水电建设工程质量管理暂行办法》(电水农〔1997〕220 号)第 22 条规定:“设计优化及采用新材料、新工艺、新型结构必须以保证工程质量为前提,应进行技术经济论证,并充分考虑当前施工水平对工程安全的影响。”《建设工程项目管理试行办法》(建市〔2004〕200 号)第 6 条规定:“工程项目管理业务范围包括:……(三)协助业主方提出工程设计要求、组织评审工程设计方案、组织工程勘察设计招标、签订勘察设计合同并监督实施,组织设计单位进行工程设计优化、技术经济方案比选并进行投资控制……”可见,上述规章涉及的设计优化实质上是投资控制前提下的技术方案优选,通过多方案比选确定满足委托方要求的最佳方案。

为更好地区分工程设计和设计优化,下面以结构设计与结构设计优化为例进行说明:

传统的结构设计是设计者根据设计要求,按设计者的实践经验,参考类似的工程设计,确定结构方案,然后进行承载力、刚度、稳定性等各方面的计算,通过对计算结果的评估分析从而论证该结构方案的合理性和可行性,即为一种正向设计方式。当然,设计者有条件时还要研究几个方案来进行比较,从而对结构布局、材料选择、构件尺寸等进行调整,以便得到更为合理的方案。但是,往往由于时间较紧、工作量过大等原因,方案比较这一环节受到很大的限制,有时甚至是不可能的。传统的结构设计的特点是所有参与计算的量必须以常量出现。用结构设计优化的术语来讲,这种设计是“可行的”但未必是“最优的”。当设计者的经验不足或遇到的是新型结构体系时,这样的设计一般讲只能是“可行的”设计。

结构设计优化一般有两种类型:一种是优化者根据设计要求,在现有已完成的结构方案以及可能存在更优的潜在结构方案中,利用相应技术手段,提出若干个设计方案,并按委托方的要求从中选择一个最好的方案;另一种是优化者对于现有结构设计文件进行局部优化,如构件截面优化或配筋优化(俗称“抽筋”),并将优化结果形成优化成果报告提供给项目设计人。

此外，诸如对于某些机电系统、参数、选材等优化，或对某些专业图纸进行精细化或深化设计，在实务中也被称为“设计优化”。可见，优化设计的概念在不同领域、不同应用场景下具有不同的外延。

通常而言，设计优化进一步分为咨询服务型设计优化和工程设计型设计优化。对于咨询服务型设计优化，即为技术咨询服务，在合同性质上一般为技术咨询合同或技术服务合同，不受《建设工程勘察设计管理条例》调整，对于咨询单位是否具备相应设计资质不作强制性要求；对于工程设计型设计优化，即为工程设计活动，应属于《建设工程勘察设计管理条例》调整的范畴，从事该类优化设计的企业应具有相应的设计资质。

根据行业惯例并参考相关司法判例，可以通过以下两项标准识别咨询服务型的设计优化与工程设计型的设计优化：

第一，以提供的服务内容为标准。工程设计范围包括本行业建设工程项目的主体工程和配套工程设计，故可以通过合同项下所包含的服务内容是否属于该行业主体工程和配套工程设计来识别设计优化的具体类型。例如，对于机电系统优化设计、设备选型优化设计、地块前期商业顾问优化服务、系统工艺参数优化设计等，显然不在工程设计资质许可范围内，故可认定为咨询型设计优化，一般在合同性质上可认定为技术咨询合同或技术服务合同。对于合同项下服务内容在工程设计资质许可范围内的主体工程或配套工程设计，一般被认定为工程设计型优化设计。

第二，以是否提供实质性设计工作为标准。某些情况下，采用“以提供的合同项下服务内容为判定标准”难以判定“原建设工程设计图纸提供优化意见的优化设计”是否属于工程设计。此时，应该进一步探讨设计优化活动实质性层面的内涵。对此，主要从设计优化单位提供的是优化建议还是新的替代性、补充性设计。比如，对于提供结构方案设计优化的服务，如果该设计优化成果仅作为原设计单位方案比选所用，或者原设计单位仍需对该优化建议重新复核、计算、出图的，可认定该设计优化属于咨询型设计优化；反之，如果该设计优化成果直接作为设计依据或设计图纸出具，则理应认定为工程设计型设计优化。

（三）建设工程设计与深化设计的区别

深化设计是指承包单位在建设单位提供的初步设计、施工图设计的基础上，对其进行细化和完善，形成更专业的详细施工图纸，同时对各专业设计图纸进行集成、协调、修订与校核，以满足现场施工及管理需要的过程。深化设计作为设计的重要分支，补充和完善了方案设计的不足，有力地解决了方案设计与现场施工的诸多冲突，充分保障了方案设计的效果还原。①

深化设计可分为以下几种情形：(1)工程设计阶段的深化设计，如许多大型标志性建设项目往往会面向国际招标，由世界知名的设计公司承担设计任务，这些设计公司设计的图纸，往往是初步设计，国内的施工单位难以进行顺利施工。因此，必须对原图纸进行深入理解和消化，在不违背原设计意图的情况下，重新绘制出适应我国施工单位操作的图纸。② (2)指导现场施工的深化设计，如在建设单位或设计单位提供的蓝图的基础上，结合各专业图纸及施工现场实际情况，对图纸进行细化、补充和完善。深化设计后的图纸满足业主或设计单位的技术要求，符合相关地域的设计规范和施工规范，能够直接指导现场施工。(3)加工下料及安装用的深化设计，主要指以建筑和结构设计施工图为依据，对钢结构工程进行解图或拆图的过程，如把钢结构工程中的各构件的形状、数量、重量等尽可能地表现出来，将原建筑结构设计图纸进一步转换为工厂制作和工地安装用的图纸，便于工厂加工、工地安装。

对于装配式建筑而言，深化设计是其必不可少的关键性环节，以建装配式钢结构大厦为例，其深化设计内容如图 1－1 所示。③

对于工程设计阶段的深化设计而言，由于其依然为设计阶段的一部分内容，故处于该阶段的深化设计仍应被认定为工程设计；对于指导现场施工的深化设计、加工下料及安装用的深化设计，相应的深化成果仍需原设计单位或具有同等设计资质的设计单位进行确认，但由于其不在工程设计阶段内，故对于提供此类深化设计成果的单位并不强制要求具备相应的设计资质。

---

① 张同波：《建筑工程中影响施工的部分设计问题的研究与思考》，载《施工技术》2011 年第 1 期。

② 季聪：《88 层金茂大厦钢筋混凝土结构的深化设计和体会》，载《建筑施工》1997 年第 4 期。

③ 曹杨、陈沸镔、龙也：《装配式钢结构建筑的深化设计探讨》，载《钢结构》2016 年第 2 期。

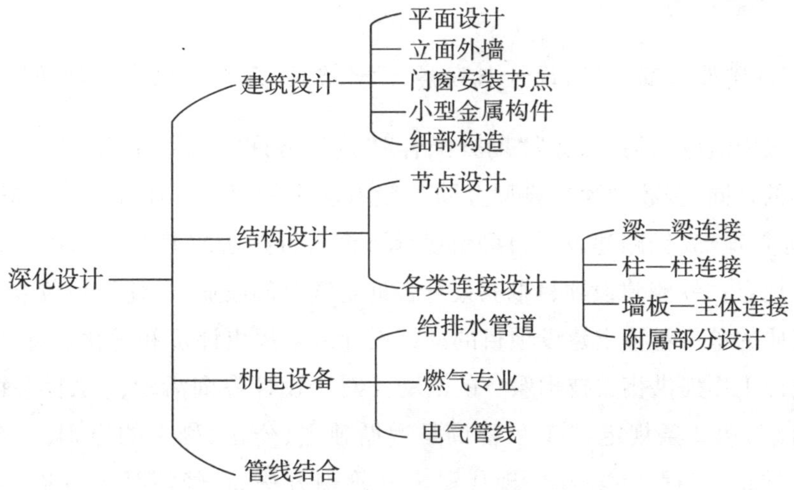

图 1－1　某装配式钢结构大厦的深化设计内容

（四）建设工程勘察、设计与技术咨询、技术服务的区别

《民法典》第 878 条第 1 款规定："技术咨询合同是当事人一方以技术知识为对方就特定技术项目提供可行性论证、技术预测、专题技术调查、分析评价报告等所订立的合同。"通常认为，利用非技术类的专门知识进行分析论证的，不属于技术咨询。比如，就经济分析、法律咨询、社会发展项目的论证、评价和调查所订立的合同，均不属于技术咨询合同。

根据《民法典》第 878 条第 2 款的规定，技术服务合同是当事人一方以技术知识为对方解决特定技术问题所订立的合同。这里的特定技术问题，是指需要运用科学知识解决专业技术工作中有关改进产品结构、改良工艺流程、提高产品质量、降低产品成本、节约资源能耗、保护资源环境、实现安全操作、提高经济效益和社会效益等问题。通常认为，以常规手段或者为生产经营目的进行一般加工、定作、修理、标准化测试等订立的加工承揽合同和建设工程的勘察、设计、安装、施工、监理合同，不属于技术服务合同。故技术服务合同不包括承揽合同和建设工程合同。

结合《民事案件案由规定》，建设工程勘察合同、建设工程设计合同与技术咨询合同、技术服务合同分属不同类别的案由，从法律层面分析，两者的差异显著,一般不宜混淆。

(五)建设工程勘察、设计与勘察、设计咨询、配合等服务活动的区别

实践中冠以"勘察服务""勘察配合""设计咨询""设计服务""商业设计"等字样的合同,多数均为非典型合同[①],没有法定的概念。比如,对于勘察设计咨询,原铁道部《铁路建设项目勘察设计咨询暂行办法》(铁建设〔2001〕21 号)第 2 条规定:"铁路建设项目勘察设计咨询是铁道部或业主、建设单位委托具有相应资质的单位对特定建设项目的勘察设计成果提出评价和优化意见,以及为勘察设计工作提供相关技术服务的活动。"对于设计咨询活动,《工程咨询行业管理办法》第 2 条规定:"工程咨询是遵循独立、公正、科学的原则,综合运用多学科知识、工程实践经验、现代科学和管理方法,在经济社会发展、境内外投资建设项目决策与实施活动中,为投资者和政府部门提供阶段性或全过程咨询和管理的智力服务。"又如,在房建和市政工程领域,对于"概念设计",《民用建筑设计术语标准》(GBT 50504 - 2009)第 2.3.5 项将其定义为:"对设计对象的总体布局、功能、形式等进行可能性的构想和分析,并提出设计概念和创意。"可见,上述概念均为行业概念,极易与建设工程勘察、设计概念相混淆。

在郑州中院(2017)豫 01 民终 4565 号案中,法院经审查认为,双方签订的合同为设计咨询类合同,一方在合同履行过程提供的是智慧成果的展示和建议,从而贯彻一种建筑整体规划的和谐、便利及美学要求。这种智慧型知识和创意的产出对相关行业的发展均具有重大意义,而对这种智慧成果的有效利用、尊重和保护亦有利于促进社会整体创新的发展。设计咨询类合同不同于具体细化类的建筑方案设计咨询,而具有独特的价值。双方当事人签订的设计咨询合同,并不具有合同无效的相关情形,应确认合同有效。

在上海二中院(2017)沪 02 民终 5866 号案中,一审法院经审查认为,宁波慈孝乐园与睿风设计公司签订的设计合同包含了完整的设计方案,因方案设计可作为咨询,不要求必须具备设计资质,故该合同中关于方案设计的部分有效,

---

① 典型合同是指法律设有规定并赋予其特定名称的合同;而非典型合同则是法律上尚未特别规定,亦未赋予一定名称的合同。

其余部分无效。二审法院经审查认为，宁波慈孝乐园与睿风设计公司签订的设计合同内容涉及建筑方案调整深化设计、建筑专业初步设计以及配合施工图设计单位共同完成施工图设计等内容。因睿风设计公司并无工程设计资质，涉案的工程设计合同无效。睿风设计公司以双方签订的只是设计服务合同而非建设工程设计合同为由主张合同有效缺乏事实及法律依据。

综合实务通行做法，建设工程勘察与建设工程设计的区别主要表现在以下几个方面：

1. 从合同内容分析。建设工程勘察是对建设场地所在的自然地貌（地形、地貌、气象、水文）、工程地质条件（区域稳定性、地层岩性、岩土工程参数的分析与选用、地下水、不良地质作用与特殊性岩土、地震效应）的查明、分析、评价和建议，并据此编制建设工程勘察文件的活动。建设工程设计是对建设工程所需的技术、经济、资源、环境等条件进行综合分析、论证，并据此编制建设工程设计文件的活动。[①] 在满足《2016 版建筑工程设计文件编制深度规定》的基础上，设计深度尚应符合各类专项审查和工程所在地的相关要求。而勘察、设计咨询、配合等服务活动，一般是在既有的勘察、设计文件的基础上，针对部分特定问题的完善建议，如对勘察成果是否符合实际、能否满足设计需要，提出评价和补充意见，或者结合有关规定、规范要求，提出优化和改进意见，或者是发挥组织协调者在要素改进、环节协调、成本降低等方面的作用。它往往缺乏具体规范性文件的指引和参考。比如，在杭州中院（2015）浙杭商终字第 2664 号案中，万品公司与徐和财签订《设计咨询协议书》，万品公司委托徐和财对投资项目的所有结构专业图纸进行设计优化，其中一个重要目的就是为该公司节省投资费用，双方约定第二部分的咨询费“按节省投资的 10% 计算”。后通过司法鉴定，法院认定徐和财提供的设计咨询报告“仅一期图纸的桩工程量节约造价达433.30

---

① 《建设工程勘察设计资质管理规定》第 38 条对建设工程设计的概念进一步予以细化：（1）建设工程项目的主体工程和配套工程［含厂（矿）区内的自备电站、道路、专用铁路、通信、各种管网管线和配套的建筑物等全部配套工程］以及与主体工程、配套工程相关的工艺、土木、建筑、环境保护、水土保持、消防、安全、卫生、节能、防雷、抗震、照明工程等的设计。（2）建筑工程建设用地规划许可证范围内的室外工程设计、建筑物构筑物设计、民用建筑修建的地下工程设计及住宅小区、工厂厂前区、工厂生活区、小区规划设计及单体设计等，以及上述建筑工程所包含的相关专业的设计内容（包括总平面布置、竖向设计、各类管网管线设计、景观设计、室内外环境设计及建筑装饰、道路、消防、安保、通信、防雷、人防、供配电、照明、废水治理、空调设施、抗震加固等）。

万元”。即使常见的“概念设计”,其往往也是为满足建筑使用功能和造型美观,根据理论研究、工程经验等形成基本设计原则和设计思想,使用简单明了的形式对构思进行表达,不需要符合深度设计规范要求。

2. 从资质要求分析。建设工程勘察、设计工作专业性强,影响施工安全和建筑物质量,涉及社会公共利益,国家对于建设工程勘察、设计人的资质实施严格的管理。法律法规涉及的这些资质要求均属于效力性强制性规定,缺乏相应设计资质的主体签订的建设工程勘察、设计合同自始无效。勘察、设计咨询、配合等服务活动是否需要资质,不能一概而论。比如,原铁道部关于《铁路建设项目勘察设计咨询暂行办法》第 2 条规定了铁路建设项目勘察设计咨询需要委托具有相应资质的单位。2004 年 6 月 29 日发布的《国务院对确需保留的行政审批项目设定行政许可的决定》及其附件《国务院决定对确需保留的行政审批项目设定行政许可的目录》,第 10 项“工程咨询单位资格认定”、第 11 项“注册咨询工程师(投资)执业资格认定”属于行政许可范围。结合《工程咨询行业管理办法》[①]第 6 条规定,对工程咨询单位实行告知性备案管理,并非强制资质管理。可见,咨询内容不同,对资质的要求也不尽相同。对此司法实务也积极回应。例如,上海一中院在(2017)沪 01 民终 13460 号案中认为,当设计方缺乏相应资质时,就设计咨询合同的效力认定,应以合同约定的具体设计内容为基础,从而认定合同性质为建设工程设计合同或装饰装修设计合同。若系建设工程设计合同,则应当依照《建筑法》等法律法规规定,认定合同无效;若系装饰装修合同,则需进一步审查房屋的性质与用途、设计工程的规模、合同约定的具体内容及难易程度、是否涉及公共安全等因素,综合认定合同效力。由此可见,勘察、设计咨询、配合等服务活动是否需要资质,需要结合具体的履约内容综合分析。

3. 从参与方式和参与深度分析。勘察、设计活动过程中各方交流互动较多、形式多样,包括座谈论证会、联系单、确认单等,这一过程往往涉及各类事项的确认,由勘察人、设计人直接负责对勘察、设计文件的具体修改,包括局部性和实质性调整,并由其承担相应的法律后果。勘察、设计咨询、配合等服务活

---

① 《工程咨询行业管理办法》第 2 条规定:“工程咨询是遵循独立、公正、科学的原则,综合运用多学科知识、工程实践经验、现代科学和管理方法,在经济社会发展、境内外投资建设项目决策与实施活动中,为投资者和政府部门提供阶段性或全过程咨询和管理的智力服务。”

动，一般是受托人提出咨询建议供委托人参考，其不直接与勘察、设计人联系，不对勘察成果、设计方案的主体性、关键性内容进行调整，不另外编制替代性或补充性的勘察、设计文件，也无须对具体的修改内容进行确认。咨询配合等服务者的介入程度相对不高，不占据主导地位。比如，在上述杭州中院（2015）浙杭商终字第2664号案中，法院认定万品公司与徐和财签订的《设计咨询协议书》有效，其中一个理由就是结合《设计咨询协议书》所载内容和万品公司在二审期间的陈述，在该协议书签订之前，万品公司已经完成了对涉案建设工程的勘验和设计，徐和财提供的仅仅是一般性的咨询服务，并未编制建设工程设计文件。

4. 从成果载体和转化运用分析。建设工程勘察、设计活动提供的是相对完整的智力成果，一般以勘察文件、设计图纸的形式呈现，这些文件或成果往往成为业主方申请办理规划审批等手续的法定文件。根据《城乡规划法》第40条第2款的规定，申请办理建设工程规划许可证，应当提交使用土地的有关证明文件、建设工程设计方案等材料。江苏省、上海市的城乡规划条例，甚至规定需要提交施工图设计文件。勘察、设计咨询、配合等服务活动，其成果载体主要表现为建议书、咨询意见书等，一般不表现为图纸或者独立的勘察、设计文件，也不是每个建设项目办理规划审批手续的必备文件，发包人更不会将咨询意见作为正式报告提请职能部门审查。比如，在最高院（2017）最高法民申2320号案中，法院认为，设计方案需要满足编制初步设计文件和控制概算的需要，长河公司将炫愉公司交付的设计成果提交庄河市规划建设委员会讨论，说明设计方案实际上超越了概念设计的阶段，应认定为建设工程设计合同法律关系。

5. 从民事案件案由的确定分析。建设工程勘察合同纠纷、建设工程设计合同纠纷属于四级案由。勘察、设计咨询、配合等服务纠纷，根据《民法典》第467条的规定，作为非典型合同适用《民法典》物权编通则的规定，并可以参照适用《民法典》合同编或者其他法律最相类似合同的规定。所以，在民事案件案由的确定问题上，往往列为二级案由“合同纠纷”、三级案由“承揽合同纠纷”“服务合同纠纷”或者四级案由“装饰装修合同纠纷”，主要根据实际权利义务关系确定。

第 1.2 条 【资质与合同效力】建设工程勘察、设计合同存在以下情形之一的，人民法院或者仲裁机构应当认定无效：

(1) 勘察人、设计人未取得资质或者超越资质等级的；

(2) 借用有资质的勘察人、设计人名义的；

(3) 不具备相应资质而从事勘察、设计阶段性工作的。

勘察人、设计人超越资质等级许可的业务范围签订工程勘察、设计合同，在主要勘察、设计文件交付前取得相应资质等级，应当认定合同有效。

【条文主旨】

本条是关于建设工程勘察人、设计人的资质等级条件对相关勘察、设计合同效力的影响问题的规定。

【理解与适用】

建设工程勘察、设计是建设工程质量的源头。一个建设项目，如果工程勘察、设计不合格，极易为建设工程的整体质量埋下隐患，危害公共利益。因此，国家对工程勘察、设计工作实行严格的资质管理制度。应当区分缺乏资质、资质不符等不同情形，认定合同效力。

一、建设工程勘察、设计资质现状

《行政许可法》第 12 条规定了可以设立行政许可的范围，其中第 3 项规定："提供公众服务并且直接关系公共利益的职业、行业，需要确定具备特殊信誉、特殊条件或者特殊技能等资格、资质的事项。"勘察、设计工作直接关系社会公共利益，显然属于行政许可范围。《建筑法》第 13 条规定："从事建筑活动的建筑施工企业、勘察单位、设计单位和工程监理单位，按照其拥有的注册资本、专业技术人员、技术装备和已完成的建筑工程业绩等资质条件，划分为不同的资质等级，经资质审查合格，取得相应等级的资质证书后，方可在其资质等级许可的范围内从事建筑活动。"《建设工程安全生产管理条例》第 4 条规定："建设单位、勘察单位、设计单位、施工单位、工程监理单位及其他与建设工程安全生产有关的单位，必须遵守安全生产法律、法规的规定，保证建设工程安全生产，依法承担建设工程安全生产责任。"《建设工程勘察设计管理条例》第 7 条亦明确国家对从事建设工程勘察、设计活动的单位,实行资质管理制度。具体办法由国务院建设行政主管部门商国务院有关部门制定。

由此可见,勘察人、设计人必须在政府监管核准的“资质”范围内,才能开展相应的勘察设计活动。勘察人、设计人拥有的注册资本、具有执业资格的专业技术人员、技术装备和已完成的工程业绩等,是其在勘察、设计行业能力的体现,也是行政主管部门评价勘察人、设计人的主要依据。

结合《建设工程勘察设计资质管理规定》第 5 条、第 6 条的规定,工程勘察资质分为工程勘察综合资质、工程勘察专业资质、工程勘察劳务资质。工程勘察综合资质只设甲级;工程勘察专业资质设甲级、乙级,部分专业可以设丙级;工程勘察劳务资质不分等级。[①] 工程设计资质分为工程设计综合资质、工程设计行业资质、工程设计专业资质和工程设计专项资质。工程设计综合资质只设甲级;工程设计行业资质、工程设计专业资质、工程设计专项资质设甲级、乙级。根据工程性质和技术特点,个别行业、专业、专项资质可以设丙级,建筑工程专业资质可以设丁级。[②] 针对海洋工程勘察[③],《海洋工程勘察资质分级标准》(建设〔2001〕217 号,2016 年 6 月 16 日修正)规定,海洋工程勘察是通过测量、测试、勘探、模拟、分析等手段为海洋工程建设提供必需的、可靠的海底地形、海底岩土和海洋环境特征等成果。海洋工程勘察主要包括海洋工程测量、海洋岩土勘察和海洋工程环境调查三个分专业。

---

① 取得工程勘察综合资质的企业,可以承接各专业(海洋工程勘察除外)、各等级工程勘察业务;取得工程勘察专业资质的企业,可以承接相应等级相应专业的工程勘察业务;取得工程勘察劳务资质的企业,可以承接岩土工程治理、工程钻探、凿井等工程勘察劳务业务。

② 取得工程设计综合资质的企业,可以承接各行业、各等级的建设工程设计业务;取得工程设计行业资质的企业,可以承接相应行业相应等级的工程设计业务及本行业范围内同级别的相应专业、专项(设计施工一体化资质除外)工程设计业务;取得工程设计专业资质的企业,可以承接本专业相应等级的专业工程设计业务及同级别的相应专项工程设计业务(设计施工一体化资质除外);取得工程设计专项资质的企业,可以承接本专项相应等级的专项工程设计业务。

③ 其中,海洋工程测量包括海底地形测量、海底面状况侧扫和底床稳定性分析;海洋岩土勘察包括海底近表层沉积地层结构探测、海底岩土的工程(物理、力学)性质等;海洋工程环境调查包括物理、动力及防腐蚀环境的调查。其中物理环境包括海水温度、盐度、海冰、气象、悬浮泥沙及通量、沉积物热导率;动力环境包括波浪、潮汐、海(潮)流的一般条件及极值条件计算;防腐蚀环境包括海洋化学要素、污损生物及沉积物电导率等。海洋工程勘察资质设甲、乙两个等级,在海洋工程测量、海洋岩土勘察和海洋工程环境调查三个分专业同时满足甲级或乙级资质等级要求时,相应定为海洋工程勘察甲级或乙级资质;其中某一分专业满足甲级或乙级资质等级要求时,定为相应专业的甲级或乙级资质。

2020年11月30日，国务院通过《建设工程企业资质管理制度改革方案》对工程勘察、设计资质进行了较大调整，主要体现为：（1）工程勘察资质。保留综合资质；将4类专业资质及劳务资质整合为岩土工程、工程测量、勘探测试等3类专业资质。综合资质不分等级，专业资质等级压减为甲、乙两级。（2）工程设计资质。保留综合资质；将21类行业资质整合为14类行业资质；将151类专业资质、8类专项资质、3类事务所资质整合为70类专业和事务所资质。综合资质、事务所资质不分等级；行业资质、专业资质等级原则上压减为甲、乙两级（部分资质只设甲级）。对比见表1－1。

表1－1　工程勘察、设计资质改革前后对比

<table>
<tr><th rowspan="2">类别</th><th colspan="3">改革前</th><th colspan="3">改革后</th></tr>
<tr><th>资质种类</th><th>数量（个）</th><th>说明</th><th>资质种类</th><th>数量（个）</th><th>说明</th></tr>
<tr><td rowspan="3">工程勘察</td><td>综合资质</td><td>1</td><td>—</td><td>综合资质</td><td>1</td><td>保留（不分等级）</td></tr>
<tr><td>专业资质</td><td>10</td><td>岩土工程、岩土工程勘察分项、岩土工程设计分项、岩土工程物探测试检测监测分项、水文地质勘察、海洋工程勘察、海洋岩土勘察分专业、海洋工程环境调查分专业、工程测量、海洋工程测量分专业</td><td rowspan="2">行业资质</td><td rowspan="2">3</td><td rowspan="2">岩土工程、工程测量、勘探测试；取消劳务资质，专业资质等级压减为甲、乙两级</td></tr>
<tr><td>劳务资质</td><td>2</td><td>工程钻探、凿井</td></tr>
<tr><td rowspan="3">工程设计</td><td>综合资质</td><td>1</td><td>—</td><td>综合资质</td><td>1</td><td>保留</td></tr>
<tr><td>行业资质</td><td>21</td><td>建筑、市政、公路、铁道、水运、民航、水利、电力、核工业、煤炭、冶金、建材、化工石化医药、石油天然气、电子通信广电、机械、军工、轻纺、农林、商物粮、海洋</td><td>行业资质</td><td>14</td><td>建筑、市政、公路、铁道、港口与航道、民航、水利、电力、煤炭、冶金建材、化工石化医药、电子通信广电、机械军工、轻纺农林商物粮</td></tr>
<tr><td>事务所资质</td><td>3</td><td>建筑设计事务所、结构设计事务所、机电设计事务所</td><td>事务所资质</td><td>3</td><td>保留</td></tr>
</table>

续表

类别	改革前			改革后		
	资质种类	数量(个)	说明	资质种类	数量(个)	说明
	专项资质	8	建筑装饰工程设计专项、建筑智能化工程设计专项、照明工程设计专项、建筑幕墙工程设计专项、轻型钢结构工程设计专项、风景园林工程设计专项、消防设施工程设计专项、环境工程设计专项(分为5个分项资质)	通用专业资质	8	建筑装饰工程通用专业、建筑智能化工程通用专业、照明工程通用专业、建筑幕墙工程通用专业、轻型钢结构工程通用专业、风景园林工程通用专业、消防设施工程通用专业、环境工程通用专业

总体而言,此次勘察、设计企业资质改革,进一步放宽了建筑市场准入限制,有利于个别企业扩大承揽业务范围和规模,司法裁判活动也应关注这一改革,慎重认定合同效力。

二、违反建设工程勘察、设计资质条件的情形

正因为从事工程勘察、设计工作必须具有相应的资质,而资质的取得对企业注册资本、专业技术人员、专业设备和业绩成果都有较高要求,由此导致行业中出现不规范甚至违法的情形,本章第1.1条【准确认定建设工程勘察、设计合同法律关系】详细分析了行业内缺乏资质等级的设计单位或个人“打擦边球”的现象。

违反资质条件的行为主要体现为以下几类:

(一)未取得勘察、设计资质

发包人主张工程勘察人、设计人不具有相应资质,或者工程勘察人、设计人主张其具有案涉项目所需的相应资质条件但未举证证明的,建设工程勘察、设计合同无效。这种情形在实践中较为常见,包括:

1. 勘察人、设计人系个人并非企业,不具备相应勘察、设计资质。在司法裁判过程中,为查明案件事实,应当向双方当事人释明,敦促其提供有关资质证

书,对于是否具备资质由勘察人、设计人来说明最为方便。鉴于各省市对于资质等级管理的差异化,根据当事人申请或者依职权,裁判者可以向勘察人、设计人所在地设区的市级建设行政主管部门了解情况或通过住建部网站上的全国建筑市场监管公共服务平台进行查询。

2. 不具备项目所需的特定资质。如海洋工程勘察资质要求较高,主要包括具有同时承担 2 项大型海洋工程相关分专业的勘察能力,至少有 6 名具有本专业高级技术职称,近 10 年内获得不少于 2 项国家级或省、部级优秀工程勘察奖,或参加过 1 项与海洋工程勘察相关的国家、行业标准等编制工作等。同时,对海洋工程勘察主要仪器设备也有很高的要求。实际上,我国获得海洋工程勘察设计资质的单位涉及海洋、交通、船舶、电力、机械、石油、石化、科学院等八大部门,大部分集中在沿海城市。又如,涉及军工、核工业、电子通信广电、石油、天然气等专业资质的,实务中发生的纠纷较少,裁判者掌握的信息相对不足,此时,更应当根据案件需要查明特定行业、特定专业的资质条件。对于未取得勘察、设计资质从事相关工程勘察、设计工作的,比较容易掌握。

(二)超越资质等级和业务范围

《建设工程勘察设计管理条例》第 8 条规定:“建设工程勘察、设计单位应当在其资质等级许可的范围内承揽建设工程勘察、设计业务。禁止建设工程勘察、设计单位超越其资质等级许可的范围或者以其他建设工程勘察、设计单位的名义承揽建设工程勘察、设计业务。”此类超越资质一般限于低资质借用高资质的情形,因违反《建筑法》《建设工程勘察设计管理条例》等规定,认定相关合同无效。

超越资质等级和业务范围的一般包括两类情形:

1. 超越工程规模。如宁波中院在(2016)浙 02 民终 3791 号案中认为,从事建设工程勘察、设计的单位应当在其取得的资质等级许可的范围内承揽工程。该案中,原告公司只拥有乙级资质,不能承接地下空间大于 1 万平方米的工程。法院查明,原被告签订合同的真实意思是包含地下部分工程设计,共计建筑面积 70,833 平方米,所以原告超资质承包,违反法律、行政法规规定,合同无效。

2. 超越工程类型。如新疆生产建设兵团第三师中院在(2014)兵三民初字第5号案中认为，涉案设计项目为市政工程基础设计，包括道路、排水、电力、燃气、热力、照明、消防、园林绿化工程设计，被告不具备市政工程基础设计的综合资质，仅具备道路工程、桥梁工程专业甲级资质，给排水工程专业乙级资质，而不具备其他专业资质，不能满足涉案市政基础设计的资质条件，根据原《合同法》的相关规定，应当认定双方当事人签订的《建设工程设计合同》为无效合同。

实践中，裁判者应当根据当事人提供的资质证据，对照行政主管部门颁布的有关规范性文件，从案涉项目的性质、面积、投资金额、资金来源、施工工艺等方面，准确判断工程勘察人、设计人应当具备的资质内容和等级条件。

（三）借用资质（挂靠）

借用资质即为挂靠，是指没有资质或者资质等级不符合要求的工程勘察人、设计人，以有资质或者资质等级相符的工程勘察人、设计人名义签订建设工程勘察、设计合同。合同签订后，名义上的工程勘察人、设计人并不实际从事勘察、设计工作，而在收取一定数量管理费的前提下，将项目交由没有资质或者资质等级低的勘察人、设计人完成。

与建设工程施工合同相似，借用资质情形在工程勘察、设计领域也有一定程度的存在，不仅违反法律法规，而且极易造成安全隐患。为此，《建设工程勘察设计管理条例》第8条规定，“禁止建设工程勘察、设计单位允许其他单位或者个人以本单位的名义承揽建设工程勘察、设计业务”。该规定属于效力性强制性规定，一旦违反，相关工程勘察、设计合同自始无效。

甄别是否构成挂靠的关键在于实际从事工程勘察、设计的主体是谁，实际投入人员、资金、设备、出图的主体是谁，而不是简单地看勘察、设计文件的盖章主体、提交主体等。在实践中，挂靠情形越来越复杂，如无设计资质的单位与有设计资质的单位进行联合设计就比较难识别。比如，上海一中院在（2017）沪01民终3357号案中认为，作为合同实际履行方的上海罗昂公司并不具有相应的建筑设计资质，因此由其与原审被告组成“联合体”承包涉案方案设计工程及总体设计工程、施工图设计工程，不符合法律法规强制性规定，原审判断正确，涉案的建设工程设计合同应属无效。

在借用资质的情形中，以下三个方面的问题需要引起重视：

1. 高资质勘察人、设计人借用低资质等级条件的合同效力。考虑到“任何对企业承揽工程必须与其资质等级相一致要求的放宽,都会给建筑工程质量带来隐患,与《建筑法》的立法目的相抵触”,①因此,对该行为的效力也应当予以否定。

2. 就质量问题,资质出借人与借用人对发包人是否承担连带责任。即勘察人将承揽的项目交由无资质的承揽人勘察,后在工程施工过程中被认定为勘察缺陷,此时名义上的勘察人是否应当与实际勘察人对发包人的损失承担连带责任的问题。在建设工程施工合同领域,《施工合同司法解释(一)》第 7 条规定:“缺乏资质的单位或者个人借用有资质的建筑施工企业名义签订建设工程施工合同,发包人请求出借方与借用方对建设工程质量不合格等因出借资质造成的损失承担连带赔偿责任的,人民法院应予支持。”建设工程勘察、设计合同纠纷,可否类推上述连带责任的规定,尚存在争议。关键在于:根据《民法典》的规定,连带责任应当约定或者法定,在法律、行政法规和司法解释等对工程勘察、设计合同能否类推尚未明确情况下,认定连带责任缺乏法律依据。而如果不类推适用《施工合同司法解释(一)》第 7 条的规定,可能无法有效规制挂靠行为。这些问题既需要在实践中不断形成共识,又需要最高司法机关、行政主管部门通过适当方式予以明确。

3. 就非质量问题资质出借人与借用人对外是否承担连带责任。即承揽人借用有资质的设计人的资质与发包人订立合同,后又将该项目转包给其他具备资质的设计人,在设计费无法及时予以清偿情况下,后手设计人可否要求资质出借人与借用人承担连带付款义务的问题。对于非质量问题引发的对外债务问题,即使在建设工程施工合同领域,最高院和各级人民法院的裁判标准也并不统一。② 这仍然需要从价值导向、利益平衡、意思自治等多个维度,并结合个案实际妥善认定。值得关注的是,在建设工程施工合同领域,挂靠人对外买卖、租赁等行为的处理问题,最高院认为应该从挂靠人对外是否以自身名义签订合同,以及是否构成表见代理的角度分析,分别由挂靠人或被挂靠人承担单一责

---

① 最高人民法院民事审判第一庭编著:《最高人民法院新建设工程施工合同司法解释(一)理解与适用》,人民法院出版社 2021 年版,第 21 页。

② 谢佑、陈栎旭:《挂靠人与被挂靠人对外债务承担的类型化分析》,载《浙江省法学会工程建设法学研究会 2020 年年会暨研讨会专刊》,第 25 ~ 28 页。

任。“因此，在此类合同中，让挂靠人和被挂靠人承担连带责任，不仅缺乏法律规范基础，且从合同的角度也难以找寻依据。”[①]这一观点的转变值得我们思考。

（四）不满足资质条件而从事勘察、设计阶段性工作

就建设工程勘察而言，一般划分为可行性研究勘察阶段、初步勘察阶段、详细勘察阶段（也称施工图设计勘察阶段）、施工勘察阶段。不同的勘察阶段需要勘察文件有相应的内容和深度。如房建市政工程的详细勘察，需要满足《2020版房建市政工程勘察深度规定》相关要求。《工程建设项目勘察设计招标投标办法》第21条第3款规定：“投标人应当符合国家规定的资质条件。”通常认为，可行性研究勘察是为查明场地的稳定性和适宜性，并为选择工程场地和可行性研究提供依据，一般没有明确的深度要求，也没有强制性效力性的规定。初步勘察、详细勘察、施工勘察是后续相应设计阶段的主要依据，从事该三个阶段的勘察人应当具备相应资质。

就建设工程设计而言，一般包括方案设计阶段、初步设计阶段和施工图设计阶段。根据《建筑工程设计文件编制深度规定》的要求，不同的设计阶段需要设计文件有相应的内容和深度，如在设计说明、总平面图、建筑、结构、排水、电气、弱电、采暖通风空气调节、动力、预算等各专业通过文字、图形、图表表述到了何种程度，以上内容都影响着设计文件是否完成、合格，能否达到报建的条件。《建筑工程方案设计招标管理办法》第20条规定，对于参加建筑工程项目方案设计的境内企业投标人“应具有建设主管部门颁发的建筑工程设计资质证书或建筑专业事务所资质证书，并按规定的等级和范围参加建筑工程项目方案设计投标活动”。可见，方案设计有工程设计资质准入的要求。初步设计和施工图设计直接涉及后续施工工作，更应当具备相应资质条件。

在实践中，多数观点认为，从保障建设工程安全，维护社会公共利益考虑，不满足资质条件的勘察人、设计人不能从事工程勘察、设计任一阶段的工作。对于认定这方面合同的效力时，仍然需要结合合同实际履行情况，甄别是否属

① 最高人民法院民事审判第一庭编著：《最高人民法院新建设工程施工合同司法解释（一）理解与适用》，人民法院出版社2021年版，第87~88页。

于工程勘察、设计合同范畴,进而认定合同效力。

(五)分包给不符合资质条件的勘察人、设计人

《民法典》第 791 条第 3 款规定:“禁止承包人将工程分包给不具有相应资质条件的单位……”《建设工程勘察设计管理条例》第 17 条规定:“发包方不得将建设工程勘察、设计业务发包给不具有相应勘察、设计资质等级的建设工程勘察、设计单位。”发包人发包时,以及勘察人、设计人将工程分包时,应当审查承包人和分包人是否具备承包该部分工作的资质条件,若违反上述规定,将导致由此订立的工程勘察、设计合同无效。这部分内容详细参见本章第 1.4 条【违法分包对合同效力的影响】。

三、并非所有的勘察、设计业务都需要资质

建设工程勘察、设计资质条件的认定相对复杂,裁判者要根据案件实际,首先查明是否属于建设工程勘察、设计范畴,非建设工程勘察、设计合同,一般不需要具备相应资质条件。

以装饰装修设计为例,对于涉及酒店、厂房、办公楼等装饰装修设计适用《建筑法》《建设工程勘察设计管理条例》等,需要资质等并无争议。但是对于一般家庭装饰装修设计是否需要资质,存在争议。通常认为,考虑到家庭装饰市场的现实情况,多数装修公司并无工程设计资质,许多以个体工商户、个人等名义承接,数量庞大、比例畸高,一概以欠缺资质为由认定合同无效,影响面过大,也脱离普通民众的认知范畴,造成裁判活动与社会一般情况的脱节,故家庭装饰装修设计往往不能因缺乏资质而认定无效。主要理由如下:

第一,《建筑法》第 83 条第 1 款规定,“……小型房屋建筑工程的建筑活动,参照本法执行”。最高院认为:“依现行《建筑法》的规定,家庭居室装饰装修活动不属于《建筑法》的调整范围。”①

第二,《住宅室内装饰装修管理办法》第 22 条虽规定承接方应当在资质范围内承揽工程,但该办法为部门规章,不属于法律行政法规范畴,不宜作为认定

---

① 最高人民法院民事审判第一庭编著:《最高人民法院新建设工程施工合同司法解释(一)理解与适用》,人民法院出版社 2021 年版,第 389 页。

合同效力的依据。

第三，家庭装饰装修设计，如果不涉及建筑主体和承重结构变动，或是拆改供暖、燃气管道和设施，一般不会对社会公共安全造成直接影响，裁判活动中的资质要求可从宽把握。反之，如果涉及建筑主体和承重结构变动，或是拆改供暖、燃气管道和设施的，就不是严格意义上的装饰装修合同了，有关资质条件仍应从严把握。

第四，类推建设工程施工合同效力规则，江苏、北京、山东等地高院的指导意见，均不将家庭居室装饰装修活动纳入《建筑法》的调整范围，多依据原《合同法》承揽合同的规定，故家庭装饰装修设计的资质条件亦可放宽。对此，裁判实践也予以积极回应，如上海二中院在(2016)沪02民终1618号案中认为，发包人与设计人签订的《喀什月星锦江酒店室内设计合同》及两份《室内设计合同(设计变更补充协议)》系当事人的真实意思表示，从合同约定的设计范围可见，设计人为发包人提供的是室内装修设计，并不涉及建筑工程的主体结构等设计，非需取得设计资质的建筑工程设计活动，故案涉合同不违反法律法规的强制性规定，应属合法有效。但是，部分家庭装饰装修设计活动，如未经行政主管部门批准或专业设施管理单位批准(安装电梯、挖地下室等)，私自变动房屋所在建筑的主体和承重结构，私自拆改供暖、燃气管道等专业设施的，考虑到该活动对社会公共安全可能产生严重威胁，对此类装饰装修设计与施工合同效力一样应从严把握，一般认定合同无效。

针对民宿性质的家庭装饰装修设计是否需要相应资质，亦存在争议。有的认为不属于建设工程范畴，无须具备相应资质条件。例如，舟山中院在(2020)浙09民终70号案中认为，一方面，从案涉装饰装修设计和施工的内容及履行情况看，即使本案设计装修工程部分系用于商业经营，但其本质仍系家庭住宅室内设计和装饰装修；另一方面，案涉工程内容并未涉及变动建筑主体和承重结构及私自拆改专业设施等情形，故上诉人仅以被上诉人承揽业务缺乏相应资质为由，主张合同无效，难以支持。有的观点认为家庭民宿装饰装修设计需要相应资质。主要考虑到房屋设计的用途、是否危及公共安全等内容，同时房屋规划的用途为民宿客栈，其虽有别于开放式商场、大规模酒店等，但仍属于为不特定的公众提供服务的场所，具有一定的公共性，应属于建设工程设计的范畴。

此外，对于名为建设工程勘察、设计合同，实为工程咨询、概念设计、美术设计等合同的，应从尽量认定合同有效的角度考虑，不宜认定为建设工程勘察、设计合同，可以认定为承揽合同。

四、建设工程勘察、设计合同效力的补正

《施工合同司法解释》第 5 条规定："承包人超越资质等级许可的业务范围签订建设工程施工合同，在建设工程竣工前取得相应资质等级，当事人请求按照无效合同处理的，不予支持。"《施工合同司法解释（一）》第 4 条保留了原《施工合同司法解释》的规定，并未做调整，亦允许合同效力的补正。换言之，在工程施工合同领域，对于施工企业超越资质等级许可承揽业务的情况，允许合同效力的补正。从类推适用施工合同效力补正规则的角度分析，在建设工程勘察、设计合同领域，以下问题需要关注。

（一）合同效力的补正时间

对于建设工程施工合同，《施工合同司法解释（一）》第 4 条将补正时间限定为"建设工程竣工前"，"本条规定中已经明确将补正时间放宽到建设工程竣工前，在审判实践当中，应当严格把握这一时间限制"。[①]竣工后才获得相应资质的，合同效力不得补正。但对于建设工程勘察、设计合同，其主要的工作对象和工作内容是交付勘察、设计文件或成果，其"竣工"概念相当于施工领域的施工完毕，即完成合同约定的智力成果，故该时间节点可以明确为"主要勘察、设计文件（成果）交付前"。

1. 主要勘察、设计文件范围的界定。合同有约定的按照约定履行，没有约定的，可限于主要成果或文件，即编制的勘察报告、设计文件和设计概算、预算等，原则上不包括所涉及的附属文件、配套资料，以及提供技术交底、招标与施工配合、交工验收等附随事务。裁判过程中，具体范围可参照《2016 版建设工程勘察合同示范文本》《2015 版房建工程设计合同示范文本》《2015 版专业工程设计合同示范文本》《2018 版公路工程标准勘察设计招标文件》等确定的交付资

① 最高人民法院民事审判第一庭编著：《最高人民法院建设工程施工合同司法解释的理解与适用》，人民法院出版社 2015 年版，第 51 ~ 52 页。

料范围。人民法院或者仲裁机构应侧重审查是否按照约定时间、地点交付上述主要成果,发包人有无出具书面签收单(涉及名称、组成、份数、提交和签收日期、提交人与接收人的亲笔签名),包括电子邮件、微信交流等记录。

2. 交付时间的界定。正如建设工程施工合同纠纷中,当事人往往对于竣工时间产生分歧,故《施工合同司法解释(一)》第 9 条对竣工日期予以细化,即建设工程经竣工验收合格的,以竣工验收合格之日为竣工日期;承包人已经提交竣工验收报告,发包人拖延验收的,以承包人提交验收报告之日为竣工日期;建设工程未经竣工验收,发包人擅自使用的,以转移占有建设工程之日为竣工日期。

在建设工程勘察、设计合同纠纷中,当事人也极易因勘察、设计文件是否达到约定、法定标准问题提出异议,从而对具体交付时间产生争议。参照实务中的做法,应当明确以下几个问题:

(1)应当以发包人有效接收勘察、设计文件的时间为准。如根据合同约定的时间,勘察人、设计人将主要文件交付给发包人,其未在约定期限内提出异议的,该期限届满后应视为勘察人、设计人已经交付;如发包人要求勘察人、设计人进行修改完善,或者委托第三方进行补充勘察、深化设计等,也应当以初次交付视为有效交付时间。否则,发承包人之间往往因勘察、设计文件是否达到约定或法定标准产生异议,即使双方经协商未果,进入仲裁、诉讼程序,往往经历时间较长,如果以发包人认可的时间作为有效交付节点,既助长了发包人的不诚信,又极易导致效力补正的时限过长,失去了合同效力补正的应有之义。

(2)特殊情况下的交付时间认定。例如,因工程勘察、设计合同解除等原因导致主要勘察、设计成果尚未完成,一般应以勘察人、设计人停止工作,将现有的勘察、设计成果实际交付发包人之时,作为效力补正的节点。例如,勘察人、设计人已经完成主要勘察、设计成果,但因与发包人之间产生费用结算争议,尚未将主要文件或成果交付发包人的,此时勘察人、设计人有证据表明“僵持”阶段其已取得资质的,该“僵持”时间亦可作为资质补正的合理节点。

(3)当事人对交付时间存在异议的,也可以将发包人或者发包人指定的接收人实际占有使用的时间认定为有效交付节点。例如,发包人向行政主管部门提交图纸审查的时间,以及勘察人、设计人根据指示交付第三方进行补充勘察、深化设计的时间。

（二）签约时没有资质后续取得资质的可否补正

当事人在签订工程勘察、设计合同时未取得资质，但后续在规定时间内取得相应资质的，该合同是否有效，实践中存在不同观点。

一种观点认为，适用《施工合同司法解释（一）》第4条的前提是建设工程施工企业承揽建设工程时超越其当时的资质等级。“本条只规定超越资质等级的建设工程可以进行效力补正，其他违反法律、行政法规禁止性规定的合同，没有允许进行效力补正。故而，对于可以进行效力补正的合同应当限于在这一规定的情形下，不应再扩大合同效力补正的范围。”①

另一种观点认为，从《建设工程企业资质管理制度改革方案》等改革情况分析，②行政主管部门对于资格改革逐渐趋向放宽，不应一概否定签约时没有资质但后续取得相应资质的合同效力。

第1.3条　【未取得建设用地规划审批等手续对建设工程勘察、设计合同效力的影响】当事人以发包人未取得项目规划审批手续为由，请求确认建设工程勘察、设计合同无效的，不予支持。

当事人以地质勘察临时用地未办理临时规划审批手续为由，请求确认建设工程勘察合同无效的，不予支持。

当事人以签订工程总承包合同时项目未取得规划审批手续为由，请求确认建设工程设计合同或工程总承包合同中的设计部分无效的，不予支持。

---

① 最高人民法院民事审判第一庭编著：《最高人民法院新建设工程施工合同司法解释（一）理解与适用》，人民法院出版社2021年版，第56页。

② 例如，《住建部关于推进建筑业发展和改革的若干意见》规定，“坚持淡化工程建设企业资质、强化个人执业资格的改革方向，探索从主要依靠资质管理等行政手段实施市场准入，逐步转变为充分发挥社会信用、工程担保、保险等市场机制的作用，实现市场优胜劣汰”。《国务院办公厅关于促进建筑业持续健康发展的意见》规定：“进一步简化工程建设企业资质类别和等级设置，减少不必要的资质认定。选择部分地区开展试点，对信用良好、具有相关专业技术能力，能够提供足额担保的企业，在其资质类别内放宽承揽业务范围限制，同时，加快完善信用体系，工程担保及个人执业资格等相关配套制度，加强事中事后监管。”此后部分地方政府纷纷出台贯彻意见，内容相似。

【条文主旨】

本条是关于未取得建设用地规划审批等手续对建设工程勘察、设计合同效力的规定。

【理解与适用】

无论是传统的施工总承包模式还是工程总承包模式，因建设工程勘察、设计合同的智力成果属性，而且勘察、设计文件本身就是申请办理规划审批手续的基础材料，签订勘察、设计合同时，客观上无法取得规划审批等手续，故不应参照《施工合同司法解释（一）》第3条的规定认定建设工程勘察、设计合同的效力。

一、建设工程规划审批等手续的理解

按照《土地管理法》《城乡规划法》《建筑法》的规定，一项建设工程从立项开始，一般需要取得建设用地规划许可证、建设工程规划许可证、建设用地使用权证、建设工程施工许可证，即"四证"。《施工合同司法解释（一）》第3条未做区分，统一规定为"建设工程规划许可证等规划审批手续"。结合《城乡规划法》的规定，规划许可证分为建设用地规划许可证和建设工程规划许可证。建设规划许可制度是落实城市规划的重要措施，其目的是限制建筑选址，使项目建设符合城市总体规划，如建设项目的高度、绿化面积、容积率等，使项目建设符合各种控制性规划。建设工程规划许可证是有关建设工程符合城市规划要求的法律凭证，未取得建设工程规划许可证的项目不得开工建设。未取得建设用地规划许可证、建设工程规划许可证（或者未按照建设工程规划许可证的规定进行建设）的建设工程实际上都是违法建筑。[①] 建设用地使用权证是由各级人民政府颁发的国有土地使用权的凭证。建设工程施工许可证，是建设工程开工前，建设单位有关职能部门申请领取的施工许可证。

不同性质的土地，申请"四证"的顺序也存在差异。[②] 2019年以来，根据自然资源部《关于以"多规合一"为基础推进规划用地"多审合一、多证合一"改革

① 安建：《中华人民共和国城乡规划法释义》，法律出版社2009年版，第77页。

② 根据《城乡规划法》第37条、第38条的规定，对于划拨土地，先申请建设用地规划许可证，然后办理国有土地使用权证，再办理建设工程规划许可证。对于出让土地，先办理国有土地使用权证，然后办理建设用地规划许可证，再办理建设工程规划许可证。

的通知》(自然资规〔2019〕2号),自然资源部以"多规合一"为基础推进规划用地"多审合一、多证合一"改革,其中一项就是将建设用地规划许可证、建设用地批准书合并,统一核发新的建设用地规划许可证,不再单独核发建设用地批准书。具体而言,对于划拨土地,建设单位经申请获得许可后,自然资源主管部门同步核发建设用地规划许可证、国有土地划拨决定书。对于出让土地,自然资源主管部门将规划条件纳入建设用地使用权出让合同,建设单位在签订国有建设用地使用权出让合同后,自然资源主管部门向建设单位核发建设用地规划许可证。但是,上述改革和相关制度没有触及建设工程规划许可。

二、司法解释规定未办理规划审批等手续直接影响施工合同效力

《施工合同司法解释(一)》第3条规定:"当事人以发包人未取得建设工程规划许可证等规划审批手续为由,请求确认建设工程施工合同无效的,人民法院应予支持,但发包人在起诉前取得建设工程规划许可证等规划审批手续的除外。发包人能够办理审批手续而未办理,并以未办理审批手续为由请求确认建设工程施工合同无效的,人民法院不予支持。"通常认为,未领取国有土地使用权证、建设工程施工许可证的行为,系违反管理性强制性规定,不影响合同效力,主要通过行政手段予以规制。建设用地规划与建设工程规划直接关系到土地合理使用、科学利用及城乡整体布局,这与不特定的大多数人的切身利益是紧密相关的,所以,关于土地使用(流转)、规划以及建设工程规划,都属于国民的基本利益所在,属于社会公共利益的范畴。[①] 办理建设工程规划许可证是执行城乡规划的具体体现,是建设单位进行合法建设的前提,未取得建设工程规划许可证即进行建设或者未按照建设工程规划许可证的规定进行建设是法律明确禁止的行为。根据《民法典》第153条的规定,未取得建设用地规划许可证、建设工程规划许可证的合同,均因违反法律法规的效力性强制性规定,应当认定为无效。

比如,最高院在(2018)最高法民申4028号案中认为,根据《城乡规划法》第38条和第40条的规定,没有依法获取建设用地规划许可证、建设工程规划许可

---

① 参见最高人民法院民事审判第一庭编著:《最高人民法院建设工程施工合同司法解释(二)理解和适用》,人民法院出版社2019年版,第66页。

证的情况下签订《建设工程施工合同》的行为，属于干扰国家对建设工程的调控和监管，直接影响国家利益和社会公共利益。鉴于金茂公司与安飞公司自2013年8月签订《建筑工程施工合同》至本案一审法庭辩论终结前，未办理建设用地规划许可证和建设工程规划许可证，金茂公司与安飞公司签订的案涉《建筑工程施工合同》违反了效力性强制性法律规定，应属无效。又如，最高院在(2015)民申字第3311号案中认为，建设—经营—转让(Build - Operate - Transfer, BOT)建设工程中，因业主方海门城投公司没有取得建设工程规划许可证，故总包合同和分包合同均无效。

由此可见，现行法律法规和司法解释对于未取得建设用地规划许可证、建设工程规划许可证的施工合同认定无效，关键在于未取得这两证进行建设，损害了社会公共利益，该建设工程实际上是违法建筑。比如，《浙江省违法建筑处置规定》第3条规定："本规定所称违法建筑，是指未依法取得规划许可或者未按照规划许可内容建设的建筑物和构筑物，以及超过规划许可期限未拆除的临时建筑物和构筑物……"[①]但是，对于建设工程勘察、设计的合同效力，不应参照《施工合同司法解释(一)》第3条的规定适用。

三、未取得规划审批等手续对于建设工程勘察、设计合同效力的影响

(一)关于建设工程勘察合同

根据不同勘察阶段的要求，一般可分为可行性研究勘察、初步勘察、详细勘察(也称施工图设计勘察阶段)和施工勘察。[②] 各勘察阶段与设计阶段基本对应，阶段性勘察成果是某一设计阶段的重要依据。在办理用地规划审批前，往往先开展可行性研究勘察，为建筑物类型和规模的确定提供工程地质资料，做好立项准备，此时尚无法办理用地规划审批手续。比如，最高院在(1998)民终

---

① 对于违法建筑，根据《城乡规划法》第64条的规定，由县级以上地方人民政府城乡规划主管部门责令停止建设；尚可采取改正措施消除对规划实施的影响的，限期改正，处建设工程造价5%以上10%以下的罚款；无法采取改正措施消除影响的，限期拆除，不能拆除的，没收实物或者违法收入，可以并处建设工程造价10%以下的罚款。

② 《岩土工程勘察术语标准》第2.0.8～2.0.12项对勘察各阶段作出分类。施工勘察指当地质条件复杂、有设计变更或者施工中发现问题时而进行的补充勘察，它不是每个勘察合同的必需的部分。《2020版房建市政工程勘察深度规定》条文说明第1.0.2项也有类似规定，认为详细勘察阶段的勘察报告是施工图设计的重要依据。

字第41号案中认为,新绛筹建处与涿州岩土公司合同约定的勘察工程项目,是外资建设项目,是为新绛发电厂立项提供科学依据,合同是否有效,不以电厂是否立项为前提。换言之,最高院的逻辑是:勘察合同订立时,约定的勘察项目即使尚未进行立项审批,亦不影响勘察合同的效力。原因在于,勘察合同约定勘察的工程项目仅是勘察合同或者这一法律关系所指向的对象,其是否立项不影响合同的效力。

在办理用地规划审批手续后,建设单位才可以根据具体用地指标、土地属性以及具体地质情况,开展初步勘察和详细勘察,为初步设计和施工图设计提供依据。《建设工程勘察设计管理条例》第4条规定:"从事建设工程勘察、设计活动,应当坚持先勘察、后设计、再施工的原则。"建设工程勘察活动先于设计环节,当事人签订勘察合同的时候,尚未形成初步设计和施工图设计,客观上无法具备申请办理用地规划审批等手续的基础材料,自然无法领取有关规划许可证。

更有甚者,在施工环节,因设计变更或施工需要开展施工勘察,此时建设工程已进入具体施工阶段,实际已领取建设工程用地规划许可证、建设工程规划许可证,建设工程勘察合同效力亦不受规划审批等手续的影响。即使该施工勘察合同系另行签订的独立合同,鉴于合同的法律关系指向为岩土工程而非建设工程,亦不受规划审批等手续的影响。因此,建设工程勘察合同效力与是否取得规划审批等手续没有法律上的因果关系。

需要指出的是,对于建设工程勘察活动使用临时用地的特殊情况,如厂址、坝址、铁路、公路选址等需要对工程地质、水文地质情况进行勘测,探矿和采矿需要对矿藏情况进行勘察、勘探等,实践中一般都要办理勘察活动临时用地手续。根据《城乡规划法》第44条的规定,在城市、镇规划区内进行临时建设的,应当经城市、县人民政府城乡规划主管部门批准,临时建设和临时用地规划管理的具体办法,由省、自治区、直辖市人民政府制定。《浙江省城乡规划条例》第35条第1款规定:"在城市、镇规划区内因建设项目施工或者地质勘查需要临时使用土地的,应当向城市、县人民政府城乡规划主管部门申请核发临时建设用地规划许可证;取得临时建设用地规划许可证后,方可向县级以上人民政府国土资源主管部门申请办理临时用地审批手续。"《上海市城乡规划条例》第40条第1款规定:"进行临时建筑物、构筑物、道路或者管线建设的,建设单位或者个人应当申请临时建设工程规划许可证……”

上述建设工程勘察合同的效力是否以办理临时用地规划审批手续为前提？答案也是否定的。理由是：第一，临时用地主要是建设过程中或勘查勘测过程中，一些暂设工程和临时设施所需临时使用土地的行为，不改变土地用途的性质和土地用途，不存在损害土地使用（流转）、规划以及建设工程规划等公共利益问题。临时使用土地者只是按照合同约定的用途使用土地，使用结束后，将土地的临时建设的设施全部拆除，恢复土地的原貌，并交还给原土地所有权人或使用权人。第二，临时建设一般具有面积较小、结构简易和短期存在等特点，本可不纳入规划许可。国土空间规划改革后，临时用地审批、临时建设许可已没有并存必要。[①] 第三，《土地管理法》第 57 条[②]和《城乡规划法》第 44 条[③]规定的临时用地规划审批内容系管理性强制性规定，不属于《民法典》第 153 条规定的“违反法律、行政法规的强制性规定”情形。因此，即使建设工程地质勘察活动临时用地未办理临时规划审理手续，亦不影响建设工程勘察合同效力。

（二）关于建设工程设计合同

以出让土地性质的房建项目为例，地方政府定期发布国有建设用地使用权公开出让公告，出让文件中包含出让地块的基本情况和规划指标要求。地块成交后，竞得人（建设单位）在掌握地块资料后才有条件进行实施性方案设计，制作项目方案设计（总平面图）等材料进行后续报批。《浙江省城乡规划条例》第 34 条规定：“建设用地的规划条件根据控制性详细规划、专项规划和建设项目的具体情况确定，一般包括：建设用地的位置和面积、使用性质、建筑密度、绿地

---

① 姚爱国：《“放管服”改革背景下的建设工程规划许可制度重构》，载《规划师》2020 年第 14 期。

② 《土地管理法》第 57 条规定：“建设项目施工和地质勘查需要临时使用国有土地或者农民集体所有的土地的，由县级以上人民政府自然资源主管部门批准。其中，在城市规划区内的临时用地，在报批前，应当先经有关城市规划行政主管部门同意。土地使用者应当根据土地权属，与有关自然资源主管部门或者农村集体经济组织、村民委员会签订临时使用土地合同，并按照合同的约定支付临时使用土地补偿费。临时使用土地的使用者应当按照临时使用土地合同约定的用途使用土地，并不得修建永久性建筑物。临时使用土地期限一般不超过二年。”

③ 《城乡规划法》第 44 条规定：“在城市、镇规划区内进行临时建设的，应当经城市、县人民政府城乡规划主管部门批准。临时建设影响近期建设规划或者控制性详细规划的实施以及交通、市容、安全等的，不得批准。临时建设应当在批准的使用期限内自行拆除。临时建设和临时用地规划管理的具体办法，由省、自治区、直辖市人民政府制定。”

率、容积率,允许建设的范围、建筑高度、建筑风貌,配套建设的基础设施和公共服务设施,地下空间开发利用要求……”该条例第 34 条中所规定的建筑密度、绿地率、容积率、建筑高度等指标均须通过方案设计才能实现。可见,提交项目方案设计(总平面图)是申请办理用地规划审批等手续的前提,在取得建设工程用地规划许可证后再进行施工图设计。

对于建设工程规划许可证的申领,《城乡规划法》第 40 条第 2 款规定:“申请办理建设工程规划许可证,应当提交使用土地的有关证明文件、建设工程设计方案等材料。需要建设单位编制修建性详细规划的建设项目,还应当提交修建性详细规划……”从地方性法规层面看,部分地区将《城乡规划法》规定的“建设工程设计方案”细化至“初步设计方案”或“施工图设计文件”。《浙江省城乡规划条例》第 36 条第 3 款规定“应当提交使用土地的有关证明文件和建设工程设计方案(房屋建筑工程的建设工程设计方案是指建筑施工图)等材料”。《江苏省城乡规划条例》第 39 条规定“必须提交建设工程设计方案”和符合国家设计规范的“建设工程施工图设计文件”。《上海市城乡规划条例》第 35 条规定“应当根据经审定的建设工程设计方案编制建设项目施工图设计文件”。《江西省城乡规划条例》第 44 条规定,应当提交“建设工程设计方案及总平面图、施工图”。对于《城乡规划法》第 40 条第 2 款规定的“设计方案”是属于《建设工程勘察设计管理条例》规定的方案设计、初步设计还是属于施工图设计,尚未有明确规定。不管是哪个阶段的设计,由于领取建设工程规划许可证需要一定的设计文件为前提,因此,未取得用地规划审批等手续并不影响设计合同的效力。不能以《施工合同司法解释(一)》有关建设规划审批手续的合同效力规则,类推建设工程设计合同的效力。

比如,在杭州市下城法院(2015)杭下民初字第 654 号案中,被告抗辩其与原告签订的《民用建筑工程设计合同》系泗洪县龙集镇商住地块的设计方案,该地块系龙集镇政府所有,被告没有取得泗洪县龙集镇商住地块的所有权和使用权,无权委托原告对泗洪县龙集镇商住地块进行设计工作,该合同自始无效。法院经审查认为,原、被告所签订的合同意思表示真实,内容不违背相关的法律禁止性规定,具有合法效力。被告认为其在取得项目开发权之前无权委托原告设计的意见不成立,不予采信。法院的逻辑即是发包人后续是否取得项目土地的开发权与先前的设计合同的效力无关。

实践中，以下三种常见情况值得关注：

第一，建设用地规划许可证、建设工程规划许可证失效情形。根据上海市、浙江省、江苏省等地方性城乡规划条例的规定，建设单位或者个人取得选址意见书后一年内未取得建设项目批准、核准文件，取得建设用地规划许可证后一年内未取得用地批准文件，取得建设工程规划许可证后一年内未取得施工许可证的，可以申请延续办理手续，逾期未申请延续或者延续申请未获批准的，相应的选址意见书、建设用地规划许可证、建设工程规划许可证等失效。但是，上述两证失效，与未取得规划审批手续存在差异，亦与建设工程设计合同效力无关。

第二，改建、扩建工程情形。通常认为，在城市规划区内各项建设活动，无论新建、扩建、改建都必须取得城市规划行政主管部门核发的建设工程规划许可证后方可建设，如果有超出原土地审批范围的，还要重新办理用地规划手续。但是，规划审批等手续的重点是针对建设工程，勘察、设计的目的是为施工建设服务，其合同效力与改建、扩建工程是否办理规划审批等手续无关。

第三，超出规划审批范围的情形。有观点认为，超出规划审批的建设工程设计合同无效。[①] 比如，深圳福田法院在(2015)深福法民三初字第1390号案中认为，原、被告签订的《小型工程装饰设计合同书》约定的设计面积为1200平方米，显著超过涉案房产的建筑面积353.35平方米，同时双方确认在合同签订之时是打算在涉案房产上进行加建并对加建后的建筑进行装修设计，故可认定涉案合同为加建后的建筑进行装修设计而签订，而加建部分工程未经规划许可，属于违法建筑。因此，双方就包括违法加建部分在内的整体建筑进行装修设计而签订的涉案合同属于无效合同。另有观点认为，标的物违法不影响合同效力。除法律规定外，合同自成立时生效，合同的生效并不取决于标的物是否合法，法律或行政法规并没有明确规定涉违章建筑的合同无效，而对于建筑物是否符合城市规划的问题系属一般行政法律法规的管理性规定，故因涉违章建筑的合同不违反强制性规定，不能认为合同无效。[②] 从鼓励交易的角度，参考《民

---

① 实践中，持这种观点的相对较多，往往还是按照建设工程施工合同的逻辑认定建设工程设计合同效力。

② 年芳芳：《简析涉违章建筑的买卖合同效力及其后续处理的问题》，载沈阳市皇姑区人民法院网站：http://hgqfy.chinacourt.gov.cn/article/detail/2020/04/id/5107064.shtml，最后访问日期：2021年5月13日。

法典》有关合同效力的规定,包括涉违章建筑在内的所有合同,在审查合同是否有效时,应当区分负担行为与处分行为,审查合同本身是否合法,而不是标的物是否合法或处分行为能否履行。因此,对于超出规划审批范围的建设工程设计合同,应当认定有效。

四、未取得规划审批手续对于工程总承包项下的设计合同效力的影响

与传统的施工总承包模式不同,工程总承包模式下承包人对建设工程项目的设计、采购、施工的全部阶段实行总承包,是签订《建设项目工程总承包合同》在前,提供设计方案、申领建设工程规划许可证在后。未取得用地规划审批等手续对建设工程设计合同的效力影响存在争议。一种观点认为,应根据具体情况进行具体分析,如果已经符合办理条件而没有办理,则工程总承包合同以及设计合同无效。如果还没有到办理的节点,则不应否定工程总承包合同和设计合同的效力。① 另一种观点认为,工程总承包发包条件与建设用地规划许可条件无关,不能因签订工程总承包合同时尚未取得建设用地规划许可证认定合同无效。工程总承包发包时通常不具备办理建设工程规划许可证的条件,不能以此为由认定总承包合同无效。即使工程总承包合同无效,对于分包合同的效力应当从分包合同本身是否违反法律、行政法规的强制性规定或公共利益等方面进行综合判断。②

根据《民法典》第153条③的规定,认定合同效力的强制性规范位阶仅限于法律、行政法规,地方性法规排除在外。《城乡规划法》第40条第2款规定的"建设工程设计方案"的内涵并不明确,该方案应仅仅是工程总承包之前的"设计方案"还是包括工程总承包合同具体内容的"施工图设计"也不明确,各地的标准并不统一,不宜以地方性法规或者规范性文件作为认定合同效力的依据,

---

① 郑冠红:《未取得建设工程规划许可证情形下的工程总承包合同效力问题——上海宝冶集团有限公司与泰州振昌工业废渣综合利用有限责任公司、上海振昌金属资源集团有限公司建设工程合同纠纷》,载建纬律师微信公众号:https://mp.weixin.qq.com/s/rA6zl20jXUGrCJqhp6MC9w,最后访问日期:2021年5月13日。

② 常设中国建设工程法律论坛第十工作组:《建设工程总承包合同纠纷裁判指引》,法律出版社2020年版,第129~130、156~159页。

③ 《民法典》第153条规定:"违反法律、行政法规的强制性规定的民事法律行为无效。但是,该强制性规定不导致该民事法律行为无效的除外。违背公序良俗的民事法律行为无效。"

有待立法机关、司法机关通过有关规定和指导性案例、判例等方式进行明确。但是，不能简单按照传统施工总承包效力规则认定工程总承包合同项下建设工程设计合同的效力，这将导致当前阶段国家推行的工程总承包模式发包的合同大量无效，显然背离了推进建筑业持续健康发展的顶层设计，将极大地阻碍工程总承包模式的发展。

第1.4条 【违法分包对合同效力的影响】建设工程勘察、设计合同存在以下情形之一的，人民法院或者仲裁机构应当认定无效：

(1)将项目主体部分的勘察、设计进行分包，或者将勘察、设计的主要工作、关键性工作进行分包的；

(2)将勘察、设计工作支解分包的；

(3)分包人将其承包的工作再分包的；

(4)勘察劳务分包人再分包的。

【条文主旨】

本条是关于违法分包对建设工程勘察、设计合同效力的影响问题的规定。

【理解与适用】

建设工程勘察、设计合法分包与违法分包的认定，是司法实务的难点。在参照建设工程施工合同效力规则的基础上，有必要对工程勘察、设计分包情形进行适当区分，明确两者的界限，以便准确认定相关合同效力。

一、建设工程勘察、设计分包规定

建设工程勘察、设计分包是指总承包人或者勘察人、设计人根据承包合同的约定或者征得发包人同意后，将部分工作交给具有相应资质的承包人完成的行为。分包从法律上分为违法分包和合法分包，从内容上分为专业分包和劳务分包。基于建设工程的工程量通常较大，工期较长，法律法规允许工程分包，一则可以弥补一些承包人在设备、资金等方面的不足；二则可以分散风险，降低成本；三则对于专业性较强的任务而言，承包人可以借助技术实力雄厚的分包商来保证工程质量。考虑到工程总承包中分包的特殊性，此处的承包人不包括设计院作为工程总承包人将施工部分分包的情形。在实践中,分包行为往往产生异化,而转包、违法分包行为也成为行政监管、裁判机构的规制重点。

在建设工程施工合同领域,对于违法分包界定较为明确,《建筑法》第 29 条、《建设工程质量管理条例》第 78 条第 2 款均有规定。《施工发承包违法行为管理办法》第 12 条进一步细化规定:“存在下列情形之一的,属于违法分包:(一)承包单位将其承包的工程分包给个人的;(二)施工总承包单位或专业承包单位将工程分包给不具备相应资质单位的;(三)施工总承包单位将施工总承包合同范围内工程主体结构的施工分包给其他单位的,钢结构工程除外;(四)专业分包单位将其承包的专业工程中非劳务作业部分再分包的;(五)专业作业承包人将其承包的劳务再分包的;(六)专业作业承包人除计取劳务作业费用外,还计取主要建筑材料款和大中型施工机械设备、主要周转材料费用的。”

具体到工程勘察、设计合同领域,对于违法分包的定义也比较明确,典型的有:

在法律法规层面,《建设工程勘察设计管理条例》第 19 条规定:“除建设工程主体部分的勘察、设计外,经发包方书面同意,承包方可以将建设工程其他部分的勘察、设计再分包给其他具有相应资质等级的建设工程勘察、设计单位。”《招标投标法》第 48 条规定:“……中标人不得向他人转让中标项目,也不得将中标项目肢解后分别向他人转让。中标人按照合同约定或者经招标人同意,可以将中标项目的部分非主体、非关键性工作分包给他人完成……”《招标投标法实施条例》第 76 条规定:“中标人将中标项目转让给他人的,将中标项目肢解后分别转让给他人的,违反招标投标法和本条例规定将中标项目的部分主体、关键性工作分包给他人的,或者分包人再次分包的,转让、分包无效……”《民法典》第 791 条基本沿袭了原《合同法》第 272 条有关勘察设计的规定:“……发包人不得将应当由一个承包人完成的建设工程支解成若干部分发包给数个承包人。总承包人或者勘察、设计、施工承包人经发包人同意,可以将自己承包的部分工作交由第三人完成……承包人不得将其承包的全部建设工程转包给第三人或者将其承包的全部建设工程支解以后以分包的名义分别转包给第三人……禁止分包单位将其承包的工程再分包。”

在其他规范性文件层面,《2016 版建筑工程设计深度规定》第 1.0.5 项规定:“对于将项目分别发包给几个设计单位或实施设计分包的情况,设计文件相互关联处的深度应满足各承包或分包单位设计的需要。”《2016 版建设工程勘察合同示范文本》第 3.1.2 项规定:“除建设工程主体部分的勘察外,根据合同约定或经发包人同意,勘察人可以将建设工程其他部分的勘察分包给其他具有相应资质等级的建设工程勘察单位。发包人对分包的特殊要求应在专用合同条款中另行约定。”根据《2015 版房建工程设计合同示范文本》和《2015 版专业工程设计合同示范文本》通用合同条款第 3.4 款设计分包内容规定,设计人不得将工程主体结构、关键性工作及专用合同条款中禁止分包的工程设计分包给第三人,工程主体结构、关键性工作的范围由合同当事人按照法律规定在专用合同条款中予以明确。设计人不得进行违法分包。上述两个设计合同示范文本均将分包人定义为:“按照法律规定和合同约定,分包部分工程设计工作,并与设计人签订分包合同的具有相应资质的法人。”

鉴于违法分包是造成勘察、设计成果以及建设工程质量不合格的重要原因,也是违法行为的重灾区,故被现行法律行政法规所禁止。《民法典》未明确区分工程勘察、设计与工程施工的特征,鉴于主体工作、关键性工作的区分和认定比较复杂,专业性较强,容易造成裁判困惑。

二、建设工程勘察、设计违法分包情形

结合上述规定,参照《施工违法行为认定查处办法》第 12 条的规定,以下情形可以认定为建设工程勘察、设计违法分包。

(一)将项目主体部分的勘察、设计工作,或者将勘察、设计的主要工作、关键性工作进行分包的

在建设工程施工领域,往往按项目功能重要性,将工作内容划分为“主体工程”“配套工程”“附属工程”,“控制性工程”与“非控制性工程”,“关键性工作”与“非关键性工作”等。以“主体工程”概念为例,不同行业的划分标准并不相同。例如,在房屋建设项目中主体工程比较明确,一般是指建筑物的主体结构,主体结构通常在地面以上,比较直观。在市政给水排水管道项目中,根据《给水排水管道工程施工及验收规范》(GB 50268 - 2008)的规定,主体结构范围分为开槽施工管道主体结构、不开槽施工管道主体结构、沉管和桥管施工主体结构。

其中开槽施工管道主体结构包括：管道基础、钢管、球墨铸铁管、钢筋混凝土管及预(自)应力混凝土管、预应力钢筒混凝土管、玻璃钢管、硬聚氯乙烯管、聚乙烯管及其复合管安装；不开槽施工管道主体结构包括，工作井、顶管、盾构、浅埋暗挖、定向钻及夯管。公路工程建设项目中，根据《公路工程基本建设项目设计文件编制办法》(交公路发〔2007〕358 号)附录 B. 1. 1 条的规定，公路工程基本建设项目按设计内容可分为主体工程、交通工程及沿线设施两部分。其中交通工程及沿线设施主要包括管理养护设施、监控设施、通信设施、收费设施、供配电设施、照明设施、房建设施以及服务设施等项内容，而该编制办法第 3. 2. 1项初步设计文件，以及第 5. 2. 1 项施工图设计文件中的路基、路面、桥梁、涵洞、隧道、路线交叉部分，则属于主体工程部分。在具体的子专业工程领域，如桥梁工程是由桥跨结构、桥墩和桥台等组成，没有主体部分的概念提法。① 关于供气、供油、供电等管线设施建设项目主体结构的范围可见相关专业标准或规范。

此外，某些结构构件还可能兼具多种功能，其是否属于主体结构可能存在不同理解。比如，钢结构屋面压型钢板是属于主体钢结构的一部分还是属于防水专业的一部分，在某案件中曾产生争议。屋面压型钢板在建筑专业方面具有维护作用(防水、防晒、防风、保温)功能；在结构专业方面，压型钢板作为竖向传力构件，将屋面荷载传给檩条，还作为檩条的侧向支撑构件，与檩条、屋面梁形成稳定的屋面空间结构体系。可见，建筑物中的某类构件，当其同时兼具多种专业的功能时，有可能作出不同的专业归属划分。此时，应将该构件纳入与工程质量关联性最强的专业部分进行认定。

鉴于主体工程、关键性工作的区分认定比较复杂且专业性强，不同专业工程技术人员对主体结构的认识也存在差异，既会引起当事人之间的争议，也容易造成裁判困惑。

如何确定勘察、设计合同的“主要工作”“主要部分”“关键性工作”？从证据审查的角度来看，可以从合同约定、原材料采购和设备清单、各类会议纪要和讨论文件、工资报酬和社会保险等费用支付主体等方面进行区分。② 从规范审

① 姚玲森主编：《桥梁工程》(第 2 版)，人民交通出版社 2008 年版，第 19 页。
② 周利明：《解构与重塑：建设工程合同纠纷审判思维与方法》，法律出版社 2019 年版，第 151 页。

查的角度来看，可以《2021 版房建市政工程勘察深度规定》《2016 版建筑工程设计深度规定》等行业标准为基础，按照工程性质和技术联系进行判断。

以工程勘察为例，如勘察人承接设备管线基础勘察项目，这里就不存在“主体结构”概念，其只能将包含的岩土工程物探测试检测监测业务分包给具有相应资质的单位，而基础地质的勘察成果编制就是“关键性工作”，必须由勘察人自己完成。以工程设计为例，设计人可将主体工程的配套工程（如厂区自备电站、道路、专用铁路、通信、各种管网管线和配套建筑物等）中专业工程的设计业务，分包给具备相应工程设计专业资质的设计单位承担；将与主体工程和配套工程相关的工艺、土木、景观、建筑、环境保护、水土保持、消防、安全、卫生、节能、防雷、抗震、照明等专项工程的设计业务，分包给具备相应工程设计专项资质等级的设计单位承担。但是，如设计人承包某商业街区设计合同，包含项目整个街区的室内设计、展览陈设设计，对该两个设计区域的任一设计任务进行分包，即构成违法分包，因为这两个区域的设计均为主要工作。

通常认为，建设工程主体结构的施工必须由承包人自行完成，不得进行分包。建设工程的主体结构是工程的核心和关键，主体结构部分质量合格是保证工程整体质量的基础，主体结构部分通常也是工程投入最多、施工技术难度最大的部分，因此，法律规定承包人不得将工程主体结构部分分包给第三人施工。① 尽管工程勘察、设计工作相对于施工而言，工程量小，工期短，工序简单，但是为确保勘察、设计成果质量，法律法规亦不允许对主体部分的勘察、设计工作进行分包。

（二）将勘察、设计各阶段工作支解分包的

支解分包是转包的一种方式，是指勘察人、设计人将其承包的工程划分成若干部分，分别转给他人的行为。工程勘察、设计分成若干阶段，具有区别于施工的特殊性，如将初步勘察、详细勘察、施工勘察分别由不同勘察人实施，或者将方案设计、初步设计、施工图设计分别由不同设计人实施，那么各分包合同的效力如何认定呢？

---

① 最高人民法院民法典贯彻实施工作领导小组主编：《中华人民共和国民法典合同编理解与适用》，人民法院出版社 2020 年版，第 1926 页。

排除勘察劳务分包、设计专业分包等情形，鉴于前一勘察、设计文件是后一勘察、设计工作的主要依据，如果允许各阶段独立分包，往往造成勘察、设计工作整体割裂，支解成若干部分，缺乏应有的统筹协调和有机配合，不利于工程施工，而且一旦出现勘察、设计缺陷，往往很难界定各阶段责任，造成职责不清，严重影响建设工程质量，故勘察、设计各阶段工作不宜由不同的承包人分别实施。

（三）分包人进行二次分包的

结合《建筑法》第 29 条第 3 款、《招标投标法》第 48 条和《民法典》第 791 条的规定，勘察、设计合同分包只能进行一次，如果分包人另行将分包任务进行支解、分包给第三方的，该行为因构成再分包而无效。分包单位承包的工程通常都是专业技术相对较强的某一方面工作任务，如允许再分包，一方面，不利于施工计划安排和现场管理，导致施工秩序混乱，出了问题，难以分清责任；另一方面，因层层分割利润，可能导致再分包的承包人为了降低施工成本、获取最大利润而偷工减料，从而难以保证工程质量。① 因此，工程勘察、设计工作只能实行一次分包，分包单位不得将其承包的工程再分包。

（四）劳务分包人二次分包的

目前的勘察设计院大多是以勘察专业技术人员为核心，以劳务作业为分包依托的企业组织结构形式。在这种组织结构形式下，勘察、设计工程质量一方面取决于工程技术人员技术水平的高低，另一方面取决于劳务分包队伍专业化程度的水平高低、素质的优劣。考虑到分包之后再分包的情况较复杂，极易使勘察、设计工作的质量得不到保障，故为行政管理规制的重点，也应当为裁判机构所禁止。

（五）分包给不具备相应资质的单位或个人的

工程勘察、设计行业存在资质准入要求，勘察人、设计人将工程分包时，应当审查分包人是否具备承包该部分工作的资质条件。个人一般不具备开展勘

① 最高人民法院民法典贯彻实施工作领导小组主编：《中华人民共和国民法典合同编理解与适用》，人民法院出版社 2020 年版，第 1926 页。

察、设计工作(如概念性方案设计除外)的主体资格,因此将勘察、设计分包给个人,违反法律行政法规的禁止性规定。关于资质问题具体参见本书第 1.2 条【资质与合同效力】。

值得注意的是,未经发包人同意擅自分包的是否属于合同无效?对此,存在不同观点。

一种观点认为,工程分包未经发包人同意即无效。《建设工程质量管理条例》第 78 条第 2 款规定:“本条例所称违法分包,是指下列行为:……(二)建设工程总承包合同中未有约定,又未经建设单位认可,承包单位将其承包的部分建设工程交由其他单位完成的……”显然承包人未经发包人同意,就构成违法分包,系无效合同。主要理由是发包人与承包人可以在承包合同中约定哪些工程可以分包,也可以在合同签订后另行明确。该规定可以防止勘察人、设计人擅自将应当由自己完成的工程分包出去或者将工程分包给发包人所不信任的第三人。[①] 从各省市高院的指导意见以及司法检索情况分析,绝大多数均认为这种情形下的分包合同无效。

另一种观点认为,仅以未经发包人同意为由,认定分包合同无效,存在法理上和逻辑上的缺陷,不具有司法效果上的合理性。未经发包人同意签订的分包合同,只要没有其他无效情形的,不能仅以“未经发包人同意”否定其效力。[②]

笔者认为,对比《施工违法行为认定查处办法》规定,就“违法分包”的认定,2019 年的新规定较 2014 年的试行规定,删除了“施工合同中没有约定,又未经建设单位认可,施工单位将其承包的部分工程交由其他单位施工的”。这也是该查处规定与《建设工程质量管理条例》第 78 条有关违法分包认定的重大区别。尽管该办法仅系部门规章,但体现了行政主管部门的最新意见,应当作为裁判者认定合同效力的重要参考。《最高人民法院新建设工程施工合同司法解释(一)理解与适用》就违法分包的认定,亦参照《施工违法行为认定查处办法》

---

① 最高人民法院民法典贯彻实施工作领导小组主编:《中华人民共和国民法典合同编理解与适用》,人民法院出版社 2020 年版,第 1926 页。

② 曹文衔:《未经发包人同意的分包合同效力探究》,载搜狐网:www. sohu. com/a/332420682_159412,最后访问日期:2021 年 4 月 5 日。

第11条和第12条的规定,[1]体现了司法解释对行政主管部门意见的尊重和吸收。故从符合行政监管和行业实际考虑,如不存在其他无效情形,仅以分包合同未经发包人同意为由,进而认定分包合同无效,应当慎重。

三、建设工程勘察、设计合法分包的情形

(一)关于建设工程勘察合同

1.勘探、试验、测试等技术服务工作

《建设工程勘察质量管理办法》第7条第2款规定:"工程勘察企业将勘探、试验、测试等技术服务工作交由具备相应技术条件的其他单位承担的,工程勘察企业对相关勘探、试验、测试工作成果质量全面负责。"这说明勘探、试验、测试等技术服务不属于勘察的主体部分,允许分包,但前提是承包人具备相应的资质条件。勘探,包括钻探、井探、槽探、坑探、洞探以及物探、触探等。[2] 试验、测试等技术服务,其对设备和人员的专业性要求较强,许多中小型勘察单位并不配有此类专业技术力量和装配,通常也是将其委托给专门的机构进行。

2.勘察劳务分包

《建设工程勘察设计资质管理规定》第5条第3款规定:"……取得工程勘察劳务资质的企业,可以承接岩土工程治理、工程钻探、凿井等工程勘察劳务业务。"《2013版工程勘察资质标准》规定"工程勘察劳务资质包括工程钻探和凿井"。《工程勘察资质标准实施办法》第15条规定:"工程勘察项目中的工程钻探、凿井业务需要分包时,应由承揽该工程勘察项目的工程勘察综合资质、专业资质企业与具有相应资质的工程勘察劳务企业依法签订劳务分包合同;工程勘察综合资质、专业资质企业对整个工程勘察项目负总责。"

3.地基基础设计和地质勘察

我国的勘察行业岩土工程体制改制趋势,正处于向国际通行的岩土工程体

① 最高人民法院民事审判第一庭编著:《最高人民法院新建设工程施工合同司法解释(一)理解与适用》,人民法院出版社2021年版,第24~25页。

② 《岩土工程勘察规范》(2009年版)(GB 50021-2001)第2.1.3项,中国建筑工业出版社2009年版。

制过渡阶段。《2009 版岩土工程勘察规范》借鉴和吸收了岩土工程体制的经验,“岩土工程勘察是岩土工程的一个重要组成,岩土工程包括勘察、设计、施工、检测、监测和监理等,既有一定的分工,又密切联系,不宜机械分割”。① 在岩土工程管理模式下,地基基础设计和地质勘察都属于岩土工程的范围,而非地质勘察归勘察单位、地基基础设计归设计院。工程建设开始时也需要进行工程地质条件的调查,但并不是由专门从事勘察工作的单位来承担,也不成为工程建设的一个独立阶段,与设计工作之间更没有以勘察报告作为工作交接的分界线。由岩土工程设计人员主持这项工作,包括提出调查的大纲,组织实施。钻探和试验工作一般发包给钻探公司和试验公司去完成,集中资料后由岩土工程师进行综合分析,提出判断和结论,并进入设计工作。②

(二)关于建设工程设计合同

根据《2007 版工程设计资质标准》的规定,现行的工程设计资质分为工程设计综合类资质甲级、工程设计行业资质、工程设计专业资质、工程设计专项资质和建筑工程设计事务所资质等 5 个类别。

1. 专业设计分包

《2016 版建筑工程设计深度规定》条文说明第 1.0.4 -3 项规定:“将项目分别发包给几个设计单位或实施设计分包,通常包括建筑主体由一个单位设计,而幕墙、室内装修、局部钢结构构件、某项设备系统等内容由其他单位承担设计的情况……作为设计依据,相关内容的设计文件编制深度应满足有关承包方或分包方的需要。”比如,设计人可将主体工程的配套工程(如厂区自备电站、道路、通信、各种管网管线和配套建筑物等)中专业工程的设计业务,分包给具备相应工程设计专业资质的设计单位承担;将与主体工程和配套工程相关的景观、环境保护、水土保持、消防、安全、节能、防雷、照明等专项工程的设计业务,分包给具备相应工程设计资质等级的设计单位承担。对于将项目分别发包给几个设计单位或实施设计分包的情况,设计文件相互关联处的深度应满足各承

① 《岩土工程勘察规范》(2009 年版)(GB 50021 -2001)条文说明第 2.1.1 项,中国建筑工业出版社 2009 年版。

② 高大钊:《土力学与岩土工程师——岩土工程师疑难问题答疑笔记整理之一》,人民交通出版社 2008 年版,第 132 页。

包或分包单位设计的需要。如果存在不满足约定或规定深度的情形,其与合同效力无关,可以作为违约处理。

2. 设计劳务分包

建设工程设计工作进行劳务分包的常见情形是将制图工作进行分包,但在设计工作电子化的今天,单纯的绘图、制图已十分少见。在实践中,更多的情况是,以劳务分包之名掩盖违法分包之实。比如,A 公司与 B 公司签订《工程设计制图协议书》,由 B 公司承担某高速公路施工图设计项目中的桥涵设计制图任务,无设计资质的 B 公司声称其完成的是制图工作,属于合法的劳务分包。但经仲裁庭审理查明,B 公司进行了桥梁桩基的设计计算工作,因此,仲裁庭认为该协议在性质上属于建设工程设计合同,故认定该合同无效。

3. 其他工程咨询

主要涉及前期咨询、深化设计、美术设计、概念性设计等,鉴于其不属于工程勘察、设计范围,现行法律法规亦未明确禁止,只要不存在名为工程咨询实为工程勘察、设计等情形的,应当允许分包。

四、违法分包的建设工程勘察、设计合同效力

《民法典》第 153 条第 1 款规定:“违反法律行政法规的强制性规定的民事法律行为无效。但是,该强制性规定不导致该民事法律行为无效的除外。”《民法典》第 791 条禁止勘察人、设计人转包、违法分包建设工程,该规定属于效力性强制性规定,当事人转包、违法分包而签订的建设工程勘察、设计合同,应当依法认定无效。[①] 此外,《施工合同司法解释(一)》第 1 条第 2 款亦规定,承包人因转包、违法分包建设工程与他人签订的建设工程施工合同,应当依据《民法典》第 153 条第 1 款及第 791 条第 2 款、第 3 款的规定,认定无效。

因此,为保障工程勘察、设计质量,确保建设工程质量合格,应当按照上述法律规定,亦可参照上述司法解释,认定违法分包的建设工程勘察、设计合同无效。

① 最高人民法院民法典贯彻实施工作领导小组主编:《中华人民共和国民法典合同编理解与适用》,人民法院出版社 2020 年版,第 1928 页。

第 1.5 条　【包含勘察、设计的全过程工程咨询合同效力】全过程工程咨询合同的效力应当根据合同中咨询方提供的服务内容，并结合服务内容所对应的资质要求进行认定。

全过程工程咨询合同中包含工程勘察、设计的，咨询方应当具备与项目相适应的勘察、设计资质条件，咨询方不具备相应资质的，应认定合同相应部分无效。

全过程工程咨询合同包含工程勘察、设计的，应当依照法定程序确定勘察人、设计人。

【条文主旨】

本条是关于全过程工程咨询合同中涉及工程勘察、设计内容的效力认定问题的规定。

【理解与适用】

一、全过程工程咨询的概念

住建部建筑市场监管司《关于推进全过程工程咨询服务发展的指导意见（征求意见稿）》（建市监函〔2018〕9 号）提出，全过程工程咨询服务是“对工程建设项目前期研究和决策以及工程项目实施和运行（或称运营）的全生命周期提供包含设计和规划在内的涉及组织、管理、经济和技术等各有关方面的工程咨询服务。全过程工程咨询服务可采用多种组织模式，为项目决策、实施和运营持续提供局部或整体解决方案”。

2020 年，北京市建设监理协会发布了《全过程工程咨询合同示范文本（试行）》（京监协〔2020〕10 号），其中对“全过程工程咨询”进行了定义，即是指“咨询人根据委托人的委托，在项目决策和建设实施两个阶段，履行全部或部分委托人的项目法人责任，开展全过程项目管理工作，并至少承担工程监理和工程设计其中一项工作，同时可以承担投资决策综合性咨询、工程勘察、招标代理、造价咨询、其他专项咨询等咨询服务工作”。从上述监理协会发布的范本也可以看出，全过程咨询是一种综合性的咨询服务。

笔者认为，所谓全过程工程咨询，通常是指咨询方接受委托就工程建设项目自规划立项之初,到建成运营和维护阶段的全过程提供咨询服务,出具咨询成果。全过程包含工程项目的规划、立项、可行性研究、勘察、设计、施工、运维、大中修及重建的过程,是一个工程实体的整个生命阶段的活动,所以也可以叫全生命期、全生命周期。全过程工程咨询服务一般也称为“建设工程全生命期咨询服务”。

二、全过程工程咨询合同的立法现状及性质

(一)立法现状

工程全过程咨询服务在我国尚属起步阶段,相关的法律法规及规范性文件仍属相对空白。2018 年 3 月 23 日,住建部发布《关于推进全过程工程咨询服务发展的指导意见(征求意见稿)》;2019 年 3 月 15 日,《关于推进全过程工程咨询服务发展的指导意见》正式出台。2020 年 8 月 28 日,住建部建筑市场监管司发布《关于征求全过程工程咨询服务合同示范文本(征求意见稿)意见的函》(建司局函市〔2020〕199 号),就《全过程工程咨询服务合同(示范文本)》向社会征求意见。该范本征求意见稿“协议书”部分列举了全过程工程咨询服务的范围,包括投资决策综合性咨询服务、工程建设全过程咨询服务及其他单项咨询服务,其中工程建设全过程咨询服务中包含了工程勘察管理、工程设计管理及工程勘察、工程设计。

(二)全过程工程咨询合同性质上系混合合同

目前,住建部市场监管司的《全过程工程咨询服务合同(示范文本)》还处在征求意见过程中,社会各界对该示范文本的意见不一,正式文本的出台可能会对其中部分内容进行比较大的调整。需要探讨的是,全过程工程咨询服务合同的法律性质是什么?其在我国《民法典》合同编中应受到哪些典型合同的规制?

以法律是否设有专章加以规范并赋予一个特定的名称为标准,将合同区分为典型合同与非典型合同,此种区分最主要的意义在于法律适用时方便选择。

典型合同或有名合同有促进法律交易、减少交易成本的作用,因此有学者甚至将典型合同称为“立法机关所制定的定型化契约”。非典型合同本身是一

宽泛概念，依特征差异，其内部又可区分为不同类型，包括纯粹非典型合同、合同联立、混合合同等。

依此观点，全过程工程咨询服务合同范围包括投资决策综合性咨询服务、工程建设全过程咨询服务和其他单项咨询服务三类，属于混合合同。在投资决策环节，咨询人提供的综合性咨询服务中，投资决策咨询、投资机会研究、项目可行性研究以及评估、项目环境影响评价、项目安全风险评估、项目社会稳定风险评估等工作的权利义务关系，应按照技术咨询合同和技术服务合同安排为宜；而项目（资金）申请及备案服务则属于委托合同关系。在工程建设环节，咨询人提供的工程建设全过程咨询服务中，工程报批报建服务、工程勘察管理、工程设计管理、工程监理招标代理、工程施工招标代理、材料设备采购管理、工程监理服务、施工项目管理服务应属于委托合同关系；工程勘察、方案设计、初步设计、施工图设计工作则属于建设工程合同关系；工程造价咨询服务属服务合同关系；其他单项咨询服务中，项目融资咨询、信息技术咨询、风险管理咨询、项目后评价咨询、建筑节能与绿色建筑咨询、工程保险咨询等亦属服务合同关系。

三、全过程咨询合同中的建设工程类合同对资质的要求

（一）建设工程勘察、设计与勘察、设计管理的区别

为更好地区分建设工程勘察、设计与勘察、设计管理，我们可以先从最初始的概念或定义去理解何为勘察、设计。

所谓设计，是指设计师有目的、有计划地进行技术性创造的智力活动，是一种创作行为。它可以是商业和生活性质的创作，又同时伴随着艺术性，其整个过程是一个将创作者构想逐渐呈现的过程，而最终的呈现结果，既可能是产品、服装、模型等实体化的成果，也可能是软件、应用等电子数据化的成果。在建设工程设计领域，根据《2015 版房建工程设计合同示范文本》，工程设计服务是指“设计人按照合同约定履行的服务，包括工程设计基本服务、工程设计其他服务”。工程设计基本服务是指“设计人根据发包人的委托，提供编制房屋建筑工程方案设计文件、初步设计文件（含初步设计概算）、施工图设计文件服务，并相应提供设计技术交底、解决施工中的设计技术问题、参加竣工验收等服务”；工程设计其他服务是指“发包人根据工程设计实际需要，要求设计人另行提供且

发包人应当单独支付费用的服务，包括总体设计服务、主体设计协调服务、采用标准设计和复用设计服务、非标准设备设计文件编制服务、施工图预算编制服务、竣工图编制服务等”。

由此可见，建设工程设计核心的基本服务，主要是最终形成智力成果的方案设计、初步设计、施工图设计等一系列设计活动，且设计人是否能进行以上一系列设计活动受到其自身资质的约束，设计人是否拥有相匹配的资质将直接影响合同的效力。根据住建部《2007 版工程设计资质标准》和《关于印发建设工程企业资质管理制度改革方案的通知》，拥有设计综合资质的设计人可提供行业内任何项目的设计服务，但仅拥有某个专业设计资质的设计人仅能提供对应专业的设计服务。设计人按合同约定完成一系列的设计创作，并最终提交设计成果，该成果既可能是上述提及的实体化的设计施工蓝图、工程模型等，也可能包括数据化的电子版图纸，这就是设计人将构想按发包人要求逐渐最终呈现的创作过程，而是否需提供其他配套的设计技术咨询服务并不会影响合同效力和改变合同的性质。另外，对于建设工程勘察和设计的解释可通过《建设工程勘察设计资质管理规定》第 37 条和第 38 条的规定加以理解。

据此，我们可再通过芜湖中院作出的(2020)皖 02 民终 305 号民事判决书，进一步了解建设工程类设计合同与其他类型合同的区分。该案原告山邑公司承接被告天一石矿发包的天一大酒店的建筑装饰设计工作，原告完成设计工作后多次向天一石矿催付设计费未果，便提起诉讼，原告因没有设计资质在案中主张涉案合同是一份空间概念的创意设计合同而非建筑装饰设计合同。

但一审法院认为：第一，从合同约定的设计工作内容与范围来看，双方明确约定将设计工作分为五个阶段，即“概念方案设计阶段、方案调整设计阶段、方案设计深化阶段、方案设计交底阶段、配合协作单位阶段”。

第二，从合同约定双方的职责与服务来看，山邑公司不仅要对其交付的设计文件质量负责，还要参加图纸交底会议，进行施工现场设计指导，对整个工程质量负责，同时还要配合施工公司进行施工工艺、景观设计优化等。

第三，从合同约定的设计费用来看，合同约定项目总面积 16,000 平方米，设计费用总金额为 1,675,000 元，达 105 元/平方米，而天一石矿要求同建公司加盖印章仅支付费用 20,000 元，两者悬殊之大，充分体现山邑公司完成设计图纸的价值所在；从合同约定的付款方式来看，所有设计费用的支付方式是按施工进度付款，均与合同约定的施工图紧密关联，由此可见，双方签订的应是建筑设计合同。

第四，从图纸签收单来看，山邑公司于2018年12月28日向天一石矿交付的设计成果为施工图。故认定山邑公司与天一石矿签订的是一份建筑装饰设计合同。同时，根据《建筑法》第13条、《建筑工程勘察设计管理条例》、原《合同法》第52条第5项的规定，认定双方签订的《建筑装饰设计合同》为无效合同。二审法院芜湖中院对此予以维持。①

同样地，建设工程勘察是勘察人在拥有与项目相匹配的综合资质或专业资质的前提下，按合同约定提供岩土工程勘察、工程测量、勘探测试并出具数据报告成果且承担一定法律责任的一系列活动。相比工程设计，建设工程勘察会有更多的外业作业任务。

工程设计管理作为一个将设计与管理相结合的名词，是通过加强工程建设工程中的设计管理工作进而有效提升工程的建设质量，将项目价值最大化。在工程设计领域不断的发展，以及工程总承包、施工过程结算、全过程工程咨询等模式的推广，设计管理对行业内设计单位的业务拓展有很好的增效作用，设计单位拥有更优的设计才能在市场变革的当下脱颖而出。伴随着社会的发展、项目模式的变化以及企业自身条件的差异，对于设计管理的主要工作内容，将包括工程项目设计总原则的制定、设计程序的管理、相关设计制度的拟定、标准规范的组织执行、技术交流、设计审查、设计资料管理、设计合同管理、设计优化、组织设计单位现场服务、协调解决项目设计问题等一系列能够将工程设计价值最优化的工作。可见，工程设计管理更偏向于是一种咨询服务，并不像工程设计那样严格受到行业资质管理的要求，且工程设计管理人员并不一定需要具备类似建筑设计师、结构工程师、岩土工程师等执业资格。相同地，可类似对比工程勘察管理和工程勘察的区别。

（二）若全过程咨询合同包含建设工程勘察、设计工作的，咨询人应当具备相应资质

通过上述建设工程勘察、设计与勘察、设计管理的区别对比可以看出，建设

① 芜湖中院(2020)皖02民终305号民事判决书。

工程勘察、设计工作具有更高的专业性,并受到更为严格的行业监管。且工程勘察合同、设计合同属于建设工程合同的一类,勘察、设计工作将受到《建筑法》《招标投标法》《建设工程勘察设计管理条例》等法律法规、规章制度、行业标准的约束。但勘察、设计管理合同一般仅作为咨询服务类合同,相比而言,行业监管并不严格。若《全过程工程咨询服务合同(示范文本)》将工程勘察、工程设计纳入合同工作内容的一部分,那么咨询人应当具备与项目相对应的勘察资质或设计资质,全过程工程咨询服务合同的效力也将因此受到影响。故,此种模式下的全过程工程咨询对咨询人有更为严苛的要求,咨询人不仅需具备深厚的专业知识、工程经验,还应当同时具备工程勘察、设计的能力。那么,在全面推行全过程工程咨询服务的过程中,原市场中的勘察、设计单位提供全过程咨询服务时有较为明显的资质上的优势,而原本不具备勘察、设计资质的咨询单位,如造价咨询单位、招标代理单位、监理单位只能选择与有资质的勘察、设计单位联合进行项目实施。如此,在全面推行过程中,资质将是每个咨询人在订立合同时必须考虑的重要因素,并且咨询人在完成工程勘察、设计工作的同时,又承担工程勘察管理和设计管理工作,这样是否切实提高了勘察、设计的水平,还有待考量。

四、勘察、设计工作不应纳入咨询合同范围

长期以来,我国原《合同法》等民事基本法与《招标投标法》等专门法对于勘察设计活动的法律属性认知,存在较大区别。民事法律规范及《建筑法》均认为勘察、设计合同是建设工程合同。我国《民法典》建设工程合同章第 788 条第 2 款规定:“建设工程合同包括工程勘察、设计、施工合同。”与之相适应,我国《建筑法》《建设工程勘察设计管理条例》亦认可建设单位与勘察设计单位之间的法律关系是“发承包”关系。《建筑法》第 24 条第 2 款规定:“建筑工程的发包单位可以将建筑工程的勘察、设计、施工、设备采购一并发包给一个工程总承包单位,也可以将建筑工程勘察、设计、施工、设备采购的一项或者多项发包给一个工程总承包单位……”《建设工程勘察设计管理条例》第 3 章名称即为“建设工程勘察设计发包与承包”。招标投标领域的相关规定则认为勘察设计工作属与工程相关的“服务”。《招标投标法实施条例》第 2 条第 1 款规定:“招标投标法第三条所称工程建设项目,是指工程以及与工程建设有关的货物、服务。”

第2款又明确指出前款所称与工程建设有关的服务，是指为完成工程所需的勘察、设计、监理等服务。《关于推进全过程工程咨询服务发展的指导意见》直接将勘察、设计定位于专业化"咨询服务业态"，本次征求意见稿协议书部分第2条"服务范围"将"工程勘察""方案设计""初步设计""施工图设计"等均纳入"工程建设全过程咨询服务"的范围。

虽然，将勘察、设计合同纳入建设工程合同范围，理论界对此意见不一；但立法者在立法过程中主要是从技术视角而非法律视角来看待这个问题，认为工程勘察、设计与工程施工密切相关，为了保证建设工程活动的完整性，考虑司法处理的整体性而将勘察、设计合同归类为建设工程合同而作出的立法价值选择。相较而言，国外立法例并未将勘察、设计合同作为建设工程合同处理的规定大量存在，如《俄罗斯联邦民法典》第37章"承揽"中即将"建筑承揽"和"完成设计和勘察工作的承揽"分为两节各自规范。但是，《民法典》作为我国基本民事法律规范，具有实定性和高度的权威性。现行法既然已明确勘察、设计合同属于建设工程合同，即应受到该专章法律规定之约束，专章无规定者，准用承揽合同之规定。这意味着，勘察人、设计人的法律地位应是建设工程合同的"承包人"而非工程"咨询服务机构"。勘察设计合同应当采用书面形式，其订立程序、发承包、分包等均有特别法律规定，较一般意义上的咨询服务合同更为严苛。故从法律适用角度出发，将勘察设计工作纳入全过程咨询服务范围，在理论与实践层面均存在较大探讨空间。

五、全过程工程咨询合同中包含建设工程勘察、设计内容的，应当按照《招标投标法》《政府采购法》等相关法律、法规及规范性文件规定的法定程序确定勘察人、设计人

若全过程工程咨询合同内容包括了工程勘察、设计，那么在确定咨询人的时候，应当注意其是否属于必须招标的工程项目，是否需要走政府采购流程。根据《招标投标法》第3条、《必须招标的工程项目规定》第2条和第3条的规定，全部或者部分使用国有资金投资或者国家融资的项目（包括使用预算资金200万元人民币以上且该资金占投资额10%以上的；使用国有企业事业单位资金且该资金占控股或者主导地位的），勘察、设计、监理等服务的采购，单项合同估算价在100万元人民币以上，必须进行招投标。同一项目中可以合并进行的

勘察、设计、施工、监理以及与工程建设有关的重要设备、材料等的采购，合同估算价合计达到上述标准的，必须招标。

而后，在2020年10月19日国家发改委办公厅印发了《国家发展改革委办公厅关于进一步做好〈必须招标的工程项目规定〉和〈必须招标的基础设施和公用事业项目范围规定〉实施工作的通知》，进一步对必须招标项目中的“关于使用国有资金的项目”“关于项目与单项采购的关系”“关于招标范围列举事项”“关于同一项目中的合并采购”“关于总承包招标的规模标准”作出细化解释。

同时，对于涉及政府采购的，也应按照政府采购法律法规规定执行。根据《政府采购法》第2条、《政府采购法实施条例》第2条的规定，若采购人是各级国家机关、事业单位和团体组织，使用财政性资金采购依法制定的集中采购目录以内的或者采购限额标准以上的货物、工程和服务的，应受《政府采购法》及相关法律法规的约束。另外，结合《政府采购法实施条例》第7条的规定，工程勘察、设计属于与工程建设有关的服务，在达到建设工程必须招标条件的情况下，还应当结合工程实际情况，若以招投标方式实施的，应适用《招标投标法》及相关法律法规。

综上所述，工程全过程咨询与工程总承包是我国工程建设新型管理、组织模式的“两条腿”，是建筑行业高速发展下提出的新概念，两者的结合，能够推动工程顺利开展。在目前的工程实践中，全过程工程咨询合同中若包含勘察、设计的，对咨询人的资质应当进行相应的审查，若不具备资质的，则全过程咨询合同中该部分内容应属无效。

第1.6条　【中外合作设计合同效力】对于中外合作设计项目，当事人以外国企业单独开展方案设计为由，请求确认合同无效的，人民法院或者仲裁机构不予支持；但当事人以外国企业单独开展初步设计或者施工图设计为由，请求确认合同无效的，人民法院或者仲裁机构应予支持。

【条文主旨】

外国企业在中国境内从事设计服务时，除方案设计可以单独从事外，必须选择至少一家持有建设行政主管部门颁发的建设工程设计资质的中方设计企业进行中外合作设计。中外合作承接的设计业务必须在中方设计企业资质许可的范围内,否则将参照无资质或超越资质进行设计的规定进行处理,合同的相应部分将被认定无效。

【理解与适用】

一、中外合作设计的背景及概念

(一)中外合作设计的背景

改革开放以来,我国国民经济快速增长,国际间的贸易合作也突飞猛进。随着我国经济的高速发展和城市化进程的逐步加快,大型建设项目不断涌现,中国建筑设计市场的对外开放与合作不可避免。20 世纪 80 年代,为了引进外资、学习国外先进的技术和设计经验,我国政府就允许外国设计机构以中外合作设计的方式参与中国境内项目的工程设计。1986 年 6 月 5 日,原国家计委和原对外贸易经济合作部联合发布的《中外合作设计工程项目暂行规定》(计设〔1986〕840 号)(已失效)明确规定,中国投资或中外合资、外国贷款工程项目的设计,需要委托外国设计机构承担时,应有中国设计机构参加,进行合作设计。1992 年 1 月 1 日,原建设部、原对外经济贸易部印发《成立中外合营工程设计机构审批管理的规定》(已失效),也鼓励我国设计单位与外国设计机构合营,开展合作设计。

在 2001 年加入世界贸易组织(World Trade Organization,WTO)的谈判中,我国政府承诺允许外国服务提供者以"跨境支付"(Cross – Border Supply)和"商业存在"(Commercial Presence)两种方式进入中国工程设计市场。其中,跨境支付是指外国企业在其境内向在中国的服务消费者提供服务,以获取报酬,其特点在于服务的提供者和消费者分处不同的国家。商业存在是指境外服务提供者在中国境内通过商业存在的方式提供服务,即允许一国的企业和经济实体到另一国开业,提供服务,包括投资设立合资、合作和独资企业。这种服务贸易往往与对外直接投资联系在一起,商业存在不仅包括严格法律意义上的法人,还包括具有相同特征的法律实体,如代表处和分支机构。①

① 中国服务贸易指南网:http://tradeinservices.mofcom.gov.cn/article/zhishi/jichuzs/200710/21614.html,最后访问日期:2021 年 5 月 9 日。

《对外贸易法》第 24 条规定："中华人民共和国在国际服务贸易方面根据所缔结或者参加的国际条约、协定中所作的承诺，给予其他缔约方、参加方市场准入和国民待遇。"同时，根据第 25 条的规定，国务院对外贸易主管部门和国务院其他有关部门，依照对外贸易法和其他有关法律、行政法规的规定，对国际服务贸易进行管理。具体到中外合作设计项目或国外设计企业参与境内项目而言，发改委、原建设部等八部委于 2003 年 6 月联合发布的《工程建设项目勘察设计招标投标办法》第 21 条第 2 款规定："在其本国注册登记，从事建筑、工程服务的国外设计企业参加投标的，必须符合中华人民共和国缔结或者参加的国际条约、协定中所作的市场准入承诺以及有关勘察设计市场准入的管理规定。"随后，为了落实"入世"承诺和上述规定，原建设部先后于 2002 年 9 月 27 日发布了《外商投资建设工程设计企业管理规定》(建设部、对外贸易经济合作部令第 114 号)(已废止)，于 2004 年 5 月 10 日发布了《关于外国企业在中华人民共和国境内从事建设工程设计活动的管理暂行规定》，对外国企业通过跨境交付和商业存在两种方式都提出了具体规定和要求。自此之后，设计市场逐步对外开放，中外合作设计成为广泛采用的方式。

(二)"中外合作设计"的概念

通常来说，"中外合作设计"并非严格意义上的法律概念，其概念范畴包括各种形式的中外合作设计活动，外国企业除了以跨境支付和商业存在方式从事设计工作外，为中国境内项目提供建设工程设计咨询服务也可作为中外合作设计的一种形式。但是，在法律层面，本条所述的"中外合作设计"应当仅指外国企业以跨境交付的方式与中国设计企业合作，共同为中国境内的建设工程项目提供设计工作。对此概念，应当从以下三个方面进行理解：

第一，对于中外合作设计项目，外国企业提供设计工作的形式应仅限于跨境交付。从严格意义上来讲，外国企业是指不具备中华人民共和国法人主体资格的企业或机构。外国企业通过商业存在形式所设立的外商独资企业、中外合资企业具备中华人民共和国的法人主体资格，并非法律意义上的外国企业。

第二，对于中外合作设计项目，外国企业提供设计服务的方式应仅限于设计工作本身，而不包括设计咨询。外国企业提供设计咨询的，设计咨询成果仅是设计工作的参考,并不能纳入建设工程法律规范体系下设计工作的范畴中。

第三,中外合作设计项目应为中华人民共和国境内的建设工程项目,这是国际私法属地原则的应有之义,也是基于建设工程项目特性,遵循国际私法最密切联系原则的必然要求。

二、外国企业从事设计工作的市场准入

(一)现行法律法规对于设计资质的一般规定

我国现行法律法规明确规定,从事建设工程设计应当取得相应的资质证书,国家对于无资质及超越资质等级许可承揽工程设计予以禁止。《建筑法》第13条规定,从事建筑活动的设计单位,在取得相应等级的资质证书后,方可在其资质等级许可的范围内从事建筑活动。《建设工程勘察设计管理条例》第8条和《建设工程质量管理条例》第18条也在此基础上作了明确规定。

但是,根据我国现行法律法规的规定,不具有中国法人资格的外国企业无法申请获得建设工程设计资质,也就无法从事建设工程设计工作。根据《建设工程勘察设计资质管理规定》的要求,企业申请建设工程设计资质应当向工商注册所在地的住房城乡建设主管部门提出申请,申请材料包括申请表、营业执照复印件等。外国企业并非在中国境内设立,没有进行过工商注册,更不可能获得营业执照等材料,因此无法按照《建设工程勘察设计资质管理规定》的要求申请取得建设工程设计资质。

(二)外国企业从事建设工程设计工作的特殊规定

虽然根据建设工程资质管理的相关规定,外国企业无法获得设计资质,但并不意味着外国企业在中国境内就无法从事设计工作。如前所述,在经济全球化的背景下,我国在2001年加入世界贸易组织的谈判中,对于放开建设工程设计市场作出了承诺。2000年8月25日,全国人民代表大会常务委员会通过了关于我国加入世界贸易组织的决定,批准了我国加入世界贸易组织议定书。根据议定书中《中华人民共和国服务贸易具体承诺减让表》关于我国"入世"在服务贸易方面的承诺,对建筑设计服务中方案设计的市场准入没有限制,但在国

民待遇方面，外国服务者应为在其本国从事建筑、工程、城市规划服务的注册建筑师、工程师或企业。此后，《关于外国企业在中华人民共和国境内从事建设工程设计活动的管理暂行规定》对该承诺内容进行了落实：

1. 外国企业可以单独从事方案设计，不能单独从事初步设计和施工图设计

《关于外国企业在中华人民共和国境内从事建设工程设计活动的管理暂行规定》第3条规定："外国企业以跨境交付的方式在中华人民共和国境内提供编制建设工程初步设计（基础设计）、施工图设计（详细设计）文件等建设工程设计服务的，应遵守本规定。提供建设工程初步设计（基础设计）之前的方案设计不适用本规定。"同时第4条又规定，外国企业承担中华人民共和国境内建设工程设计，必须选择至少一家持有建设行政主管部门颁发的建设工程设计资质的中方设计企业进行中外合作设计。

因此，《关于外国企业在中华人民共和国境内从事建设工程设计活动的管理暂行规定》明确外国企业只能单独从事方案设计，如从事初步设计和施工图设计，则必须要与具备相应工程设计资质的中方设计企业进行合作。

2. 合作进行初步设计和施工图设计时，外国企业应在中方设计企业资质许可的范围内承接设计业务

《关于外国企业在中华人民共和国境内从事建设工程设计活动的管理暂行规定》第4条规定，外国企业承担中华人民共和国境内建设工程设计，应在所选择的中方设计企业资质许可的范围内承接设计业务。因此，与外国企业合作的中方设计企业必须具备相应的设计资质，且外国企业在中国提供编制建设工程初步设计（基础设计）、施工图设计（详细设计）文件等建设工程设计服务，需以中方设计企业资质等级许可的范围为限。

3. 其他规定

此外，《关于外国企业在中华人民共和国境内从事建设工程设计活动的管理暂行规定》从建设单位可以对外国企业进行资格审查、外国企业要遵守中国法律法规和强制性标准、中外合作设计文件要报中国有关政府部门审查等方面，对外国企业提出了要求。

例如，建设单位负责对合作设计的外国企业是否具备设计能力进行资格预审；外国设计企业在中国境内承接建设工程设计，必须符合中国政府颁布的工程建设强制性标准和有关工程设计文件编制规定的要求；报中国政府有关部门

审查的中外合作设计文件必须符合相应的形式；保密工程、抢险救灾工程和我国未承诺对外开放的其他工程，禁止外国企业参与设计等。

三、中外合作设计项目的合同效力

（一）中方企业资质对设计合同效力的影响

中外合作设计项目中，如果中方企业不具备相应的工程设计资质，则违反了我国法律法规关于无资质及超越资质等级许可不得承揽工程设计的效力性强制性规定。《民法典》第 153 条第 1 款规定："违反法律、行政法规的强制性规定的民事法律行为无效。但是，该强制性规定不导致该民事法律行为无效的除外。"因此，中外合作设计项目中，中方企业应当按照法律法规的规定，具备相应的设计资质，若当事人以中方企业不具备设计资质为由主张合同无效的，人民法院或者仲裁机构应予支持。

例如，在无锡中院（2019）苏 02 民初 27 号案中，法院认为，外方设计单位应当依规选择一家有资质的境内企业进行合作，方可承接设计业务，而涉案合同另一设计方并未取得相应的设计资质，导致涉案合同在设计方资质上不符合《建筑法》第 12 条、第 13 条的规定。根据原《合同法》第 52 条第 5 项的规定，违反法律、行政法规的强制性规定的合同无效，涉案合同应当认定为无效合同。

（二）外国企业单独开展方案设计不影响合同效力

虽然外国企业无法申请获得相应的设计资质，但《关于外国企业在中华人民共和国境内从事建设工程设计活动的管理暂行规定》明确外国企业可以单独从事方案设计。因此，当事人以外国企业单独开展方案设计为由，请求确认合同无效的，人民法院或者仲裁机构不予支持。

例如，在重庆高院（2017）渝高法民终字第 370 号案中，法院认为，外国企业所提供的服务只涉及建设工程设计的方案设计，符合《关于外国企业在中华人民共和国境内从事建设工程设计活动的管理暂行规定》第 3 条、第 4 条的规定，没有违反我国法律法规的禁止性规定，不影响本案双方当事人订立的设计合同的效力。又如，在南京玄武法院（2018）苏 0102 民初 1947 号案中，法院也认为，外国企业提供建设工程初步设计之前的方案设计，无须选择具有设计资质的中方企业进行合作，案涉合同不存在因主体不符合资质要求而导致合同无效的情形。

（三）外国企业单独开展初步设计、施工图设计的合同效力

虽然外国企业无法申请获得相应的设计资质，但《关于外国企业在中华人民共和国境内从事建设工程设计活动的管理暂行规定》明确外国企业可以通过中外合作设计的方式从事初步设计和施工图设计。因此，如果中外合作设计项目的中方设计企业具备相应的设计资质，当事人以外国企业单独开展初步设计或者施工图设计为由，请求确认合同无效的，人民法院或者仲裁机构应予支持。

此外，本条所述“合同无效”并不等同于合同整体无效，在理解时还应注意合同部分无效不影响其他部分的效力。中外合作设计合同往往涉及方案设计、初步设计、施工图设计等多个阶段，可能存在部分合同无效、部分合同有效的情形。《民法典》第156条规定：“民事法律行为部分无效，不影响其他部分效力的，其他部分仍然有效。”

例如，在连云港中院（2015）连民终字第00421号案中，法院认为，现行法律对于外国企业从事设计工作进行了限制，其不能单独承揽初步设计、施工图设计部分的工程，外国企业无权单独签订关于初步设计、施工图设计部分的合同，该部分合同应认定为无效。对方案设计阶段的资质等级并未设限，案涉设计合同中关于方案设计的部分应认定为有效。

第二章 建设工程勘察、设计合同的解除

第 2.1 条 【发包人原因解除合同】发包人具有下列情形之一，勘察人、设计人请求解除合同的，人民法院或者仲裁机构应予支持：

（1）发包人未提供基础资料或未履行其他协作义务，致使勘察人、设计人无法继续勘察、设计工作，经催告后在合理期限内仍未履行相应义务的；

（2）发包人迟延支付勘察、设计费用，经催告后在合理期限内仍未履行的，但当事人另有约定的除外；

（3）因规划调整、政策变化、项目条件变化等原因导致项目缓建、停建，勘察、设计合同目的已无法实现的；

（4）发包人明确表示或者以自己的行为表明不再履行合同主要义务的；

（5）勘察人、设计人可以解除勘察、设计合同的其他情形。

【条文主旨】

本条是关于建设工程勘察、设计合同中，由于发包人的原因，勘察人、设计人可以要求解除合同的法定情形的规定。

【理解与适用】

合同解除有法定解除、协商解除、约定解除三种情况，关于法定解除之情形，《民法典》第 563 条作出了明确规定，即有下列情形之一的，当事人可以解除合同：“（一）因不可抗力致使不能实现合同目的；

(二)在履行期限届满前,当事人一方明确表示或者以自己的行为表明不履行主要债务;(三)当事人一方迟延履行主要债务,经催告后在合理期限内仍未履行;(四)当事人一方迟延履行债务或者有其他违约行为致使不能实现合同目的;(五)法律规定的其他情形。”

在建设工程领域,有关司法解释也明确规定了一些解除情形。原《施工合同司法解释》第9条①规定,“发包人具有下列情形之一,致使承包人无法施工,且在催告的合理期限内仍未履行相应义务,承包人请求解除建设工程施工合同的,应予支持:(一)未按约定支付工程价款的;(二)提供的主要建筑材料、建筑构配件和设备不符合强制性标准的;(三)不履行合同约定的协助义务的”,这三种情形即是建设工程施工合同中,承包人可以要求法定解除的情形。

《民法典》“合同编”第十八章“建设工程合同”第788条规定:“建设工程合同是承包人进行工程建设,发包人支付价款的合同。建设工程合同包括工程勘察、设计、施工合同。”从第788条规定可以看出,本章的规定适用于勘察、设计、施工合同。本章中,也明确规定了几类解除情形。

《民法典》第806条规定:“承包人将建设工程转包、违法分包的,发包人可以解除合同。发包人提供的主要建筑材料、建筑构配件和设备不符合强制性标准或者不履行协助义务,致使承包人无法施工,经催告后在合理期限内仍未履行相应义务的,承包人可以解除合同。合同解除后,已经完成的建设工程质量合格的,发包人应当按照约定支付相应的工程价款;已经完成的建设工程质量不合格的,参照本法第七百九十三条的规定处理。”

但是,建设工程勘察、设计合同有其特殊性,在判断合同是否达到法定解除条件时,会出现许多法律未规定的情形。本条依照法律规定,总结了建设工程勘察、设计合同中,因发包人原因可以导致合同法定解除的五种情形。

一、发包人未提供基础资料或未履行其他协助义务,致使勘察人、设计人无法勘察、设计,经催告后在合理期限内仍未履行相应义务的

《2016版建设工程勘察合同示范文本》通用合同条款第2.2.1~2.2.8项规

---

① 本条内容已被《民法典》吸收,故2021年1月1日起施行的《施工合同司法解释(一)》不再规定该条内容。

定了发包人的义务。其中第2.2.1项规定:“发包人应以书面形式向勘察人明确勘察任务及技术要求。”第2.2.2项规定:“发包人应提供开展工程勘察工作所需要的图纸及技术资料,包括总平面图、地形图、已有水准点和坐标控制点等,若上述资料由勘察人负责搜集时,发包人应承担相关费用。”第2.2.3项规定:“发包人应提供工程勘察作业所需的批准及许可文件,包括立项批复、占用和挖掘道路许可等。”第2.2.4项规定:“发包人应为勘察人提供具备条件的作业场地及进场通道(包括土地征用、障碍物清除、场地平整、提供水电接口和青苗赔偿等)并承担相关费用。”第2.2.5项规定:“发包人应为勘察人提供作业场地内地下埋藏物(包括地下管线、地下构筑物等)的资料、图纸,没有资料、图纸的地区,发包人应委托专业机构查清地下埋藏物。若因发包人未提供上述资料、图纸,或提供的资料、图纸不实,致使勘察人在工程勘察工作过程中发生人身伤害或造成经济损失时,由发包人承担赔偿责任。”

《2015版房建工程设计合同示范文本》通用合同条款第2.1.2项规定:“发包人应当负责工程设计的所有外部关系(包括但不限于当地政府主管部门等)的协调,为设计人履行合同提供必要的外部条件。”

以上关于发包人义务的规定,可以分为两个方面,一方面是发包人提供基础资料,另一方面是发包人的协助义务。《民法典》第806条第2款规定:“发包人提供的主要建筑材料、建筑构配件和设备不符合强制性标准或者不履行协助义务,致使承包人无法施工,经催告后在合理期限内仍未履行相应义务的,承包人可以解除合同。”法律条文已经规定了不履行协助义务可以解除合同,但并未规定勘察或设计合同中未提供基础资料是否可以解除合同,但参照条文的立法精神,在这两类合同中,发包人不提供基础资料会导致承包人无法施工,故可以解除合同。从鼓励交易的角度考虑,在此种情况出现时,结合《民法典》关于解除的规定,应当经过催告后,勘察人或设计人才能要求解除合同。

二、发包人迟延支付勘察、设计费用,经催告后在合理期限内仍未履行的,但当事人另有约定的除外

《2016版建设工程勘察合同示范文本》通用合同条款第2.2.8项规定,发包人应对勘察人满足质量标准的已完工作,按照合同约定及时支付相应的工程勘察合同价款及费用。《2015版房建工程设计合同示范文本》通用合同条款第

2.4 款规定："发包人应按合同约定向设计人及时足额支付合同价款。"

在建设工程勘察、设计合同中，按照合同约定交付勘察或者设计成果是勘察人或设计人的主要义务，按照合同约定支付费用是发包人的主要义务，按照《民法典》关于合同解除的规定，当事人一方迟延履行主要债务，经催告后在合理期限内仍未履行的，可以解除合同。在发包人迟延支付勘察、设计费用的情形下，勘察人、设计人可以采取催告措施，经催告后，发包人仍不履行的，勘察人、设计人可以要求解除合同。

当然，如果当事人在合同中有特别约定，如当事人可以约定经两次催告后，方可解除合同，本着尊重当事人意思自治的原则，该约定对双方当事人产生约束力。如在成都武侯法院(2016)川 0107 民初 10409 号案中，法院认为，双方的建设工程勘察合同系双方的真实意思表示，不违反法律、行政法规的规定而有效。现勘察人已履行合同约定的勘察义务，向发包人提交了全部勘察资料，发包人未提出该勘察资料存在质量问题，因此发包人应按合同约定支付全部勘察费。由于发包人至今仅支付了部分勘察费，迟延履行其主要债务经催告后在合理期限内仍未履行，所以勘察人要求解除合同符合原《合同法》的规定；合同解除后，发包人需继续履行债务，并赔偿勘察人利息损失。

三、因规划调整、政策变化、项目条件变化等原因导致项目缓建、停建，勘察、设计合同目的已无法实现的

合同履行过程中，有的工程项目因政策影响或资金不足中途缓建或停建，在合理期限内无法明确是否可以继续建设，此时，合同目的已不能实现，继续履行已经没有实际意义，当事人要求解除合同的，应当予以支持。例如，湘西土家族苗族自治州中院在(2020)湘 31 民终 301 号案中认为，依法成立的合同，自成立时生效。发包人与设计人签订的《建设工程设计合同(一)》是双方当事人的真实意思表示，不违反法律、行政法规强制性规定，依法具有法律效力，双方均应按合同履行各自义务。现发包人因已经与永顺县人民政府终止了永顺农博园相关工程，发包人、设计人签订的合同已经没有了继续履行的实际意义。故对设计人要求解除与发包人签订的《建设工程设计合同(一)》的诉讼请求应予以支持。

四、发包人明确表示或者以自己的行为表明不再履行合同主要义务的

本项是关于预期违约，当事人可以解除合同的规定。预期违约起源于英国 1853 年的霍切斯特诉戴·纳·陶尔案（Hochester v. De La Tour）。[①]

预期违约制度自确立以来，对当今世界许多国家的合同立法及实践都产生了重大的影响。对于预期违约的定义，国内学者习惯于将预期违约分成明示毁约和默示毁约，然后再对明示毁约和默示毁约分别进行定义，如王利明教授认为“预期违约，亦称先期违约，包括明示毁约和默示毁约两种。所谓明示毁约是指在合同履行期限到来之前，一方当事人无正当理由而明确肯定地向另一方当事人表示他将不履行合同。所谓默示毁约是指在履行期限到来之前，一方当事人有确凿的证据证明另一方当事人在履行期限到来时，将不履行或不能履行合同，而另一方又不愿提供必要的履行担保”[②]。如在重庆渝北法院（2020）渝 0112 民初 12949 号案中，法院认为，双方合同约定的合同内容是重庆中航 MYTOWN项目 C、D、E 地块岩土勘察（含超前探底）工程，B 地块南区车库超前探底工程，现 D、E 地块岩土勘察（含超前探底）工程已经由案外人实施，合同未履行的内容已失去履行的可能，发包人收到本案起诉状副本的时间为 2020 年 6 月 24 日，依法确定 2020 年 6 月 24 日为合同解除日。对于设计人请求判令解除双方于 2014 年 4 月 28 日签订的《重庆中航 MYTOWN 项目 C、D、E 地块岩土勘察工程合同》的诉讼请求，予以支持。

五、勘察人、设计人依法可以解除勘察、设计合同的其他情形

在出现符合法定解除条件，但是前述条文未列明之情形时，合同目的无法实现，亦可要求解除合同。如在重庆巫山法院（2019）渝 0237 民初 3847 号案中，法院认为，由于政策原因，被告未将原告的前期测绘成果交由重庆市国土资源和房屋管理局备案，致使双方签订《巫山县农村建设用地复垦项目测绘合同书》无法继续履行，合同目的无法实现，原告的前期测绘费也未能全部支付，现原告要求解除双方之间的《巫山县农村建设用地复垦项目测绘合同书》，予以确认。

---

① 李建星：《预期违约的制度内涵与类型扩展》，载《法治研究》2019 年第 5 期。

② 王利明：《违约责任论》，中国政法大学出版社 2003 年版，第 102 页。

第 2.2 条　【设计人或勘察人原因解除合同】勘察人、设计人具有下列情形之一，发包人请求解除合同的，人民法院或者仲裁机构应予支持：

(1)勘察人、设计人迟延交付勘察、设计成果，经催告后在合理期限内仍未履行的；

(2)勘察人、设计人违反合同约定，无正当理由停止勘察或者设计工作，经催告后，在合理期限内仍未继续开展工作的；

(3)合同约定勘察、设计成果应通过相关部门批准，但勘察人、设计人提交的成果未能通过批准，且经修改后，仍未能通过批准的；

(4)勘察人、设计人转包或者违法分包的；

(5)发包人依法可以解除勘察、设计合同的其他情形。

【条文主旨】

本条是关于建设工程勘察、设计合同中，由于勘察人、设计人的原因，发包人可以要求解除合同的法定情形的规定。

【理解与适用】

一、勘察人、设计人迟延支付勘察、设计成果，经催告后在合理期限内仍未履行的

在建设工程勘察、设计合同履行过程中，发包人迟延支付勘察、设计费用的情形较为常见，勘察人、设计人迟延交付勘察、设计成果的情形也时有发生，对发包人而言，交付勘察、设计成果是勘察人、设计人所负的主要义务，从合同之债角度而言，亦是其向发包人所负的主要债务。

《2016 版建设工程勘察合同示范文本》通用合同条款第 5.2 款规定："勘察人应向发包人提交成果资料四份，发包人要求增加的份数，在专用合同条款中另行约定，发包人另行支付相应的费用。"在建设工程勘察、设计合同中，勘察人、设计人向发包人交付勘察、设计成果是勘察人、设计人的主要义务。

《民法典》第 563 条第 1 款规定："有下列情形之一的，当事人可以解除合同：(一)因不可抗力致使不能实现合同目的；(二)在履行期限届满前，当事人一方明确表示或者以自己的行为表明不履行主要债务；(三)当事人一方迟延履

行主要债务，经催告后在合理期限内仍未履行；（四）当事人一方迟延履行债务或者有其他违约行为致使不能实现合同目的；（五）法律规定的其他情形。”从法律规定可以看出，当事人一方迟延履行主要义务，经催告后在合理期限内仍未履行，是合同的法定解除情形之一。故在勘察人、设计人迟延交付勘察、设计成果，经发包人催告后仍未交付的情形下，发包人有权解除合同。

例如，在临淄法院（2020）鲁0305民初1458号案中，原告认为被告拖欠设计费，向法院起诉要求被告支付原告设计费114万元及其逾期利息。法院经审理后认为，结合原告已提供设计图纸的项目册数和图纸的份数，原告已完成施工图工作量占整个工程施工图总工作量不超过10%，但被告向原告已支付的设计报酬已达到应支付报酬总额的30%，原告提供的上述图纸延期交付被告，已构成合同违约，被告据此和原告解除合同符合合同约定和法律规定。

当然，在审判实务中，应当注意判断当事人迟延履行的严重程度，如仅是轻微的延迟交付，对于发包人的工作进程并无实质性的影响，这时应当给予勘察人、设计人改正的机会，只有在催告并给予一定合理期限后，勘察人、设计人仍未交付的，发包人才能解除合同。

二、勘察人、设计人违反合同约定，无正当理由停止勘察或者设计工作，经催告后，在合理期限内仍然未继续开展工作的

在建设工程勘察、设计合同的履行过程中，有时会出现勘察人、设计人违反合同约定，无正当理由停止勘察或者设计工作，这种情形下，合同如果长期处于未解除而又不能履行的状态，势必会对发包人产生不利影响，应当赋予发包人此种情形下的法定解除权。例如，在河南宜阳法院（2010）宜民一初字第98号案中，原告宜阳县水务集团有限公司诉称：2008年6月，原告与被告河南省郑州地质工程勘察院签订《建设工程勘察合同》一份。合同约定勘察工程于2008年6月10日开工，2008年9月10日提交勘察成果资料。被告打的第一眼井报废，给原告造成占地等损失12,500元。被告另选地址打的井至今未完成。因被告未按约定日期提交勘察成果资料，给原告造成经营损失582,912元。现要求被告继续履行合同，交付勘察成果资料及大口井一眼，支付违约金197,100元及经济损失437,732元。

法院审理后认为，原、被告签订的《建设工程勘察合同》，是双方真实意思表

示,不违反法律规定,为有效合同。双方应按合同约定履行义务。原告未按约定支付勘察费,属违约行为,应承担相应的违约责任。被告在第一眼井报废后,又选址凿第二眼井时,已明知不能按合同约定交付勘察成果的情况下,未与原告协商延期交付,又单方停止了勘察工作,导致合同目的不能实现,构成事实上的违约,亦应承担相应的民事责任。遂判令解除双方签订的《建设工程勘察合同》。

三、合同约定勘察、设计成果应通过相关部门批准,但勘察人、设计人提交成果后未能通过批准,发包人提出修改要求后,勘察、设计成果仍未能通过批准的

关于施工图设计文件审查,《房建市政工程施工图审查管理办法》第3条规定:"国家实施施工图设计文件(含勘察文件,以下简称施工图)审查制度。本办法所称施工图审查,是指施工图审查机构(以下简称审查机构)按照有关法律、法规,对施工图涉及公共利益、公众安全和工程建设强制性标准的内容进行的审查。施工图审查应当坚持先勘察、后设计的原则。施工图未经审查合格的,不得使用。从事房屋建筑工程、市政基础设施工程施工、监理等活动,以及实施对房屋建筑和市政基础设施工程质量安全监督管理,应当以审查合格的施工图为依据。"多年来,建筑行业领域一直施行施工图审查制度,施工图要报政府相关部门或者政府指定的审图机构审查。因此,相关示范文本中,对于工程设计文件的审查或批准有所涉及。

例如,《2015版房建工程设计合同示范文本》第8.3款规定:"工程设计文件需政府有关部门审查或批准的,发包人应在审查同意设计人的工程设计文件后在专用合同条款约定的期限内,向政府有关部门报送工程设计文件,设计人应予以协助。对于政府有关部门的审查意见,不需要修改发包人要求的,设计人需按该审查意见修改设计人的工程设计文件;需要修改发包人要求的,发包人应重新提出发包人要求,设计人应根据新提出的发包人要求修改设计人的工程设计文件,发包人应当根据第11条〔工程设计变更与索赔〕的约定,向设计人另行支付费用。"

第8.6款第1项规定:"因设计人原因造成工程设计文件不合格致使工程设计文件审查无法通过的,发包人有权要求设计人采取补救措施,直至达到合

同要求的质量标准,并按第14.2款〔设计人违约责任〕的约定承担责任。”

在实务中,也有类似的案例。例如,在河南高院(2016)豫民终863号案中,福建华景建筑设计院有限公司(以下简称华景公司)与洛阳天城房地产开发有限公司(以下简称天城公司)因建设工程设计合同产生纠,法院认为,根据天城公司于2012年5月15日、6月5日、7月5日向华景公司发函的内容,可以证实华景公司提交的A3-2、A6地块单体报批方案(调整修改版)经洛阳市城乡规划局审核及天城公司的修改要求,仍未能及时通过洛阳市城乡规划局的批准,天城公司解除合同的行为具有法律效力。

近年来,取消施工图审查的争论一直存在,此方面的改革也一直在进行中。2017年10月,国务院对《建设工程质量管理条例》《建设工程勘察设计管理条例》中有关施工图审查的部分进行了修改,删除“应当将施工图设计文件报县级以上人民政府建设行政主管部门或者其他有关部门审查”,即相关部门对施工图审查没有了法定义务和责任。住建部于2018年12月29日又一次修订《房建市政工程施工图审查管理办法》,提出“逐步推行以政府购买服务方式开展施工图设计文件审查”。2019年3月26日国务院办公厅《关于全面开展工程建设项目审批制度改革的实施意见》(以下简称《实施意见》)出台。为了实现在2019年上半年将工程项目审批时限压缩在120个工作日内,《实施意见》提出要进一步精简审批环节,要求试点地区在加快探索取消施工图审查(或缩小审查范围)、实行告知承诺制和设计人员终身负责制等方面,尽快形成可复制可推广的经验。

目前,已有多地取消施工图审查。随着施工图审查改革的深入推进,发包人、设计人在此方面的争议也会相应减少乃至消失。

四、勘察人、设计人转包或者违法分包的

关于勘察、设计合同中的转包和违法分包,《建设工程勘察设计管理条例》第19条规定,“除建设工程主体部分的勘察、设计外,经发包方书面同意,承包方可以将建设工程其他部分的勘察、设计再分包给其他具有相应资质等级的建设工程勘察、设计单位”。第20条规定:“建设工程勘察、设计单位不得将所承揽的建设工程勘察、设计转包。”

关于勘察、设计合同中的转包和违法分包,目前在法律中也有明确规定。

《民法典》“合同编”第十八章“建设工程合同”第788条规定：“建设工程合同是承包人进行工程建设，发包人支付价款的合同。建设工程合同包括工程勘察、设计、施工合同。”从第788条规定可以看出，本章的规定适用于勘察、设计、施工合同。《民法典》第791条第1款规定：“发包人可以与总承包人订立建设工程合同，也可以分别与勘察人、设计人、施工人订立勘察、设计、施工承包合同。发包人不得将应当由一个承包人完成的建设工程支解成若干部分发包给数个承包人。”第2款规定：“总承包人或者勘察、设计、施工承包人经发包人同意，可以将自己承包的部分工作交由第三人完成。第三人就其完成的工作成果与总承包人或者勘察、设计、施工承包人向发包人承担连带责任。承包人不得将其承包的全部建设工程转包给第三人或者将其承包的全部建设工程支解以后以分包的名义分别转包给第三人。”

勘察人、设计人将建设工程转包、违法分包的，勘察人、设计人与发包人之间的合同应当如何处理？对此，《民法典》中已经作了明确规定，其第806条第1款规定：“承包人将建设工程转包、违法分包的，发包人可以解除合同。”但同时需注意，勘察、设计、施工承包人经发包人同意，可以将自己承包的部分工作交由第三人完成。

五、发包人依法可以解除勘察、设计合同的其他情形

本条最后一项为勘察人、设计人依法可以解除勘察、设计合同的其他情形，系兜底条款。在出现前述条文未列明之情形，但是导致合同目的落空的情形时，发包人亦可要求解除合同。

第2.3条　【不可抗力原因解除合同】发包人与勘察人或设计人订立合同后，因不可抗力致使不能实现合同目的，当事人要求解除合同的，人民法院或者仲裁机构应予支持。

【条文主旨】

本条是关于在发生不可抗力情形下，当事人要求解除合同的处理的规定。

【理解与适用】

一、发生不可抗力致使合同目的不能实现的，当事人可要求解除合同

一般认为，对于如何规定因不可抗力导致合同目的不能实现而消灭合同之债，有两种模式：一种是自动消灭，无须当事人行使解除权，德国、日本和我国台湾地区采此模式。另一种则是通过解除权行使而消灭合同。德国在2002年通过的《债法现代化法典》中改变了之前的自动消灭原则，转而采用了解除权模式。我国原《合同法》对不可抗力导致的合同消灭采解除模式而非自动消灭模式，《民法典》承继了此一模式。①

《民法典》第180条规定："因不可抗力不能履行民事义务的，不承担民事责任。法律另有规定的，依照其规定。不可抗力是不能预见、不能避免且不能克服的客观情况。"《民法典》第563条第1款规定："有下列情形之一的，当事人可以解除合同：(一)因不可抗力致使不能实现合同目的；(二)在履行期限届满前，当事人一方明确表示或者以自己的行为表明不履行主要债务；(三)当事人一方迟延履行主要债务，经催告后在合理期限内仍未履行；(四)当事人一方迟延履行债务或者有其他违约行为致使不能实现合同目的；(五)法律规定的其他情形。"不可抗力一般包括自然灾害、政府行为、社会异常事件等情形。不可抗力属于履行障碍，制度意义在于认定不履行方在何种情形下可以不承担违约责任，以衡平当事人的权利义务，我国合同法总体上执行的是严格责任原则，一方当事人不履行合同义务时需承担违约责任，但不可抗力属于法定免责事由，因不可抗力导致合同未履行的，无须承担违约责任。

不可抗力情形下，合同履行不能。根据原《合同法》第110条第1款的规定，履行不能可分为事实上的不能和法律上的不能。所谓事实上的不能，又称"自然不能"，是指基于自然法则的不能，如因合同标的物灭失而不能履行，或者因洪水泛滥导致铁路交通中断而不能运输货物等。法律上的不能，是指基于法律规定的履行不能，或者说是指因法律的理由而导致的履行不能，属于民事行为内容违法的问题。②

---

① 刘凯湘：《民法典合同解除制度评析与完善建议》，载《清华法学》2020年第3期。

② 韩世远：《合同法总论》(第3版)，法律出版社2011年版，第407页。

在建设工程勘察、设计合同中，如果发生不可抗力致使不能实现合同目的，合同双方均可要求解除合同。

二、不可抗力的认定标准

（一）不可预见

不可抗力的不可预见性，是指双方在订立合同时对不可抗力事件是否发生无法预见。

（二）不可避免、不能克服

不可抗力的不能避免性是指当不可抗力事件发生时，合同一方或者双方不能阻止，事件的发生是不能避免的。不能克服性是指合同一方或者双方在不可抗力事件发生时，在能力范围内尽最大努力仍然不能对事件发生的程度、影响和损害后果进行控制。在不可预见事件发生时，如果损害后果可以通过当事人的合理努力得到避免和克服，则该事件就不能认为是不可抗力。①

关于不可抗力的认定，存在三种观点，即主观说、客观说和折中说。主观说认为，当事人主观上已尽最大的注意，但仍不能防止阻碍合同履行的事件发生，那么已发生的事件便属于不可抗力。客观说认为，不可抗力事件是与当事人主观因素无关、发生在当事人外部的、非通常发生的事件。折中说则兼采主观说和客观说而立论，认为从性质上说不可抗力具有客观性，不受当事人主观意志的左右，但在具体认定不可抗力事件时，要看当事人主观上是否尽到了应有的注意义务，据此判断当事人主观上是否存有过错；两个标准缺一，则不构成作为免责事由的不可抗力。②

三、不可抗力事件、不可抗力规则和不可抗力条款

在《民法典》有关不可抗力的体系构造中，可以从三个角度理解不可抗力，

---

① 常设中国建设工程法律论坛第八工作组：《中国建设工程施工合同法律全书·词条释义与实务指引》，法律出版社2019年版，第551～552页。

② 李虎：《导致合同不能履行的政府抽象行政行为可视为不可抗力》，载《人民司法》2009年第20期。

即不可抗力事件、不可抗力规则和不可抗力条款。

不可抗力事件是指不能预见、不能避免并不能克服的客观情况。不可抗力规则是指不可抗力事件在法律规定的条件下产生免责法律效果的规则。不可抗力条款有广义和狭义之分。广义的不可抗力条款,是指当事人就不可抗力事件进行约定并旨在产生免责效果的法律条款,包括构成和法律效果两个方面:前者是指当事人约定对不可抗力事件进行范围上的扩张或者限缩;后者则是指当事人对扩张或限缩的不可抗力事件在约定条件下产生免责效果之法律约定。狭义的不可抗力条款,仅包含构成层面,即当事人约定对不可抗力事件进行范围上的扩张或限缩。[①]

总结实践中当事人合同中不可抗力条款的类型,主要有四种:第一种是重申不可抗力规则型,即当事人在合同中约定的不可抗力条款,只不过是重申了法律规定的不可抗力的内容;第二种是扩张型的不可抗力条款,即当事人在合同中增加了一些法律中没有规定的不可抗力事项;第三种是排除性的不可抗力条款,即双方当事人在合同中约定排除了不可抗力的适用;第四种是限缩型的不可抗力条款,即当事人把不可抗力规则项下的不可抗力事项部分排除在外。

对不可抗力条款的效力认定,应注意以下两个方面的问题:

首先,如果不可抗力条款属于格式条款,那么应当按照格式条款的法律规定处理。

其次,如果不可抗力条款不属于格式条款,我国民法理论上存在有效说、无效说和折中说三种观点。有效说认为,法定的不可抗力规则并非强制性规范,当事人可以根据自身交易的风险系数,抛开法律的规定,对免责事由作出特别规定。无效说认为,法定的不可抗力规则为强制性规范,不可抗力条款与此不一致时,当事人的约定往往无效,对于不可抗力条款的设立应有所限制,不能随意扩大其范围,否则会混淆不可抗力和其他概念的区别。折中说则认为,法定的不可抗力规则属于混合型规范,在不可抗力条款不违背其中强制性规范的情况下,应认定其有效。例如,如果合同双方都是商事主体,或者都是普通民事主体,则应该尊重当事人之间的意思自治,该不可抗力条款为有效,但如果订立的不可抗力条款使劳动者、消费者等弱者群体权益受损,则该不可抗力条款

---

① 李昊、刘磊:《〈民法典〉中不可抗力的体系构造》,载《财经法学》2020 年第 5 期。

无效。

从司法实践中的裁判观点来看,如果不可抗力条款约定的不可抗力事件的范围大于法定不可抗力事件的范围,在不损害社会公共利益,不损害合同以外特定第三人利益且没有使劳动者、消费者等弱势群体利益受损的情况下,法院普遍对当事人合意予以尊重,认可该不可抗力条款的效力;但如果不可抗力条款约定的不可抗力事件的范围小于法定不可抗力事件的范围,多数法院倾向于否定该不可抗力条款的效力。最高院在(2008)民一抗字第 20 号案中认为,台风和暴雨都是独立于施工方之外的客观自然事件,会造成施工的中断。施工方对于台风和暴雨的发生以及施工中断的发生是不能够避免和克服的,因此,台风和暴雨应当属于施工中的不可抗力事件。台风和暴雨造成建设工程工期的延误,因具有不可归责于施工方的事由而应免除施工方的责任,应将延误的时间计算到工程应该延误的时间中去。不可抗力是法定的免责事由,它不因当事人的例外约定而免除,因此即使双方在合同中约定工期不因雨天而延长,亦应将不可抗力延误的时间计算到工程的延期之内。

四、当事人关于不可抗力的约定

根据《2015 版房建工程设计合同示范文本》通用合同条款第 16 条的规定,因不可抗力致使合同无法履行,当事人一方或双方可以解除合同。第 15.1 款对不可抗力进行了定义并列举了若干情形,该款规定:“不可抗力是指合同当事人在签订合同时不可预见,在合同履行过程中不可避免且不能克服的自然灾害和社会性突发事件,如地震、海啸、瘟疫、骚乱、戒严、暴动、战争和专用合同条款中约定的其他情形。不可抗力发生后,发包人和设计人应收集证明不可抗力发生及不可抗力造成损失的证据,并及时认真统计所造成的损失。合同当事人对是否属于不可抗力或其损失发生争议时,按第 17 条〔争议解决〕的约定处理。”

第 15.2 款规定不可抗力发生时,遭受不可抗力的一方负有通知义务。该款规定:“合同一方当事人遇到不可抗力事件,使其履行合同义务受到阻碍时,应立即通知合同另一方当事人,书面说明不可抗力和受阻碍的详细情况,并在合理期限内提供必要的证明。不可抗力持续发生的,合同一方当事人应及时向合同另一方当事人提交中间报告,说明不可抗力和履行合同受阻的情况,并于不可抗力事件结束后 28 天内提交最终报告及有关资料。”

第 15.3 款规定了不可抗力后果的承担。该款规定：“不可抗力引起的后果及造成的损失由合同当事人按照法律规定及合同约定各自承担。不可抗力发生前已完成的工程设计应当按照合同约定进行支付。不可抗力发生后，合同当事人均应采取措施尽量避免和减少损失的扩大，任何一方当事人没有采取有效措施导致损失扩大的，应对扩大的损失承担责任。因合同一方迟延履行合同义务，在迟延履行期间遭遇不可抗力的，不免除其违约责任。”

《2016 版建设工程勘察合同示范文本》通用合同条款第 10.1.1 项也规定了，不可抗力是在订立合同时不可合理预见，在履行合同中不可避免地发生且不能克服的自然灾害和社会突发事件，如地震、海啸、瘟疫、洪水、骚乱、暴动、战争以及专用条款约定的其他自然灾害和社会突发事件。

通过上文分析可知，以上合同中关于不可抗力的约定属于扩张型的不可抗力条款，对于建设工程勘察、设计合同而言，合同双方都是商事主体，则应该尊重当事人之间的意思自治，该不可抗力条款有效。

因此，合同一方向对方发出任何有关不可抗力的通告之前，必须要检查合同中关于不可抗力的相关条款，来评估当前面临的事件是否在合同不可抗力定义的范围之内。如果在范围之内，则如何处理事件以及各方随后的权利和义务必须按照合同规定。

五、不可抗力与情势变更的关系

关于情势变更最早的正式规定，是在原《合同法司法解释（二）》第 26 条。该条规定的情势变更的条件也包含了一对因果关系：原因事实是“合同成立以后客观情况发生了当事人在订立合同时无法预见的、非不可抗力造成的不属于商业风险的重大变化”，结果事实是“继续履行合同对于一方当事人明显不公平或者不能实现合同目的”。原因事实已经排除了不可抗力，阻断了不可抗力与情势变更的因果联系。①

但是，《民法典》对情势变更的规定发生了重大变化。《民法典》第 533 条规

① 李俊晔：《疫情引发合同履行障碍之不可抗力与情势变更类案辨析》，载《法律适用》2020 年第 6 期。

定:“合同成立后,合同的基础条件发生了当事人在订立合同时无法预见的、不属于商业风险的重大变化,继续履行合同对于当事人一方明显不公平的,受不利影响的当事人可以与对方重新协商;在合理期限内协商不成的,当事人可以请求人民法院或者仲裁机构变更或者解除合同。人民法院或者仲裁机构应当结合案件的实际情况,根据公平原则变更或者解除合同。”该规定删除了“非不可抗力”的表述。显而易见,《民法典》情势变更规则的原因事实要件的范围扩大了。因此,不可抗力也可能导致情势变更。

第 2.4 条　【解除权的行使期限】发包人、勘察人、设计人要求解除合同,合同中没有约定解除权行使期限,自解除权人知道或者应当知道解除事由之日起一年内不行使,或者经对方催告后在合理期限内不行使的,该权利消灭。

【条文主旨】

本条是关于解除行使期限的规定。

【理解与适用】

一、除斥期间相关规定

在建设工程勘察、设计合同中,如果出现法律规定的解除事由,当事人即可据此行使解除权。在法律上,解除权的行使期间属于除斥期间。除斥期间是民法上的概念,是指法律规定的某种民事实体存在的期间,权利人在此期间内不行使相应民事权利的,则期间届满时该民事权利消灭。其特点包括:(1)除斥期间是不变期间,不因任何事由而中止、中断或者延长;(2)除斥期间属于形成权范畴,届满消灭的是权利人享有的实体民事权利本身;(3)除斥期间规定的是权利人行使某项权利的期限,以权利人不行使该项民事实体权利为依据;(4)除斥期间自相应的实体权利成立之时起算。

民事审判中,法官应当主动审查除斥期间,权利人在除斥期间届满后将当然失去相应民事实体权利;而法官不主动审查诉讼时效,即使诉讼时效届满,但如果对方当事人不以之抗辩,权利人的民事权利仍受法律保护。

二、合同解除权行使期限的性质与设置目的

对于合同解除权的法律属性，学界大多赞同合同解除权是一种形成权。[①]民法赋予特定的民事主体以形成权，其目的在于使当事人按照自己的意愿、以单方意思表示产生变动的效果，无须取得对方同意。就合同解除权而言，当达到了法律规定的解除条件时，一方当事人单方向另一方当事人发出解除合同的通知，通知到达即发生解除的法律后果。显然，作为形成权的合同解除权的行使行为是一种单方法律行为，解除权行使的法理基础是意思自治。[②]

但是，解除权人享有合同解除权并不意味着可以无限期地享有解除权，不可滥用权利损害相对方的利益。从保护非解除权人一方利益角度出发，有必要通过设置解除权行使期限以结束合同关系的长期不确定状态。合同解除权设置行使期限，实际上也是给合同解除权人的权利行使课以一定时间限制，以避免合同当事人之间法律关系长期处于不确定状态。[③]

三、关于解除权行使期限的相关法律规定

关于合同行使合理期限的规定，在《民法典》实施以前，并没有统一的规定，而是散见在各个法律规定之中。原《合同法》第 95 条规定："法律规定或者当事人约定解除权行使期限，期限届满当事人不行使的，该权利消灭。法律没有规定或者当事人没有约定解除权行使期限，经对方催告后在合理期限内不行使的，该权利消灭。"

2003 年施行的最高院《关于审理商品房买卖合同纠纷案件适用法律若干问题的解释》（以下简称《商品房买卖合同司法解释》）第 15 条规定："根据《合同法》第九十四条的规定，出卖人迟延交付房屋或者买受人迟延支付购房款，经催告后在三个月的合理期限内仍未履行，当事人一方请求解除合同的，应予支持，但当事人另有约定的除外。法律没有规定或者当事人没有约定，经对方当事人催告后，解除权行使的合理期限为三个月。对方当事人没有催告的，解除权应

---

① 韩世远：《合同法总论》（第 4 版），法律出版社 2018 年版，第 665 页。

② 汪渊智：《形成权理论初探》，载《中国法学》2003 年第 3 期。

③ 高丰美、丁广宇：《合同解除权行使"合理期限"之司法认定——基于 36 份裁判文书的分析》，载《法律适用》2019 年第 22 期。

当在解除权发生之日起一年内行使;逾期不行使的,解除权消灭。”2020年新修订的《商品房买卖合同司法解释》第11条对解除权的行使期限作了相同的规定。

《民法典》第564条规定:“法律规定或者当事人约定解除权行使期限,期限届满当事人不行使的,该权利消灭。法律没有规定或者当事人没有约定解除权行使期限,自解除权人知道或者应当知道解除事由之日起一年内不行使,或者经对方催告后在合理期限内不行使的,该权利消灭。”

《民法典》给予了合同解除权一年的行使期限,既是给予了当事人充分的时间去行使自己的权利,又是在促使双方当事人的法律关系尽快稳定下来。

在建设工程勘察、设计合同领域,这一规定将具有更普遍的指导意义。建设工程勘察、设计合同周期长,涉及人员多,资料名目繁多。如果享有解除权的一方迟迟不行使自己的权利,等到真正进入诉讼阶段时,往往会面临人员离职,资料不完整或遗失等问题,增加了法院查明事实的难度。正所谓“法律不保护权利上的睡眠者”。这一规定正是督促享有解除权的一方积极行使自己的权利,保护自己的利益。

四、关于解除权行使期限的几个问题

(一)解除权行使期限的起算点查明困难

在实务中,一方当事人在对方出现违约行为后,在较长时间后才提出解除合同的情形并不少见。在这种情况下,如当事人一方请求解除合同,对方当事人可能会抗辩原告知道或者应当知道解除事由之日起已经超过一年,在双方当事人均不能提供有效证据的情况下,就如何认定知道或者应当知道解除事由之日,将会成为查明事实的难点。

(二)一年的期限是否合理的争论

根据《民法典》第564条的规定,自解除权人知道或者应当知道解除事由之日起一年内不行使,解除权消灭。《民法典》对于期限作出了一年的明确的规定,但是对于该时间是否合理,也存在一定争议。有学者认为,此期限规定过短,理由是很多继续性的重大合同,如租赁合同、建筑施工合同、股权转让合同、期房买卖合同等，本来合同的履行期限就较长，在履行期内的任何时点都有出现违约或者意外风险的情况，导致解除权发生的事由较多，应当给当事人相对更长一些时间来处理和应对此等事由；在实践中，特别是商事交易中出现解除事由时，双方当事人往往会继续较长时间的磋商，法律如果把解除权的除斥期间规定得过短，容易使当事人因担心罹于除斥期间而放弃磋商，这与鼓励交易、尊重意思自治、鼓励通过协商解决纠纷的理念相悖。①

解除权消灭之后，当事人丧失了要求解除合同的权利，合同就会陷入困境。如何处理当事人之间的争议，也是需要研究解决的问题。从有效解决问题的角度考虑，解除权的行使期限不宜太短。

（三）《民法典》实施后，“合理期限”如何确定仍然是实务中的难题

对于其他合同纠纷解除权行使期限，是否参照《商品房买卖合同司法解释》中关于解除权行使期限的规定，实务中一直有两种观点：

一种观点认为，该解释中的规定虽然是针对商品房买卖合同的规定，但其他类型的合同也可以参照适用；如温州中院在（2014）浙温商终字第 594 号案中认为，王某以李某未支付股权转让款为由要求解除《股权转让协议书》，其解除权已于 2011 年 6 月 14 日发生。此后，王某一直未行使解除权，其于 2013 年 12 月 16 日才起诉要求解除该协议，参照《商品房买卖合同司法解释》规定，显然已经超过一年的解除权行使期限，该权利业已消灭。

另一种观点则认为，《商品房买卖合同司法解释》只是针对商品房买卖合同的特别规定，在法律没有规定可以参照适用的情况下，不应扩大适用范围。除商品房买卖合同外，其他类型合同的解除权行使期限仍应根据案件的具体情况予以合理确定。如最高院（2015）民申字第 382 号裁定认为，案涉合同解除权问题，亦无相关司法解释指向适用《商品房买卖合同司法解释》的相关规定。因此，沈某再审申请中主张本案应当适用《商品房买卖合同司法解释》的相关规定，没有法律依据。

对于解除权行使的合理期限如何认定，有些地方高院在指导意见中有所规定，如四川省高级人民法院《关于审理合同解除纠纷若干问题的指导意见》第

---

① 刘凯湘：《民法典合同解除制度评析与完善建议》，载《清华法学》2020 年第 3 期。

14 条规定:“法律没有规定或当事人没有约定解除权行使期限的,解除权人应当在解除权产生后的合理期限内及时行使。解除权人未在合理期限内行使的,该权利消灭。前款规定的合理期限,法官应当综合合同性质、履行情况及对方的合理信赖利益等因素,根据公平原则和诚实信用原则予以认定。”

综上,目前《民法典》关于解除权的行使期限相较原《合同法》,有了更明确的规定,这也提示建设工程勘察、设计合同的双方当事人,应当注意解除权的行使期限,及时行使权利。

第 2.5 条 【合同解除的法律后果】因发包人原因导致建设工程勘察或设计合同解除的,如合同对违约责任承担方式有约定的,发包人应当按照约定承担责任;如合同对违约责任承担方式没有约定的,勘察人或设计人可要求发包人赔偿损失,勘察人或设计人应当对主张的损失承担举证责任。

因勘察人或设计人原因导致建设工程勘察或设计合同解除的,如合同对违约责任承担方式有约定的,勘察人或设计人应当按照约定承担责任;如合同对违约责任承担方式没有约定的,发包人可要求勘察人或设计人赔偿损失,发包人应当对主张的损失承担举证责任。

【条文主旨】

本条是关于建设工程勘察、设计合同中,由于发包人或勘察人、设计人原因导致合同解除后的损失赔偿和举证责任的规定。

【理解与适用】

合同解除后,自然涉及合同解除的后果问题。关于合同解除的法律后果,原《合同法》第 97 条规定:“合同解除后,尚未履行的,终止履行;已经履行的,根据履行情况和合同性质,当事人可以要求恢复原状、采取其他补救措施,并有权要求赔偿损失。”《民法典》第 566 条沿袭原《合同法》条文作出了明确规定。对于合同解除的法律效果到底如何,学理上历来存在多种观点,包括直接效果说、间接效果说、折中说和债务关系转换说等,[①]其中以直接效果说和折中说最具代

---

① 韩世远:《合同法总论》(第 3 版),法律出版社 2011 年版,第 523 ~ 524 页。

表性。直接效果说认为,合同解除具有溯及力,尚未履行的债务免于履行,已经履行的根据不同情况发生返还请求权。折中说则认为,尚未履行的债务归于消灭,但已经履行的债务并未消灭,而是发生新的返还债务。① 直接效果说为通说。②

一、合同解除的法律后果分析

对于合同解除的后果如何,《民法典》第566条前两款规定:"合同解除后,尚未履行的,终止履行;已经履行的,根据履行情况和合同性质,当事人可以请求恢复原状或者采取其他补救措施,并有权请求赔偿损失。合同因违约解除的,解除权人可以请求违约方承担违约责任,但是当事人另有约定的除外。"

(一)合同尚未履行的,不再履行

合同依法成立后,如尚未履行,因双方当事人或者其他人原因导致合同解除,合同解除后不再履行。合同虽然没有实际履行,但可能已经给对方造成了极大的损失,如履行迟延或提前违约造成的损失等,而尚未履行并不影响当事人要求赔偿的权利。在建设工程勘察、设计合同中,合同订立后,发包人、勘察人、设计人均会积极为履行开展准备工作,投入一定的人力、物力、财力,如在此时间节点,合同解除,发包人或勘察人、设计人会面临一定的实际损失,而双方可就损失主张权利。

(二)合同已经履行的,要求恢复原状

恢复原状是指恢复到合同履行前的状态,是合同解除具有溯及力的标志和后果。根据合同的性质,可以恢复原状的,当事人可以要求恢复原状。

(三)合同已经履行的,采取其他补救措施

某些情况下,合同的性质决定了不可能恢复原状或者合同的履行情况不适合恢复原状,此时,可以采取其他补救措施。

---

① 崔建远:《解除权问题的疑问与释答》(下篇),载《政治与法律》2005年第4期。

② 刘凯湘:《民法典合同制度评析与完善建议》,载《清华法学》2020年第3期。

（四）损失赔偿

《民法典》第584条规定："当事人一方不履行合同义务或者履行合同义务不符合约定，造成对方损失的，损失赔偿额应当相当于因违约所造成的损失，包括合同履行后可以获得的利益；但是，不得超过违约一方订立合同时预见到或者应当预见到的因违约可能造成的损失。"合同违约解除后的损失赔偿范围应当包括可得利益或期待利益，总的来说，损失赔偿范围应该包括以下几种：第一，合同解除后，因恢复原状而发生的损失赔偿；第二，管理、维修标的物产生的费用，或准备履行而支付的费用，也就是信赖利益的赔偿；第三，非违约方因返还本身支出的费用，即返还利益；第四，因期待合同可以得到履行的可得利益。当然，在确定合同违约解除后的损失赔偿范围时，同样要适用损失赔偿的可预见标准和过失规则、损益相抵规则等基本限定规则。

二、因发包人原因导致建设工程勘察或设计合同未实际履行而解除情形下，发包人的责任承担

因发包人原因导致建设工程勘察或设计合同未实际履行而解除，如合同中对违约责任承担方式有约定的，发包人应当按照约定的违约责任承担方式承担责任。如合同中对违约责任承担方式没有约定的，勘察人或设计人可要求发包人赔偿损失，勘察人或设计人应当对主张的损失承担举证责任，具体损失包括招标代理费、履约保证金占用期间的利息、差旅费等费用。

对于因违约产生的损失，一般而言，当事人会在合同中约定违约金，但是通常违约金并不能覆盖全部的损失。《2016版建设工程勘察合同示范文本》"通用合同条款"第14.1.2项规定了发包人的违约责任，该条规定：(1)合同生效后，发包人无故要求终止或解除合同，勘察人未开始勘察工作的，不退还发包人已付的定金或发包人按照专用合同条款约定向勘察人支付违约金；勘察人已开始勘察工作的，若完成计划工作量不足50%的，发包人应支付勘察人合同价款的50%；完成计划工作量超过50%的，发包人应支付勘察人合同价款的100%。(2)发包人发生其他违约情形时，发包人应承担由此增加的费用和工期延误损失，并给予勘察人合理赔偿。双方可在专用合同条款内约定发包人赔偿勘察人损失的计算方法或者发包人应支付违约金的数额或计算方法。

除了合同约定之外，如果还有其他损失，当事人也可以提出赔偿要求。在《民法典》“合同编”第十八章“建设工程合同”中，对因发包人原因造成的承包人损失有所规定，其中《民法典》第 803 条规定：“发包人未按照约定的时间和要求提供原材料、设备、场地、资金、技术资料的，承包人可以顺延工程日期，并有权请求赔偿停工、窝工等损失。”第 804 条规定：“因发包人的原因致使工程中途停建、缓建的，发包人应当采取措施弥补或者减少损失，赔偿承包人因此造成的停工、窝工、倒运、机械设备调迁、材料和构件积压等损失和实际费用。”第 805 条规定：“因发包人变更计划，提供的资料不准确，或者未按照期限提供必需的勘察、设计工作条件而造成勘察、设计的返工、停工或者修改设计，发包人应当按照勘察人、设计人实际消耗的工作量增付费用。”上述条款对于停窝工损失以及因返工造成的工作量增加的损失作了明确规定。在实践中，因发包人原因解除合同，勘察人或设计人的损失还包括招标代理费、法定孳息、差旅费等。比如，泸州中院在(2019)川 05 民终 378 号案[①]中认为，大卫公司通过招投标方式与城投公司签订合同，合同因城投公司的违约而未履行，在双方同意解除合同后，大卫公司有权主张城投公司承担因其违约行为导致解除合同的损失。法院经审理后，判令解除双方签订的合同，被告城投公司于本判决生效后 10 日内支付原告大卫公司利息损失 37,996 元，支付大卫公司招标代理费损失 46,830 元。

有的情况下，设计人可能已经完成工作成果，但尚未交付。此种情况下，对合同解除前设计人已完成但未交付的设计成果费用损失，参见本书第 3.10 条【合同无效情形下设计费用的结算】的规定。

三、因勘察人或设计人的原因导致建设工程勘察或设计合同未实际履行而解除情形下，勘察人、设计人的责任承担

因勘察人或设计人的原因导致建设工程勘察或设计合同未实际履行而解除，如合同中对违约责任承担方式有约定的，勘察人、设计人应当按照约定的违约责任承担方式承担责任。如合同中对违约责任承担方式没有约定的，发包人可要求勘察人或设计人赔偿损失，发包人应当对主张的损失承担举证

---

① 参见泸州中院(2019)川 05 民终 378 号民事判决书。

责任。

《2016版建设工程勘察合同示范文本》"通用合同条款"第14.2.2项规定了勘察人的违约责任,该项规定:"(1)合同生效后,勘察人因自身原因要求终止或解除合同,勘察人应双倍返还发包人已支付的定金或勘察人按照专用合同条款约定向发包人支付违约金。(2)因勘察人原因造成工期延误的,应按专用合同条款约定向发包人支付违约金。(3)因勘察人原因造成成果资料质量达不到合同约定的质量标准,勘察人应负责无偿给予补充完善使其达到质量合格。因勘察人原因导致工程质量安全事故或其他事故时,勘察人除负责采取补救措施外,应通过所投工程勘察责任保险向发包人承担赔偿责任或根据直接经济损失程度按专用合同条款约定向发包人支付赔偿金。(4)勘察人发生其他违约情形时,勘察人应承担违约责任并赔偿因其违约给发包人造成的损失,双方可在专用合同条款内约定勘察人赔偿发包人损失的计算方法和赔偿金额。"

《民法典》"合同编"第十八章"建设工程合同"中,对因承包人原因造成发包人损失有所规定,其第800条规定:"勘察、设计的质量不符合要求或者未按照期限提交勘察、设计文件拖延工期,造成发包人损失的,勘察人、设计人应当继续完善勘察、设计,减收或者免收勘察、设计费并赔偿损失。"

对于勘察人、设计人而言,主要的风险在于交付的成果质量不符合要求或者延迟提交勘察、设计文件,造成发包人损失,如果在勘察、设计工作中出现失误,也会导致发包人产生损失。比如,湖北宜阳法院在(2010)宜民一初字第98号案中认为,被告在第一眼井报废后,又选址凿第二眼井时,在明知不能按合同约定交付勘察成果的情况下,仍未与原告协商延期交付,且单方停止了勘察工作,导致合同目的不能实现,构成事实上的违约,亦应承担相应的民事责任。双方在合同中约定了违约金的计算方法,原告按约定应付的违约金按延迟付款的天数计算至起诉之日,被告应付的违约金按延迟提交勘察成果资料的天数计算至起诉之日。同时,被告还应按约定承担勘探失误的风险责任,赔偿因勘探失误给原告造成的经济损失。判令被告赔偿原告违约金以及占地损失等。

第2.6条　【勘察合同解除后费用的结算】建设工程勘察合同解除后，已经完成并交付的勘察成果质量符合要求的，发包人应当按照合同约定支付相应的勘察费用；已经完成并交付的勘察成果质量不符合要求，但经完善、补充勘察后符合要求的，可以参照合同关于勘察费用的约定支付相应的勘察费用，发包人请求勘察人承担完善、补充勘察费用的，予以支持。

勘察人已完成部分工作量，但因勘察成果未向发包人交付不能取得合同约定勘察费的，构成勘察人的损失。如勘察合同因发包人违约而解除，发包人应当赔偿勘察人的损失。勘察人的损失可以参照合同关于勘察费用的约定计算。

【条文主旨】

本条是关于建设工程勘察合同解除情形下，勘察费用的结算问题的规定。第1款规定了勘察合同解除后，已经完成并交付部分的勘察费用结算原则；第2款规定了在勘察成果已完成但未交付的情况下勘察费用的结算原则。

【理解与适用】

一、建设工程勘察合同解除的法律后果

《民法典》第566条第1款、第2款规定："合同解除后，尚未履行的，终止履行；已经履行的，根据履行情况和合同性质，当事人可以请求恢复原状或者采取其他补救措施，并有权请求赔偿损失。合同因违约解除的，解除权人可以请求违约方承担违约责任，但是当事人另有约定的除外。"根据上述规定，合同解除的法律后果主要包括四个方面：(1)合同未履行的部分，双方当事人不再履行；(2)对已经履行的部分，可以请求恢复原状或者采取其他补救措施；(3)有权请求损害赔偿；(4)因违约解除的，可以根据合同约定请求违约方承担违约责任。

建设工程勘察合同解除后，合同未履行的部分双方当事人不再履行，而对已经履行的部分，由于在建设工程勘察合同中，勘察人提供的是利用其劳务和技术最终形成的勘察报告等成果文件，无法返还，已经履行的部分无法恢复原状。《民法典》第806条第3款规定："合同解除后，已经完成的建设工程质量合格的,发包人应当按照约定支付相应的工程价款;已经完成的建设工程质量不合格的,参照本法第七百九十三条的规定处理。”建设工程勘察合同解除后,可根据工程的完成情况,分别处理:(1)已经完成并交付的勘察成果质量合格的,发包人应当按照合同约定支付相应的勘察费用;(2)已经完成并交付的勘察成果质量不符合要求的,但经完善、补充勘察后可以符合要求的,可以参照合同关于勘察费用的约定支付相应的勘察费用,发包人请求勘察人承担完善、补充勘察费用的,予以支持;(3)勘察人已完成部分工作量,但未向发包人交付的,构成勘察人的损失;(4)如果勘察合同因发包人违约而解除,发包人应当赔偿勘察人的损失。

关于因发包人原因导致合同解除后发包人违约责任的承担,《2016 版建设工程勘察合同示范文本》“通用合同条款”第 14.1.2 项规定如下:“(1)合同生效后,发包人无故要求终止或解除合同,勘察人未开始勘察工作的,不退还发包人已付的定金或发包人按照专用合同条款约定向勘察人支付违约金;勘察人已开始勘察工作的,若完成计划工作量不足 50% 的,发包人应支付勘察人合同价款的 50%;完成计划工作量超过 50% 的,发包人应支付勘察人合同价款的 100%。(2)发包人发生其他违约情形时,发包人应承担由此增加的费用和工期延误损失,并给予勘察人合理赔偿。双方可在专用合同条款内约定发包人赔偿勘察人损失的计算方法或者发包人应支付违约金的数额或计算方法。”该条约定的“勘察人已开始勘察工作的,若完成计划工作量不足 50% 的,发包人应支付勘察人合同价款的 50%;完成计划工作量超过 50% 的,发包人应支付勘察人合同价款的 100%”在司法实践中已经很难得到支持了。如果勘察合同中的该项约定不能得到人民法院或仲裁机构的支持,建议按照本条确定的计算原则主张已完部分的工程款。

二、已交付并且质量符合要求的部分,发包人应当按照合同约定支付该部分的勘察费用

对于勘察人已交付并且质量符合要求的部分,发包人应当根据合同约定,按照勘察人实际完成的工作量支付相应的勘察费。

武汉黄陂法院在(2019)鄂 0116 民初 4908 号案中认为,关于合同解除后发包人应支付勘察费的数额问题,由于勘察人已完成勘验工作并向发包人提交勘

察成果资料，发包人未依约进行验收，勘察人提交勘察成果资料之日应为案涉勘察成果验收之日。案涉合同因工程停建而解除，故发包人应按勘察人实际工程量支付勘察人勘察费。

三、已交付但是不符合质量要求的部分，在勘察人采取返工、补充勘察等相关措施后符合质量要求的，勘察人可以要求发包人按照合同约定支付该部分的费用，但相关修复费用应由勘察人承担

对于勘察人已交付但是不符合质量要求的部分，在勘察人采取返工、补充勘察等相关措施后符合质量要求的，勘察人可以要求发包人按照合同约定支付该部分的费用，但相关修复费用应由勘察人承担。在勘察人采取返工、补充勘察等相关措施后仍然不符合质量要求的部分，发包人可不支付费用。《民法典》第800条规定："勘察、设计的质量不符合要求或者未按照期限提交勘察、设计文件拖延工期，造成发包人损失的，勘察人、设计人应当继续完善勘察、设计，减收或者免收勘察、设计费并赔偿损失。"根据该条规定，勘察人交付的勘察成果不符合质量要求的，发包人可以合理选择请求勘察人继续完善、减收或者免收勘察费、赔偿损失等。勘察工作的继续完善，包括进行补充勘察、对成果文件进行返工修改等。在勘察人采取相应措施使勘察成果符合质量要求后，勘察成果对发包人仍然具有使用意义，此时勘察人请求发包人按照合同约定支付该部分费用的可以支持。但由于勘察人原因导致工程质量问题才造成工程需要返工、补勘，因此即使在工程修复后，发包人也有权要求勘察人自行承担将工程恢复至合同所约定的合格状态的费用。

通常情形下，如果勘察成果需要补充勘察和返工修改的，由原勘察人进行补充勘察和返工修改是最为经济的。因此，如果发包人以合同已经解除为由，主张由发包人另行委托他人对勘察人的勘察成果进行补充勘察、返工修改的，发包人对由此发生的合理费用可以主张由勘察人承担。超出合理费用之外的，可以根据过错责任，在发包人和勘察人之间分担，发包人对勘察成果质量不符合要求有过错的，也应承担相应的过错责任。

若勘察成果质量不合格，且返工后仍达不到标准，将导致合同目的不能实现，此时勘察人无权要求发包人支付费用，若因此造成发包人损失的，还需要承担赔偿责任以及合同规定的其他违约责任。

四、已完成部分工作量，但因勘察成果未向发包人交付不能取得合同约定勘察费的，构成勘察人的损失。如果勘察合同因发包人违约而解除，发包人应当赔偿勘察人的损失

对于勘察人已完成但未交付的部分，由于未完成交付属于未按合同约定履约的行为，因此也无法参照合同约定取得价款，只能作为勘察人的损失，根据导致合同解除的原因分别处理。

1. 若因发包人违约而解除的，该部分作为勘察人的损失由发包人参照合同关于勘察费用的约定予以计算赔偿。因为此时勘察人已按照合同约定履行了部分合同内容，若非因为合同解除仍可以继续履行交付，交付后即可按照合同约定取得价款，但由于发包人的违约导致合同解除，使勘察人的履行行为只完成了部分，虽然无法按照合同约定取得价款，但勘察人作为守约方，其履约行为也应受到保护。因此，守约人可以参照合同约定和实际完成工作量，要求违约人参照合同约定进行赔偿。实际完成工作量无法确定时，人民法院或仲裁机构也可根据合同的履行情况、诚实信用和公平原则，酌情确定赔偿数额。

上海松江法院在(2011)松民三(民)初字第839号案中认为，对合同是否履行发生争议的，由负有履行义务的当事人承担举证责任。在该案中，原告作为勘察人向被告主张服务费，前提之一是其已按约定的期限完成勘察工作并向被告交付工作成果，故原告应对是否履行该义务承担举证责任。但原告提供的相关证据，不能充分证明其已按约定的期限交付测量报告。基于此，原告要求被告支付合同约定的服务费的诉请，审理法院难以支持。原、被告之间签订的《技术服务合同》属于建设工程勘察合同。合同签订后，被告通知原告合同解除后，应赔偿给原告造成的损失。审理法院根据合同的履行情况、诚实信用和公平原则，酌情确定赔偿数额。

在实务中，除上述已完成未交付的工作成果构成勘察人的损失外，勘察人还会发生诸如招投标费、前期其他费用、履约保证金占用费损失、逾期付款的利息损失等。如果勘察合同因发包人违约而解除，发包人也应当赔偿勘察人此类损失。泸州中院在(2019)川05民终378号案中认为，勘察人通过招投标方式与发包人签订合同，合同因发包人的违约而未履行，在双方同意解除合同后，勘察人有权主张发包人承担因其违约行为导致解除合同的损失。在勘察人主张违约金无事实和法律依据情况下，依法可对勘察人的实际损失进行审查。对于勘察人主张的履约保证金占用损失因双方无合同约定，一审法院参照建设工程欠付工程款利息的法律规定进行计算并无不当，予以确认。另外，二审查明的招标代理费，系勘察人为签订合同而实际发生的损失，依法应当由发包人承担。

2. 若非因发包人违约导致合同解除的，则该损失由勘察人自行承担。因为合同解除是导致勘察人损失的主要原因，在这类情形下发包人对勘察人的损失并不存在过错，且在勘察人未交付的情况下发包人也并未因此获利，所以这类损失由勘察人自行承担。

五、建设工程勘察合同解除后的费用计算

建设工程勘察合同解除后，对于发包人需要支付价款的部分，根据合同对勘察费用计算方式约定的不同，可采取不同的计算方式。对于合同中约定了实物工作量所对应单价的，如合同对岩土勘探工作量，根据不同土的类别和钻探深度，分别约定了每类土收费单价或约定了对应工作量的综合单价，则可以按照合同约定的单价乘以实际完成的实物工作量，计算出已完成的实物工作收费以及勘察费用。如贵州黔西法院（2019）黔0522民初4206号案就采用了上述方法对勘察合同解除后，原告依据勘察合同中明确约定的单价计算已完成部分勘察费的诉讼请求予以支持。

对于合同约定了其他形式的计价和收费办法的，针对勘察合同解除后的勘察费的计算，可参照第2.7条【勘察合同解除后费用的计算方法】执行。

第2.7条　【勘察合同解除后费用的计算方法】建设工程勘察合同解除后，对于已完成部分的勘察费，合同有约定的按照合同约定计算相应的勘察费，合同没有约定或约定不明的，可采用以下方法计算：

（1）根据工程勘察收费标准、对比勘察合同约定的勘察费，计算出报价浮动率。勘察人的报价浮动率可按下列公式计算：

$$报价浮动率 = (1 - 合同价/标准价) \times 100\%$$

其中：

合同价，指勘察合同中约定的勘察费用，如合同中约定为单价的，应根据合同约定的暂估工作量计算出总价，作为计算报价浮动率的合同价。

标准价，指根据合同约定的暂估工作量，按照工程勘察收费标准计算出总价，作为计算报价浮动率的标准价。

如计算出的报价浮动率为负数，表明报价为向上浮动。

(2)对于完成的实物工作量部分，根据工程勘察收费标准计算出标准实物工作费用后，乘以报价浮动率，即为已完成的实物工作收费。

(3)如果已完成部分勘察报告或提交了临时报告但尚未完成最终勘察成果报告的，可根据完成的程度，参照工程勘察收费标准中技术工作收费比例的一定百分比，再乘以实物工作收费，即为已完成的技术工作收费。

(4)已完成的勘察费用 = 实物工作收费 + 技术工作收费。

【条文主旨】

本条是关于建设工程勘察合同解除或中止、勘察工作尚未全部完工，对于已完成部分的勘察费，如何计算和结算的问题的规定。

【理解与适用】

一、勘察工作的类型划分以及部分完成的几种情形

勘察工作基本上可以划分为实物工作量和技术工作量。工程勘察收费主要是采取实物工作量定额计费方法计算，由实物工作收费和技术工作收费两部分组成。

勘察工作中的实物工作，一般是指从事具体的测量、测绘、勘探、原位测试、室内土工试验等具体操作、实施、记录等工作，包括勘察的外业工作和室内的试验工作。勘察工作中的技术工作，主要是指编制勘察纲要、编写勘察报告、提供技术交底、咨询、参加工程验收等技术性工作。对于实物工作和技术工作的划

分，可以根据《工程勘察收费标准》[①]中收费基价表来进行判别。凡是《工程勘察收费标准》收费基价表中有所列的项目及相应的收费基价的工作内容，即属于实物工作。

建设工程勘察工作的基本顺序是先编制勘察纲要，再开展和实施勘察实物工作，实物工作完成后，编写勘察报告。工程项目开始实施后，还需要参加验槽、技术交底、工程验收等工作。其中，可大致划分为实物工作阶段和勘察报告编写阶段。因此，如果勘察合同中途解除或中止，其可能的情形主要有以下几种：

1. 仅完成了部分实物工作量，如只完成了部分钻孔的勘探工作或者勘探工作完成，但室内土工试验未做等；

2. 实物工作量已全部完成，但勘察报告尚未开始编写；

3. 实物工作量已全部完成，且已完成勘察报告编写的部分工作，如勘察报告编写所需资料的收集与整理、岩土指标的统计、报告所需图表的绘制、主要技术参数的计算、进行岩土工程评价、提出结论与建议等；

4. 勘察报告已完成并提交给发包人。此种情形主要是指勘察报告已交付给发包人，但由于合同解除或终止，未参加后期的技术交底、咨询、验收等。

二、合同对于已完成部分的勘察费如何计算有约定的，按照合同约定执行

工程勘察合同解除后，对于已完成部分的勘察费，合同有约定的按照合同约定计算相应的勘察费；合同没有约定或约定不明的，可采用本条推荐的方法计算。

在实务中，有些勘察合同对于勘察费如何计算的约定与本条规定的思路不一致。例如，有约定按照建筑面积进行计算，也有约定按照概算投资额进行计

---

① 《工程勘察设计收费管理规定》及所附的《工程勘察收费标准》《工程设计收费标准》已被国家发改委于 2016 年发布的《关于废止部分规章和规范性文件的决定》（2016 年第 31 号令）所废止，但由于目前尚未形成较完善的市场价格机制，在大多数情况下，承发包双方仍会参照该规定及所附的标准确定勘察费的金额。因此，《工程勘察设计收费管理规定》及所附的《工程勘察收费标准》《工程设计收费标准》仍具有较高的参考价值。《工程勘察收费标准》为《国家计委、建设部关于发布〈工程勘察设计收费管理规定〉的通知》（计价格〔2002〕10 号）文件的附件，目前已经废止。

算,等等。

对于勘察合同约定的勘察费用计算方式与本条规定的思路不一致,无法适用本条的规定对已完成部分勘察费用进行计算的,可按照合同约定,参照本条规定的比例折算法进行计算,也可以参照市场价或行业惯例确定。《民法典》第10条规定:“处理民事纠纷,应当依照法律;法律没有规定的,可以适用习惯,但不得违背公序良俗。”第510条规定:“合同生效后,当事人就质量、价款或者报酬、履行地点等内容没有约定或者约定不明确的,可以协议补充;不能达成补充协议的,按照合同有关条款或者交易习惯确定。”第511条第2项规定:“价款或者报酬不明确的,按照订立合同时履行地的市场价格履行;依法应当执行政府定价或者政府指导价的,依照规定履行。”因此,如果在工程所在地对类似勘察工作已经形成了市场价的,可以按照签订勘察合同时项目所在地的市场价格确定;没有市场价的,则可以参照行业惯例确定。

三、仅完成实物工作的勘察费用计算

根据原《工程勘察收费标准》第1.0.4项的规定,通用工程勘察收费按照下列公式计算:(1)工程勘察收费 = 工程勘察收费基准价 ×(1 ± 浮动幅度值);(2)工程勘察收费基准价 = 工程勘察实物工作收费 + 工程勘察技术工作收费;(3)工程勘察实物工作收费 = 工程勘察实物工作收费基价 × 实物工作量 × 附加调整系数;(4)工程勘察技术工作收费 = 工程勘察实物工作收费 × 技术工作收费比例。第1.0.6项规定:“工程勘察实物工作收费基价是完成每单位工程勘察实物工作内容的基本价格……”

从以上规定可知,工程勘察收费包括实物工作收费和技术工作收费两部分。其中实物工作收费是基础,技术工作收费是以实物工作收费为基准,按照一定的技术工作收费比例进行计取。如果一项勘察工程项目仅完成了部分或全部的实物工作量,那么对于仅完成部分或全部实物工作,但未实施技术工作的,先根据合同约定的价格与根据原《工程勘察收费标准》计算出的价格对比,计算出报价浮动率,再以实际完成的实物工作量乘以原《工程勘察收费标准》中对应的实物工作收费基价和报价浮动率,即为实际完成部分的实物工作收费。具体步骤如下:

1.计算报价浮动率。根据原《工程勘察收费标准》、对比勘察合同约定的勘察费，即可计算出报价浮动率。勘察人的报价浮动率可按下列公式计算：

报价浮动率 =（1 - 合同价/标准价）×100%

其中：

报价浮动率，是指与根据原《工程勘察收费标准》计算的价格相比，勘察合同约定的价格上升或下降的幅度。

合同价，是指勘察合同中约定的勘察费用，如合同中约定为单价的，应根据合同约定的暂估工作量计算出总价，作为计算报价浮动率的合同价。

标准价，是指根据合同约定的暂估工作量，按照工程勘察收费标准计算出总价，作为计算报价浮动率的标准价。

如计算出的报价浮动率为正数，表明报价为向下浮动；报价浮动率为负数，表明报价为向上浮动。

2. 对于实际完成的实物工作量部分，根据原《工程勘察收费标准》计算出标准实物工作费用。

3. 将标准实物工作收费用乘以报价浮动率，即为根据勘察合同约定，勘察人已完成的实物工作收费。

四、技术工作收费的计算方法和注意事项

如果已经完成了部分技术工作，则可根据技术工作的完成情况，参照原《工程勘察收费标准》中相应的技术工作收费比例，酌定一个百分比，以此计算已完全部分的技术工作收费。在计算技术工作收费时，还需要注意以下几个方面：

1. 要注意不同类型的勘察项目，其技术工作收费的比例是不一样的，如工程测量、岩土工程检测监测、工程物探的技术工作收费比例为 22%；岩土工程勘察技术工作收费比例，按照岩土工程勘察等级的不同而不同，甲级岩土工程勘察项目的技术工作收费比例为 120%、乙级为 100%、丙级为 80%；水文地质勘察技术工作收费比例，按照项目和技术复杂程度的不同而不同，如供水井凿井项目，简单、中等和复杂项目的技术工作收费比例分别为 15%、18%、20%；其他水文地质勘察项目，简单、中等和复杂项目的技术工作收费比例分别为 27%、30%、33%。

2. 室内土工试验项目，出具单独试验分析报告的，需计取室内土工试验的技术工作收费，其技术工作收费比例为 10%。如果仅提供室内土工试验结果

的,仅计取实物工作收费。需要注意的是,由于绝大部分岩土工程勘察和水文地质勘察项目中均包含有室内土工试验的内容,由于室内土工试验工作的技术工作内容与勘察报告的技术工作内容是不一样的,因此,如果一项工程勘察项目的实物工作中包括室内试验,且该室内试验部分已经计取了技术工作收费的,则在计算勘察技术工作收费时,其计费基数应包括室内试验工作中已计取的技术收费部分。

3. 勘察工作中的技术工作,主要包括前期的编制勘察纲要和后期的编写勘察报告、技术交底、参加竣工验收等。因此,即便只完成了部分或全部实物工作,未进入后期的勘察报告编写,但考虑到前期的勘察纲要编制等工作,也应支付部分技术工作收费。勘察纲要技术工作收费比例可根据项目的实际情况,按全部技术工作收费的10% ~20% 计取。

4. 关于完成勘察报告部分编写工作时,技术工作费用的计取比例问题。根据《2020 版房建市政工程勘察深度规定》第 2. 0. 5 项的规定,勘察报告提交成果主要包括勘察报告文字部分和图表部分。根据第 4. 1. 1 项的规定,勘察报告文字部分应包括下列内容:(1)工程概况与勘察工作概述;(2)场地环境与工程地质条件;(3)岩土指标统计;(4)岩土工程评价;(5)结论与建议。根据勘察报告图表部分规定,勘察报告包括勘探点平面布置图、工程地质剖面图、钻孔柱状图、原位测试图表、室内试验图表、物理力学试验指标统计表等。因此,如果勘察人已完成了图表部分的统计和绘制以及概述、场地环境与工程地质条件、岩土指标统计等技术工作的,可按全部技术工作收费的 30% 予以支持。如果已经完成部分岩土工程评价、提出结论和建议等工作,或已向发包人提交临时勘察报告等,则可视完成的情况以及工程的难易程度按全部技术工作收费的 60% ~80% 予以支持。

5. 如果勘察报告已提交,但勘察人未参与后期的技术交底、工程验收等,可按全部技术工作收费的 2% ~5% 在最终结算时予以适当扣减。但需要注意的是,岩土工程验槽虽也属于勘察工作完成后的后期工作内容,但验槽既不属于勘察实物工作,也不属于技术工作,如果双方对于验槽的费用产生争议的,可依原《工程勘察收费标准》第 1. 0. 13 项的规定,按照工程勘察组日的标准收费。如果勘察人未参与验槽,一般也不宜扣除勘察费。如果双方当事人在勘察合同中约定勘察费用中包括验槽的,勘察为履行验槽的合同义务,可参照原《工程勘察收费标准》第 1.0.13 项规定的标准，在 1000～5000 元之间酌情扣减。

五、关于专业工程勘察收费

根据原《工程勘察收费标准》第 1.0.2 项的规定，工程勘察收费标准分为通用工程勘察收费标准和专业工程勘察收费标准。专业工程勘察收费标准，主要是指煤炭工程、水利水电工程、电力工程、长输管道工程、铁路公路工程、通信工程、海洋工程等专业性工程。专业工程勘察收费方法与通用工程勘察收费标准有所不同。大部分专业工程勘察收费标准中未区分实物工作收费和技术工作收费，而是把技术工作收费包含在实物工作收费中一并计算。例如，电力工程和铁路工程勘察收费标准规定电力工程和铁路工程勘察收费为：工程勘察收费基价×实物工作量×附加调整系数。仅核电工程勘察收费标准中，规定编制核电工程勘察总报告书的，按照核电工程勘察收费基准价的 30% 计算收费，海洋工程勘察技术工作收费比例为 22%。

因此，对于没有区分实物工作收费和技术工作收费的专业工程勘察，在实务中，如果需要区分实物工作和技术工作的比例，可按照实物工作占 70%～80%，技术工作占 20%～30% 进行区分。如果无须区分实物工作和技术工作，可视为已完成的实物工作中已经包含相应的技术工作部分，参照本条规定的方法计算勘察费。

第 2.8 条　【设计合同解除后费用的结算】建设工程设计合同解除后，设计人交付的设计成果质量符合要求的，应当按照合同约定和已交付设计成果的工作量认定设计费；设计人交付的设计成果质量不符合要求，发包人请求减收、免收设计费或者由设计人承担相应修改费用的，应予支持；发包人对设计成果质量不符合要求有过错的，应承担相应的过错责任。

对于设计人在合同解除前已经完成但未交付的设计成果，因发包人违约导致合同解除的，由发包人参照合同约定和相应设计成果的工作量承担损失，但设计人未经发包人同意超越设计阶段进行设计的除外；因设计人违约导致合同解除的，由设计人承担相应损失。

【条文主旨】

本条是关于建设工程设计合同解除后设计费的支付原则及已完成但尚未交付设计文件的损失承担的规定。

【理解与适用】

在建设工程设计合同纠纷中,因当事人违约、项目审批等原因导致合同解除的情形较为常见。在该情形下,如何认定设计人的设计费就成为案件的争议焦点之一。同时,对于设计人在合同解除前已完成但尚未交付的设计成果,相应费用如何承担也是实践中常见的问题。本条对有关设计工作费用的支付和承担原则分述如下。

一、设计成果质量符合要求的,应按约定支付设计费

《民法典》第566条第1款规定:"合同解除后,尚未履行的,终止履行;已经履行的,根据履行情况和合同性质,当事人可以请求恢复原状或者采取其他补救措施,并有权请求赔偿损失。"在建设工程设计合同中,设计人提供的是利用其劳务和技术凝聚成的智力成果,无法返还。而且,建设工程设计合同是一种继续性的合同。因此,建设工程设计合同解除不发生溯及既往的法律效果,合同解除后,已经履行的部分无法恢复原状,应当继续有效。《民法典》第806条第3款即体现了建设工程合同的这一特殊性:"合同解除后,已经完成的建设工程质量合格的,发包人应当按照约定支付相应的工程价款;已经完成的建设工程质量不合格的,参照本法第七百九十三条的规定处理。"根据该款规定,建设工程设计合同解除后,已经完成的设计成果质量符合要求的,发包人应当按照合同约定和交付的设计成果工作量支付相应的设计费。

本条规定的"质量符合要求"具有如下含义:

1. 质量符合要求既包括设计成果符合发包人的设计任务书要求及合同约定的标准规范规定,又包括其应当符合国家有关设计强制性标准的规定。

2. 合同约定的质量标准高于国家有关设计标准规定的,应当按照合同约定的质量标准确定质量是否合格;反之,合同约定的质量标准低于国家有关设计强制性标准规定的,则应当按照国家有关设计强制性标准的规定确定质量是否合格。

3. 发包人对设计成果的质量要求不明确的,应当按照强制性国家标准确定

质量标准；没有强制性国家标准的，按照推荐性国家标准确定质量标准；没有推荐性国家标准的，按照行业标准确定质量标准；没有国家标准、行业标准的，按照通常标准或者符合合同目的的特定标准确定质量标准。

二、设计成果质量不符合要求的，当事人应承担相应责任

经审图机构的施工图审查、发包人组织评审或者质量鉴定机构鉴定，认为设计人交付的设计成果质量不符合要求的，参照《民法典》第 800 条的规定，设计人交付的工作成果不符合质量要求的，发包人可以合理选择请求设计人继续完善设计、减收或者免收设计费、赔偿损失等。由于合同已经解除，设计人无法进行修改、返工工作，故其应当承担减收设计费、赔偿损失等违约责任。具体来说，有以下两种情形：

1. 发包人未使用设计人的设计成果，但该设计成果经修改后可以达到质量要求的，发包人有权主张减收设计费；如果设计成果无法修改或修改花费较大，不符合经济性原则的，发包人有权主张免收设计费。

2. 发包人请他人对设计人的设计成果修改至质量符合要求，且修改费用未超过设计人的设计费的，发包人可选择主张减收、免收设计费或者由设计人承担相应的修改费用；如果修改费用数额超过设计人的设计费的，发包人既有权请求设计人承担相应的修改费用，也有权在主张免收设计费的同时，请求设计人承担超出设计费部分的修改费用。

上述情形中，如果因设计成果质量不符合要求造成了发包人的其他损失，发包人还有权要求设计人赔偿相应损失。

此外，发包人对设计成果质量不符合要求有过错的，应当承担过错责任。当然，发包人的过错并不免除设计人应当承担的责任。发包人的上述“过错”包括但不限于以下几种情形：

1. 发包人要求设计人违反法律和工程质量、安全标准进行工程设计，降低工程质量的。

2. 发包人要求设计人违反经批准的规划条件进行工程设计的。

3. 发包人提供的勘察报告、测绘成果等基础资料不准确、不完整或存在错误的。

4. 发包人要求的钢材用量、混凝土用量等主要技术指标控制值不符合有关

工程设计标准规定的。

5. 发包人未严格遵守其要求的主要技术指标控制的前提条件，导致设计成果超出主要技术指标控制值的。

需要注意的是，设计人尚未完成完整的设计阶段工作的，其交付的可能是初步或部分设计成果，当事人就此会进行多轮讨论和沟通。在此基础上，设计人会对设计成果进行进一步完善，这种情形在建设工程的概念设计、方案设计阶段中尤为常见。在此类情形下，认定设计人交付的设计成果是否符合要求时，应当着重审查设计成果是否明显违反了合同约定的设计标准及有关任务书的要求，是否违反了有关设计强制性标准的规定。如果设计成果未违反上述要求和规定，发包人仅因对设计美感、功能定位等的不同理解，就认为设计成果不符合要求从而主张减收设计费的，一般不应得到支持。

三、因违约解除造成损失的，违约人应当赔偿损失

根据《民法典》第 566 条第 1 款的规定，合同解除后，根据履行情况和合同性质，当事人有权请求赔偿损失。合同解除场合的赔偿损失，是指违约损失赔偿，赔偿范围以履行利益（包括合同履行后可以获得的利益）为主，在不发生重复填补问题的前提下，也可以包括其他损失的赔偿（信赖利益、固有利益）。[①] 本条仅对合同解除前设计人已完成但未交付的设计成果费用损失做了规定，对于因合同解除造成的其他损失的认定，参见第 2.5 条【合同解除的法律后果】。

《民法典》第 770 条第 1 款规定："承揽合同是承揽人按照定作人的要求完成工作，交付工作成果，定作人支付报酬的合同。"第 780 条规定："承揽人完成工作的，应当向定作人交付工作成果，并提交必要的技术资料和有关质量证明。定作人应当验收该工作成果。"由此可见，定作人的主要合同义务是支付报酬，承揽人的主要合同义务是交付合格的工作成果。建设工程设计合同在性质上属于承揽合同的一种，同样，发包人的主要合同义务是支付设计费，设计人的主要合同义务是交付合格的设计成果。因此，在建设工程设计合同解除后，当事人应当以设计人交付设计成果的工作量为依据，按照合同约定进行清理和结算。

对于合同解除前设计人已完成但未交付的设计成果所产生的费用，可作为

---

① 韩世远：《合同法总论》（第 4 版），法律出版社 2018 年版，第 686 ~ 687 页。

设计人的损失,由违约解除人承担。具体来说,因发包人原因导致合同解除的,由发包人参照合同约定和相应设计成果的工作量承担该损失;因设计人违约导致合同解除的,由设计人承担该损失。当然,合同解除后,如果设计人将未在合同履行期间交付的设计成果交给发包人,发包人实际使用该成果的,发包人应当支付相应费用。

需要注意的是,建设工程设计工作具有阶段性。比如,建筑工程设计一般包括方案设计、初步设计、施工图设计阶段;水利工程设计一般包括初步设计、招标设计、施工图设计阶段;电力工程、交通运输工程一般包括初步设计、施工图设计阶段等。一般来说,前一设计阶段应当满足后一阶段设计的需要,且其每一个阶段的设计成果输出都将成为下一阶段设计工作的输入。在上一设计阶段未通过有关部门审批或合同约定的发包人评审,且发包人也未指令或同意设计人开始下一设计阶段工作的情况下,设计人自行开始下一阶段的设计不符合设计工作的一般规律,属于超越设计阶段进行设计。设计人超越设计阶段进行设计,不利于设计质量的控制,也容易因返工、修改工作等造成不必要的人工损失和设计周期延长。根据《民法典》第 584 条的规定,当事人一方不履行合同义务或者履行合同义务不符合约定,造成对方损失的,损失赔偿额应当相当于因违约所造成的损失,但不得超过违约一方订立合同时预见到或者应当预见到的因违约可能造成的损失。因此,即使在发包人违约解除合同的情况下,发包人对设计人因超越设计阶段进行设计的费用损失也无法合理预见,因此,发包人不应当承担该部分损失。

当然,如果有关部门对上一设计阶段的设计文件没有审批要求,发包人也没有评审要求,设计人对两个阶段(如初步设计阶段、施工图设计阶段)连续进行设计的,不应认定设计人超越设计阶段,违约解除的发包人仍应当承担相应的费用损失。

第 2.9 条 【设计合同解除后费用的计算方法】建设工程设计合同解除后,已完成的设计成果质量符合要求的,其设计费可采用以下方法计算:

全部设计费 = 已完成阶段的设计费 + 未完成阶段的设计费 × 完成比例(%)

合同对设计费没有约定的，可以根据工程特点、当事人之间的交易习惯及市场价格或行业惯例认定。

设计成果的工作量应当根据设计成果所处的设计阶段、完成该阶段设计的深度和工作量的比例确定。

【条文主旨】

本条是关于建设工程设计合同解除后设计费数额的认定和计算的规定。

【理解与适用】

一、合同解除后设计费数额的认定

建设工程设计合同解除后，设计人交付的设计成果质量符合要求的，发包人应当按照该设计成果的实际工作量支付设计费，这是一般的原则；但当事人另有约定的，应当尊重当事人的约定。由于建设工程设计工作的专业性很强，对设计工作量的准确确定存在较大困难，因此，基于设计工作具有的阶段性特点，按照交付设计成果所处阶段来认定设计费相对简便，而且合理、实用。以下分两种情形分别进行分析。

（一）合同约定了各阶段设计费的，根据合同约定和实际工作量认定设计费

许多情况下，当事人对合同解除后设计费的确定方法有明确约定，此时应当按照合同约定的方法和实际工作量来认定设计费。比如，《2015 版房建工程设计合同示范文本》“通用合同条款”第 14.1.1 项规定：“合同生效后，发包人因非设计人原因要求终止或解除合同，设计人未开始设计工作的，不退还发包人已付的定金或发包人按照专用合同条款的约定向设计人支付违约金；已开始设计工作的，发包人应按照设计人已完成的实际工作量计算设计费，完成工作量不足一半时，按该阶段设计费的一半支付设计费；超过一半时，按该阶段设计费的全部支付设计费。”

由于建设工程设计的专业性、复杂性，认定未完设计工作的工作量存在相当大的困难，而上述规定简化了合同解除后设计工作量的确定方法，有利于法

院或者仲裁机构对设计费的认定。

当然,许多当事人并未采用上述示范文本,而是约定合同解除后按照设计人实际完成的工作量计算设计费,这就需要根据合同对各个阶段设计费的约定和设计人交付成果的工作量来认定。同样,合同对解除后设计费的确定方法没有约定的,也应当按照设计人交付成果的实际工作量和其所处设计阶段来认定设计费。在实践中,法院或者仲裁机构可以根据已交付设计成果的阶段、设计文件的深度和未完成阶段的完成情况酌定一个比例,并以此来计算设计费,即:

全部设计费 = 已完成阶段的设计费 + 未完成阶段的设计费 × 完成比例(%)

(二)合同未约定各阶段设计费的,按照行业惯例和实际工作量认定设计费

建设工程设计合同仅约定了总的设计费金额,但未约定各个设计阶段金额的,根据建设工程设计工作的特点,可以按照行业惯例来确定不同设计阶段的比例,从而认定设计人交付设计成果的设计费。

由原建设部和原国家计委发布的《工程勘察设计收费管理规定》虽然已经废止,但该规定所附《工程设计收费标准》中各个设计阶段的工作量比例具有客观性和一定的科学性,在工程实践中被普遍接受和认可,因此,上述工作量比例可以作为行业惯例使用。常见行业建设工程设计阶段的工作量比例可参见第3.2条【勘察合同中对实物工作量争议的处理】。

此外,当事人未签订书面合同或合同中未约定设计费的,可以根据工程特点、当事人之间的交易习惯及市场价格认定设计费,具体原则如下:

1. 当事人就相同工程签订的其他合同约定有设计费单价的,可参照该单价认定设计费;

2. 同一时期内,当事人就类似工程约定有设计费单价的,可参照该单价认定设计费;

3. 不同时期内,当事人签订的建设工程设计合同约定有设计费单价的,可在考虑不同时期的市场价格变化、工程特点及复杂程度的基础上,参考上述单价认定设计费;

4. 无法根据上述 1 ~ 3 项确定设计费的,可以根据工程特点、复杂程度等参考工程所在地区的市场价格认定设计费;

5. 无法根据市场价格认定设计费的,可以参考原《工程设计收费标准》等行业惯例认定设计费。

二、设计成果所处设计阶段的认定

如前所述,合同解除后,应当按照设计人交付成果的实际工作量和其所处设计阶段来认定设计费。在实践中,当事人对设计成果属于哪个设计阶段往往存在争议。因此,对所交付设计成果所处设计阶段的判断就十分重要。具体来说,可以从以下几个方面来判断设计成果所处的设计阶段。

(一)设计成果的签收文件

一般来说,设计人交付设计成果时会要求发包人出具签收文件,如果此类签收文件中载明了所提交设计成果的阶段,如“收到初步设计建筑、结构、电气图纸 × 份”等,则原则上可以将签收文件所载明的阶段认定为设计成果所处的设计阶段。

需要注意的是,在某些情况下,签收文件所载明的内容不应作为认定设计阶段的唯一依据,还需要结合其他证据综合进行判断。比如,在某设计合同纠纷案中,设计人将设计图纸交给了未经发包人授权的财务人员,财务人员在设计人拟好的载明“收到工程施工图”的签收单上签字。由于财务人员无法对设计图纸的内容作出判断,故仲裁庭并未直接根据该签收单认定交付设计文件所处的阶段,而是综合当事人之间的往来函件、设计费支付及发包人未提出异议等情况,认定设计人交付的设计图纸处于施工图设计阶段;同时,结合预算书尚未提交和施工图尚未审查的事实,认定设计人该阶段的设计工作尚未全部完成。

(二)当事人之间的往来文件及付款情况

在实践中,许多建设工程设计合同在履行过程中并无设计成果的签收记录,这固然与设计人的法律风险防范意识不足有关,但电子邮件、微信、QQ 等交流方式的普及也不无影响。在这种情况下,需要根据当事人之间往来的函件、电子邮件、微信或 QQ 聊天记录内容来认定设计阶段。在某些情况下，发包人实际支付设计费的比例与合同约定的匹配程度，也可以作为一个考量因素。

比如，在某建设工程设计合同纠纷案中，合同约定，主楼初步设计出图后 15 日内支付 43.6 万元，主楼施工图出图后 30 日内支付 65 万元。当事人对设计人交付设计文件的阶段发生争议。仲裁庭注意到，设计人于 2012 年 2 月 20 日交付设计图纸，并向发包人发函要求支付设计费，发包人于 2012 年 3 月 6 日回函称："虽然酒店主楼建筑结构设计图纸已经出来，但根据合同规定，主楼出图设计费在出图后 30 日内。"在该案中，主楼初步设计相对应的设计费已于 2011 年 10 月支付，故仲裁庭认为该函中所述的"设计费"系指对应于主楼施工图部分的设计费，同时结合该案其他证据，仲裁庭认定设计人交付的图纸为主楼施工图文件。

（三）政府有关部门的许可或批复文件

发包人申领建设工程规划许可证，需要按要求提交设计图纸。因此，建设工程规划许可证的办理情况，可以作为判断设计人工作所处阶段的重要参考。

需要注意的是，我国不同地区对办理建设工程规划许可证所需设计文件的要求并不完全相同。比如，在北京市，办理市政交通基础设施工程的工程规划许可证，设计文件应满足有关市政公用工程设计文件编制深度规定中初步设计文件的深度要求；办理房屋建筑工程的规划许可证，需要满足北京市《建设工程规划设计技术文件办理指南》（市规划国土发〔2018〕87 号）的相应要求。根据该指南中对建设工程规划许可证的技术要求，要求图纸给出主要结构和建筑构造部件的位置、尺寸和做法索引，主要建筑设备和固定家具的位置和做法索引，以及基础底板配筋图，因此，按照《2016 版建筑工程设计深度规定》来衡量，该指南中对建设工程规划许可申报设计文件的深度实际上已处于施工图设计阶段。同样，在上海市和天津市，办理建设工程规划许可证也需要提交相应的施工图设计文件。在浙江省的一些地区，要求提交的则是建设工程设计方案。

此外，我国一些地区还保留着对建设工程各个设计阶段进行审批的制度。

在这些地区的设计项目中,有关部门的审批文件、当事人往来文件中所载有关审批的内容均可以作为判断设计成果所处阶段的重要参考。

(四)设计文件的内容和深度

设计人所交付设计文件的内容和深度,是判断其所处设计阶段的直接依据。然而,裁判者不是建设工程设计的专业人士,而委托鉴定机构鉴定又严重影响审理效率,而且对于具体工作量的判断同样也存在主观性的问题,因此,根据当事人在庭审或往来文件中对设计内容的描述进行判断值得提倡。

比如,在某建设工程设计纠纷案中,仲裁庭注意到,在发包人发给设计人的电子邮件中明确要求"就有关商业、酒店塔楼和公寓塔楼的立面效果,提供具体可实施的立面构造设计方案,不同方案应分别表示平、立面对应关系及立面细部构造示意""公寓塔楼平、立面对应确认可实施性,细部明框等细节构造,请深入研究细部尺寸,并提供研究成果"。邮件最后要求设计人"安排足够设计力量投入某项目立面方案设计深化工作中,技术可行前提下确保方案效果可实现"。仲裁庭认为,方案深化设计是对概念设计方案的细化,方案深化设计的目的在于完成概念设计方案的可行性设计,上述邮件中关于要求设计人确认可实施性、研究细部尺寸、确保方案效果可实现等的描述表明,后续安排的是方案深化设计工作,而非发包人所称的概念方案设计工作。

三、房屋建筑工程各设计阶段的判断示例

为帮助法院或仲裁机构对各个设计阶段的设计文件进行判断,结合《2016版建筑工程设计深度规定》的规定和工程实践,以房屋建筑工程为例,对建筑、结构专业在各设计阶段的基本区别见表2-1、表2-2:①

① 该表所列区别仅针对一般情形。在实践中,具体工程项目各个阶段的设计深度可能因项目情况、设计人自身要求的不同而有所不同。

表 2-1 建筑工程建筑专业各设计阶段的判断示例

项目	设计阶段		
	方案设计	初步设计	施工图设计
设计说明	1. 建筑方案设计构思和特点； 2. 说明防火设计的设计原则，如“本体育馆采取空间分流法，解决各种人流的组织与疏散”	1. 说明防火分区数量、防火分区面积、总疏散宽度及最大疏散人数； 2. 简述建筑装修的做法。如卫生间采取防滑地砖、瓷砖墙面	1. 在初步设计基础上，增加防火救援窗的设置； 2. 列明《装修做法一览表》，并注明详细做法。如花岗岩楼面做法：30厚1∶4干硬性水泥砂浆结合层；素水泥面（洒适量清水）……铺20厚花岗石楼面灌稀水泥浆擦缝
主要图纸类别	1. 平面图 2. 立面图 3. 剖面图	1. 平面图（含防火分区图）； 2. 立面图； 3. 剖面图； 4. 局部平面放大图，如教室大样图（如需要）； 5. 节点详图（如需要）	1. 平面图（含防火分区图）； 2. 立面图； 3. 剖面图； 4. 楼梯、电梯、厨房、卫生间、阳台等局部平面放大和构造详图； 5. 节点详图； 6. 门窗立面组合图
平面图	1. 标注开间、进深尺寸和总尺寸； 2. 标出柱网、承重墙位置； 3. 标出房间名称	1. 标注轴线编号和定位尺寸； 2. 标注各楼层标高； 3. 画出建筑设备（如卫生器具）的位置； 4. 画出防火分区平面图	1. 标注门窗编号及定位尺寸； 2. 标注墙厚、柱宽尺寸； 3. 标出建筑设备（如卫生器具）的做法索引； 4. 标出楼梯详图索引
立面图	1. 体现造型特点； 2. 可无任何标注	1. 标注两端轴线和编号； 2. 表示或说明主要材料。如白色面砖、玻璃幕墙、花岗岩等； 3. 标注高差变化部位的标高； 4. 画出门窗	1. 标出装饰材料的做法。如面砖外墙，白色，做法见88J1外墙66/67-1； 2. 标注门窗洞口上下标高

续表

项目	设计阶段		
	方案设计	初步设计	施工图设计
剖面图	1. 标注室外地面标高； 2. 标注各层标高； 3. 标出总高度	1. 标注柱、承重墙的轴线和编号； 2. 画出内外门窗	标出门、窗洞口高度及节点构造详图索引号。如屋面采光顶棚做法详见厂家图

表2－2　建筑工程结构专业各设计阶段的判断示例

项目	设计阶段		
	方案设计	初步设计	施工图设计
设计说明	1. 结构选型。如砖混结构、框架结构、框架—剪力墙结构、剪力墙结构等； 2. 基础方案。如天然地基、桩基础等； 3. 混凝土强度、钢筋种类； 4. 特别说明：是否进行风洞试验、振动台试验、抗震设防专项审查等。注：建筑外形方案完全确定之后就可以做风洞试验	1. 工程地质和水文地质概况（对应初步勘察报告）； 2. 结构分析与计算，包括采用的程序名称、整体分析和基础计算结果。如结构自振周期、基底剪力与弯矩、地震作用下的位移等； 3. 如需要进行超限审查，完成超限审查（一般2～4个月）	1. 钢筋混凝土工程： (1) 列出“构造要求”。包括混凝土保护层厚度、钢筋锚固长度、搭接长度、钢筋接头形式（机械连接或焊接）； (2) 钢筋布置。如剪力墙内采用双排双向钢筋。 2. 钢结构： (1) 焊接材料：焊条、焊丝、焊剂； (2) 螺栓种类。如10.9级摩擦型高强度螺栓； (3) 钢结构制作、安装要求。 3. 结构分析与计算，无须再列明计算结果，但计算书要存档
主要图纸类别	可以不出结构专业图纸	1. 图纸编号：结初－X； 2. 基础平面布置图； 3. 主要楼层结构平布置图； 4. 结构关键节点、支座示意图	1. 图纸编号：结施－X； 2. 基础平面图； 3. 基础详图（含配筋）； 4. 各楼层结构平面图、剪力墙平面布置图； 5. 配筋图； 6. 钢筋混凝土构件详图，如楼梯详图； 7. 结构节点和构造详图

续表

项目	设计阶段		
	方案设计	初步设计	施工图设计
图纸内容	—	1. 结构平面图中，标出基础构件、结构主要构件的截面尺寸； 2. 无配筋图	1. 各种墙、柱、梁、楼梯的配筋图、配筋表； 2. 详图。如楼梯、汽车坡道、预留洞、电梯井等

当然，在法院或仲裁机构依据前述方法均无法作出判断时，可以委托专业的鉴定机构进行设计工作量的鉴定。

第三章 建设工程勘察、设计费用

第3.1条 【合同对勘察费用约定不明时的处理】当事人对勘察收费基准价所对应勘察工作之外其他工作的义务和费用承担主体没有约定或约定不明，但勘察人能够证明发包人同意其实施该项工作或该项工作是完成勘察合同任务所必需的，则勘察人有权要求发包人在约定的勘察费之外另行支付价款。

前款有关的具体取费标准可参照市场价或行业惯例予以认定。

【条文主旨】

本条是针对勘察合同对基本勘察工作之外的项目费用承担主体没有约定或约定不明情况下的处理规则。条文从原《工程勘察收费标准》规定的勘察收费基准价出发，设定勘察收费基准价涵盖的勘察工作的费用为基本勘察费用，勘察收费基准价不包括的勘察工作的费用为其他勘察费用。在此前提下，讨论当事人对勘察收费基准价对应的勘察工作之外的项目费用承担主体没有约定或约定不明情况下的处理规则。

【理解与适用】

一、勘察费用概述

《2016版建设工程勘察合同示范文本》将“费用”定义为“为履行合同所发生的或将要发生的必需的支出”，定义“合同价款”为“合同当事人在合同协议书中约定，发包人用以支付勘察人完成合同约定范围内工程勘察工作的款项”。据此定义，“勘察费用”的概念更接近于“合同价款”。为免歧义，本条所称“勘察费用”均指发包人向勘察人支付的完成勘察工作的款项。

讨论当事人对勘察费用涵盖项目约定不明情况下的处理规则，首先有必要厘清在相关规范或标准中工程勘察费用包括哪些费用以及不包括哪些费用。原《工程勘察收费标准》第 1.0.1 项规定：“工程勘察收费是指勘察人根据发包人的委托，收集已有资料、现场踏勘、制订勘察纲要，进行测绘、勘探、取样、试验、测试、检测、监测等勘察作业，以及编制工程勘察文件和岩土工程设计文件等收取的费用。”据此规定，可将工程勘察收费包括的以上服务内容费用定义为“基本勘察费用”。

需要说明的是，根据国家发改委令 2016 年第 31 号《关于废止部分规章和规范性文件的决定》的规定，《工程勘察收费标准》已被废止，但该标准的相关规定仍然有较大的参考价值。比如，2015 年国家发改委发布的《关于进一步放开建设项目专业服务价格的通知》（发改价格〔2015〕299 号）对工程勘察收费的定义与上述《工程勘察收费标准》的规定仍然保持一致。

站在勘察人的角度，从造价组成上看，勘察费除包含各类具体工作的实物成本外，还需计入技术工作费、企业管理费用、税金、利润等（见图 3－1）。①

对于工程勘察收费中不包括的内容，原《工程勘察收费标准》第 1.0.12 项有如下规定：“工程勘察收费基准价不包括以下费用：办理工程勘察相关许可，以及购买有关资料费；拆除障碍物，开挖以及修复地下管线费；修通至作业现场道路，接通电源、水源以及平整场地费；勘察材料以及加工费；水上作业用船、排、平台及水监费；勘察作业大型机具搬运费；青苗、树木以及水域养殖物赔偿费等。发生以上费用的，由发包人另行支付。”与基本勘察费用相对应，可以将工程勘察收费基准价中不包括的上述服务内容的费用定义为“其他勘察费用”。

---

① 王健：《岩土工程勘察项目企业内部最低控制价确定方法研究》，清华大学 2017 年硕士学位论文。

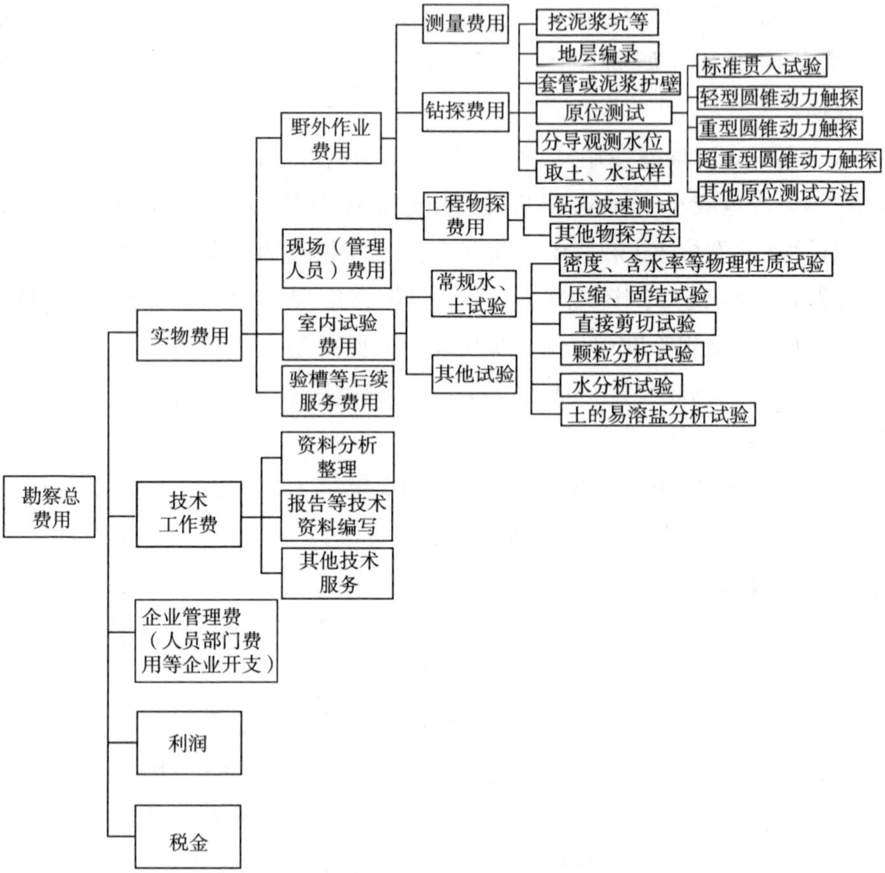

图 3－1　勘察费造价组成

综上所述,根据服务项目是否属于原《工程勘察收费标准》所规定勘察收费基准价的涵盖范围,可以将勘察费用分为基本勘察费用和其他勘察费用。

二、勘察费用在不同合同文本或标准文件中涵盖范围及费用承担主体的比较

住建部、工商总局联合制定的《2016 版建设工程勘察合同示范文本》对勘察费用涵盖的内容并无明确规定,但在通用合同条款第 2.2.4 项规定:“发包人应为勘察人提供具备条件的作业场地及进场通道(包括土地征用、障碍物清除、场地平整、提供水电接口和青苗赔偿等)并承担相关费用。”据此规定,勘察工作

涉及的土地征用、障碍物清除、场地平整、提供水电接口和青苗赔偿等工作不包含在勘察费用涵盖的服务内容中，而是属于发包人的义务，如果双方协商由勘察人完成这些工作，则勘察人有权在约定的勘察费用之外要求发包人另行支付价款。

国家发改委发布的《2017版标准勘察招标文件》“通用合同条款”第12.1.3项规定：“除专用合同条款另有约定外，合同价格应当包括收集资料，踏勘现场，制订纲要，进行测绘、勘探、取样、试验、测试、分析、评估、配合审查等，编制勘察文件，设计施工配合，青苗和园林绿化补偿，占地补偿，扰民及民扰，占道施工，安全防护、文明施工、环境保护，农民工工伤保险等全部费用和国家规定的增值税税金。”同时，该文件第1.1.5.2目定义“合同价格”为“勘察人按合同约定完成了全部勘察工作后，发包人应付给勘察人的金额，包括在合同履行过程中按合同约定进行的变更和调整”。综合以上可以得出，在《2017版标准勘察招标文件》中，勘察费用涵盖的服务内容范围不仅包括前文定义的基本勘察服务，还延伸至其他勘察服务，发包人承担勘察费用的范围也与勘察人提供的勘察服务范围相对应。

从以上示范文本和招标文件关于勘察费用的规定可以看出，虽然两份合同条款对勘察费用涵盖内容的规定有所区别，但无论是基本勘察服务还是其他勘察服务，合同条款均对服务费用承担主体有明确约定。

三、勘察合同对勘察费用涵盖项目约定不明情况下的处理

在勘察合同对勘察费用涵盖服务项目约定不明情况下，应依照以下规则处理：

1. 当事人就发包人要求的某一项勘察服务的内容未作约定或者约定不明时，如果该项服务内容属于原《工程勘察收费标准》所规定的勘察收费基准价涵盖的勘察工作范畴，则发包人有权拒绝勘察人在约定的勘察费之外增加支付价款的要求。

2. 如果约定不明的服务内容不属于原《工程勘察收费标准》所规定的勘察收费基准价涵盖的勘察工作范畴，勘察合同对此服务内容费用承担主体没有约定或约定不明，且勘察合同对该服务内容属于发包人义务或勘察人义务也没有约定或约定不明的，则勘察人有权根据其实际完成的此部分勘察服务工作，要

求发包人在约定的勘察费之外另行支付价款，但同时勘察人需要证明发包人同意其实施或证明该项工作是完成勘察合同任务所必需的。

四、勘察费用在约定不明情况下的取费标准

根据《民法典》第510条、第511条的规定，当事人就有关合同内容约定不明确，不能达成补充协议，按照合同相关条款或者交易习惯确定，仍不能确定的，适用如下规定：价款或者报酬不明确的，按照订立合同时履行地的市场价格履行；依法应当执行政府定价或者政府指导价的，依照规定履行。

对于勘察费用的取费标准，在原《工程勘察设计收费管理规定》及相应的原《工程勘察收费标准》废止前，一直存在适用政府指导价和市场价两种情况。即根据建设项目投资额的不同情况，工程勘察设计收费分别实行政府指导价和市场调节价。建设项目总投资估算额在500万元及以上的项目，实行政府指导价，500万元以下的实行市场调节价。实行政府指导价的项目勘察费可以在按照原《工程勘察收费标准》规定的基准价的基础上上下浮动20%的幅度范围内（勘察采用新技术、新工艺、新设备、新材料，有利于提高项目经济效益、环境效益和社会效益的，可以在上浮25%的幅度范围内）协商。

虽然以上规定及标准均已被废止，但在当事人对费用涵盖服务项目约定不明的情况下，勘察费用的取费标准同样可能约定不明或没有约定，此时原《工程勘察设计收费管理规定》以及原《工程勘察收费标准》规定的取费标准仍然具有重要的参考价值。在实践中，也存在法院在勘察费用取费标准约定不明情况下参照上述取费标准进行判决的案例。如最高院在（2017）最高法民申5183号案中认为，关于西藏涛扬公司应当承担的委托费用的数额，由于双方并未明确约定委托事项价款，因城市研究院西藏分院提供的勘探点平面布置图比例尺为1:1000，未提供1:500比例尺的测绘图，故原审法院依据2002年版《工程勘察设计收费标准》中的最低标准计算委托费用并无不当。

另外，2015年国家发改委发布的《关于进一步放开建设项目专业服务价格的通知》（发改价格〔2015〕299号）规定："在已放开非政府投资及非政府委托的建设项目专业服务价格的基础上，全面放开以下实行政府指导价管理的建设项目专业服务价格，实行市场调节价。"工程勘察费属于全面放开实行政府指导价管理的专业服务范畴，如果当事人对取费标准约定不明的其他勘察服务有市场

价可以供参照的，也可参照市场价进行取费。

因此，在当事人对勘察费用的取费标准约定不明的情况下，具体取费标准可参照市场价；没有市场价可供参照的，仍可参照原《工程勘察收费标准》相关行业惯例予以认定。

第3.2条　【勘察合同中对实物工作量争议的处理】建设工程勘察合同中，当事人对勘察实物工作量有争议的，应当综合勘察作业过程中形成的现场描述、现场照片、试验记录等原始记录、勘察报告和勘察纲要中记载的工作量等予以确认。

对于以建筑面积、道路里程、管线长度等建设规模数据为计价基础的勘察合同，当事人对作为计价基础的建设规模数据有争议的，按照勘察外业实际使用的图纸等相关文件予以确认。

对于勘察劳务作业合同，当事人对劳务作业台班数发生争议的，以经双方认可的现场原始记录中记载的台班数为依据。现场原始记录中无法确定台班数的，可以根据完成的实物工作量合理推定。无法推定的，可以参照相关计价标准、定额和合同约定确定。

对于未包含在勘察收费基准价中的拆除障碍物，开挖及修复地下管线，修通至作业现场道路，勘察作业大型机具搬运，青苗、树木以及水域养殖赔偿等工作量发生争议的，勘察人能够证明发包人同意其实施或该项工作是完成勘察合同任务所必须的，可以按照当事人提供的其他证据确认实际发生的工作量，但属于勘察合同约定综合单价或总价包干范围内的，或约定由勘察人负担的除外。

【条文主旨】

本条是关于建设工程勘察合同中，当事人对于勘察实物工作量发生争议时，如何确认实物工作量的规定。

【理解与适用】

一、勘察实物工作量的概念和基本内容

工程勘察收费包括实物工作收费和技术工作收费。其中，技术工作收费是

按照实物工作收费的一定比例计算。例如，原《工程勘察收费标准》总则第1.0.3项规定："通用工程勘察收费采取实物工作量定额计费方法计算，由实物工作收费和技术工作收费两部分组成。"根据第1.0.4项的规定，工程勘察实物工作收费 = 工程勘察实物工作收费基价 × 实物工作量 × 附加调整系数；工程勘察技术工作收费 = 工程勘察实物工作收费 × 技术工作收费比例。可见，工程勘察的实物工作收费是工程勘察收费的基础，而实物工作收费是建立在实物工作量的基础之上的。因此，如果当事人对于勘察工作中的实物工作量发生争议，会对勘察费用的确定产生很大影响，而勘察工程实物工作量的确定又具有一定的特殊性。

原《工程勘察收费标准》第1.0.7项规定："勘察的实物工作量，由勘察人按照工程勘察规范、规程的规定和勘察作业实际情况在勘察纲要中提出，经发包人同意后，在工程勘察合同中约定。"

工程勘察中的实物工作量，主要有以下几种形式：

1. 工程测量业务中，通常以测量的点数、长度、面积表现出来。例如，控制测量中的三角测量，按照点数计算实物工作量；地形测量按照平方公里的面积计算实物工作量；断面测量、河道测量、洞室测量等按照公里长度计算实物工作量。

2. 岩土工程勘察、水文地质勘察业务中，工程地质测绘和水文地质测绘主要按照面积计算实物工作量；勘探和钻探主要按照钻孔的深度计算实物工作量；取水土石等试样按照件数计算实物工作量；原位测试按照长度、点数、组数等计算实物工作量。

3. 工程物探业务，通常按照试验的点数、长度、面积、次数等计算实物工作量。

4. 室内试验主要按照项目以及个数计算实物工作量。

5. 勘察劳务工作中，也常按照台班数计算实际工作量。

勘察实物工作量，主要表现为外业工作量，也有少量属于内业的工作量，如室内土工试验项目相关的实物工作量。

二、记载勘察业务中实物工作量的相关资料

勘察业务中实物工作量的相关资料主要包括以下内容：

(一)招投标和合同签订阶段,勘察的实物工作主要记载在《勘察纲要》中

《2020版房建市政工程勘察深度规定》第2.0.3项规定:“勘察纲要是用于指导勘察工作实施的文件,应在工程勘察实施前编制。”第3.0.2项规定:“勘察纲要应包括下列内容:1.工程概况;2.概述拟建场地环境、工程地质条件、附近参考地质资料(如有);3.勘察目的、任务要求及需解决的主要技术问题;4.执行的技术标准;5.选用的勘探方法;6.勘察工作布置;7.勘探完成后的现场处理;8.拟采取的质量控制、安全保证和环境保护措施;9.拟投入的仪器设备、人员安排、勘察进度计划等;10.勘察安全、技术交底及验槽等后期服务;11.拟建工程勘探点平面布置图。”第3.0.3项规定:“勘察工作布置应包括下列内容:1.钻探(井探、槽探、探洞)布置原则;2.地球物理勘探、原位测试、现场试验的方法和布置原则;3.勘探点测量要求;4.取样方法和取样器选择,取岩、土样和水试样取样及其保护运输要求;5.室内岩、土(水)试验的内容、方法、数量;6.需要进行工程地质测绘和调查时,应明确测绘范围和成果要求。”第3.0.4项规定:“当勘察纲要中拟定的勘察工作不能满足要求时,应及时调整勘察纲要或编制补充勘察纲要。”

在《2017版标准勘察招标文件》合同文本中,把勘察纲要列为合同文件的组成部分。

(二)勘察合同履行过程中所形成的各类原始资料

根据《岩土工程勘察报告编制标准》(CECS99:98)第2.1.3项的规定,原始资料是指勘察过程中形成和搜集的各种记录、观测数据、测试数据、试验数据、像片、录像以及计算书、各种草图、报告书原稿等,包括手工记录和自动采集的数据,是编制勘察报告的依据。

原始资料包括工程地质测绘和调查资料、勘探资料、室内试验与原位测试资料、结算书和报告原稿。

《建设工程勘察质量管理办法》第14条规定:“工程勘察工作的原始记录应当在勘察过程中及时整理、核对,确保取样、记录的真实和准确,禁止原始记录弄虚作假。钻探、取样、原位测试、室内试验等主要过程的影像资料应当留存备查。司钻员、描述员、土工试验员等作业人员应当在原始记录上签字。工程勘

察企业项目负责人应当对原始记录进行验收并签字。鼓励工程勘察企业采用信息化手段,实时采集、记录、存储工程勘察数据。"

(三)勘察成果报告中记载的实物工作量

《2020 版房建市政工程勘察深度规定》第 4.2.6 项规定:"勘察方法及勘察工作完成情况应包括下列内容:1. 工程地质测绘和调查的范围、面积、比例尺以及测绘、调查的方法;2. 勘探工作布置、勘探设备和方法,完成工作量和完成时间;3. 原位测试的种类、数量、方法;4. 采用的取样器和取样方法,取样(土样、岩样和水样)数量;5. 室内试验完成情况;6. 勘探孔封孔及探井、探槽、探洞回填情况;7. 引用已有资料情况;8. 勘探点测放依据,引测点高程和坐标系统;9. 协作项目的说明;10. 其他问题说明。"

根据该项规定,在勘察成果报告中必须要列明实际完成的工作量。但是,在勘察成果报告中列明的工作量是经过统计后的汇总工作量,并不能进行具体的区分。若当事人仅对某一勘察范围的实际已完工作量产生争议时,将无法比对。

三、实物工作量发生争议时的处理规则

《施工合同司法解释(一)》第 20 条规定:"当事人对工程量有争议的,按照施工过程中形成的签证等书面文件确认。承包人能够证明发包人同意其施工,但未能提供签证文件证明工程量发生的,可以按照当事人提供的其他证据确认实际发生的工程量。"但是,在勘察合同履行过程中,实务中当事人并未形成如施工合同中所惯常采用的签证制度,而且勘察外业作业过程中,有些工作在完成后不具有可复核性。例如,对于钻探深度,在拔除套管后,就无法用一般的方式进行复核;还有如工程测量的点数、原位测试的类型和数量等。因此,对勘察合同中工作量发生争议时,只能依据勘察作业过程中现场各类书面材料等予以综合确认。

(一)一般规则

一般情况下,勘察费用是以勘察工作的实物工作量为基础进行计算的,而实物工作主要表现在原始记录、勘察成果报告、勘察纲要等资料之中,因此,在

建设工程勘察合同中，当事人对勘察实物工作量有争议的，应当综合勘察作业过程中形成的现场描述、现场照片、试验记录等原始记录资料、勘察报告和勘察纲要中记载的工作量等予以确认。从这三类载体的性质来看，原始资料是对实物工作量的最基本、最全面、最具时效性的记录，因此应当优先适用原始资料来确定相关的实物工作量。勘察成果报告中有对实物工作量汇总的相关内容，在原始资料不全、缺失的情况下，且勘察人对原始记录资料不全或缺失能作出合理解释的，可参照勘察报告中记载的工作量来确定实际完成的工作。如果对工作量仍有争议，或没有原始资料和勘察成果报告，可以参考勘察纲要中记载的工作量并结合合同实施过程中的其他材料予以确定。

需要注意的是，勘察外业原始记录资料不仅是认定实物工作量的依据，也是评价勘察文件质量的重要原始依据。如勘察人对原始记录资料不全或缺失不能说明合理理由的，或有证据证明勘察外业的原始数据记录不真实、不准确的，则勘察报告的基础数据存疑，其勘察报告记载的实物工作量同样客观性差。客观性差的外业原始记录资料和勘察报告记载，都不能作为认定勘察人实际完成工作量的依据。

（二）以建筑面积、道路里程、管线长度等建设规模数据为计价标准的勘察工作量计算

在实践中，有些工程勘察合同约定的勘察费用计算标准是以建筑面积、道路里程、管线长度等建设规模数据为计价标准的，如某多层住宅小区的工程勘察合同中约定的勘察费用为1000元/每平方米，某输油管道工程测绘合同中勘察测绘费用为2000元/公里、某加油站工程勘察合同中约定的勘察费用为5000元/座加油站等。对于以建筑面积、长度、数量等为计价标准的勘察合同，当事人对建筑面积、长度、数量等计价基础的数据有争议的，按照实际使用的图纸等相关文件予以确认，具备条件的，也可以通过现场勘验或鉴定予以确定。实际使用的图纸，则一般指勘察人具体实施勘察工作时所使用的图纸。双方对实际使用的图纸有争议的，应结合图纸收发记录、勘察外业原始记录等勘察过程中形成的业务文件记录认定。

(三)勘察劳务合同中工作量争议的处理

勘察劳务作业合同,一般是以实物工作量为计算费用的基础,此时发生争议可以参照前述的一般规则。但是,对于勘察劳务合同需要区分该劳务合同中,勘察劳务的承包人是否需要承担技术工作,如果不承担技术工作,其收费仅包括实物工作量部分,如果承担技术工作或承担部分技术工作,在承担技术勘察劳务费的时候就需要再增加相应的技术工作收费。此外,对于勘察劳务合同,也有约定按照台班数计算的。如当事人对劳务作业台班数发生争议的,以现场记录中记载的台班数为依据。现场记录中无法确定台班数的,可以根据完成的实物工作量合理推定。无法推定的,可以由鉴定机构依据相关计价标准、定额等进行鉴定。

根据勘察劳务作业是否使用大中型机械设备,可将其分为两类:第一类是以人工作业为主,如勘探凿井的清包工;第二类是以使用大中型机械设备作业为主,如使用钻机进行勘探作业等。对于第一类勘察劳务作业的实物工作量可以参照施工定额中的相类似工作的定额工作量或根据原《工程勘察收费标准》中相应项目对应的收费基价、合同约定的工期等进行测算,并合理推定出相应的台班数。对于第二类勘察劳务作业的实物工作量可以参照施工定额中相类似的机械台班定额进行测算,并合理推定出相应的台班数。

(四)变更部分工作量争议的处理

对于合同范围之外变更部分的工作量,可以按照现场原始记录,也可以参照实际工作量与勘察纲要中记载的工作量之间的差额予以确定。

(五)其他部分工作量的处理

对于未包含在勘察收费基准价中的拆除障碍物,开挖及修复地下管线,修通至作业现场道路,勘察作业大型机具搬运,青苗、树木以及水域养殖赔偿等工作量发生争议的,勘察人能够证明发包人同意其实施,但未能提供签证文件证明工程量发生的,可以按照当事人提供的其他证据确认实际发生的工程量。对于拆除障碍物,开挖及修复地下管线,修通至作业现场道路等,以有现场记录或其他证据证明的勘察人实际完成的工作量进行计量。对于勘察作业大型机具搬运费用,以实际进入勘察现场的大型机具数量计算一次性搬运费,如勘察人对同一机具主张多次搬运费的,应提供由于可归责于发包人的原因导致机具多次进出场的相应证据材料。对于青苗、树木以及水域养殖赔偿费用,以勘察人与相应青苗、树木以及水域养殖区域的所有人或其管理人签署的赔偿协议或类似文件作为计算工作量和费用的依据。

前述未包含在勘察收费基准价中的某些工作,但属于原合同约定的固定单价或固定总价包干范围内,或按合同约定应由勘察人负担费用的,则按勘察合同约定无须再计量。

第 3.3 条 【工程总承包合同中勘察费用的计取】工程总承包合同解除后,各方对勘察设计费的计取有约定的,按照约定认定勘察设计费;没有约定的,参照市场价或行业惯例认定勘察设计费。

工程总承包联合体各成员之间对于勘察设计费的计取有约定的,按照约定认定勘察设计费;联合体成员之间没有约定,但在与发包人的工程总承包合同中有约定的,可参照该约定认定勘察设计费;没有约定的,参照市场价或行业惯例认定勘察设计费。

【条文主旨】

本条是关于工程总承包合同解除后以及工程总承包联合体之间有关勘察设计费的计取规则的规定。

【理解与适用】

一、勘察设计费概述

勘察设计费是“勘察费”和“设计费”的统称。考虑到在工程总承包合同解除后,结算勘察费和设计费时应遵循相同的原则,所以本条将勘察费和设计费一并讨论,统称为勘察设计费。“勘察费”的相关内容已经在本裁判指引第 3.1 条【合同对勘察费用约定不明时的处理】中详细论述,此处不再赘述。

“设计费”一词,在《建设工程质量管理条例》《建设工程勘察设计管理条例》等行政法规中均有出现,但并无“设计费”的定义。原《合同法》和《民法典》

中基本上用“价款”来统称勘察、设计、施工的对价，只有在原《合同法》第280条和《民法典》第800条中出现了“勘察、设计费”的表述，但同样没有对“设计费”进行定义。本条所指的“设计费”，是指设计人根据发包人的要求，按照合同约定完成全部设计工作，发包人应当给付给设计人的全部款项，包括合同履行过程中依约进行变更和调整的款项以及为履行合同所发生或将要发生的合理开支。

《2017版标准设计招标文件》也未使用“设计费”这一表述，而是使用了“合同价格”和“费用”的表述，且对“合同价格”和“费用”进行了定义。《2017版标准设计招标文件》第四章“合同条款及格式”第1.1.5.2目规定：“合同价格：指设计人按合同约定完成了全部设计工作后，发包人应付给设计人的金额，包括在履行合同过程中按合同约定进行的变更和调整。”第1.1.5.3目规定：“费用：指为履行合同所发生的或将要发生的所有合理开支，包括管理费和应分摊的其他费用，但不包括利润。”可见，《2017版标准设计招标文件》将“设计费”分成了“合同价格”和“费用”两部分。

《2015版房建工程设计合同示范文本》第1.1.5.2目虽对“设计费”一词作出规定，即“合同价格”又称“设计费”，是指发包人用于支付设计人按照合同约定完成工程设计范围内全部工作的金额，包括合同履行过程中按合同约定发生的价格变化。《2015版专业工程设计合同示范文本》也对此作出相同规定，但并非本条文所指的“设计费”。

原《工程勘察设计收费管理规定》中将“设计费”表述为“工程设计费”或“工程设计收费”，并在所附的原《工程设计收费标准》中对“工程设计收费”进行了定义。根据原《工程设计收费标准》第1.0.1项的规定，工程设计收费是指设计人根据发包人的委托，提供编制建设项目初步设计文件、施工图文件、非标准设备设计文件、施工图预算文件、竣工图文件等服务所收取的费用。根据原《工程设计收费标准》的规定，工程设计收费包括基本设计收费和其他设计收费，其中基本设计收费是指在工程设计中提供编制初步设计文件、施工图设计文件收取的费用，并相应提供设计技术交底、解决施工中的设计技术问题、参加试车考核和竣工验收等服务；其他设计收费是指根据工程设计实际需要或者发包人要求提供相关服务收取的费用，包括总体设计费、主体设计协调费、采用标准设计和复用设计费、非标准设备设计文件编制费、施工图预算编制费、竣工图编制费等。

综上所述,本条规定"设计费"并不同于《2017 版标准设计招标文件》所表述的"合同价格"或"费用",也不同于《2015 版房建工程设计合同示范文本》《2015 版专业工程设计合同示范文本》所表述的"设计费",更不同于原《工程勘察设计收费管理规定》及所附的《工程设计收费标准》中的"工程设计收费",而是包含"合同价格"和"费用",或者说包含"工程设计收费"和原《工程设计收费标准》第 1.0.5 项及第 1.0.6 项规定的相关费用。

二、关于工程总承包合同解除后的勘察设计费的认定

根据《房建市政工程总承包管理办法》第 3 条的规定,工程总承包是指承包人按照与建设单位签订的合同,对工程设计、采购、施工或者设计、施工等阶段实行总承包,并对工程的质量、安全、工期和造价等全面负责的工程建设组织实施方式。有观点认为,工程总承包不包括勘察,因此,在工程总承包合同解除后也不会存在勘察设计费的争议,但管理办法的适用范围仅限于房屋建筑和市政基础设施项目,此处的其他项目如公路、铁路、水利、能源等均不当然适用《房建市政工程总承包管理办法》的规定。因此,仅凭《房建市政工程总承包管理办法》第 3 条的规定就认为工程总承包不含勘察内容,有失偏颇。事实上,《公路工程设计施工总承包管理办法》的设计施工总承包就包含施工图的勘察设计,根据其第 2 条第 2 款的规定,设计施工总承包是指将公路工程的施工图勘察设计、工程施工等工程内容由总承包单位统一实施的承发包方式。因此,在不同的工程项目类型中,工程总承包完全可能包含勘察的内容。而且,在实务中,虽然依《房建市政工程总承包管理办法》的规定,房屋建筑和市政基础设施项目的工程总承包不包括勘察,但实际上把勘察作为工程总承包内容的情形依然普遍存在。因此,在讨论工程总承包合同解除后的费用结算时仍有必要将勘察设计费纳入其中。

工程总承包合同完全履行后,在承发包双方之间结算工程款时通常都是针对整个合同价款进行结算,不会单独涉及勘察设计费的问题。因此,在工程总承包合同正常履行完毕的情况下,勘察设计费通常不会成为承发包双方的争议点,即使存在基本勘察工作之外的项目费用承担主体没有约定或约定不明情

况，也可以按照本裁判指引第 3.1 条【合同对勘察费用约定不明时的处理】[①]的规定处理。本条规定的是工程总承包合同解除后如何结算勘察设计费的问题。如果工程总承包合同中途解除且合同对解除后勘察设计费的计费方法、计费依据、计费公式等有约定的，按照约定结算勘察设计费并无疑义。但是，如果工程总承包合同中途解除，而合同又没有对解除后的勘察设计费计费方法、计费依据、计费公式等作出约定的，首先仍应该由各方协商确定。如果协商不成，勘察设计费的确定就会成为司法实践的难点。

《民法典》第 10 条规定："处理民事纠纷，应当依照法律；法律没有规定的，可以适用习惯，但不得违背公序良俗。"本条规定的习惯，是指在一定地域、行业范围内长期为一般人确信并普遍遵守的民间习惯或者商业惯例，包括一般习惯、地方习惯、普通习惯、特别习惯、行业习惯等。适用习惯受到两个方面的限制：一是适用习惯的前提是法律没有规定。所谓法律没有规定，就是相关的法律、行政法规、地方性法规对特定民事纠纷未作出规定。二是所适用的习惯不得违背公序良俗。[②] 因此，在习惯不违背善良风俗和法律的基本规定的情况下，可以成为人民法院或者仲裁机构裁判案件的依据。

《民法典》第 510 条规定："合同生效后，当事人就质量、价款或者报酬、履行地点等内容没有约定或者约定不明确的，可以协议补充；不能达成补充协议，按照合同有关条款或者交易习惯确定。"第 511 条第 1 款第 2 项规定："价款或者报酬不明确的，按照订立合同时履行地的市场价格履行；依法应当执行政府定价或者政府指导价的，依照规定履行。"由于原《工程勘察设计收费管理规定》及其所附的《工程勘察收费标准》《工程设计收费标准》被废止后，勘察设计领域已不再有政府指导价的存在，因此，在工程总承包合同对合同解除后勘察设计费的确定没有约定或约定不明的情况下，如果在工程所在地对类似勘察设计工作已经形成了市场价的，可以按照签订工程总承包合同时项目所在地的市场价

---

① 第 3.1 条规定：勘察合同对勘察收费基准价中所列勘察工作之外的其他服务项目费用承担主体没有约定或约定不明，且勘察合同对该服务项目属于发包人义务或勘察人义务也没有约定或约定不明的，勘察人能够证明发包人同意其实施或该项工作是完成勘察合同任务所必须的，则勘察人有权在约定的勘察费之外要求发包人另行增加支付价款。具体取费标准可参照市场价或行业惯例予以执行。

② 石宏主编：《中华人民共和国民法总则条文说明、立法理由及相关规定》，北京大学出版社 2017 年版，第 24 页。

格确定;没有市场价的,可以参照行业惯例确定。

三、工程总承包联合体之间勘察设计费的认定

联合体是承揽工程总承包项目常见的模式。由于法律、法规对联合体的规定较为抽象、原则,加之联合体之间在签订《联合体协议》时往往缺乏足够的重视,联合体之间的权利义务经常出现模糊的情况。如果以联合体承接的工程总承包项目包含勘察设计内容,与上述工程总承包合同解除后勘察设计费的结算一样。如果《联合体协议》对勘察设计费的计费方法、计费依据、计费公式等有约定,按照约定确定勘察设计费;如果联合体成员之间没有约定,但在与发包人的工程总承包合同中有约定,可以参照该约定确定勘察设计费。如果工程总承包合同和《联合体协议》对勘察设计费的计费方法、计费依据、计费公式等均没有约定或者约定不明确,首先由联合体各方协商确定勘察设计费;如果协商不成,如上所述,在《联合体协议》中对勘察设计费的确定没有约定或约定不明的情况下,如果在工程项目所在地对类似勘察设计工作已经形成了市场价,可以按照签订《联合体协议》时项目所在地的市场价格确定;没有市场价的,可以参照行业惯例确定。

本条所说的行业惯例可参照原《工程勘察设计收费管理规定》及所附《工程勘察收费标准》《工程设计收费标准》的规定。如通用工程勘察收费可参照下列公式计算:(1)工程勘察收费 = 工程勘察收费基准价 ×(1 ± 浮动幅度值);(2)工程勘察收费基准价 = 工程勘察实物工作收费 + 工程勘察技术工作收费;(3)工程勘察实物工作收费 = 工程勘察实物工作收费基价 × 实物工作量 × 附加调整系数;(4)工程勘察技术工作收费 = 工程勘察实物工作收费 × 技术工作收费比例。如果工程总承包合同中对勘察费有约定[①],上述公式中的浮动幅度值可依据本裁判指引第 2.7 条【勘察合同解除后费用的计算方法】确定,即报价浮动率 =(1 - 合同价/标准价)×100%(其中:合同价,指勘察合同中约定的勘察费用,如合同中约定的为单价的,应根据合同约定的暂估工作量计算出总价,作为计算报价浮动率的合同价;标准价,指根据合同约定的暂估工作量,按照原

---

① 工程总承包合同虽对勘察费有约定,但没有对工程总承包合同解除后勘察费如何确定进行约定,故仍然无法解决工程总承包合同解除后勘察费的确定问题。

《工程勘察收费标准》计算出总价，作为计算报价浮动率的标准价）。如果工程总承包合同或联合体协议对勘察费没有约定，可由人民法院或者仲裁机构根据案件的实际情况，在上下20%的范围内浮动，如工程勘察中采用了新技术、新工艺、新设备、新材料，对提高建设项目的经济效益、环境效益和社会效益有正面作用的，可在上下25%的范围内浮动。同样，如果工程总承包合同或联合体协议对设计费没有约定，可由人民法院或者仲裁机构根据案件的实际情况，参照原《工程设计收费标准》的规定确定设计费。

第3.4条 【工程变更或勘察方案调整时勘察费用的处理】除当事人另有约定外，非勘察人原因引起的工程变更或勘察方案调整，包括但不限于法律法规或技术标准的变化、发包人要求的变化、规划方案或设计条件的变化以及不利物质条件等原因引起的，导致勘察工程量增加或返工、重做的，增加的勘察费用应由发包人承担；导致勘察工程量减少的，发包人有权要求调整减少，但如果勘察人已经实施相关的勘察工作，而发包人仍主张减少勘察费用的，人民法院或者仲裁机构不予支持。

勘察过程中若由于勘察人自身原因导致需要变更或调整勘察方案，进而引起勘察工程量增加、返工或重做，勘察人主张增加勘察费用的，不予支持。

如果勘察人能够证明已根据相关法律法规和技术标准实施勘察工作，且已尽到合理谨慎义务，但仍难以避免变更或调整勘察方案，进而导致勘察工程量增加、返工或重做，勘察人因此主张增加勘察费用的，人民法院或者仲裁机构应予支持。

【条文主旨】

本条是针对不同情形下工程变更或勘察方案调整对勘察费用影响的处理规则。勘察工程的变更通常有两种情形：一是非勘察人的原因引起的变更或勘察方案调整；二是勘察过程中由于勘察人原因导致需要变更或调整勘察方案，并在此前提下进一步区分勘察人是否尽到法定或合同约定的义务。本条区分此两种情形分别讨论勘察工程变更或勘察方案调整对勘察费用承担的影响。

【理解与适用】

一、勘察工程变更概述

建设工程活动存在投资大、周期长、干扰因素多、受行政因素影响较明显等特点，具体到建设工程勘察活动中，工程项目的地质条件状况还经常出现异常因素，导致勘察过程中普遍存在规模、内容、工期、价款、协作条件等方面变更的可能。

现行的各类法律法规和其他规范性文件、示范文本等并没有专门对勘察工程变更的定义进行界定和解释。参照《建设工程工程量清单计价规范》(GB 50500－2013)第2.0.16项的规定，工程变更是指合同工程实施过程中由发包人提出或承包人提出经发包人批准的合同工程任何一项工作的增、减、取消或施工工艺、顺序、时间的改变；设计图纸的修改；施工条件的改变；招标工程量清单的错、漏从而引起合同条件的改变或工程量的增减变化。

此外，其他各类规范性文件从不同角度对变更进行的界定和解释也可作为理解勘察合同中变更含义的参照。[①] 如《建设工程监理规范》(GB/T 50319－2013)第2.0.12项规定："工程变更是指按照施工合同约定的程序对工程在材料、工艺、功能、构造、尺寸、技术指标、工程量及施工方法等方面作出的改变。"再如《杭州市政府投资项目工程变更管理暂行办法》(杭财建〔2013〕1246号)第1条第2款规定："……工程变更是指工程实施过程中，由于不可预见的自然因素及客观环境的变化或规划、功能、设计的调整，使工程的实施内容、范围、方式、建设规模及标准方面发生变化，由此引起合同价款变化而发生的变更。"

二、现行勘察合同文本中有关工程变更所涵盖的范围

现行勘察合同文本中有关工程变更的约定，一般包括以下内容：(1)对变更范围的约定，即约定哪些变化情形视为变更，哪些变化情形不视为变更；(2)变更的确认程序，即当变更情形出现时，合同双方需要完成哪些程序才构成合同约定的变更；(3)变更引起的合同价款、费用、工期等调整的确认。

---

① 由于本条主要侧重于讨论不同情形下勘察工程变更或勘察方案调整对勘察费用影响的处理规则，至于勘察合同中"变更"的定义，一方面并无规范性文件对此进行专门界定和解释；另一方面，勘察合同双方当事人可在勘察合同中对于哪些情形属于变更，哪些情形不属于变更进行约定。故本条仅讨论不同情形导致的变更或勘察方案调整对勘察费用的影响，不再拘泥于界定勘察合同中"变更"的含义。

具体来说,《2016 版建设工程勘察合同示范文本》和《2017 版标准勘察招标文件》均规定了勘察工程变更的几种主要情形,前者还规定了变更的确认程序。在《2016 版建设工程勘察合同示范文本》通用合同条款第8.1.1项“变更范围”中规定的勘察工程变更,是指在合同签订日后发生的以下变更:(1)法律法规及技术标准的变化引起的变更;(2)规划方案或设计条件的变化引起的变更;(3)不利物质条件引起的变更;(4)发包人的要求变化引起的变更;(5)因政府临时禁令引起的变更;(6)其他专用合同条款中约定的变更。

《2017 版标准勘察招标文件》第四章“合同条款及格式”部分第 11.1 款“变更情形”第 11.1.1 项规定:“合同履行中发生下述情形时,合同一方均可向对方提出变更请求,经双方协商一致后进行变更,勘察服务期限和勘察费用的调整方法在专用合同条款中约定。(1)勘察范围发生变化;(2)除不可抗力外,非勘察人的原因引起的周期延误;(3)非勘察人的原因,对工程同一部分重复进行勘察;(4)非勘察人的原因,对工程暂停勘察及恢复勘察。”

此外,“变更情形”第 11.1.2 项还规定:“基准日后,因颁布新的或修订原有法律、法规、规范和标准等引发工程变更情形的,按照上述约定进行调整。”

虽然以上两份合同文本对于变更情形的表述并不相同,但列举的变更情形均是由不可归责于勘察人的原因造成的,也即是本条讨论的第一种非勘察人原因引起变更的情形。对于第二种情形,即勘察过程中实际地质条件与预测不同导致的变更,两份合同示范文本中则均未涉及。

三、不同情形下工程变更或勘察方案调整对勘察费用影响的处理规则

勘察工程变更或勘察方案调整通常有两类情形:一是非勘察人的原因引起的变更或勘察方案调整;二是勘察过程中由于勘察人原因导致需要变更或调整勘察方案。本条区分讨论了在前述两类情形下勘察工程变更或勘察方案调整对勘察费用承担的影响,具体应按照以下规则处理。

(一)非勘察人原因引起的工程变更或勘察方案调整

对于非勘察人原因引起工程变更或勘察方案调整的几种情形,如法律法规的变化、技术标准的变化、发包人要求的变化、规划方案或设计条件的变化以及不利物质条件等引起的变更或勘察方案调整,其发生通常不可归责于勘察人。

当勘察人针对此类情形按照合同约定的程序要求发包人确认时，若变更或勘察方案调整引起勘察工程量增加或返工、重做的，增加的勘察费用应由发包人承担；导致勘察工程量减少的，发包人有权要求调整减少，但是如果勘察人已经实施相关的勘察工作，此时发包人仍要求调减的，不予支持，应按照已经实施的实物工作量支付勘察费用。另外，勘察工程量减少，则勘察人的利益也相应减少，如果是由非勘察人原因引起的勘察工程量减少，还有必要进一步考虑变更减少造成的具体原因，如区分发包人要求变化造成的和不可归责于双方原因造成的变更或勘察方案调整。

此外，在已经失效的《工程勘察设计收费管理规定》中，对勘察合同中发包人原因造成的变更或勘察方案调整对勘察费用影响的处理也有类似规定，其中第 11 条规定："由于发包人原因造成工程勘察、工程设计工作量增加或者工程勘察现场停工、窝工的，发包人应当向勘察人、设计人支付相应的工程勘察费或者工程设计费。"

（二）勘察过程中由于勘察人原因导致需要变更或调整勘察方案

对于因勘察人原因导致需要变更或调整勘察方案，进而导致勘察工程量增加、返工或重做的，此类情形需视勘察人是否尽到法定或合同约定的义务，以作进一步区分。若该情形的发生系由勘察人自身原因导致，如勘察人专业能力不足等，则此时勘察人主张增加勘察费用的，不予支持；但如果勘察人能够证明已根据现行相关法律法规和技术标准实施勘察工作，已经尽到了自身的合理谨慎义务，可是仍然难以避免变更或调整勘察方案情形的发生，则勘察人不应承担责任，由此导致增加勘察工程量、返工或重做，勘察人主张增加勘察费用的，应予支持。

《民法典》第 509 条第 1 款规定："当事人应当按照约定全面履行自己的义务。"原《工程勘察设计收费管理规定》第 10 条也规定："勘察人或者设计人提供的勘察文件或者设计文件，应当符合国家规定的工程技术质量标准，满足合同约定的内容、质量等要求。"此外，《建设工程质量管理条例》第 19 条第 1 款规定："勘察、设计单位必须按照工程建设强制性标准进行勘察、设计，并对其勘察、设计的质量负责。"《建设工程勘察设计管理条例》第 5 条第 2 款规定："建设工程勘察、设计单位必须依法进行建设工程勘察、设计，严格执行工程建设强制性标准,并对建设工程勘察、设计的质量负责。”

因此,勘察人作为承揽勘察工作的合同当事人,应按照相关法律法规、技术标准以及合同约定全面履行自己的义务。若由于勘察人自身原因未能全面履行合同义务,导致工程变更或勘察方案调整的,则勘察人无权主张增加勘察费用。原《工程勘察设计收费管理规定》第 12 条也规定:“工程勘察或者工程设计质量达不到本规定第十条规定的,勘察人或者设计人应当返工。由于返工增加工作量的,发包人不另外支付工程勘察费或者工程设计费。由于勘察人或者设计人工作失误给发包人造成经济损失的,应当按照合同约定承担赔偿责任。”

在司法实践中,也不乏勘察人因未能按照相关规范或标准进行勘察工作而承担责任的案例。如毕节中院在(2020)黔 05 民终 1975 号案中认为,勘察单位的责任和义务是按照国家技术规范、标准、规程和发包人的任务委托内容及技术要求进行工程勘察并提交质量合格、真实准确的勘察成果资料,并对勘察成果资料负责。但是,勘察单位在进行本案工程勘察设计工作中,并未按国家标准《岩土工程勘察规范》(GB 50021 – 2001)中第 7.1.1 项的规定执行,即岩土工程勘察应根据工程要求,通过搜集资料和勘察工作,掌握相应的水文地质条件,勘察时的地下水位、历史最高地下水位、近 3 ~ 5 年最高地下水位、水位变化趋势和主要影响因素。根据勘察单位出具的地勘报告表述,本案工程的地下水抗浮水位确定参考了遵义水文地质工作经验,未综合分析黔西县本地区水文地质和气候条件。工程勘察报告中地下室抗浮设防水位的确定方法考虑因素不全面,方法不严谨,地勘报告在确定抗浮水位时,存在低估水位的可能性,勘察单位对抗浮水位的设定不当是导致建筑物上浮开裂变形的主要原因,应承担本案事故的主要责任。

若勘察人已经按照相关法律法规、技术标准以及合同约定全面履行自己的义务,但在勘察过程中仍然难以避免变更或调整勘察方案,则此时勘察人不应承担相应责任,勘察人因此主张增加勘察费用的,应予支持。如浙江高院在(2013)浙民提字第 133 号案中认为,勘察人所出具的《岩土工程勘察报告》虽然没有地下水位及工程抗浮建议的相关内容,但其已经按照岩土工程勘察规范的要求对场地工程地质条件、场地水文地质特征、地基基础均作出了分析与评价,并明确“该场地经勘察本身无地下水存在”“地下水补给来源为大气降水”。根据《岩土工程勘察规范》(建标〔2002〕7 号)第 4.1.13 项的规定,只有在场地有地下水存在的情况下，才要求论证地基土和地下水在建筑施工和使用期间可能产生的变化及其对工程和环境的影响，并要求勘察单位在报告中提出防治方案、防水设计水位和抗浮设计水位的建议。故本案中经纬勘察公司已适当履行了勘察合同义务，其未违反合同约定和法律规定，在本案中不应承担违约责任。

因此，综上而言，对于非勘察人的原因引起的工程变更或勘察方案调整，导致勘察工程量增加或返工、重做的，增加的勘察费用应由发包人承担；导致勘察工程量减少的，如果已经实施，勘察人主张勘察费用不予减少的，应予支持；如果尚未实施的，双方可协商重新调整勘察费用，合同另有约定的除外。对于勘察过程中由于勘察人自身原因导致变更或勘察方案调整，勘察人主张增加勘察费用的，不予支持；但若勘察人能够证明已根据相关法律法规和技术、标准或规范实施勘察工作，但仍然难以避免变更或调整勘察方案，并导致勘察工作量增加、返工或重做，勘察人因此主张增加勘察费用的，应予支持。

第 3.5 条 【发包人要求错误对勘察费用的影响】发包人要求错误导致勘察合同工作量增减，如果该勘察人已经实施了该部分工作，则勘察人请求发包人承担已实施部分工作的勘察费用的，应予支持；如果勘察人尚未实施该部分工作，且双方就该增减部分的勘察费用调整未能达成一致的，可以参照勘察合同约定的标准对该增减部分工作予以单独结算，无法参照约定标准结算的，可以参照行业惯例结算。

因勘察人未履行合理复核义务或发现发包人要求错误后未及时通知发包人并采取有效措施防止损失扩大，勘察人主张调整该部分费用的，人民法院或者仲裁机构不予支持。

【条文主旨】

本条旨在明确发包人要求错误对勘察费用的影响。其中，第 1 款在发包人要求错误导致勘察合同工作量发生变化时，根据是否实施的情况不同，区分了勘察费用的调整规则；第 2 款规定了勘察人未尽到协作履行义务时应承担的相应责任。

【理解与适用】

一、发包人要求对合同价款的影响

(一)发包人要求的概念

发包人要求并非严格意义上的法律概念,在建设工程领域中,不同的合同文本下名称可能不同。针对勘察合同而言,在《2017 版标准勘察招标文件》中,发包人要求是指由招标人根据行业标准勘察招标文件(如有)、招标项目具体特点和实际需要编制,并与投标人须知、通用合同条款、专用合同条款相衔接,构成招标文件及其合同文件的组成部分。在《2016 版建设工程勘察合同示范文本》中,发包人要求则体现为"勘察任务书",是指由发包人就工程勘察范围、内容和技术标准等提出要求的书面文件,同样也构成合同文件组成部分。

内容方面,发包人要求一般应尽可能清晰准确,对于可以进行定量评估的工作,发包人要求不仅应明确规定其功能、用途、质量、环境、安全,并且要规定偏差的范围和计算方法,以及检验、试验、试运行的具体要求。[①] 所涉内容通常包括但不限于:勘察要求、适用规范标准、成果文件要求、发包人财产清单、发包人提供的便利条件、勘察人需自备的工作条件等。其中"发包人财产清单"具体包括发包人提供设备、设施,发包人提供的资料和发包人财产使用要求及退还要求等。

(二)发包人要求对合同价款的影响

发包人要求是勘察合同价款确立的依据,发包人要求存在错误的,勘察合同价款应作相应调整。根据《建设工程勘察设计管理条例》第 12 条的规定,建设工程勘察依法实行招标发包或者直接发包。无论是招标发包还是直接发包,发包人要求都是合同价款确立的基础。

1. 招标发包

勘察工作采用招标发包,一般需经过以下流程:(1)发包人首先根据项目情况和需要编制发包人要求(或勘察任务书)及招标文件;(2)投标人根据发包人

---

① 参见《2017 版标准勘察招标文件》第 5 章发包人要求。

要求(及招标文件)编制勘察纲要和相应的投标报价,①发包人要求如有错误,投标人编制勘察纲要时就应指出并调整相应的投标报价;(3)发包人对投标人上报的勘察纲要予以评审,发出中标通知书,随后双方签约。即在招投标发包方式下,勘察合同签约价款最终确立前,投标人已在编制勘察纲要时对发包人要求进行了较为详尽的初步复核,发包人之后又在评审勘察纲要时进行了再次确认。(见图3-2)

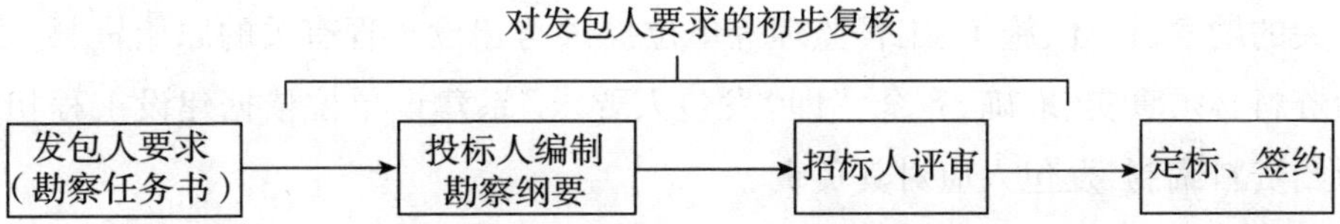

图3-2　招标发包流程中对"发包人要求"的初步复核

2. 直接发包

勘察工作如采用直接发包的,合同价款仍依据发包人要求确立,但因为没有招投标流程的规定,缔约阶段双方不一定会对发包人要求进行较为详尽的复核和确认。如果发包人要求存在错误,往往是在签约后的履约阶段才发现的,双方需在已建立合同关系的基础上进行磋商和解决。(见图3-3)

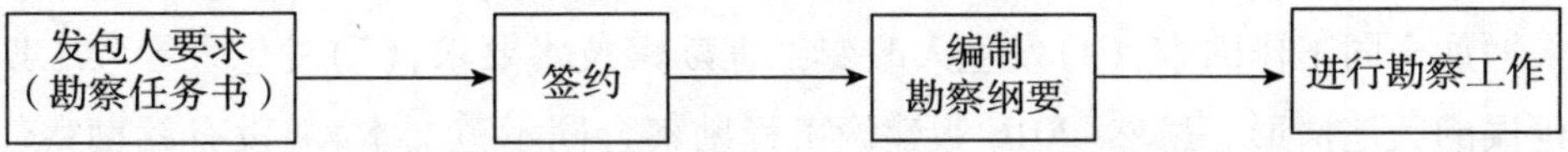

图3-3　直接发包方式也许缺少对"发包人要求"的初步复核

无论是招标发包还是直接发包,发包人要求错误均会对合同价款造成影响。如果在缔约阶段发现发包人要求错误,双方应协商重新确定合同价款。如果在履约阶段发现,发包人要求错误导致合同工作量增减的,应根据不同的履行情况作不同处理:如果相应勘察工作已经实施,应根据双方关于发包人要求的责任分担调整费用;如果相应勘察工作尚未实施,双方可协商确认合同工作量增减部分的费用;如果相应勘察工作尚未实施,且双方对合同工作量增减部

① 《2017版标准勘察招标文件》第二章第3.7.2项规定:"投标文件应当对招标文件有关勘察服务期限、投标有效期、发包人要求、招标范围等实质性内容作出响应。"

分的费用也未能达成一致，可以参照合同或行业惯例结算。

二、发包人与勘察人关于发包人要求的责任分担及费用调整规则

（一）发包人

发包人应保证发包人要求尽可能清晰准确，发包人要求错误导致的后果一般应由发包人承担。《建设工程质量管理条例》第9条规定："建设单位必须向有关的勘察、设计、施工、工程监理等单位提供与建设工程有关的原始资料。原始资料必须真实、准确、齐全。"即"发包人要求"系建设单位依据建设工程相关原始资料编制，发包人应对其负责。

发包人要求错误的，发包人应承担相应的责任。《2017版标准勘察招标文件》第四章第1.12.1项规定发包人要求错误或变更导致勘察人费用增加和（或）周期延误的，发包人应当相应地增加费用和（或）延长周期。第四章第6.2款规定发包人提供的基准资料错误造成勘察服务期限延误的，发包人应当延长勘察服务期限并增加勘察费用。《2016版建设工程勘察合同示范文本》在通用合同条款第4.3.1项中规定了发包人原因造成工期延误，勘察人有权要求发包人延长工期、增加合同价款和（或）补偿费用的几种情形，其中包括：(1)发包人未能按合同约定提供图纸及开工条件；(2)变更导致合同工作量增加；(3)发包人增加合同工作内容；(4)发包人改变工程勘察技术要求；(5)发包人导致工期延误的其他情形。虽然《2016版建设工程勘察合同示范文本》并没有就勘察任务书的错误所导致的勘察费用变更进行直接规定，但以上情形均有可能系发包人要求（勘察任务书）错误导致，也等于间接规定了发包人应对发包人要求错误承担相应的责任。

此外，《民法典》第805条也有明确规定："因发包人变更计划，提供的资料不准确，或者未按照期限提供必需的勘察、设计工作条件而造成勘察、设计的返工、停工或者修改设计，发包人应当按照勘察人、设计人实际消耗的工作量增付费用。"

勘察费用的调整应注意以下几个方面：第一，发包人要求错误和合同工作量增减之间需具有因果关系，即勘察人实际增加了工作量或减少了工作量须是由发包人要求错误导致。第二，勘察费用的调整需以勘察人客观上已产生或将

产生的工作量为基础，而非勘察合同约定的工作量。如发包人要求错误导致已实施的部分勘察工作量为无效工作量，且无法返还或恢复原状的，即便该部分工作量不属于合同工作量，发包人也应当对该部分费用承担责任。第三，合同工作量增减部分的勘察费用以双方当事人意思自治协商确定为准，未能达成一致的，可以参照合同约定的标准对工作量增减部分予以单独结算，无法参照约定标准结算的，可以参照行业惯例予以结算。

（二）勘察人

除发包人对发包人要求负责外，勘察人基于协作履行原则还需尽到相应义务，如未尽相应义务，勘察人无权主张该部分勘察费用的调整，需承担相应的过错责任。所谓协作履行原则，是指当事人不仅应适当履行自己的合同债务，而且应基于诚实信用原则的要求协助对方当事人履行其债务的履行原则。若发包人要求错误，勘察人应履行以下两个方面的义务：

1. 有经验的勘察单位应尽的合理复核义务

勘察人对发包人要求的复核不仅是协作履行，还是勘察人自身完成勘察工作的必然要求。一般而言，勘察人实施勘察工作前需基于发包人要求编制勘察纲要，编制勘察纲要的过程便会对发包人要求进行复核；实施勘察工作时，勘察人也会根据各标准、技术规范、现场实际情况等发现发包人要求的错误，进而对勘察工作进行调整。

同时，也不应苛求勘察人对发包人要求的准确性等负全部责任。勘察人的复核义务应以“合理”为限，即一个有经验的勘察人在正常工作的情况下能够履行的复核义务，一般可包括数据的复核、计算、错漏项的筛查等。“合理复核义务”的标准可从以下两个方面判断：一是复核的内容。以测绘为例，《2017 版标准勘察招标文件》第四章第 5. 4. 1 项明确规定：“……勘察人测绘之前，应当认真核对测绘数据，保证引用数据和原始数据准确无误……”即要求勘察人需对测绘数据尽到合理复核义务，如因勘察人未能复核出数据错误导致工作量变化的，相应勘察费用不予调整。二是复核的时间。发包人应当给予勘察人相对足够的时间用于复核发包人要求，如果时间受限，勘察人复核的效果也一定有所减损。勘察人只需对“一个有经验的勘察人在合理时间内应当复核出的错误”承担相应责任。

2. 发现错误后及时通知并采取适当措施防止损失扩大的义务

除尽到合理复核义务外，在发现发包人要求错误后，勘察人还需及时通知发包人并采取适当的措施防止损失扩大。《2017 版标准勘察招标文件》第四章第1.6.3 项规定：“任何一方当事人发现文件中存在的明显错误或疏忽，均应及时通知对方当事人，并应立即采取适当的措施防止损失扩大。”第 1.12.1 项规定：“……勘察人应认真阅读、复核发包人要求，发现错误的，应及时书面通知发包人……”此外，勘察合同作为建设工程合同，还适用《民法典》关于“承揽合同”的规定，即《民法典》第 776 条规定：“承揽人发现定作人提供的图纸或者技术要求不合理的，应当及时通知定作人……”

因此，如勘察人在合理复核或勘察工作实施中发现了错误，应及时通知发包人并采取适当的措施防止损失扩大，不可“将错就错”。如勘察人未履行上述义务造成实际损失或支出增加的，发包人可不予支付相应勘察费用。

第 3.6 条 【发包人变更发包人要求未导致返工修改时的设计费用调整】发包人变更发包人要求，未导致设计人已实施的设计工作需要返工或修改，当事人主张因此增减费用的，人民法院或者仲裁机构按照以下情形予以认定：

（1）对于以建筑面积（投资额）结算的单价合同，发包人变更发包人要求，导致建筑面积（投资额）增减的，按照增减的建筑面积（投资额）和合同单价（固定比例），认定增减的费用；

（2）对于以建筑面积（投资额）结算的单价合同，发包人变更发包人要求，未导致建筑面积（投资额）增减，但导致设计内容、难度、现场服务、成果文件要求等发生变化，造成设计人工作量增减的，应当综合考虑合同价格组成、变化内容的性质特点和合同约定，认定增减的费用；

（3）对于总价合同，发包人变更发包人要求，导致设计内容、难度、现场服务、成果文件要求等发生变化，造成设计人工作量增减的，应当综合考虑合同价格组成、变化内容的性质特点和合同约定，认定增减的费用。

【条文主旨】

本条是针对发包人变更发包人要求，未导致设计人已实施的设计工作需要返工或修改的情形下，当事人能否主张费用调整的处理规则。基于计价形式差异对处理规则的影响，条文又区分了单价合同和总价合同的不同情形。

【理解与适用】

一、发包人要求的概念

在法律和行政法规中，并没有关于"发包人要求"或"设计任务书"的概念。在部门规章等规范性文件中，当提到"发包人要求"时，主要是针对工程总承包项目。根据《房建市政工程总承包管理办法》第9条第1款第4项的规定，发包人要求应"列明项目的目标、范围、设计和其他技术标准，包括对项目的内容、范围、规模、标准、功能、质量、安全、节约能源、生态环境保护、工期、验收等的明确要求"。

在实践中，"设计任务书"的表述较为常见。但考虑到住建部和国家发改委的设计合同示范文本中，均采用"发包人要求"的称谓，故条文也沿用该表述。根据示范文本中的定义，"发包人要求"与"设计任务书"为同一概念，其主要包括项目概况和发包人对设计的要求，具体如下：

根据《2015版房建工程设计合同示范文本》通用合同条款第1.1.1.6目的规定，发包人要求是指"构成合同文件组成部分的，由发包人就工程项目的目的、范围、功能要求及工程设计文件审查的范围和内容等提出相应要求的书面文件，又称设计任务书"。

根据《2017版标准设计招标文件》第四章第1.1.1.6目的规定，发包人要求是指"合同文件中名为'发包人要求'的文件"。根据该标准文本对"发包人要求"的格式内容示例，其通常包括：

1. 设计要求（项目概况、设计范围及内容、设计依据、项目使用功能的要求、设计人员要求、其他要求）；

2. 适用规范标准（国家、行业、项目所在地规范、标准、规程名录）；

3. 成果文件要求（成果文件的组成、深度、格式、份数、载体、成果文件的展板、模型、沙盘、动画要求）；

4. 发包人财产清单（发包人提供的设备设施、资料、发包人财产使用要求及退还要求)；

5. 发包人提供的便利条件(发包人提供的生活条件、交通条件、网络通讯条件、协助人员)；

6. 设计人需要自备的工作条件(设计人自备的工作手册、办公设备、交通工具、现场办公设施、安全设施)。

在英国皇家建筑师学会(Royal Institute of British Architects,RIBA)发布的《标准专业服务合同 2020(建筑设计)》[①]中,采用的表述是“项目简介”(Project Brief),其含义与“发包人要求”基本相同。根据该标准合同的术语定义和使用说明部分,“项目简介”主要包括“项目描述”(a Description of the Project)和“雇主对项目的要求”(Client's Statement of Requirements for the Project)。

二、发包人要求变更对合同价款的影响

(一)是否导致设计工作的返工或修改

就发包人变更发包人要求对合同价款的影响,包括两种情形:

1. 发包人要求的变更,并不导致设计人需要对已实施的设计工作进行返工或修改。在该情形下,发包人要求变更的内容,不涉及设计人已经实施的设计工作,而仅影响尚未开始的设计工作,故设计人无须返工或修改。

2. 发包人要求的变更,导致设计人需要对已实施的设计工作进行返工或修改。在该情形下,发包人要求变更的内容,涉及设计人已经实施的设计工作,故设计人需要返工或修改。

本条文仅针对第(1)种情形作出规定,第(2)种情形在本指引第 3.7 条【发包人变更发包人要求导致返工修改时的设计费用调整】中规定。

(二)发包人要求变更对单价合同的影响

1. 发包人要求变更导致建筑面积(投资额)变化的情形

从计价方式来看,设计合同一般可分为单价合同和总价合同。其中,单价合同主要包括两类:(1)以建筑面积结算(每平方米设计费单价固定不变,按最

---

① Standard Professional Services Contract 2020 Architectural Services.

终建筑面积据实结算)的设计合同;(2)以投资额结算(按最终投资额乘以固定比例进行结算)的设计合同。

因为建筑面积和投资额通常也属于发包人要求的内容,所以当发包人要求变更的内容为建筑面积或投资额时,则按照单价合同的计价原则,合同价款也将相应调整。即如果发包人要求导致建筑面积(投资额)增加,应按照增加的建筑面积(投资额)和合同单价(固定比例),认定增加的费用;反之,则应当按照减少的建筑面积(投资额)和合同单价(固定比例),认定减少的费用。

2. 发包人要求变更未导致建筑面积(投资额)变化,但设计内容、难度等增减的情形

在实践中,常见的另一种情形是:发包人要求的变更未涉及作为单价合同结算依据的建筑面积或投资额,但是却导致设计内容、难度、现场服务、成果文件要求等变化,进而造成设计人实际的工作量变化。在该情形下,当事人亦应有权主张调整设计费用。

关于设计内容的调整,比如:就某个以建筑面积为结算依据的单价设计合同,根据原来的发包人要求,设计内容主要是建筑、结构和机电设计,而不包括室内设计(该部分设计由发包人另行委托第三方实施)。之后,发包人变更了发包人要求,将室内设计也纳入设计内容,虽然建筑面积可能未发生变化,但因为设计内容的增加,设计人仍应有权主张额外费用。

关于设计难度的变化,是指发包人变更了发包人要求中的项目使用功能等设计要求,导致设计人按照变更后的发包人要求进行设计,相比原来发包人要求的设计难度发生变化,进而造成设计人的工作量变化。比如,发包人要求对某一房间重新进行功能区域划分,使剪力墙的布置发生调整,而调整剪力墙位置对结构整体性能指标(层间位移角、扭转位移比等)产生较大影响,设计人需花费额外大量时间对该结构模型重新考虑,才能使结构计算结果满足规范要求。在前述情形下,虽然建筑面积和投资额可能都未发生变化,但设计人亦应有权主张额外费用。

同样,发包人要求中成果文件的份数、形式等发生变化的,或者现场服务的工作内容、工作时间增减的,也可能会导致设计人的工作量变化,虽然此时建筑面积和投资额可能都未发生变化,但当事人亦应有权主张调整设计费用。

关于前述调整费用的计算，应当综合考虑合同价格组成、增减内容的性质特点和合同约定确定：

（1）如果合同有特别约定，按合同约定执行。

（2）就增减的设计内容或现场服务，如果在合同价格组成中有相同或类似的项目及价格，则可适用相同项目的价格或参考类似项目的价格。

（3）就增减的成果文件份数或形式，如果合同价格组成中有相应单价的，也可按前述单价和增减的数量，计算增减的成果文件费用。

（4）若在合同价格组成中无可适用或参考的价格（如设计难度变化，增减的设计内容或现场服务在合同价格组成中无相同或类似项目），则可以参考行业通常价格［如参考原《工程设计收费标准》、以设计人就相应设计内容或现场服务的工作时长乘以设计人的人天单价、相应设计内容或现场服务在市场中的通常工作时长乘以市场上的人天单价等，相关计价原则亦可以参考本指引第3.7条【发包人变更发包人要求导致返工修改时的设计费用调整】第（2）款第2）项和第3）项］。

需要注意的是，对于单价合同，当建筑面积（投资额）未变化，而设计内容、难度等发生变化时，主要调整的是合同单价。如前所述，在发包人要求发生变更时，其既可能导致合同单价的增加，也可能导致合同单价的减少，且调整金额的确定并非易事。由于发包人要求变更的原因通常在发包人而非设计人，所以，当发包人基于其变更而主张调减合同单价时，其对于调减的合理性和金额应承担更多的证明责任。如果发包人未能充分举证证明调减的合理性和具体金额，对其调减金额的主张可不予支持。

（三）发包人要求变更对总价合同的影响

除单价合同外，也有采用总价形式的设计合同。在该情形下，如果发包人要求的变更导致设计内容、难度、现场服务、成果文件要求等发生变化，进而造成设计人实际工作量发生变化的，当事人亦有权主张调整设计费用。关于前述调整费用的计算，亦应综合考虑合同价格组成、增减内容的性质特点和合同约定确定。相关分析可参考前述第（二）部分。

第3.7条 【发包人变更发包人要求导致返工修改时的设计费用调整】 发包人变更发包人要求，导致设计人已实施的设计工作需要返工或修改，设计人主张因此增加的费用的，人民法院或者仲裁机构按照以下情形予以认定：

(1)合同有约定的，按合同约定执行；

(2)合同无约定的，按以下方法认定增加的费用：

1)合同约定了各阶段/专业设计费的，以返工、修改工作量占相应阶段/专业设计工作量的比例，乘以相应阶段/专业的设计费；

2)合同未约定各阶段/专业设计费，但约定了人天单价的，以返工、修改工作所投入的人天数量，乘以相应的人天单价；

3)合同未约定各阶段/专业设计费，也未约定人天单价的，以返工、修改工作在市场上通常所需的人天数量，乘以市场上的人天单价。

【条文主旨】

本条是针对发包人变更发包人要求，导致设计人已实施的设计工作需要返工或修改的情形下，设计人能否主张额外费用的处理规则。

【理解与适用】

一、因发包人要求变更而导致的设计返工、修改费用的承担主体

(一)发包人要求变更是否导致设计工作的返工、修改

就发包人变更发包人要求对合同价款的影响，包括两种情形：

1. 发包人要求的变更，并不导致设计人需要对已实施的设计工作进行返工或修改。在该情形下，就发包人要求所变更的内容，不涉及设计人已经实施的设计工作，而仅影响尚未开始的设计工作，故设计人无须返工或修改。

2. 发包人要求的变更，导致设计人需要对已实施的设计工作进行返工或修改。在该情形下，就发包人要求所变更的内容，涉及设计人已经实施的设计工作，故设计人需要返工或修改。

第一种情形已在本指引第3.6条【发包人变更发包人要求未导致返工修改时的设计费用调整】中予以规定，而本条文是针对第二种情形。

（二）因发包人要求变更而导致的设计返工、修改费用应由发包人承担

《民法典》第777条规定："定作人中途变更承揽工作的要求，造成承揽人损失的，应当赔偿损失。"第805条规定："因发包人变更计划，提供的资料不准确，或者未按照期限提供必需的勘察、设计工作条件而造成勘察、设计的返工、停工或者修改设计，发包人应当按照勘察人、设计人实际消耗的工作量增付费用。"

根据上述规定，发包人变更发包人要求，导致设计工作返工、修改而增加的费用，应由发包人承担。但难点在于如何确定增加的返工、修改费用。

二、关于设计返工、修改费用的确定

（一）合同有约定的，按约定执行

在实践中，发包人在签订设计合同时，对设计要求通常考虑得并不全面，因此，变更发包人要求，导致设计人返工、修改的情形经常出现。但如果发生前述情形，一概让发包人支付返工、修改费用，则将导致设计费增加的情形变得非常普遍。并且，返工、修改费用的金额不易计算，在金额不大时，双方关于费用金额的协商沟通成本，可能将高于费用本身。

基于此，为减少琐碎的返工、修改索赔，部分设计合同会约定一定范围内的返工、修改不增加费用。如下述条款："委托人变更工程设计的内容、规模、功能、条件或因提交的工程设计资料存在错误或作较大修改，以致造成设计人的大量返工工作（指因该等原因造成设计人的返工工作量超过工程设计总工作量的10%）时，双方可就返工超过工程设计总工作量的10%的部分，按所耗工作量商定额外的费用；其他情形下的费用均已包含在签约合同价中，设计人无权主张额外费用。"按照上述约定，10%范围之内的返工费用已包含在原合同总价中，不会再予调整。

在《2015版房建工程设计合同示范文本》中，也约定增加设计费是针对"较大修改"[①]，但就如何界定"较大修改"，可以在"附件7：设计变更计费依据和方

---

① 《2015版房建工程设计合同示范文本》通用合同条款第11.2款规定："发包人变更工程设计的内容、规模、功能、条件或因提交的设计资料存在错误或作较大修改时，发包人应按设计人所耗工作量向设计人增付设计费，设计人可按本条约定和专用合同条款附件7的约定，与发包人协商对合同价格和/或完工时间做可共同接受的修改。"

法”中具体约定。

在某仲裁案件中，合同也区分了“正常的修改变动”和“重大设计变更”，并约定前者包含在报价中，仅对后者进行调价。具体条款为：“本报价包含正常的修改变动，如个别桥梁单独路线纵断调整，个别墩台形式变动等。申请人成果交付被申请人验收合格后，非申请人原因引起的重大设计变更，如桥梁布孔方案、上部结构类型调整、路线平面线位调整等视增加布孔方案、上部结构类型调整、路线平面线位调整等视增加的工作量情况另行协商确定费用。”上述约定的效力也得到了仲裁庭的支持。

除了对返工、修改费用不予调整的范围进行约定外，合同也可以约定返工、修改费用的确定方法。此类约定不违反法律和行政法规的强制性规定，应予支持。综上所述，合同对返工、修改费用有约定的，按合同约定执行。

(二)合同未作约定时，设计返工、修改费用的认定方法

当合同未约定返工、修改费用的认定方法时，可以按以下方法认定：

1. 合同约定各阶段/专业设计费的，以返工、修改工作量占相应阶段/专业设计工作量的比例，乘以相应阶段/专业的设计费

对于一个比较完备的设计合同，除在合同书中列明设计费的总金额外，还会将设计费的报价明细表作为合同文件的组成部分。针对设计合同的具体内容，报价明细表既可能列出各个阶段（如方案设计阶段、初步设计阶段、施工图设计阶段、施工阶段等）对应的设计费，也可能列出不同专业（如建筑专业、结构专业、电气专业、通风空调专业、给排水专业等）对应的设计费。

在合同已约定各阶段/专业设计费的情形下，只要计算出设计返工、修改工作量占相应阶段/专业设计工作量的比例，再乘以相应阶段/专业的设计费总额，便可以计算出返工、修改费用的金额。在确定工作量比例时，可以综合考虑“面积比例法”和“工时比例法”。

“面积比例法”是指用返工、修改对应的图纸面积，除以相应阶段/专业的总面积。该种方法易于计算，但有可能与真实的工作量比例相差较大。比如，变更某一材料的规格或型号，可能涉及的面积或范围很大，但实际在修改图纸的时候，并不一定发生很大的工作量。对于建筑学专业来说，可能在做法表中仅进行材料规格或型号调整即可；但对于结构专业而言，可能还需要根据变更后

的材料容重重新进行结构复核。

“工时比例法”相对更准确一些，但操作难度较大，其具体方式有两种：

(1)用返工、修改工作所投入的人天数量，除以合同约定的该阶段/专业设计的计划人天数量；

(2)用返工、修改工作在市场上通常所需的人天数量，除以该阶段/专业设计在市场上通常所需的人天数量。

就第(1)种方式，其困难之处在于合同需要约定该阶段/专业设计的计划人天数量，同时需要设计人具有计时机制，能准确记录下返工、修改工作实际花费的人天数量。这对设计人的内部管理要求较高。

就第(2)种方式，则需要通过参考定额[如《全国建筑设计周期定额》(2016版)、《深圳市建设工程勘察设计工期定额》(SJG 26－2014)等]、行业、市场调研的方式，确定返工、修改工作在市场上通常所需的人天数量，以及该阶段/专业设计在市场上通常所需的人天数量。前述数据亦不容易取得。

2. 合同未约定各阶段/专业设计费，但约定人天单价的，以返工、修改工作所投入的人天数量，乘以相应的人天单价

如果合同并未约定各阶段/专业设计费，但约定人天单价的，则可以用返工、修改工作所投入的人天数量，乘以相应的人天单价。境外设计单位比较倾向按时间计算的方式，例如：在英国皇家建筑师学会发布的《标准专业服务合同2020(建筑设计)》中，针对返工修改费用，其第5.5款约定“除非另有约定，否则应根据第5.2.4项的规定，按合同细则G项所述的费率，按时间基准计算”。①

这种方法对设计人的内部管理也有较高要求，需要设计人能准确记录下返工、修改工作实际花费的人天数量。

---

① Standard Professional Services Contract 2020 Architectural Services 5.5:... additional fees shall be calculated on a time basis in accordance with clause 5.2.4 at the rate(s) set out in item G of the Contract Details unless otherwise agreed. Matters in relation to which the Architect/ Consultant shall be entitled to additional fees include, but not limited to, where... 5.5.2 the Architect/ Consultant is required to vary any Service already commenced or completed to provide a new design after the Client has authorized development of an approved design.

3. 合同未约定各阶段/专业设计费,也未约定人天单价的,以返工、修改工作在市场上通常所需的人天数量,乘以市场上的人天单价

如果合同未约定各阶段/专业设计费,也未约定人天单价的,则可以用返工、修改工作在市场上通常所需的人天数量,乘以市场上的人天单价。就该种方式,也需要通过行业、市场调研的方式,确定返工、修改工作在市场上通常所需的人天数量及人天单价,但此类数据也并不容易取得。

第 3.8 条 【设计工期因发包人原因延长时设计人有权主张的费用】设计成果提交时间因发包人原因延长,设计人主张因此增加的工期延长费用的,除设计人能证明相关费用确实发生外,人民法院或者仲裁机构不予支持。

施工配合期间因发包人原因延长,设计人主张因此增加的施工配合费用的,人民法院或者仲裁机构应予支持。

【条文主旨】

本条是关于设计周期因发包人原因延长的情形下,设计人可以主张哪些费用的处理规则。

【理解与适用】

一、设计工期、设计成果提交时间与施工配合期间

设计工期又称"设计周期",参考《2015 版房建工程设计合同示范文本》通用合同条款第 1.1.4.3 目的规定[①],是指合同约定的设计人完成工程设计及相关服务所需的期限。

涵盖设计工期较为全面的设计合同,通常包括四个设计阶段:(1)方案设计阶段;(2)初步设计阶段;(3)施工图设计阶段;(4)施工配合阶段。每个阶段均有相应的设计工期。

从工作性质来看,在前三个阶段,设计人主要的工作是提交设计成果,相应设计工期也主要是提交设计成果的时间。

① 《2015 版房建工程设计合同示范文本》第 1.1.4.3 目规定:"设计周期又称设计工期:是指在合同协议书约定的设计人完成工程设计及相关服务所需的期限,包括按照合同约定所作的期限变更。"

在施工配合阶段,设计人应提供配合工作,包括:(1)负责设计交底,参加与设计相关的专题会,解答施工单位有关图纸的问题;(2)协助发包人处理工程洽商和设计变更;(3)参与和设计人相关的验收及竣工验收;(4)提供产品选型、设备加工订货、建筑材料选择等技术咨询工作;(5)其他需设计人配合的工作。施工配合阶段对应的设计工期,实质就是工程的施工工期。

基于上文所述,设计工期实际包括设计成果提交时间和施工配合期间。就设计工期的延长,也可分为两种情形:(1)设计成果提交时间的延长;(2)施工配合期间的延长。

二、设计人因设计成果提交时间延长主张工期延长费用的,除设计人能够证明损失确实发生的,不予支持

(一)施工合同中的工期顺延和停窝工损失

对施工合同而言,当出现因发包人原因导致的工程停窝工,进而造成工期延长的,承包人能够主张停窝工损失。根据《民法典》和最高院《第八次全国法院民事商事审判工作会议(民事部分)纪要》(法〔2016〕399 号,以下简称《八民会议纪要》),承包人可在两种情形下向发包人主张停窝工损失(见表 3-1)。

表 3-1　承包人可向发包人主张停窝工损失

序号	适用情形	条款编号
1	发包人未按照约定提供原材料、设备、场地、资金、技术资料的,隐蔽工程在隐蔽之前,承包人已通知发包人检查,由于发包人未及时检查等原因致使工程中途停、缓建	《八民会议纪要》第 32 条①,《民法典》第 798 条②、第 803 条③和第 804 条④

---

① 《八民会议纪要》第 32 条规定:"因发包人未按照约定提供原材料、设备、场地、资金、技术资料的,隐蔽工程在隐蔽之前,承包人已通知发包人检查,发包人未及时检查等原因致使工程中途停、缓建,发包人应当赔偿因此给承包人造成的停(窝)工损失,包括停(窝)工人员人工费、机械设备窝工费和因窝工造成设备租赁费用等停(窝)工损失。"

② 《民法典》第 798 条规定:"隐蔽工程在隐蔽以前,承包人应当通知发包人检查。发包人没有及时检查的,承包人可以顺延工程日期,并有权请求赔偿停工、窝工等损失。"

③ 《民法典》第 803 条规定:"发包人未按照约定的时间和要求提供原材料、设备、场地、资金、技术资料的,承包人可以顺延工程日期,并有权请求赔偿停工、窝工等损失。"

④ 《民法典》第 804 条规定:"因发包人的原因致使工程中途停建、缓建的,发包人应当采取措施弥补或者减少损失,赔偿承包人因此造成的停工、窝工、倒运、机械设备调迁、材料和构件积压等损失和实际费用。"

续表

序号	适用情形	条款编号
2	发包人不履行告知变更后的施工方案、施工技术交底、完善施工条件等协作义务，致使承包人停（窝）工，以致难以完成工程项目建设的，承包人催告在合理期限内履行，发包人逾期仍不履行的	《八民会议纪要》第33条①

根据《八民会议纪要》第32条的规定，停窝工损失包括"停（窝）工人员人工费、机械设备窝工费和因窝工造成设备租赁费用等"。根据《建设工程造价鉴定规范》（GB/T 51262－2017）第5.8.3项的规定，停工损失包括"对已完工程进行保护的费用、运至现场的材料和设备的保管费、施工机具租赁费、现场生产工人与管理工人工资、承包人为复工所需的准备费用等"②。

（二）设计合同中的设计成果提交时间延长和工期延长损失

如果因发包人原因导致设计成果提交时间延长，进而给设计人带来额外费用的，设计人也可以向发包人主张该种费用。《民法典》第777条规定："定作人中途变更承揽工作的要求，造成承揽人损失的，应当赔偿损失。"第805条规定："因发包人变更计划，提供的资料不准确，或者未按照期限提供必需的勘察、设计工作条件而造成勘察、设计的返工、停工或者修改设计，发包人应当按照勘察人、设计人实际消耗的工作量增付费用。"《2015版专业工程设计合同示范文本》③和《2017版标准设计招标文件》④也有类似规定。

---

① 《八民会议纪要》第33条规定："发包人不履行告知变更后的施工方案、施工技术交底、完善施工条件等协作义务，致使承包人停（窝）工，以至难以完成工程项目建设的，承包人催告在合理期限内履行，发包人逾期仍不履行的，人民法院视违约情节，可以依据合同法第二百五十九条、第二百八十三条规定裁判顺延工期，并有权要求赔偿停（窝）工损失。"

② 与之相关的细致规定还可见《江苏省高级人民法院民一庭建设工程施工合同纠纷案件司法鉴定操作规程》、河南省建设厅《建设工程中途停工损失补偿办法（试行）》（豫建设标〔2003〕89号）、《陕西省建设工程工程量清单计价费率》（2009）。

③ 《2015版专业工程设计合同示范文本》通用合同条款第6.3.1项规定："发包人上述工程设计进度延误情形导致增加了设计工作量的，发包人应当另行支付相应设计费用。"

④ 《标准设计招标文件（2017年版）》第6.2款规定："在履行合同过程中，由于发包人的下列原因造成设计服务期限延误的，发包人应当延长设计服务期限并增加设计费用，具体方法在专用合同条款中约定……"

但是,设计人和承包人在工作内容、性质等方面存在差异,因为设计人无须于停工期间在工地安排驻守人员,也不需要在现场安放设计人的机械、设备,且有关设计人员可以随即投入其他项目的工作当中,因此,当因设计返工、停工或者修改设计而导致设计成果提交时间延长时,并不会产生类似施工单位可以主张的停窝工人员人工费、机械设备窝工费和因窝工造成设备租赁费用等停窝工损失。

换言之,从举证责任的角度来看,当设计成果提交时间因发包人原因延长时,虽然根据法律规定,设计人原则上可向发包人主张因此增加的工期延长费用,但是否会因此增加工期延长费用、具体有哪些费用,设计人的证明难度非常大。因此,当设计人因设计成果提交时间延长主张工期延长费用的,除设计人能够证明损失确实发生的(如设计人若能证明因设计暂停而须重新组织安排设计人员的工作,导致设计降效等),人民法院或者仲裁机构一般难以支持。

为免歧义,还需阐明的是,当设计人因设计返工、停工或者修改设计、设计内容增加、设计难度提高等导致设计成果提交时间延长时,设计人可以向发包人主张因工作量增加而产生的设计费用(可参考本书第 3.6 条【发包人变更发包人要求未导致返工修改时的设计费用调整】和第 3.7 条【发包人变更发包人要求导致返工修改时的设计费用调整】),而本条讨论的设计人较难主张的费用,是指因设计成果提交时间延长直接导致的与工期相关的费用。

三、设计人主张因施工配合期间延长而增加的施工配合费用的,应予支持

在实践中,工程工期延长的情形并不鲜见,而当施工工期延长时,设计人的施工配合期间也将相应延长。不同于设计成果提交时间延长对设计人工作量的影响很难证明,当施工配合期间因为发包人原因延长时,设计人施工配合的工作量将相应增加。在该情形下,设计人应有权向发包人主张因此增加的施工配合费用。

关于增加费用的数额,除合同另有约定外,一种简单的计算方法是,以延长的施工配合期间占计划施工配合期间的比例,再乘以施工配合费用总额。但是,该方法面临的问题是:设计人在施工配合期间增加的工作量,可能与延长的施工配合期间不成比例;尤其是当工程停工时,虽然工期和施工配合期间延长

了,但因为设计人在停工期间通常不需要提供配合工作,所以并不会直接导致设计人工作量的增加。因此,相应的停工期间应从延长的施工配合期间中扣除,具体可见下述公式:

设计人能够主张的施工配合增加费用=合同总价中的施工配合费用总额÷计划施工配合期间(计划施工工期)×[增加的施工配合期间(延长的施工工期)-设计人不提供配合服务的停工期间]

需要注意的是,如果工程系短期停工,设计人应发包人要求未撤离现场,此时的停工期间不应扣除。同时,即便按上述公式将停工期间扣除,由此计算的费用也可能与真实增加的工作量差异较大,故仅能作为参考。人民法院或仲裁机构在裁判时,还需要结合设计人实际增加的工作量(如实际参加的会议次数增加等),综合考虑。

同时,如果合同中有施工配合期间费用对应的人天数量和单价的,则就施工配合增加费用,也可以按设计人在增加的施工配合期间中投入的人天数量,乘以合同单价计算。

第3.9条 【合同无效情形下勘察费用的结算】建设工程勘察合同无效,已完成并交付的勘察成果质量符合要求,或已完成并交付的勘察成果质量不符合要求,但经重新勘察、补充勘察等返工作业后符合要求的,一方当事人请求参照合同关于勘察费用的约定折价补偿勘察人的,人民法院或者仲裁机构应予支持;发包人请求勘察人承担因返工作业而导致的相关重新勘察、补充勘察费用的,人民法院或者仲裁机构应予支持。

勘察人已完成部分工作量,但未向发包人交付的,构成勘察人的损失。如果导致勘察人损失的过错在于发包人,发包人应当赔偿勘察人的损失。各方都有过错的,应当各自承担相应的责任。勘察人的损失可以参照合同关于勘察费用的约定予以计算。

【条文主旨】

本条是关于建设工程勘察合同无效情形下勘察费用结算问题的规定。

【理解与适用】

一、合同无效的法律后果

合同无效是指当事人所缔结的合同因欠缺生效要件，在法律上不按当事人合意的内容赋予效力。需要注意的是，合同无效只是不按当事人合意的内容赋予效力，并非不发生任何效力；合同无效场合得依法律规定，发生赔偿损失等法律效果。[①]

《民法典》第157条规定："民事法律行为无效、被撤销或者确定不发生效力后，行为人因该行为取得的财产，应当予以返还；不能返还或者没有必要返还的，应当折价补偿。有过错的一方应当赔偿对方由此所受到的损失；各方都有过错的，应当各自承担相应的责任。法律另有规定的，依照其规定。"按照该法律规定，合同无效的法律后果有返还财产、折价补偿、赔偿损失及其他法律后果。关于折价补偿，法律规定对于不能返还或者没有必要返还的，应当折价补偿。所谓"不能返还"，包括法律上的不能返还和事实上的不能返还。所谓"没有必要返还"，主要包括以下两种情况：(1)如果当事人接受的财产是劳务等，在性质上不能恢复原状；(2)如果一方当事人是通过使用对方的知识产权获得的利益，因知识产权属于无形财产，此时应折价补偿对方当事人。[②] 关于赔偿损失，是指合同无效后，按照过错责任原则，有过错的一方应当赔偿对方由此所受到的损失。对此要注意两点：一是原物返还或者折价补偿与赔偿损失是并行的后果。也就是说，原物返还或者折价补偿后，如果当事人还有损失的，对方当事人应当根据过错责任承担。二是赔偿损失的原则是过错责任原则，有过错的，才承担责任。[③]

二、建设工程勘察合同无效的法律后果

《民法典》第788条规定："建设工程合同是承包人进行工程建设，发包人支

---

① 韩世远：《合同法总论》(第4版)，法律出版社2018年版，第213页。

② 最高人民法院民法典贯彻实施工作领导小组主编：《中华人民共和国民法典总则编理解与适用(下)》，人民法院出版社2020年版，第786页。

③ 最高人民法院民法典贯彻实施工作领导小组主编：《中华人民共和国民法典总则编理解与适用(下)》，人民法院出版社2020年版，第787页。

付价款的合同。建设工程合同包括建设工程勘察、设计、施工合同。”第 793 条规定:“建设工程施工合同无效,但是建设工程经验收合格的,可以参照合同关于工程价款的约定折价补偿承包人。建设工程施工合同无效,且建设工程经验收不合格的,按照以下情形处理:(一)修复后的建设工程经验收合格的,发包人可以请求承包人承担修复费用;(二)修复后的建设工程经验收不合格的,承包人无权请求参照合同关于工程价款的约定折价补偿。发包人对因建设工程不合格造成的损失有过错的,应当承担相应的责任。”

对于建设工程施工合同无效后的价款结算,《民法典》作出了上述明确规定。对于勘察合同无效后的结算问题,《民法典》虽未予明确,但通常认为也可以参照建设工程施工合同无效情形下的价款结算办法处理,具体有以下几种情形:(1)建设工程勘察合同无效,已完成并交付的勘察成果质量符合要求的,可以参照合同关于勘察费用的约定折价补偿勘察人;(2)建设工程勘察合同无效,已完成并交付的勘察成果质量不符合要求,但经返工、补充勘察后可以符合要求的,可以参照合同关于勘察费用的约定折价补偿勘察人,发包人请求勘察人承担返工、补充勘察费用的,应予支持;(3)勘察人已完成部分工作量,但未向发包人交付的,构成勘察人的损失。如果导致勘察人损失的过错在于发包人,发包人应当赔偿勘察人的损失。各方都有过错的,应当各自承担相应的责任。

三、勘察合同无效,勘察成果已经交付且质量合格的,适用折价补偿原则

建设工程勘察,是指根据建设工程的要求,查明、分析、评价建设场地的地质地理环境特征和岩土工程条件,编制建设工程勘察文件的活动。勘察合同作为合同的一种,被确认无效后自然要遵循合同无效处理的一般原则,但勘察合同交付的标的是特定的智力成果或服务,因此无法适用返还财产原则,而应适用折价补偿原则。折价补偿实质上是对不能返还或没有必要返还的财产的一种价值补偿,是无效勘察合同下勘察人就质量符合要求勘察成果应获得的对价。因此,勘察合同无效,但勘察成果已经交付且质量符合要求的,应当适用折价补偿原则,对于勘察人已实际完成的勘察工作量,由发包人参照合同关于勘察费的约定折价补偿给勘察人。海南一中院在(2020)琼 96 民终 1114 号案中认为,涉案勘察合同无效,但勘察质量符合要求的,被告仍应参照合同约定承担支付工程价款的责任。现原告向被告提交了《××三期岩土工程勘察报告》,该

工程勘察文件已取得《审查合格书》,且抽查数据亦与报告的柱状分布图基本一致,故法院认可原告关于勘察工程完成且质量合格的意见。对被告提出的质量鉴定申请,法院不予准许。关于工程量及工程价款问题。原告依据《××三期岩土工程勘察报告》载明的150个孔的实际钻孔进尺6627米为勘察工作量,参照涉案合同约定的工程勘察费综合单价90元/米包干计算工程价款,法院予以支持。

对于勘察成果已经完成且具备交付条件,由于发包人原因没有交付,比如虽未交付但发包人已实际使用勘察成果,或发包人拒绝接受勘察人的成果,则视为已经交付,如果已完成部分质量合格,也应当适用折价补偿原则。锦州中院在(2017)辽07民再3号案中认为,被上诉人与上诉人签订《建设工程勘察合同》后,被上诉人已依约履行了合同义务,并向上诉人提供了工程勘察报告,双方虽未按合同约定进行验收,但被上诉人的勘察成果已由上诉人实际使用,且上诉人未提出质量异议,应视为其对工程质量予以认可。在被上诉人依约履行完合同义务后,上诉人亦应按照合同约定向被上诉人支付合同约定的工程款项。

四、建设工程勘察合同无效,已完成并交付的勘察成果质量不符合要求,但经返工、补充勘察后可以符合要求的,可以参照合同关于勘察费用的约定折价补偿勘察人,但勘察人应自行承担返工、补充勘察的费用

对于勘察人已交付但是不符合质量要求的部分,在勘察人采取返工、补充勘察等相关措施后符合质量要求的,勘察人可以要求发包人按照合同约定支付该部分的费用,但相关修复费用应由勘察人承担。在勘察人采取返工、补充勘察等相关措施后仍然不符合质量要求的部分,发包人可不支付费用。《民法典》第800条规定:"勘察、设计的质量不符合要求或者未按照期限提交勘察、设计文件拖延工期,造成发包人损失的,勘察人、设计人应当继续完善勘察、设计,减收或者免收勘察、设计费并赔偿损失。"根据该条规定,勘察人交付的勘察成果不符合质量要求的,发包人可以合理选择请求勘察人继续完善、减收或者免收勘察费、赔偿损失等。勘察工作的继续完善,包括进行补充勘察、对成果文件进行返工修改等。在勘察人采取相应措施使勘察成果符合质量要求后,勘察成果对发包人仍然具有使用意义,此时勘察人请求发包人参照合同约定支付该部分

费用的，可以支持。但由于勘察人原因导致工程质量问题造成工程需要返工、补勘的，即使在工程修复后，发包人也有权要求勘察人自行承担将工程恢复至合同所约定的合格状态的费用。

通常情形下，如果勘察成果需要补充勘察和返工修改的，由原勘察人进行补充勘察和返工修改是最为经济的。但如果合同无效是由于勘察人不具备相应的资质条件的，由勘察人进行补充勘察和返工则是不合适的。因此，如果发包人以合同无效为由，主张由发包人另行委托他人对勘察人的勘察成果进行补充勘察、返工修改的，发包人对由此发生的合理费用可以主张由勘察人承担。超出合理费用之外的，可以根据过错责任，在发包人和勘察人之间分担，发包人对勘察成果质量不符合要求有过错的，也应承担相应的过错责任。

若勘察成果质量不合格，且返工后仍达不到标准，则勘察人已完成的勘察成果对发包人没有价值，此时勘察人无权要求发包人支付费用，若因此造成发包人损失的，还需要承担赔偿责任。

五、勘察人已完成部分工作量，但未向发包人交付的，适用损失赔偿原则

勘察人已完成部分工作量，但未向发包人交付的，因此不存在返还或折价补偿问题，此时可以认为勘察人已完成的工作量构成勘察人的损失。如果导致勘察人损失的过错在于发包人，发包人应当赔偿勘察人的损失。各方都有过错的，应当各自承担相应的责任。这种赔偿责任在性质上属于缔约过失责任（合同无效型的缔约过失责任）。①

本条所规定的赔偿损失是发包人基于缔约过失责任向遭受损失的承包人进行的损失赔偿，所赔偿的损失限于信赖利益，该等信赖利益一般不应超过履行利益。信赖利益的损害包括直接损失和间接损失。直接损失一般包括缔约费用、准备履行合同所支出的费用、为支出费用所失去的利息等。间接损失一般指由于信赖合同将要成立而与对方订立无效合同，从而丧失与第三人订立有效合同的机会而产生的损失。在勘察人已完成勘察合同中约定的部分工作量

---

① 依所预缔结的合同是否有效成立，可将缔约过失分为四种类型：合同未成立型、合同成立型、合同无效型、合同有效型。参见韩世远：《合同法总论》（第 4 版），法律出版社 2018 年版，第 162 页。

的情况下，合同无效，勘察人为履行合同而发生的费用和履行合同可得的利润均属于损失的范围，该损失和合同约定的勘察费用往往大体相当，如果发包人逾期支付勘察费，勘察人的损失还包括法定的逾期支付利息。《施工合同司法解释(一)》第6条规定："建设工程施工合同无效，一方当事人请求对方赔偿损失的，应当就对方过错、损失大小、过错与损失之间的因果关系承担举证责任。损失大小无法确定，一方当事人请求参照合同约定的质量标准、建设工期、工程价款支付时间等内容确定损失大小的，人民法院可以结合双方过错程度、过错与损失之间的因果关系等因素作出裁判。"关于勘察合同的损失赔偿标准，可参照《施工合同司法解释(一)》第6条规定，即勘察人的损失可以参照合同关于勘察费用的约定予以计算。

在勘察合同还未实际履行，但为履行合同作了一定准备的情形下，如在勘察合同履行前，勘察人往往会去现场踏勘、收集各种资料、编制勘察纲要，会发生踏勘、收集资料、编制勘察纲要等相关的费用。除此之外，勘察人的损失一般还包括办理招投标手续支出的费用、合同备案支出的费用、除工程价款之外因履行合同支出的其他费用等。对于此类损失，可以根据实际发生的损失金额予以计算。

在实务中，如果勘察人没有证据证明其产生了实际损失，则其关于赔偿损失的主张可能无法得到支持。毕节中院在(2017)黔05民初161号案中认为，原告主张勘察费、设计费可参照合同约定：关于勘察费，涉案《勘察合同》约定，承接人即原告进场施工，发包人即被告支付启动资金5万元，该5万元被告已支付；以后的勘察费需原告向被告提交现场勘察完成报告、勘察资料及待项目立项等条件具备后，被告方才向原告支付勘察费，但原告并未举出充分证据证明已向被告提交现场勘察完成报告、勘察资料等，涉案新建电站项目亦未立项，因此，原告请求被告支付勘察费的条件尚不具备，其主张被告支付勘察费缺乏事实依据，法院不予支持。

若非因发包人违约导致合同无效的，则该损失由勘察人自行承担。因为合同无效是导致勘察人损失的主要原因，在这类情形下发包人对勘察人的损失并不存在过错，且在勘察人未交付的情况下发包人也并未因此获利，所以这类损失由勘察人自行承担。

本条旨在解决合同无效情形下，勘察费用的结算以及勘察人的损失赔偿问题。对于因勘察合同无效,给发包人造成的损失如何赔偿,参见第 3.10 条【合同无效情形下设计费用的结算】。

六、折价补偿标准的确定

《九民会议纪要》第 33 条规定:“折价时,应当以当事人交易时约定的价款为基础。”该规定说明,在合同无效,因无法返还财产而进行折价补偿时,计算标准通常以合同约定的价款为基础。相应地,勘察合同无效后,也应当参照合同关于勘察费用的约定折价补偿。这种折价补偿方式更符合当事人订立合同时的真实意思,而且还可以节省鉴定费和鉴定时间,有利于提高诉讼效率,更能衡平当事人之间的利益。

在勘察合同对于勘察费用没有约定或约定不明时,如何确定折价补偿的标准?《民法典》第 510 条规定:“合同生效后,当事人就质量、价款或者报酬、履行地点等内容没有约定或者约定不明确的,可以协议补充;不能达成补充协议,按照合同有关条款或者交易习惯确定。”第 511 条第 1 款第 2 项规定:“价款或者报酬不明确的,按照订立合同时履行地的市场价格履行;依法应当执行政府定价或者政府指导价的,依照规定履行。”因此,在合同对勘察费的确定没有约定或约定不明的情况下,如果在工程所在地对类似勘察工作已经形成了市场价的,可以按照签订勘察合同时项目所在地的市场价格确定;没有市场价的,则可以参照原《工程勘察收费标准》以及行业惯例确定。海南高院在(2020)琼民终 296 号案中认为,本案涉案工程至今未取得建设工程规划许可证等规划审批手续,违反了法律强制性规定,应为无效合同,且导致本案合同无效的过错在于被告。关于原告请求的设计费和勘察费,原告已提供其制作的《海口绿地外滩项目基坑支护工程施工设计图》及《场地岩土工程勘察报告书》原件,被告虽不予认可,但是也未提供其他相反证据,应视为原告已对涉案地块进行了设计及勘察,原告依据原《工程勘察设计收费管理规定》并参照双方其他项目签订的勘察设计的合同约定主张设计费 443,000 元及勘察费 650,000 元,具有事实及法律依据,应予支持。

折价补偿作为《民法典》第 157 条明确规定的一项法律后果,原则上对其性质可以认定为不当得利。返还的不当利益,应当包括原物和原物所生的孳息。因此,勘察合同被确认无效后,不按当事人的合意履行合同,所以不支持合同中关于违约金的规定,但发包人却应支付折价补偿款法定的逾期利息。[①] 在上述海南高院(2020)琼民终296号案中,法院认为,对于原告主张的利息损失,本案中由于被告的原因导致合同无效,被告应当在工程停工后及时将原告提供的劳务和建筑材料折价支付,但被告至今未支付工程款,应对其占用原告资金期间的损失予以赔偿。

第3.10条 【合同无效情形下设计费用的结算】建设工程设计合同无效,但设计成果质量符合要求,当事人请求参照合同约定折价补偿设计费的,应予支持;设计成果经修改后质量符合要求的,可以参照合同约定折价补偿设计费,但设计人应承担相应的修改费用。

设计成果经修改后质量仍不符合要求的,当事人应当承担过错责任,相应损失应当参照合同约定的质量标准,并结合双方的过错程度、过错与损失之间的因果关系等因素进行认定。

设计工作未全部完成的,根据设计人交付的设计成果工作量,参照合同约定折价补偿设计人。相应设计成果工作量和设计费数额参照本指引第3.9条【合同无效情形下勘察费用的结算】的规定计算。

设计人已经完成但尚未交付设计成果的费用损失,按照当事人对合同无法继续履行的过错程度按比例进行分担。

【条文主旨】

本条是对建设工程设计合同无效情形下设计费的认定、设计质量缺陷的责任承担的规定。

【理解与适用】

一、合同无效情形下设计费的认定

关于建设工程设计合同无效情形下设计费的认定,实践中存在以下不同观点。

---

① 逾期时间在2019年8月19日(含)之前,按照中国人民银行发布的同期同类贷款利率计算利息,在2019年8月20日(含)之后,按照全国银行间同业拆借中心公布的贷款市场报价利率计算利息。

(一)考虑当事人的过错确定设计费

这一处理方式的依据为原《合同法》第58条的规定,《民法典》实施后,相应规定体现在《民法典》第157条规定:"民事法律行为无效、被撤销或者确定不发生效力后,行为人因该行为取得的财产,应当予以返还;不能返还或者没有必要返还的,应当折价补偿。有过错的一方应当赔偿对方由此所受到的损失;各方都有过错的,应当各自承担相应的责任。法律另有规定的,依照其规定。"

河北高院(2015)冀民一终字第378号案即持这一观点。该案中,诉争项目依法应当进行招标而未进行招标,故法院认定当事人签订的《建设工程设计合同》及其补充协议无效,且发包人应对合同无效及不能完全履行承担主要责任,设计人作为具有甲级资质的设计机构,亦未尽到谨慎注意义务。据此,法院认为双方均有过错,综合案件的实际情况,兼顾合同的履行过程,根据公平原则和诚实信用原则,参照双方合同约定,酌定发包人承担合同总价款80%的责任,设计人承担20%的责任。由于诉争项目总设计费用为2243.84万元,发包人已经支付1222.8万元,故法院判决,发包人应当向设计人支付剩余设计费用572.27万元(2243.84万元×80% -1222.8万元)。

(二)按照人力资源成本折算设计费

安徽高院在(2018)皖民终451号案中认为,案涉合同因设计人无相应设计资质而无效。鉴于设计工作主要是人力资源的投入,故关于设计人的成本损失,法院综合考量设计人投标文件中列明的5名设计人员和7个月的设计周期,计算设计人的人力资源成本损失。对具体赔偿标准,综合考虑投标文件中列明的设计人的技术职称、设计人所提供证据中反映的设计人员薪资报酬平均水平,加之进行设计工作产生的差旅费、评审费等其他必然费用,酌定每人每月综合赔偿4.9万元。如还有其他损失,由正国优公司自行承担。因此,判决发包人应赔偿设计人损失171.5万元(5人×7个月×4.9万元/人/月)。

(三)通过鉴定程序确定设计费

江苏高院在(2017)苏民终560号案中认为,建设工程设计合同无效,双方在合同中约定的设计费用条款失去了合同的基础,不应当参照适用。此时设计人对设计费用的具体数额负有举证责任，其应当通过鉴定程序予以确定，而设计人在一审和二审中，经多次释明均未按照要求申请启动鉴定，根据《民诉法解释》第 90 条的规定，应承担举证不能的后果。而且，即使参照设计合同约定，本案设计合同估算投资 4000 万元，按照审计报告实际投资也超过了 30%，在双方没有重新协商达成一致的情况下，设计合同约定的费率 3.675% 亦不能参照适用。因此，法院驳回了设计人的诉讼请求。

(四)参照合同约定确定设计费

云南高院在(2018)云民终 937 号案中认为，虽本院已依法确定涉案两份合同均为无效合同，但依据《施工合同司法解释》第 2 条“建设工程施工合同无效，但建设工程经竣工验收合格，承包人请求参照合同约定支付工程价款的，应予支持”之规定，在符合法定条件的情况下，设计人仍有权要求发包人向其支付合同约定的设计费用。案涉合同约定的设计费总额为 1045.67 万元，除第四笔 104.47 万元因合同约定的支付条件“工程竣工验收后一个月内支付”尚未成就外，前三笔款项 104.6 万元、418.3 万元、418.3 万元(合计 941.2 万元)约定的支付条件，即“合同签订后一周”“施工图设计完成后一周”“施工图审查合格后一周”，均已达成，故发包人应根据合同的约定向设计人支付设计费合计 941.2 万元。

笔者认为，建设工程设计合同无效，但设计成果质量符合要求的，应当参照合同约定折价补偿设计人的设计费。主要理由如下：

第一，建设工程设计合同的标的物虽为设计文件、设计模型等实物，但其是设计人智力劳动的凝聚，性质上是一种智力成果，依据其性质无法返还。因此，根据《民法典》第 157 条的规定，在合同无效的情形下，应当对设计人进行折价补偿。

第二，《民法典》第 157 条规定的过错责任，是无效合同的缔约过失责任，针对的是因合同无效导致的损失赔偿问题，不应作为折价补偿设计费的处理原则。按照人力资源成本折算设计费，虽然符合建设工程设计工作的智力密集型特点，但未考虑设计人的单位管理成本、税金成本。而且，人力资源成本的准确认定在实践中存在很大难度，如果认定出现偏差，容易造成裁判结果的不公平。而直接通过鉴定确定设计费，首先需要确定鉴定原则。如果根据人力资源成本来确定设计费,同样存在上述问题;如果按照在原《工程设计收费标准》的取费标准基础上扣除利润的方法确定设计费,因建筑市场中的设计收费大多比原《工程设计收费标准》的规定低,故可能会使有过错的设计人因合同无效而获利。

第三,《民法典》第 793 条第 1 款对无效施工合同的价款处理做了规定:"建设工程施工合同无效,但是建设工程经验收合格的,可以参照合同关于工程价款的约定折价补偿承包人。"建设工程设计合同与建设工程施工合同均为建设工程合同,其面临的建筑市场状况十分类似,均受《建筑法》《建设工程质量管理条例》《招标投标法》的规制,合同无效的情形也基本相同。因此,建设工程设计合同无效时,参照上述规定认定设计费更加符合中国建筑市场当前的状况,更有利于平衡当事人的利益,也具有较强的可操作性。

此外,对于设计成果经修改后质量符合要求的,也可以参照合同约定折价补偿设计费,但由于设计人对设计成果的质量缺陷具有过错,其应当承担相应的修改费用。本条中"质量符合要求"的含义可参见本指引第 4.8 条【设计文件未通过专家评审时的责任认定】的有关内容。

二、对"参照合同约定折价补偿"的理解

对于"参照合同约定折价补偿"的理解,实践中有不同观点。有观点认为,"参照合同约定"应进行限缩性的理解,仅限于合同关于设计费计算标准的约定;也有观点认为,当事人在合同中关于设计费支付的所有约定,包括付款条件、付款期限等条款,均属于"参照合同约定"的范围;还有观点认为,违约金和损失赔偿条款在合同无效时也要参照约定适用。对此讨论如下:

第一,根据《民法典》第 157 条的规定,建设工程合同无效的法律后果为折价补偿,因此,"参照合同约定"的范围应当包括关于设计费数额的约定,当然也就包括与设计费数额密切相关的约定,如设计费确定方法和规则等。同样地,对于因发包人要求变化导致的设计返工、修改费用计算方法的约定也应参照。

需要注意的是,"折价补偿"时应直接采用合同约定的设计费数额或计算方法,不能扣除设计人的利润,否则与"参照合同约定折价补偿"的内涵不符。

第二,关于付款期限能否参照,在实践中争议较大。实践中,付款期限对当事人双方均意义重大。发包人会尽可能地延迟付款时间,以减少自身的支付压

力;而设计人则会尽力争取增加定金、预付款及前期设计费的数额,以达到设计费早日回收的目的。甚至在某些情况下,设计人宁愿以牺牲一小部分设计费为代价来换取设计费的尽早支付。从这个意义上看,设计费的付款方式也可能对设计费数额产生影响。此外,在认定设计人是否迟延交付设计成果时,基于诚信原则,发包人是否按期支付设计费是一个重要考量因素,此时也宜将付款期限作为参照。因此,在认定设计周期迟延责任及当事人过错时,将无效合同中的支付期限作为参照具有合理性。

第三,关于违约金条款,由于合同无效,其当然不应作为参照的内容。关于赔偿损失的约定,因其与折价无关,也不宜直接参照合同约定适用。具体赔偿损失的数额宜根据个案情况按照过错原则予以认定。

三、设计质量不合格时的过错责任和损失承担

根据传统理论,《民法典》第 157 条关于当事人因合同无效所承担的责任为缔约过失责任。一般认为,缔约过失责任的成立,需要具备以下要件:(1)缔约人一方违反先合同义务,该义务以诚实信用原则为基础;(2)相对人受有损失,该损失为信赖利益的损失,而非履行利益的损失;(3)违反先合同义务与该损失之间有因果联系;(4)违反先合同义务者有过错。上述要件中的“过错”是对形成合同无效、被撤销、不被追认、不成立的原因的过错。① 在缔约过失的理论框架下,在合同被确认无效后,凡是因合同无效而给当事人造成的损失,主观上有故意或者过失的当事人都应当赔偿对方的财产损失。② 由此可见,《民法典》第 157 条所规定的“过错”指的是订立合同过程中导致合同无效的过错,“损失”指的是因合同无效造成的损失。在理论研究和司法实践中,当事人“过错”所导致的“损失”的范围大多限于缔约费用、准备履行合同的费用支出,以及丧失与第三人订约机会等的信赖利益损失。③

设计人造成质量缺陷的行为并非发生在合同订立过程中,而是发生在合同履行过程中。所产生的损失亦不是缔约费用、准备履行的费用支出及丧失与第

① 崔建远主编:《合同法》(第 5 版),法律出版社 2010 年版,第 123 页。
② 胡康生主编:《〈中华人民共和国合同法〉释义》(第 2 版),法律出版社 2009 年版,第 107 页。
③ 崔建远主编:《合同法》(第 5 版),法律出版社 2010 年版,第 124 页。

三人订约机会等的信赖利益损失，而是包括发包人财产利益受损、所得利益减少及对第三人违约造成的损失等。在此种情况下，如果要求有过错的一方仅向另一方赔偿缔约费用、准备履行的费用等损失，显然不能完全补偿另一方所遭受的损失。有观点认为，在合同被确认无效且当事人一方在履行合同过程中的确存在过错的情况下，应将该损失纳入合同无效过错赔偿范围，否则与“有损失有救济”的原则相悖。[①] 因此，本条所规定的设计质量不合格时的过错责任，并非仅限于导致合同无效的缔约过失责任，当事人在合同履行中的过错应当纳入考量的范围。人民法院或者仲裁机构可以结合双方过错程度、过错与损失之间的因果关系等因素对损失大小作出裁判。

对于当事人过错程度的认定，应基于个案的特定情况进行具体分析。

1. 对于设计合同无效且未实际履行的情形，当事人应当按照对造成合同无效的过错程度来分担损失。举例而言，一般可以认为，应当招标而未招标导致合同无效的，发包人的过错相对较大；无资质或超越资质承揽设计工作的，设计人的过错相对较大等。此时，合同无效的损失包括直接损失和间接损失。直接损失主要包括为签订合同而支出的交通费、咨询费、差旅费、招标投标等合理费用，间接损失主要包括丧失与第三人另订合同的机会所产生的损失等。

2. 对于设计合同无效但已实际履行的情形，当事人应当主要按照履行中的过错来分担损失。一般来说，设计人应当对设计质量缺陷承担过错责任；因勘察质量缺陷导致设计质量缺陷的，发包人应当承担过错责任；因发包人提供的基础资料错误导致设计质量缺陷的，发包人应当承担过错责任，但设计人未尽到勤勉、复核等注意义务的，也应按照过错分担损失。

四、设计工作未完成时设计费数额的认定

根据本条第 1 款的规定，建设工程设计合同无效，但设计成果质量符合要求的，发包人应当参照合同约定对设计人折价补偿。如果设计工作因项目停建、缓建或其他原因而未完成，发包人应当根据设计人交付设计成果的工作量，参照合同约定对设计人折价补偿，但当事人应当对设计质量承担过错责任，并

---

① 最高人民法院民事审判第一庭编：《民事审判指导与参考》（总第 53 辑），人民法院出版社 2013 年版，第 149 ~ 151 页。

应承担相应损失。

关于未完工作情形下的设计成果工作量和相应费用，可参照本指引第4.9条【工程总承包项目中设计分包的责任划分】的规定计算。

五、已完成但尚未交付设计成果的费用承担

对于设计工作终止前设计人已完成但未交付的设计成果所产生的费用，可作为设计人的损失，由造成设计合同无法履行的当事人承担。双方当事人对设计合同无法履行均有过错的，由其根据过错程度按照比例进行分担。

当然，设计工作终止后，如果设计人将终止前尚未交付的设计成果又交给发包人，且发包人实际使用该成果的，发包人应当支付相应费用。

第3.11条 【总价合同勘察费用的鉴定】建设工程勘察合同约定采用总价方式计价的，一方当事人请求对该部分勘察费用进行鉴定的，人民法院或者仲裁机构不予支持。

建设工程勘察合同约定采用总价方式计价，在合同履行过程中发生了合同约定的风险范围以外的费用，或者根据法律规定或合同约定需要对风险范围内的费用进行调整的，一方当事人请求对该部分费用进行鉴定的，人民法院或者仲裁机构应予支持。

【条文主旨】

本条是关于勘察合同中总价范围以外费用以及总价范围内需要调整费用的鉴定问题的规定。

【理解与适用】

一、总价合同概述

在建设工程施工合同、工程总承包合同、设计合同、勘察合同中，均存在总价合同的计价方式。总价合同，又称“一次性包死价合同”“一口价合同”等，通常是指当事人各方在合同中约定总价所包含的工作内容、风险范围等，在该约定范围以内合同价款不予调整的合同计价方式。

《2016 版建设工程勘察合同示范文本》通用合同条款第 7 条规定了勘察合同的三种价格形式，即总价合同、单价合同和其他合同价款形式，当事人可在专用条款中自愿选择适合的价格形式。根据第 7.1.2 项的规定，总价合同是指“双方在专用合同条款中约定合同价款包含的风险范围和风险费用的计算方法，在约定的风险范围内合同价款不再调整”。同时规定，风险范围以外的合同价款调整因素和方法，应在专用合同条款中约定。《2015 版房建工程设计合同示范文本》通用合同条款第 10.2 款同样规定了三种合同价格形式，即单价合同、总价合同、其他价格形式。第 10.2 款规定：“总价合同是指合同当事人约定以发包人提供的上一阶段工程设计文件及有关条件进行合同价格计算、调整和确认的建设工程设计合同，在约定的范围内合同总价不作调整。合同当事人应在专用合同条款中约定总价包含的风险范围和风险费用的计算方法，并约定风险范围以外的合同价格的调整方法。”这是现行合同示范文本对总价合同的规定，并无其他法律法规、规范专门针对勘察、设计的总价合同计价方式进行详细规定。

根据上述合同示范文本规定，当事人需要在专用条款中对合同总价包含的风险范围和风险费用的计算方法以及风险范围以外的合同价款调整因素和方法作出约定。如果当事人在专用条款中未对此作出约定，则根据法律规定（如情势变更）和《2016 版建设工程勘察合同示范文本》第 8 条［变更与调整］、《2015 版房建工程设计合同示范文本》第 11 条［工程设计变更与索赔］等的规定执行，除此之外，不得对合同价款进行调整。

需要说明的是，本条规定并未使用“总价合同”的表述，这主要是考虑在同一份工程合同中，可能会出现多种计价方式，即同一份合同中出现总价方式、单价方式、成本加酬金方式中的两种或两种以上的计价方式共存的情况。因此，为了避免读者产生误解，本条在表述上用“总价方式”代替“总价合同”。

二、风险范围的确定

如上所述，总价合同对应的风险范围需要当事人在合同中进行约定。因此，每份合同中以总价方式计价的工作内容所对应的风险范围并不相同，风险范围所涵盖的内容需要结合合同约定进行判断。在实践中，经常出现当事人对风险范围约定不明或根本不对风险范围进行约定的情况，此时，风险范围只能根据合同关于总价合同计价方式的约定以及法律的规定确定。通常情况下，如果合同没有对风险范围进行约定或对风险范围约定不明时，如下风险应由发包人承担：

1. 发包人提供的基础资料或原始数据错误导致的合同价格变化；
2. 发包人要求错误导致的合同价格变化；
3. 发包人要求变更导致的合同价格变化；
4. 法律法规、标准规范等变化导致的合同价格变化；
5. 不可抗力、情势变更造成的合同价格变化；
6. 勘察人、设计人无法预见的其他情形导致的合同价格变化。

除此之外的风险，通常应当认定为已经包含在总价合同范围内。

三、情势变更规则在我国法律上的确立

情势变更规则在原《合同法》中没有规定，直到2008年美国爆发金融危机，引发大宗商品价格异常波动，导致许多民商事合同出现了履行困难，这促使最高院在原《合同法司法解释（二）》第26条中规定了情势变更规则，针对合同原有利益关系因经济激烈动荡而导致严重不平衡的结果，对其施以法律救济。[①] 该条规定："合同成立以后客观情况发生了当事人在订立合同时无法预见的、非不可抗力造成的不属于商业风险的重大变化，继续履行合同对于一方当事人明显不公平或者不能实现合同目的，当事人请求人民法院变更或者解除合同的，人民法院应当根据公平原则，并结合案件的实际情况确定是否变更或者解除。"

《民法典》第533条规定在选择性地承袭原《合同法司法解释（二）》第26条规定的基础上，创设了情势变更规则，为该制度的适用提供了明确的法律依据。相较于原《合同法司法解释（二）》第26条，《民法典》第533条规定的最大变化在于删除了重大变化需为"非不可抗力"，删除了履行后果中的"不能实现合同目的"情形，增加了再协商制度以及增加了仲裁机构为裁决机构，经过这些改造，正式确立了我国法上的情势变更规则。

《民法典》第533条规定："合同成立后，合同的基础条件发生了当事人在订

① 曹守晔：《最高人民法院〈关于适用《中华人民共和国合同法》若干问题的解释（二）〉之情势变更问题的理解与适用》，载《法律适用》2009年第8期。

立合同时无法预见的、不属于商业风险的重大变化，继续履行合同对于当事人一方明显不公平的，受不利影响的当事人可以与对方重新协商；在合理期限内协商不成的，当事人可以请求人民法院或者仲裁机构变更或者解除合同。人民法院或者仲裁机构应当结合案件的实际情况，根据公平原则变更或者解除合同。"

根据该条规定，情势变更规则的适用需满足以下条件：(1)合同成立后，合同的基础条件发生了重大变化；(2)该重大变化需为当事人在订立合同时不可预见；(3)该重大变化需不可归责于当事人；(4)该重大变化需发生在合同成立后，履行完毕前；(5)继续履行合同对于当事人一方明显不公平。

在实践中，情势变更的情况复杂多变，对其认定也较为复杂。所以，有必要对情势变更加以类型化。一般情况下，以下情形可以认定为情势变更：(1)物价飞涨(需要量化)；(2)合同基础丧失(如合同标的物灭失)；(3)汇率大幅度变化；(4)国家经济贸易政策变化。[①] 当然，上述只是列举了可能适用情势变更原则的典型，具体还应结合个案。情势的类型化应当在案件审判的过程中不断得到丰富和总结。[②]

四、总价方式计价合同约定的风险范围内的价款在结算中不予调整，当事人申请鉴定的，不予准许

根据《2016 版建设工程勘察合同示范文本》通用合同条款第 7 条、《2015 版房建工程设计合同示范文本》通用合同条款第 10 条的规定，当事人在勘察、设计合同中约定的风险范围内的合同价款，在结算时不再进行调整，这也是总价合同的根本特征。既然在合同约定的风险范围内不再调整合同价款，裁判者在面对当事人申请对风险范围内的工作内容进行鉴定的，当然不予准许。如泉州市泉港区法院在(2017)闽 0505 民初 3127 号案中认为，双方签订的勘察合同，系双方当事人真实意思表示，不违反有关法律、法规的规定，系合法有效的合

---

① 孙礼海主编：《〈中华人民共和国合同法〉立法资料选》，法律出版社 1999 年版，第 162 页。转引自最高人民法院研究室编著：《最高人民法院关于合同法司法解释(二)理解与适用》，人民法院出版社 2009 年版，第 194 页。

② 最高人民法院研究室编著：《最高人民法院关于合同法司法解释(二)理解与适用》，人民法院出版社 2009 年版，第 194 页。

同,该合同对双方具有约束力,双方均应自觉履行合同义务。因勘察人实际完成布孔数量为348孔,并未超过双方约定的布孔数量406孔,故工程总价款应按双方约定的固定价1,226,373元来结算为宜。扣除业主已支付勘察人的1,100,000元,业主实际尚欠勘察人勘察费126,373元,勘察人主张业主尚欠其勘察费433,000元,业主仅予以部分认可,同时勘察人又未能提供证据予以证实,对业主不认可的部分,勘察人应承担举证不能的法律后果。因本案原、被告明确约定按照固定价款进行结算,故法院对勘察人的鉴定申请依法不予支持。该案审理法院泉州市泉港区人民法院就是根据总价合同的特点,结合双方合同约定,对勘察人提出对双方约定的风险范围内的工作内容进行鉴定的申请依法不予支持。

五、在合同履行过程中发生了合同约定的风险范围以外的费用,或者根据法律规定或合同约定需要对风险范围内的费用进行调整的,应准许当事人对该部分费用申请鉴定

勘察、设计合同的履行通常需要比较长的时间周期,而且经常会碰到不可预见的客观情况,因此,尽管合同约定了总价方式计价,但发生约定的风险范围以外的费用也是常见的现象。另外,由于勘察、设计合同履行的复杂性,也容易发生情势变更等法律规定的情形,需要对风险范围内的费用进行调整的情况。如果一概不允许当事人对总价方式计价的合同申请鉴定,就无法确定风险范围以外的费用的具体金额,也无法确定诸如发生情势变更等需要对风险范围内的费用进行调整时的合同价款,从而使裁判者无法查明案情。所以,在发生约定范围外的费用或对风险范围内的费用进行调整时,必须允许当事人申请对该费用进行鉴定,方能查清事实,解决纠纷。

特别需要裁判者注意的是,在出现本条第2款规定的情形,需要对风险范围以外的费用或者需要调整的费用进行鉴定时,裁判者也需要根据个案的实际情况,准确把握鉴定范围。通常,对当事人有证据证明发生了风险范围以外的费用但根据现有证据又无法确定该费用的具体金额的,或者对虽属于风险范围以内但需要调整的费用,通过现有证据又无法确定调整金额的,裁判者才需要委托第三方进行鉴定。但是,对当事人虽有证据证明发生了风险范围以外的费用但根据现有证据能够证明该费用的具体金额的,或者对需要调整的风险范围以内的费用能确定具体金额的，裁判者同样不应准许当事人的鉴定申请，更不能简单地根据当事人的鉴定申请将整个合同内容委托第三方进行鉴定。这不仅有利于节约当事人的成本、节约司法资源，也符合当事人在签约时的真实意思表示，维护全社会的诚实信用。如银川中院在（2016）宁 01 民初 326 号案中认为，勘察人有证据证明增加了双方约定的总价范围内的勘察内容，在该证据中也已经明确载明了增加的工程价款金额，因此，在当事人未申请鉴定的情况下，银川中院依然根据现有证据认定了总价范围以外增加的价款，并据此作出了判决。虽然本案中，当事人未对合同约定的风险范围外的增加费用申请鉴定，但即使当事人对该增加费用申请了鉴定，法院也不应准许其鉴定申请。

如果发生了合同约定的风险范围以外的费用，或者根据法律规定或合同约定需要对风险范围内的费用进行调整的，但是对该需要调整部分费用的确定需要通过对整个合同范围进行鉴定的，则人民法院或仲裁机构仍应当对勘察人完成的全部工程进行鉴定，并据此确定需要调整的费用。例如，勘察合同约定的总价方式是基于该场地为二类土的情形，并约定如果勘察过程中土的类型发生变化的，应该根据实际勘察的土的性质变更合同价款。如果在合同履行过程中，土的性质发生变化，且该变化涉及所有的勘探孔的数据资料，此时为了查明土的性质变化导致的勘察费用的变化，就应当对全部合同范围进行鉴定。

此外，在实务中还可能出现的一种情形就是，由于发包人的要求变化，导致勘察设计合同约定的总价计价方式的基础发生了根本性的变化，如果人民法院或仲裁机构对勘察人、设计人主张的不应再适用总价计价方式予以认可的，应当对勘察人、设计人完成的全部工作量及对应的勘察费、设计费进行鉴定。

综上所述，在勘察、设计合同约定以总价方式计价的情况下，对约定的总价范围内的工作内容，除非发生合同约定的风险范围以外的事由或者发生情势变更等法律规定的变更事由，否则，对当事人申请鉴定总价范围内价款的，不予准许。如果合同履行过程中发生当事人约定的风险范围以外的费用，或者根据合同约定需要对风险范围内的费用进行调整，且根据在案证据无法确定该费用的具体金额的，才可以准许当事人对该费用的鉴定申请。另外，如果因发包人要求变化导致总价计价方式的基础发生根本性变化，应当允许对勘察人、设计人完成的全部工作量及对应的勘察费、设计费进行鉴定。

第3.12条 【单价合同勘察费用的鉴定】建设工程勘察合同约定采用单价方式计价，发包人或勘察人请求对单价调整进行鉴定的，人民法院或者仲裁机构不予支持，但以下情形除外：

(1)符合合同约定的可以调整单价的情形；

(2)因情势变更导致需要对单价进行调整；

(3)报价时参照或依据的地质条件与实际情况显著不同。

当事人对勘察的工作量存在争议并申请对其进行鉴定的，人民法院或者仲裁机构可以支持。

【条文主旨】

本条是关于单价方式计价的勘察费用的鉴定问题的规定。

【理解与适用】

一、单价合同概述

单价合同，通常是指当事人各方在合同中约定单位价格在约定的风险范围内不变，通过单位价格乘以实际完成工程量得出总价的合同计价方式。单价合同是主要的合同计价方式之一，广泛存在于建设工程勘察合同、设计合同、施工合同及工程总承包合同中。

《2016版建设工程勘察合同示范文本》通用合同条款第7条规定了勘察合同的三种价格形式，即总价合同、单价合同和其他合同价款形式，当事人可在专用条款中自愿选择适合的价格形式。第7.1.2项规定，单价合同是指“合同价款根据工作量的变化而调整，合同单价在风险范围内一般不予调整，双方可在专用合同条款中约定合同单价调整因素和方法”。这是现行合同示范文本对单价合同的规定，其他法律法规、规范并无专门针对勘察的单价合同计价方式的详细规定。

根据上述合同示范文本规定，当事人需要在专用条款中对合同单价包含的风险范围、合同单价调整因素和方法作出约定。如果当事人在专用条款中未对此作出约定，则根据法律规定(如情势变更)和《2016版建设工程勘察合同示范文本》通用合同条款第8条、《2015版房建工程设计合同示范文本》第11条等的规定执行；除此之外，不得对合同单价进行调整。

需要说明的是，本条规定并未使用“单价合同”的表述，这主要是考虑到在同一份工程合同中，可能会出现多种计价方式，即同一份合同中出现总价方式、单价方式、成本加酬金方式中的两种或两种以上的计价方式共存的情况。因此，为了避免读者误解，本条在表述上用“单价方式”代替“单价合同”。

二、单价方式计价合同所约定风险范围内的单价在结算中不予调整，当事人申请对单价调整进行鉴定的，不予准许

根据《2016 版建设工程勘察合同示范文本》通用合同条款第 7 条的规定，当事人在勘察合同中约定的风险范围内的合同单价，在结算时不再进行调整，这也是单价合同的根本特征。既然在合同约定的风险范围内不再调整合同单价，则当事人申请对风险范围内的合同单价调整进行鉴定的，人民法院或者仲裁机构当然不应支持。

如果当事人没有证据证明已完勘察工作的具体工程量，则人民法院或者仲裁机构可以对已完勘察工作的工程量进行鉴定。但是，如果当事人有证据证明已完勘察工作的具体工程量，人民法院或者仲裁机构只需要根据相关证据予以认定，而无须委托鉴定机构对已完勘察工作的工程量进行鉴定。如金沙法院在（2019）黔 0523 民初 4689 号案中认为，根据已查明的事实，双方在履行合同过程中，由于其他原因致使工程停建，勘察人完成的岩土勘察工作部分已经有关职权部门予以审查合格，部分虽未符合提交有关职权部门进行审查的条件，但双方已进行了结算确认，按照合同约定，工程停建后，业主应对勘察人已完成勘察工作量按单价据实计算，且双方签订合同时对勘察人所完成的勘察工作量形成时间及工作量是否需由第三方进行鉴定未有此约定。故勘察人主张的勘察工作量形成时间及工作量均有相应的依据予以证实，无须再经第三方进行鉴定，业主应按照合同约定履行支付勘察费的义务。

对勘察实际工作量的鉴定，可通过查阅、统计、汇总勘察纲要、现场原始描述、检测实验数据、勘察成果报告等记载勘察实际工作量的各类资料进行，如双方当事人对勘察工作原始记录有异议的，可通过现场补打验证钻孔的形式进行验证。有关勘察实际工作量的确定及争议处理，可参照本裁判指引第 3.2 条【勘察合同中对实物工作量争议的处理】。

在实践中，对当事人没有证据证明已完勘察工作的具体工程量，人民法院

或者仲裁机构也并非一定要委托第三方对勘察人已完勘察工作的工程量进行鉴定。如果合同约定的勘察工作已经完成,但对已完勘察工作的工程量客观上无法鉴定时,也可以按照合同约定的暂估工程量来确定勘察费。如北京铁路运输法院在(2015)京铁民初字第1014号案中认为,鉴定机构均认为本案因不符合鉴定条件无法鉴定,在这种鉴定不能的情况下如何确定本案钉桩的工程量及相应价款则需要结合全案证据进行考量。综合全案证据,关于钉桩部分,以《建设工程勘察合同(一)》载明的预估工程款为基础,酌情支持原告该部分工程款为2,310,000元。二审法院北京高院认为,在施工现场已难以确定施工痕迹,客观上不具备鉴定条件的情况下,一审法院综合全案证据,酌情确定的工程款数额,基本符合本案客观实际,予以维持。

三、在合同履行过程中发生符合合同约定的可以调整单价的情形或者发生情势变更需要对单价进行重新组价的,应准许当事人对合同约定的单价申请鉴定并重新组价

在勘察合同约定以单价方式计价的情况下,对约定的单价不进行鉴定是原则,但由于勘察合同履行的复杂性,可能会发生符合合同约定的可以调整单价的情形,如发包人变更工作量较大并超过合同约定比例,又或者发生了情势变更等法律规定可以对单价进行变更的情形等。因此,对勘察合同约定的单价进行鉴定并重新组价的情况在实践中也屡见不鲜。勘察合同及与勘察相关的法律法规、规章、规范性文件等鲜有关于单价合同的规定。考虑到施工合同中关于单价合同的规定对勘察合同具有一定的借鉴意义,本处特引述2013年版《建设工程工程量清单计价规范》关于单价合同中与本条规定内容相关的规定进行分析。如2013年版《建设工程工程量清单计价规范》第9.6.2项规定:“对于任一招标工程量清单项目,当因本节规定的工程量偏差和第9.3节规定的工程变更等原因导致工程量偏差超过15%时,可进行调整。当工程量增加15%以上时,增加部分的工程量的综合单价应予调低;当工程量减少15%以上时,减少后剩余部分的工程量的综合单价应予调高。”参照该规定,如果勘察合同中对工程量增减幅度超过多少比例调整合同单价有约定的,按照约定调整;如果勘察合同中对工程量增减幅度超过多少比例调整合同单价没有约定的,可以结合勘察行业惯例,确定合理的比例,以决定是否调整合同单价。

四、勘察人报价时参照或依据的地质条件与实际情况显著不同的，一般应准许当事人对合同约定的单价进行鉴定并重新组价的申请

拟勘察场地地下的地质、土层、地下水、地下环境等情况与勘察工作的难易程度有关，而勘察工作的难易程度又与勘察费用有关。由于地下的地质、土层、地下水、地下环境等在实际勘察之前具有不可预测性和不确定性，因此勘察人在编制勘察纲要、对勘察项目进行投标报价时，一般都会搜集当地的区域地质情况以及邻近场地已有勘察资料情况并进行现场踏勘，并根据搜集到的情况预判拟勘察场地的地下地质、地层等的基本情况，并据此进行报价。例如，《2020版房建市政工程勘察深度规定》第3.0.1项规定："勘察纲要应在搜集、分析已有资料和现场踏勘的基础上，依据勘察目的、任务委托要求和相应技术标准，针对拟建工程的特点编制。"因为地下的地质情况具有长期性和稳定性，因此大多数情况下根据搜集到的已有资料和现场踏勘情况，可以较为准确地判断拟建场地的基本地质情况，据此编制的勘察纲要总体上也较为准确。但是，搜集已有资料以及现场踏勘毕竟具有局限性，个别情况下场地的地质情况与现有资料反映的情况大相径庭，如地下由原先的第四纪老土层变成了新近堆放的垃圾填埋场、地下出现了空洞、地层与预判相比出现较大的类别变化等。

工程勘察的复杂和难易程度与地下地质、土层、地下水等情况有很大关系，《2009版岩土工程勘察规范》第3.1.4项根据工程重要性等级、场地复杂程度等级和地基复杂程度等级，将岩土工程勘察分为甲、乙、丙三级。而且工程勘察的复杂程度与收费标准直接挂钩。例如，原《工程勘察收费标准》表3.3－1就将岩土工程勘探与原位测试复杂程度按照岩土类别分为6类，表3.3－2根据6类不同的岩土类别，对岩土工程勘探实物工作收费规定了不同的基价，如钻孔深度10米以内的Ⅰ类土每米46元，Ⅵ类土每米382元。因此，如果在实际勘察过程中，发现地下土层、地下水、地下环境等与签订合同时预判的情况发生显著变化，且该变化与当地区域地质情况明显不同，此时签订合同时确定勘察单价的基础就发生了显著的变化，而该等变化又是一个有经验的勘察人在经过搜集资料、现场踏勘等工作的基础上都无法预判的，此时应当允许当事人对合同约定的单价申请鉴定并重新组价。

如果地下地质情况的该等变化，是能够通过事前搜集场地区域资料、邻近

已有勘察资料以及现场踏勘而了解的，但由于勘察人没有经验或怠于搜集相关资料和进行现场踏勘工作，导致未能了解拟建场地地下地质情况的，由此产生的不利后果应当由勘察人自己承担，对于勘察人主张重新组价的，人民法院或者仲裁机构不予支持。

综上所述，在勘察合同约定以单价方式计价的情况下，对当事人要求对单价进行鉴定的申请，人民法院或者仲裁机构通常不予支持，但在下列情形下，人民法院或者仲裁机构应当支持当事人对单价进行鉴定并重新组价的申请：

1. 发生了合同约定的风险范围以外的事由；

2. 工作量变更达到约定单价变更的比例；

3. 发生了情势变更等法律规定的变更事由；

4. 合同履行过程中，因地下土层、环境等与签订合同时预判的情况发生显著变化，且该变化与当地区域地质情况明显不同需要对单价进行重新组价。

当然，在单价方式计价的合同中，当事人对工作量存在争议且申请鉴定时，人民法院或者仲裁机构认为需要专门性知识进行判断的，可以准许。

第 3.13 条 【设计费用的鉴定】人民法院或者仲裁机构认为设计费用需要鉴定的，应当向负有举证责任的当事人释明，并根据当事人的申请委托鉴定机构鉴定。

设计费用鉴定应当遵守以下原则：

(1)合同对设计阶段的内容和费用比例、设计文件深度要求及设计费用的计算方法有约定的，应当按照当事人的约定进行鉴定；合同无效的，应参照上述约定进行鉴定。

(2)当事人对设计费用的计算方法没有约定或约定不明确的，可以参考当事人之间的交易习惯和市场价格进行鉴定；无法参考上述交易习惯和市场价格进行鉴定的，可以参考有关行业惯例进行鉴定。

(3)当事人对设计阶段内容和费用比例、设计文件深度要求没有约定或约定不明确的，应当依据有关行业设计文件编制深度及设计标准的规定进行鉴定。

设计费用鉴定涉及设计阶段、设计文件深度和设计工作量判断的，鉴定人应当具有与争议工程的类型、规模、专业相适应的建设工程设计专业知识和设计经验；涉及工程概算、预算额等工程造价数额确定的，鉴定人应当具有相应的工程造价专业知识和经验。鉴定机构应当具备相应的鉴定能力。

【条文主旨】

本条是关于设计费用鉴定的启动、鉴定原则及鉴定人的资格的规定。

【理解与适用】

一、设计费用鉴定的启动

(一)鉴定启动的必要性

根据《民事诉讼法》第76条的规定，鉴定针对的就是专门性(专业性)问题。因此，判断鉴定的必要性应当考察鉴定事项是否属于专门性问题，同时兼顾效率和正当性要求。案件待证事实是否属于专门性问题，应当从一般人(不具有专门知识的人)的角度来分析。

一般来说，专门性问题会涉及某个专业领域的知识，但并不是所有的专业领域的问题都需要进行鉴定。这要求裁判者基于个案进行具体分析，不能一概而论。比如，就设计费用而言，如果裁判者通过举证、质证能够确定设计工作已经完成了初步设计阶段，并通过原《工程设计收费标准》的规定知晓初步设计阶段所占比例，那么，此时的设计费确定就由专门性问题转化为常识性的计算问题了，无须启动鉴定程序。

同时，设计工作量可以根据设计文件的深度和工作量所占比例确定，但如果设计工作因某种原因终止，对设计文件完成深度和比例的判断并无量化的标准。在这种情况下，即使进行设计工作量的鉴定，也是由鉴定人根据有关设计文件深度编制规定的定性要求和自身设计经验进行判断，由此可能导致鉴定结果的主观性较强，而客观性则相对较弱。因此，如果裁判者(特别是具备相关专业知识的仲裁员)通过庭审调查、质证等手段能够对设计工作所处阶段、工程量完成比例和设计文件的深度作出认定，就不必进行设计费用的鉴定。因为鉴定机构的鉴定结果未必就比裁判者的认定更加准确，启动鉴定反而增加了当事人的费用,降低了审理效率。

当然,如果法院或者仲裁机构根据现有证据无法认定设计或返工修改的工作量及相应费用,则应当启动设计费用的鉴定程序。

(二)经当事人申请

《关于民事诉讼证据的若干规定》第30条第2款规定:“符合《最高人民法院关于适用〈中华人民共和国民事诉讼法〉的解释》第九十六条第一款规定情形的,人民法院应当依职权委托鉴定。”《民诉法解释》第96条第1款规定:“民事诉讼法第六十四条第二款规定的人民法院认为审理案件需要的证据包括:(一)涉及可能损害国家利益、社会公共利益的;(二)涉及身份关系的;(三)涉及民事诉讼法第五十五条规定诉讼的;(四)当事人有恶意串通损害他人合法权益可能的;(五)涉及依职权追加当事人、中止诉讼、终结诉讼、回避等程序性事项的。”对于设计工作量及相应费用的鉴定,一般不会涉及上述规定的情形。因此,法院一般不能依职权委托,而应当由当事人提出鉴定申请。

(三)鉴定的释明

在民事诉讼中,释明通常是指通过法院的引导使当事人对特定的事项予以说明、澄清,使其主张的事项更加明确。[①] 释明可以补充辩论原则的缺陷,使裁判更具实质公平。《施工合同司法解释(一)》第32条第1款对鉴定的释明作出规定:“当事人对工程造价、质量、修复费用等专门性问题有争议,人民法院认为需要鉴定的,应当向负有举证责任的当事人释明……”浙江省高级人民法院《关于规范民商事案件中法官释明的若干规定(试行)》第28条第1款也规定:“在案件审理中,对案件的审理结果明显会起到决定作用的事项需要鉴定、评估、审计,但当事人未提出申请的,法官应当明确对该事项负有举证责任的当事人,并告知其在人民法院指定的期限内无正当理由不提出鉴定申请或者不预交鉴定费用或者拒不提供相关材料,致使该争议事实无法通过鉴定结论予以认定的法律后果。”

因此,当事人未提出设计费用的鉴定申请,但法院或者仲裁机构认为设计

① 张卫平:《民事诉讼“释明”概念的展开》,载《中外法学》2006年第2期。

费用需要鉴定的，应当向负有举证责任的当事人释明。经释明，负有举证责任的当事人仍不提出鉴定申请的，应当承担不利的法律后果。

二、设计费用鉴定的主要类型及一般原则

根据设计费用所对应的工作内容，可将设计费用的鉴定划分为已完成设计工作费用的鉴定、返工或修改费用的鉴定和变更增减费用的鉴定等几种类型。以下分别进行讨论。

（一）已完成设计工作费用的鉴定

由于建设工程设计合同大多都会对设计费数额或计算方法进行约定，故对于设计人全部完成约定的设计工作的情形，一般不需要进行鉴定。实践中，需要进行设计费用鉴定的，大多是针对设计人仅完成部分设计工作的情形。此种鉴定主要涉及以下内容：

1. 设计阶段的判断

关于各个设计阶段的费用，当事人有时会在合同中进行约定；合同中没有约定的，裁判者也可以通过原《工程设计收费标准》等行业惯例知晓。因此，对于仅部分完成的设计工作来说，要认定其设计费用，首先要判断其完成至哪个阶段。对设计阶段的判断，一般应遵守以下原则：

（1）首先根据设计人交付的设计文件和当事人约定的各设计阶段内容，并结合双方往来文件和记录、会议纪要进行判断；

（2）当事人约定的各阶段内容不明确导致难以根据相应约定进行判断的，可以依据有关行业设计文件编制深度的规定进行判断。

2. 设计文件深度和工作量的判断

在判断设计工作所处的设计阶段之后，还需要判断其是否完成了该阶段的全部工作，所完成的设计工作是否满足设计深度的要求，并据此估算设计人的设计工作量。对设计文件深度和工作量的判断一般应遵守以下原则：

（1）合同中对设计文件深度有约定的，应以相应的合同约定作为鉴定的依据；

（2）当事人对设计深度没有约定或约定不明确的，应当依据有关行业设计文件编制深度的规定，判断设计文件是否满足编制深度的要求；

(3)设计文件深度不满足编制深度的要求或该阶段设计工作未全部完成的,应在该阶段约定设计工作量的基础上进行折减。

3. 设计费用的确定

在判断设计工作所处阶段、设计深度和工作量比例之后,鉴定人就可以据此确定设计人的设计费用。设计费用的确定一般应遵守以下原则:

(1)合同有效的,应按照合同约定的各阶段设计费的金额、计算方法,并根据设计工作量的折减情况确定设计费用的金额。

(2)合同无效的,应参照合同约定的各阶段设计费的金额、计算方法,并根据设计工作量的折减情况确定设计费用的金额;多份合同均无效的,应参照《施工合同司法解释(一)》第 24 条的规定,参照实际履行的合同约定确定设计费用。

(3)当事人对设计费用、计算方法没有约定的,可以参考当事人之间的交易习惯和市场价格确定设计费用。

(4)无法参考当事人之间的交易习惯和市场价格进行鉴定的,可以参考原《工程设计收费标准》等行业惯例确定设计费用。

(二)返工或修改费用的鉴定

在建设工程设计合同纠纷中,因发包人原因导致设计人对原设计文件进行返工、修改的情形较为常见,返工、修改工作量及费用的确定往往是当事人的争议焦点,也是案件审理中的难点。返工或修改费用的鉴定涉及以下主要内容:

1. 设计阶段的判断

由于建设工程各个设计阶段的内容不同,发包人改变设计要求对不同阶段的设计工作影响不同,从而导致设计人返工、修改的工作量并不相同。甚至在某个设计阶段,发包人的变更不一定会造成设计人返工、修改。比如,在合同履行过程中,发包人将混凝土标号由 C50 调整为 C60,此种变更并不会造成方案设计阶段设计文件的返工或修改;在初步设计阶段,此种变更将直接导致结构构件的截面尺寸发生变化。因此,在对设计返工、修改工作的费用进行鉴定时,有可能会涉及对有关设计文件所处设计阶段的判断。

关于对设计阶段判断应遵守的一般原则,参照前述第(一)部分中所述规定执行。

2. 返工或修改费用的确定

关于设计人返工或修改的费用，一般宜根据设计人返工或修改的工作量占相应阶段或专业设计工作量的比例，并结合合同约定的设计费价格进行确定。同时，对于合同中“返工或修改工作量少于20%的不予增加设计费”之类的约定，一般应予以尊重。返工或修改费用确定的其他原则可参照前述第(一)部分中的有关规定。

需要注意的是，与一般设计费相比，合理确定返工或修改费用存在更大的难度。实务中，可以以返工、修改工作在市场上通常所需的人天数量乘以市场上的人天单价进行确定。

(三)变更增减费用的鉴定

此处的变更增减费用，是指因发包人变更导致设计费用的增加或减少，不包括因变更导致的返工或修改费用。对于以建筑面积或投资额为设计费计算基数的建设工程设计合同，建筑面积、投资额的变化较为容易确定，故一般不会对其变化数额进行鉴定。但在某些情况下，发包人对工程的建设规模、建筑高度、功能要求、达产指标等的变更，可能会导致设计工作量或设计复杂程度的增减。在这种情况下，对变更所导致设计费用增减的判断就涉及专业问题，有可能需要进行相应费用的鉴定。此类鉴定主要涉及以下内容：

1. 变更是否增减费用的判断

发包人对建设工程的建设规模、建筑高度、功能要求、达产指标等的变更是否会对设计费产生影响，可能会涉及专业的判断。比如，建筑高度增加除增加建筑面积外，是否还会增加其他设计内容(如因超高超限进行的性能化设计等)；因功能变化导致的设计工作(如大跨度设计、抗震设计等)是否会增加难度；等等。此类变更是否会导致设计费用的变化都需要进行专业判断。

2. 变更增减费用的鉴定

关于因发包人变更导致的费用变化，一般宜根据设计人因此增加的工作量和设计难度，并结合合同约定的设计费价格、有关行业设计文件编制深度规定以及有关设计标准的要求进行确定。变更增减费用鉴定的其他原则可参考前述第(一)(二)部分中的有关规定。

三、鉴定机构和鉴定人的资格要求

关于设计费用鉴定中鉴定机构和鉴定人的资格要求,目前尚无相应的规定。但从设计费用鉴定的内容来看,其涉及对设计阶段、设计文件编制深度、设计工作量、变更的影响等问题的判断。对上述问题的判断需要具备建设工程设计方面的专业知识,涉及建筑、结构、给排水、暖通空调、电气、装饰装修等多个专业。而且,鉴定人还应当具备实际的设计经验。特别是对于工作量的鉴定,仅具备理论知识是无法胜任的。

基于以上分析,严格来讲,进行建设工程设计费用的鉴定,鉴定机构应具备与争议工程的类型、规模、专业相适应的建设工程设计资质,鉴定人则应当具备相应的设计专业知识和设计经验。然而,目前的情况是,法院和仲裁机构的鉴定机构名录中大多没有具备建设工程设计资质的单位,甚至许多设计单位也不愿意接受鉴定委托。同时,国务院办公厅《关于促进建筑业持续健康发展的意见》(国办发〔2017〕19 号)指出,要强化个人执业资格管理,明晰注册执业人员的权利、义务和责任,加大执业责任追究力度。结合上述规定及我国司法鉴定和行业发展的现状,可以适当弱化设计费用鉴定的企业资质要求。具体而言,原则上应当将设计费用鉴定委托给具备相应资质的设计单位,同时要求鉴定人必须具备与争议工程的类型、规模、专业相适应的建设工程设计专业知识,包括具有相关专业(建筑、结构、公用设备等)的注册执业资格或中级及以上职称,并应当具备一定年限的设计经验;如果不具备委托有相应设计资质的单位进行鉴定的条件,则可以委托具备相关行业工程质量鉴定资质的单位进行鉴定,鉴定人同样应具备相关工程设计的专业知识和设计经验。当然,如果工程造价鉴定单位的鉴定人具备相关工程设计专业知识和设计经验的,也可以委托相关工程造价鉴定单位进行鉴定。

需要注意的是,如果合同约定将工程概算或预算额的百分比作为设计费的最终确定依据,那么,对设计费用的鉴定实质上是工程概算或预算额的计算。在此种情况下,应当委托相关工程造价鉴定单位进行鉴定,鉴定人应当具备工程造价专业知识和经验。

第四章 建设工程勘察、设计质量

第 4.1 条 【勘察质量缺陷的判断标准】勘察文件存在下列情形之一，发包人主张存在勘察质量缺陷的，应予支持：

（1）不符合法律法规强制性规定；

（2）不符合工程建设强制性标准规定；

（3）不符合合同约定的技术标准或要求；

（4）勘察文件的编制深度不符合国家或地方主管部门规定；

（5）勘察外业的原始数据记录不真实、不准确；

（6）勘察文件的分析论证方法与岩土工程勘察行业通用的技术方法明显不符，或论证结论建议出现明显错误。

【条文主旨】

本条是关于建设工程勘察合同中，当事人对于勘察文件的质量问题发生争议时，如何认定勘察文件质量存在缺陷的规定。

【理解与适用】

工程勘察文件通常包括岩土工程勘察报告、水文地质勘察报告、工程测量报告以及岩土工程物探、测试、检测、监测报告等文件。工程勘察的专业性强，一般发包人不懂相关的专业术语和业务流程，难以在合同文本的磋商阶段就岩土工程勘察的合同范围、工作内容和质量要求提出具体、明晰的意见。勘察合同通常是套用相关的示范文本或勘察人提供的格式文本，勘察质量标准或发包人要求也难以在勘察合同中进行详细准确的描述，无法将勘察质量的所有标准和内容罗列出来，而往往仅能笼统地列明工程项目名称、大致建设规模和勘察阶段等内容。发包人在合同签订初期也仅能提供部分的项目建设资料，如立项文件、地形图、规划图等。在勘察与设计分别委托的情况下，按照相关法律法规规定和现行的勘察行业惯例，就勘察合同对勘察工作的具体要求，还要通过工程设计单位对勘察的技术要求来体现。

对于勘察质量没有约定或约定不明的，《民法典》第 509 条第 1 款规定了全面履行原则，即"当事人应当按照约定全面履行自己的义务"。第 511 条第 1 项规定了合同漏洞的补充规则，即"当事人就有关合同内容约定不明确，依据前条规定仍不能确定的，适用下列规定：(一)质量要求不明确的，按照强制性国家标准履行；没有强制性国家标准的，按照推荐性国家标准履行；没有推荐性国家标准的，按照行业标准履行；没有国家标准、行业标准的，按照通常标准或者符合合同目的的特定标准履行"。

此外，《建筑法》第 56 条规定："建筑工程的勘察、设计单位必须对其勘察、设计的质量负责。勘察、设计文件应当符合有关法律、行政法规的规定和建筑工程质量、安全标准、建筑工程勘察、设计技术规范以及合同的约定。设计文件选用的建筑材料、建筑构配件和设备，应当注明其规格、型号、性能等技术指标，其质量要求必须符合国家规定的标准。"关于勘察质量应符合约定加法定标准，《建筑法》第 56 条规定与《民法典》第 511 条第 1 款的规定是一致的。

因此，工程勘察质量是否存在缺陷，可以结合我国的基本建设程序、勘察的专业性特点，根据勘察合同的约定标准或要求、相关法定强制性标准、行业、地方标准，甚至行业惯例进行综合判断。

一、工程勘察质量应符合法律法规的强制性规定和工程建设强制性标准

勘察质量关系到公共安全和社会公共利益，其约定的质量标准受到相关法律法规和政府的严格监管，应符合法律法规的强制性规定和工程建设强制性标准。其中现行法律、行政法规对勘察质量的主要强制性规定见表 4－1。

表 4－1　法律、行政法规对勘察质量的主要强制性规定

《建筑法》	第 52 条、第 56 条
《建设工程勘察设计管理条例》	第 5 条第 2 款、第 25 条、第 26 条第 1 款
《建设工程质量管理条例》	第 19 条第 1 款、第 20 条
《建设工程安全生产管理条例》	第 12 条第 1 款

从表4－1可以看出，法律法规对于勘察质量的强制性规定主要体现在《建筑法》《建设工程勘察设计管理条例》《建设工程质量管理条例》等法律法规之中，例如，《建筑法》第52条第1款规定："建筑工程勘察、设计、施工的质量必须符合国家有关建筑工程安全标准的要求，具体管理办法由国务院规定。"第56条规定："建筑工程的勘察、设计单位必须对其勘察、设计的质量负责。勘察、设计文件应当符合有关法律、行政法规的规定和建筑工程质量、安全标准、建筑工程勘察、设计技术规范以及合同的约定。设计文件选用的建筑材料、建筑构配件和设备，应当注明其规格、型号、性能等技术指标，其质量要求必须符合国家规定的标准。"

《建设工程勘察设计管理条例》第5条第2款规定建设工程勘察、设计单位必须依法进行建设工程勘察、设计，严格执行工程建设强制性标准；第25条规定编制建设工程勘察、设计文件的依据包括："（一）项目批准文件；（二）城乡规划；（三）工程建设强制性标准；（四）国家规定的建设工程勘察、设计深度要求。铁路、交通、水利等专业建设工程，还应当以专业规划的要求为依据。"第26条第1款规定："编制建设工程勘察文件，应当真实、准确，满足建设工程规划、选址、设计、岩土治理和施工的需要。"《建设工程质量管理条例》第19条第1款规定勘察、设计单位必须按照工程建设强制性标准进行勘察、设计。《建设工程安全生产管理条例》第12条第1款规定："勘察单位应当按照法律、法规和工程建设强制性标准进行勘察，提供的勘察文件应当真实、准确，满足建设工程安全生产的需要。"

从以上法律、行政法规的强制性规定来看，《建设工程勘察设计管理条例》第5条第2款、第25条、第26条第1款，《建设工程质量管理条例》第19条第1款以及《建设工程安全生产管理条例》第12条第1款，都规定勘察质量应该符合工程建设强制性标准。这体现了法律、行政法规的强制性规定与工程建设强制性标准适用的衔接。

工程建设强制性标准被相关法律法规的强制性规定列入准用性规则，是工程建设领域的法定最低标准。现阶段正处于由分散的工程建设标准强制性条文(俗称“强条”)向通用集中的工程建设强制性标准过渡阶段。[①] 所谓“强条”,即过渡前某项标准中必须严格执行的部分强制性条文。例如,《2009 版岩土工程勘察规范》第 4.1.11 项、第 4.1.17 项、第 4.1.18 项、第 4.1.20 项。其中第 4.1.17 项规定:“详细勘察的单栋高层建筑勘探点点布置,应满足对地基均匀性评价的要求,且不应少于 4 个;对密集的高层建筑群,勘探点可适当减少,但每栋建筑物至少应有 1 个控制性勘探点。”该条即是对高层建筑详细勘察中勘探点布置的强制性条文,如果勘察报告中对勘探点布置未满足该条的规定,则可判断该勘察报告存在质量缺陷。

关于技术标准的选用,岩土工程勘察还应根据工程建设项目所属的行业、地域和具体项目特征,分别符合相应国家标准、行业标准、相应地域的勘察地方标准。在我国的不良地质条件中,如湖南、广东、广西、云南、贵州等喀斯特地貌地区,房屋建筑和水利工程存在喀斯特漏水和涌水会危及地下洞室稳定和施工安全;我国的湿陷性黄土地区、北方冻土地区、沿海淤泥软土地区,这些不同类型的不良地质分别有不同的规律,在工程勘察时要进行有针对性的查明和分析。又如,上海地区对于天然地基承载力就有“老八吨”的地域特点。[②] 所谓“老八吨”,是上海地区从 20 世纪 30 年代开始流传下来的经验,人们认为在不对地基做特殊处理的情况下,上海的天然地基只有 80kPa(每平方米 8 吨)的容许承载力。通过平板载荷试验得到的地基承载力一般大于 80kPa,如果直接采用平板载荷试验得到的地基承载力可能导致沉降过大。因此,对于上海地区的地质勘察报告,无论平板载荷试验结果是多少,对天然地基的承载力参数建议值都不能超过 80kPa。

此外,在一些规范性文件中,也有对于勘察质量的强制性规定,此类规范性文件虽然从层级上不是法律和行政法规,但是也应当被遵守。例如,《建设工程勘察质量管理办法》第 3 条规定:“工程勘察企业应当按照有关建设工程质量的

---

① 2017 年修订的《标准化法》第 2 条第 2 款规定:“标准包括国家标准、行业标准、地方标准和团体标准、企业标准。国家标准分为强制性标准、推荐性标准,行业标准、地方标准是推荐性标准。”根据该规定,将强制性标准的范围限定为国家标准中,将行业标准、地方标准定性为推荐性标准。但现在配套的标准清理工作还没有完成,原来各行业标准、各地方标准中的强制性条文仍然存在。

② 高大钊:《实用土力学(上)——岩土工程疑难问题答疑笔记整理之三》,人民交通出版社股份有限公司 2014 年版,第 27 页。

法律、法规、工程建设强制性标准和勘察合同进行勘察工作，并对勘察质量负责。勘察文件应当符合国家规定的勘察深度要求，必须真实、准确。”

二、工程勘察质量应符合勘察合同约定的标准或要求

工程勘察合同属于民商事合同范畴，勘察质量应符合合同约定标准。不同项目的建设功能、建设规模差异巨大，其对勘察范围、勘察目的、查明的参数、质量标准要求也不同。随着城乡建设的发展，工程勘察的业务范围越来越多元化、差异化。除了传统的要求勘察人提供工程地质勘察报告外，发包人也有可能将可行性研究与工程地质勘察、地形地貌测量一并委托勘察人进行；在近年来出现的“三旧”改造、城市更新领域，发包人也可能委托勘察人对现有地面建筑物、构筑物，甚至珍稀古树进行调查；还有的项目建设地点在境外或国外，当事人在勘察合同可能约定适用不同国家或地区的质量标准。因此，勘察质量首先应符合合同约定。相关法律依据有《民法典》第 509 条第 1 款以及《建筑法》第 56 条等。

三、勘察外业的原始数据记录真实、准确是勘察质量最基本的要求

勘察外业，包括工程地质测绘和调查、勘探点定位与高程测量、勘探与取样、原位测试、工程物探、水文地质试验等勘察现场作业质量和测试试验。勘察外业的原始数据是勘察文件的基础性、原始性数据资料，直接关系到勘察报告的真实性和准确性。一旦勘察文件的原始数据存在不真实、不准确的问题，因其隐蔽性强，无法被施工图审查或专家评审程序检查或暴露出来。此类勘察文件质量缺陷的危害极大，容易误导项目选址、工程设计、施工，可能引发工程质量安全事故，或造成投资浪费。

(一)法律法规关于勘察文件质量真实性、准确性的要求

《建设工程勘察设计管理条例》第 26 条第 1 款规定：“编制建设工程勘察文件，应当真实、准确，满足建设工程规划、选址、设计、岩土治理和施工的需要。”《建设工程质量管理条例》第 20 条规定：“勘察单位提供的地质、测量、水文等勘察成果必须真实、准确。”由上述规定可见，提供真实、准确的勘察文件是勘察人的法定质量责任。

《建设工程安全生产管理条例》第 12 条第 1 款规定:“勘察单位应当按照法律、法规和工程建设强制性标准进行勘察,提供的勘察文件应当真实、准确,满足建设工程安全生产的需要。”根据此条规定,提供真实、准确的勘察文件也是勘察人的法定安全生产责任。

《建设工程勘察质量管理办法》规定得更加具体详细,第 14 条第 1 款规定:“工程勘察工作的原始记录应当在勘察过程中及时整理、核对,确保取样、记录的真实和准确,禁止原始记录弄虚作假。钻探、取样、原位测试、室内试验等主要过程的影像资料应当留存备查。”第 2 款规定:“司钻员、描述员、土工试验员等作业人员应当在原始记录上签字。工程勘察企业项目负责人应当对原始记录进行验收并签字。”第 3 款规定:“鼓励工程勘察企业采用信息化手段,实时采集、记录、存储工程勘察数据。”

(二)为确保勘察外业原始数据的真实性、准确性而实施的保证措施

为了确保勘察外业原始数据的真实性和可靠性,住建部和有关地方主管部门都发布过相关规范性文件或专门标准,规定了留存影像资料、利用信息化手段实时采集记录、勘察外业见证等保证措施。住建部《关于加强工程勘察质量管理工作的若干意见》规定:“四、全面落实工程勘察有关各方质量责任……勘察企业要严格按照有关法律、法规和技术标准开展勘察工作,并对勘察质量全面负责。要按照《工程建设勘察企业质量管理规范》要求,建立健全内部质量管理体系和质量责任制度,强化现场作业质量和试验工作管理,保证原始记录和试验数据的可靠性、真实性和完整性,严禁离开现场进行追记、补记和修改记录。要对复杂场地条件和可能给工程造成危险的环境条件,作出必要说明。勘察文件须符合国家关于城建档案管理的要求。”《建设工程勘察质量管理办法》第 14 条规定,勘察单位对钻探、取样、原位测试、室内试验等主要过程要留存备查影像资料。要求司钻员、描述员、土工试验员等作业人员应当在原始记录上签字,工程勘察企业项目负责人应当对原始记录进行验收并签字。鼓励工程勘察企业采用信息化手段,实时采集、记录、存储工程勘察数据。第 24 条规定,对原始记录弄虚作假,未将钻探、取样、原位测试、室内试验等主要过程的影像资料留存备查的,由工程勘察质量监督部门责令改正,处 1 万元以上 3 万元以下的罚款等行政处罚措施。

此外，为了确保勘察外业原始数据的真实性和可靠性，辽宁、浙江、重庆和武汉等省市还实行勘察外业见证制度。《辽宁省建设工程勘察外业见证管理暂行办法》第2条第3款规定："本办法所称外业见证，是指在工程勘察现场，由第三方单位采用旁站方式，对工程勘察企业的资质、外业作业人员的身份和资格，以及勘探点、钻探、取样、原位测试、原始记录等外业作业和资料进行现场检查、核实，并对其真实性承担相应责任的活动。"浙江省工程建设标准DB33/T 1163－2019《岩土工程勘察外业见证技术规程》第3.0.5项规定："外业见证应在现场核查下列工作内容：1.工程地质测绘和调查记录；2.勘探点定位与高程测量记录；3.各类勘探点的数量、类型、岩芯采取率及勘探深度；4.原位测试的类型、测试深度及工作量；5.土、石、水试样的取样深度（位置）及数量；6.工程物探工作量；7.水文地质试验工作量；8.地下水量测；9.封孔情况；10.其它需要见证的勘察原始记录。"

四、勘察文件的编制深度应符合国家或地方主管部门的深度规定

为了统一工程勘察文件编制深度，保障房屋建筑和市政基础设施工程勘察质量，住建部先后发布了2010年版和2020年版《房建市政勘察深度规定》。以《2020版房建市政工程勘察深度规定》为例，该标准对房屋建筑和市政基础设施工程勘察文件的勘察纲要、勘察报告文字部分、勘察报告文字图表部分以及特殊场地的具体内容、范围、详细程度等内容进行了清单式的列举。

根据《2020版房建市政工程勘察深度规定》，即便勘察合同对勘察报告的具体质量要求没有约定或约定不明，勘察人也应该按照《2020版房建市政工程勘察深度规定》进行勘察，编制勘察报告。如该规定第3.0.2项规定："勘察纲要应包括下列内容：1.工程概况；2.概述拟建场地环境、工程地质条件、附近参考地质资料（如有）；3.勘察目的、任务要求及需解决的主要技术问题；4.执行的技术标准；5.选用的勘探方法；6.勘察工作布置；7.勘探完成后的现场处理；8.拟采取的质量控制、安全保证和环境保护措施；9.拟投入的仪器设备、人员安排、勘察进度计划等；10.勘察安全、技术交底及验槽等后期服务；11.拟建工程勘探点平面布置图。"勘察纲要应该包含该标准第3.0.2项规定的11项内容，如果缺少某一项或几项，则可认定该勘察纲要存在质量缺陷。

又如，关于勘察报告文字部分，该标准第4.1.1项规定："勘察报告文字部

分应包括下列内容:1. 工程概况与勘察工作概述;2. 场地环境与工程地质条件;3. 岩土指标统计;4. 岩土工程评价;5. 结论与建议。”其中第 4 项岩土工程评价的规定见该标准第 4.5.2 项:“岩土工程评价应包括下列内容:1. 场地稳定性、适宜性评价;2. 场地地震效应评价;3. 地下水和地表水评价;4. 地基基础评价;5. 地下工程与周围环境的相互影响评价。”

再以上述第 3 项地下水和地表水评价为例,该规定第 4.5.5 项进一步明确规定:“地下水和地表水评价应包括下列内容:1. 分析评价地下水(土)和地表水对建筑材料的腐蚀性;2. 当需要进行地下水控制时,应提出控制措施的建议,提供相关水文地质参数;3. 存在抗浮问题时进行抗浮评价,提出抗浮设防水位、抗浮措施建议,提供抗浮设计所需参数;4. 评价地表水与地下水的相互作用,施工和使用期间可能产生的变化及其对工程和环境的影响,提出地下水监测的建议。”在基础设计需要地质勘察报告分析评价地下水(土)和地表水时,需要有分析建筑材料腐蚀性的内容;在地下室抗浮设计时,需要地质勘察报告有抗浮设防水位、抗浮措施建议和提供抗浮设计所需参数。如果地质勘察报告缺少这些内容,可认定该勘察报告存在质量缺陷。

需要注意的是,《2020 版房建市政工程勘察深度规定》仅适用房屋建筑和市政基础设施工程,其他行业如公路、水运、港口、水利水电等行业,应分别按相关专业勘察规范和主管部门发布的规定执行。

五、勘察文件的分析论证方法与岩土工程勘察行业通用的技术方法明显不符,或论证结论建议出现明显错误的情形

工程勘察是一门涉及土力学、岩土工程力学、工程地质学等交叉综合性的应用科学,勘察文件的分析论证不能脱离这些学科的基本原理。同时,工程勘察的实践性很强,理论研究不能脱离实践经验。勘察行业通用的技术方法即是这些基本原理和实践经验的总结。工程地质勘察的一项重要基础性工作就是工程地质勘探。工程地质勘探的主要方法有钻探、井探、槽探、洞探和地球物理勘探,[①]不同的勘探方法也有不同的适用条件。

勘察文件的分析论证方法、论证结论建议,既是体现勘察文件价值的部分,

① 张忠苗主编:《工程地质学》,中国建筑工业出版社 2007 年版,第 367 页。

也是勘察人专业技术水平的综合体现。这部分内容仅从合同约定、标准规范无法作出直接的判断；不同勘探方法对勘察场地适用与否，也无法依据合同约定和相关标准规范判断。这些问题的专业性极强，都需要岩土工程专家运用相关的学科理论，并结合标准规范和工作经验进行论证或鉴定。

第 4.2 条　【不属于工程勘察质量缺陷的情形】勘察报告虽与场地实际不符，但下列情形不属于工程勘察质量缺陷：

（1）勘察人已根据合同约定、法律法规和相关技术标准要求进行勘察，但鉴于勘察技术方法、钻探、测试样本的局限性或水文地质条件的不确定性和不稳定性，原勘察报告的水文、地质参数需要通过地基开挖验槽、补充勘察、岩土工程监测等方式进一步查明或验证的；

（2）勘察工作完成后，因地震、海啸、泥石流等自然灾害，或因工程施工导致原勘察场地的水文地质条件发生改变，原勘察报告的水文地质参数、勘察结论建议与改变后的勘察场地不符的；

（3）勘察工作完成后，因发包人改变项目规划、规模、功能、范围等原因，导致原勘察文件的水文地质参数、勘察结论建议不能满足项目改变后的选址、设计、施工和岩土工程治理需要，而必须进行补充勘察、重新勘察的。

【条文主旨】

本条是关于勘察报告与场地实际不符时不属于工程勘察质量缺陷的三种情形的规定。

【理解与适用】

一、基于勘察技术方法、钻探、测试样本的局限性或水文地质条件的不确定性和不稳定性，原勘察报告的水文、地质参数需要通过地基开挖验槽、补充勘察、岩土工程监测等方式进一步查明或验证的，不属于勘察质量缺陷

工程地质的成因、演变和分布规律是非常复杂的。工程勘察的主要对象是埋藏在地下的土（岩石）。土作为自然历史的产物，它的许多性质是人们无法预先控制的，如土的成层规律性和均匀性取决于土沉积时的自然地理环境和历史

条件，无法像一般建筑材料如混凝土、钢材等那样，可根据生产条件对其性质作出规定。因此，客观地认识和评价土的基本特性，尤其是其区别于其他受力材料的性质，是合理地引入和运用其他学科知识的出发点和目标。土的三相性、碎散性和不均匀性等基本特性导致了它具有其他材料所没有的特性。而且，自然的土层因不同的沉积条件，其特性往往又有差异。因此，土力学目前还不是一门纯粹的理论力学，要很确切地模拟和概括土体的受力条件、施工过程以及环境的影响等，还存在许多的困难。作为岩土工程的重要分支，它对许多问题的认识还依赖于土工测试技术，要通过测试观测，并经过合理简化来实现。①

工程勘察的主要工作过程，是对复杂的地质进行抽样测试分析评价，这是一个典型的以点代面的过程，也是一个以瞬时特征推定持续特征的过程，这就决定了勘察文件查明揭露的地质条件与客观状态相比不够全面，必然存在不同程度的差异。现阶段勘察技术方法的作用是有限的，而且工程勘察还要考虑发包人能够负担的成本。以房屋建筑的详细勘察孔间距为例，根据《2009 版岩土工程勘察规范》第 4. 1. 15 项规定："详细勘察勘探点的间距可按表4. 1. 15确定。"

表 4－2② 详细勘察勘探点的间距（m）

地基复杂程度等级	勘探点间距	地基复杂程度等级	勘探点间距
一级（复杂） 二级（中等复杂）	10～15 15～30	三级（简单）	30～50

就详细勘察勘探点的间距而言，勘察人根据场地的实际情况，结合其勘察经验，在勘察规范表 4－2 的范围内确定勘探点的间距，即是符合规范要求的。但是，即便根据该表的范围确定勘探点的间距，在相邻两个勘探点之间仍然经常可能存在地质条件突变、孤石或地下空洞等，在勘察报告中无法披露，而在后来的桩基施工、开挖验槽过程中发现。不能因为勘察报告没有完全查明不良地质状况，即认定原勘察报告存在缺陷。

而且，现行各种不同的勘察规范都有一个共同特征，就是针对不同建设规

① 王成华主编：《土力学原理》，天津大学出版社 2002 年版，第 3 页。

② 即为《2009 版岩土工程勘察规范》中的表 4. 1. 15。

模和地质复杂程度的建筑项目,采取繁简适度的勘察方法。正是因为水文地质条件的复杂性、不确定性与勘察技术方法、测试样本数量的局限性,为了避免工程地质报告与实际的差异,实践中又采取了结合施工验槽、施工阶段补充勘察等措施,以及时调整工程设计和施工方案。近年来在基坑支护领域实行的勘察、设计、施工、监测紧密配合、及时调试的动态设计法,就是这一理念的集中体现。

因此,任何工程勘察都不可能绝对查明所有的不利水文地质条件。勘察质量的评价标准不能脱离勘察技术方法、测试样本数量的局限性,也不能脱离勘察方案的经济性,而无限提高到绝对合格的水平。对于勘察报告与场地实际不符的情况,但勘察人已按勘察合同和相关法律法规、工程建设强制性标准进行勘察,勘察报告对建设场地不良地质条件进行了披露和提示,鉴于勘察技术方法、钻探、测试样本取样数量的局限性,导致仍有部分隐藏不良地质情况未能查明的;或鉴于水文地质条件的不确定性和不稳定性,在施工阶段通过地基开挖、补充勘察、岩土工程监测等方式验证原勘察报告的水文地质参数、勘察结论建议与实际不完全相符的,不应认定为勘察质量缺陷。

此外,由于技术发展水平的限制或基础资料的缺乏,导致勘察人已经穷尽所有的手段,仍无法提供准确有效的勘察结论或建议的,也不应当认定为勘察存在质量缺陷。但是,在这种情况下,勘察人负有在勘察报告中对此予以详细说明并进行风险提示的义务;否则,勘察人对由此而给发包人造成损失的,勘察人因其过错而应承担一定的责任。

例如,《2009 版岩土工程勘察规范》第 4.1.11 项规定,详细勘察应当查明地下水的埋藏条件,提供地下水位及其变化幅度。

《2020 版房建市政工程勘察深度规定》第 4.3.3 项规定了勘察报告中应当描述地下水历史高水位、近 3 ~ 5 年最高地下水位调查资料等;第 4.5.5 项规定,勘察报告中对于存在抗浮问题时进行抗浮评价的,应提出抗浮设防水位、抗浮措施建议,提供抗浮设计所需参数。

在实践中,由于勘察的周期一般都非常短,勘察过程中测量的地下水位仅是勘察时点的地下水位,该水位还受到季节、降雨等因素的影响。如果项目当地没有设立长期地下水位观测点,也没有积累地下水位的历史观测资料的话,勘察人就无法收集上述地下水历史高水位、近 3 ~ 5 年最高地下水位等相关资料。在这些资料缺失的情况下,勘察人可能在勘察报告中无法提供地下水位变化幅度,在提出抗浮设防水位建议时,也只能结合勘察时实际测量的地下水来提出。由此导致的结果就是勘察报告可能与实际施工或使用时的地下水情况不符,但这种情况不应当认定为勘察质量存在缺陷。

当然,勘察人作为专业机构,应当负有在勘察报告中对此予以详细说明并进行风险提示的义务,并应当在勘察报告中要求加强施工期间的监测,必要时应进行施工勘察。例如,《2009 版岩土工程勘察规范》第 4.1.21 项规定:"基坑或基槽开挖后,岩土条件与勘察资料不符或发现必须查明的异常情况时,应进行施工勘察;在工程施工或使用期间,当地基土、边坡体、地下水等发生未曾估计到的变化时,应进行监测,并对工程和环境的影响进行分析评价。"

此处所指的勘察人已按勘察合同和相关法律法规、工程建设强制性标准进行勘察,是指勘察方案所包括的勘探数量、深度、试验方法等符合标准规范要求,所取得的外业数据真实。

《民法典》第 511 条规定:"当事人就有关合同内容约定不明确,依据前条规定仍不能确定的,适用下列规定:(一)质量要求不明确的,按照强制性国家标准履行;没有强制性国家标准的,按照推荐性国家标准履行;没有推荐性国家标准的,按照行业标准履行;没有国家标准、行业标准的,按照通常标准或者符合合同目的的特定标准履行……"

需要注意的是,《民法典》第 511 条规定的合同漏洞填补规则同样适用于勘察合同质量要求。但工程勘察合同的履行有其特殊性,工程勘察对水文地质参数的查明有一个渐进明晰的过程,难以一步到位,特别是复杂和不稳定的地场,往往需要通过施工验槽、补充勘察、岩土工程监测等方式进一步查明或验证。不能因为后续进一步查明或验证的情况与前期工作成果不完全相符而认定前期勘察成果存在质量缺陷。

二、勘察工作完成后,水文、地质条件发生改变导致勘察文件与场地实际不符的,不应认为勘察存在质量缺陷

工程建设场地的水文地质条件并非一成不变,特别是地震、海啸、泥石流等自然灾害,或工程施工如大填大挖、修建大型水坝都可能导致原勘察场地的水文地质条件发生改变。在勘察工作完成后,原勘察报告的水文地质参数、勘察结论建议当然与改变后的勘察场地不符,不应当认定为工程勘察质量缺陷。

例如,新疆高院在(2015)新民一初字第6号案中[①]认为,为确定敦德矿业公司(发包人)选矿厂地基基础塌陷与有色公司(勘察人)勘察行为之间的关联关系,法院委托鉴定机构对双方争议事实进行鉴定。鉴定报告认为,根据现场调查,委托方提供的资料和验证性勘察结果分析判定:(1)空洞在遇水入渗和(或)球磨机荷载作用下的坍塌是球磨机设备基础发生快速沉降和倾斜的主要原因。(2)该场地角砾混合土为中等湿陷性土,且属于不均匀地基土层,遇水浸泡至饱和,强度大幅降低,从而引起球磨机设备等下沉和倾斜,是本次事故的次要原因。新疆有色地质未能查明角砾混合土存在湿陷性和空洞等不良地质作用,未能判定基础持力层为不均匀地基;球磨机基础下没有布置勘探点;选矿厂试生产时厂房地坪和排水槽开裂,大量生产用水渗入球磨机等设备基础下均是本次事故产生的原因。有色公司对鉴定报告书提出如下异议:(1)有色公司2011年5月在该场地按20~30米的网状钻了142个探井,未发现有空洞,而国检鉴定所共钻了8个探井,其中3个发现有空洞或塌陷现象,这是由于场地已平整且多年喷灌而产生,故鉴定机构勘察时的环境、场地、地层、地形和地貌等条件与有色公司勘察时均不同,作出的鉴定报告书不能作为认定责任的依据。(2)有色公司勘探时的勘探深度为8~10米(从自然地坪起算),现今现场已经过挖方,当时的勘探土层已挖去大部分,有色公司出具的勘察报告书已不能作为工程设计依据。

该案还没有最终判决,但从有色公司的异议理由来看,无论是场地已平整且多年喷灌而产生空洞,还是勘探时的勘探土层已挖去大部分,都说明勘察场地因工程建设而发生了较大改变。如果有证据证明有色公司的异议理由成立,则本案就属于在勘察工作完成后,由于场地的地形、地貌、水文地质条件等发生了变化,并导致勘察报告与实际不符的,不应当被认定为勘察报告有质量缺陷。

三、勘察工作完成后,因勘察要求变更导致勘察报告不能满足变更后的发包人要求的,不属于勘察报告质量缺陷

勘察工作完成后,因发包人改变项目规划、规模、功能、范围等原因,导致原勘察文件的水文地质参数、勘察结论建议不能满足项目改变后的选址、设计、施

① 最高院(2020)最高法民终474号民事裁定书已裁定撤销该判决,将该案发回新疆高院重审。

工和岩土工程治理需要，而必须进行补充勘察、重新勘察的，不属于原勘察文件的质量缺陷。

工程勘察具有针对性，拟建建筑物或构筑物的规划、规模、功能、范围等不同，需要查明的水文地质参数、勘察结论建议不同。而且，这些水文地质参数与拟建建筑物的位置还有一一对应的关系。以公路桥梁的桥位和桥墩基础地质勘察为例，《2011 版公路工程地质勘察规范》第 6.11.3 项规定，工程地质勘探应符合下列要求：(1) 桥梁墩、台的勘探钻孔应根据地质条件按图 6.11.3 在基础的周边或中心布置。当有特殊性岩土、不良地质或基础设计施工需进一步探明地质情况时，可在轮廓线外围布孔，或与原位测试、物探结合进行综合勘探。(2) 工程地质条件简单的桥位，每个墩(台)的钻孔数量不得少于 1 个。遇有断裂带、软弱夹层等不良地质或工程地质条件复杂时，应结合现场地质条件及基础工程设计要求确定每个墩台的钻孔数量。

如果桥梁的桥墩位置发生变化，则需要重新补充钻孔进行补充勘察。此外，根据《2009 版岩土工程勘察规范》第 4.1.17 项规定，对密集的高层建筑群，勘探点可适当减少，但每栋建筑物至少应有 1 个控制性勘探点。因此，如果建筑物的位置发生变化，导致变化后的建筑物位置范围内没有控制性勘探点，则也不属于勘察报告质量缺陷，而是应当进行补充勘察。

第 4.3 条　【设计质量缺陷的判断标准】设计文件存在下列情形之一，应认定为设计文件存在质量缺陷：

(1) 不符合法律法规的强制性规定；

(2) 不符合工程建设强制性标准的要求；

(3) 不符合合同约定的技术标准或发包人要求；

(4) 不符合相关行业设计文件编制深度的规定；

(5) 存在影响工程安全性、使用性或其他功能的缺陷。

【条文主旨】

本条是关于建设工程设计合同中，当事人对于设计文件的质量问题发生争议时，如何认定工程设计质量存在缺陷的规定。

【理解与适用】

一、设计文件不符合法律法规的强制性规定

工程设计质量关系到社会公共利益和人民生命财产安全，国家对从事建设工程设计活动的单位和个人，实行非常严格的资质管理制度。设计文件（包含但不限于设计方案、设计说明、设计图纸、计算模型、结构计算书等）作为工程设计的具体成果形式，必然要符合法律法规的相关规定。

《建筑法》第37条规定："建筑工程设计应当符合按照国家规定制定的建筑安全规程和技术规范，保证工程的安全性能。"第52条规定："建筑工程勘察、设计、施工的质量必须符合国家有关建筑工程安全标准的要求，具体管理办法由国务院规定。有关建筑工程安全的国家标准不能适应确保建筑安全的要求时，应当及时修订。"第56条规定："建筑工程的勘察、设计单位必须对其勘察、设计的质量负责。勘察、设计文件应当符合有关法律、行政法规的规定和建筑工程质量、安全标准、建筑工程勘察、设计技术规范以及合同的约定。设计文件选用的建筑材料、建筑构配件和设备，应当注明其规格、型号、性能等技术指标，其质量要求必须符合国家规定的标准。"第57条规定："建筑设计单位对设计文件选用的建筑材料、建筑构配件和设备，不得指定生产厂、供应商。"

《建设工程质量管理条例》第21条规定："设计单位应当根据勘察成果文件进行建设工程设计。设计文件应当符合国家规定的设计深度要求，注明工程合理使用年限。"第22条规定："设计单位在设计文件中选用的建筑材料、建筑构配件和设备，应当注明规格、型号、性能等技术指标，其质量要求必须符合国家规定的标准。除有特殊要求的建筑材料、专用设备、工艺生产线等外，设计单位不得指定生产厂、供应商。"第23条规定："设计单位应当就审查合格的施工图设计文件向施工单位作出详细说明。"

《建设工程勘察设计管理条例》第25条规定："编制建设工程勘察、设计文件，应当以下列规定为依据：（一）项目批准文件；（二）城乡规划；（三）工程建设强制性标准；（四）国家规定的建设工程勘察、设计深度要求。铁路、交通、水利等专业建设工程，还应当以专业规划的要求为依据。"第26条第2～4款规定："编制方案设计文件，应当满足编制初步设计文件和控制概算的需要。编制初步设计文件，应当满足编制施工招标文件、主要设备材料订货和编制施工图设

计文件的需要。编制施工图设计文件,应当满足设备材料采购、非标准设备制作和施工的需要,并注明建设工程合理使用年限。”第 29 条规定:“建设工程勘察、设计文件中规定采用的新技术、新材料,可能影响建设工程质量和安全,又没有国家技术标准的,应当由国家认可的检测机构进行试验、论证,出具检测报告,并经国务院有关部门或者省、自治区、直辖市人民政府有关部门组织的建设工程技术专家委员会审定后,方可使用。”

综上可知,法律法规对设计文件的质量要求作出了规定,如果设计文件不符合相关法律法规规定,应认定为设计文件质量存在缺陷。

二、设计文件不符合工程建设强制性标准、规范的要求

国务院建设行政主管部门自 2000 年以来相继批准了《工程建设标准强制性条文》共十五部分,包括城乡规划、城市建设、房屋建筑、工业建筑、水利工程、电力工程、信息工程、水运工程、公路工程、铁道工程、石油和化工建设工程、矿山工程、人防工程、广播电影电视工程和民航机场工程,覆盖了工程建设的各主要领域。与此同时,建设行政主管部门还颁布了《实施工程建设强制性标准监督规定》,确立了强制性条文的法律地位。

《建设工程质量管理条例》第 19 条规定:“勘察、设计单位必须按照工程建设强制性标准进行勘察、设计、并对勘察、设计的质量负责。注册建筑师、注册结构工程师等注册执业人员应当在设计文件上签字,对设计文件负责。”《建设工程勘察设计管理条例》第 25 条规定:“编制建设工程勘察、设计文件,应当以下列规定为依据:(一)项目批准文件;(二)城乡规划;(三)工程建设强制性标准;(四)国家规定的建设工程勘察、设计深度要求。铁路、交通、水利等专业建设工程,还应当以专业规划的要求为依据。”

《实施工程建设强制性标准监督规定》第 2 条规定:“在中华人民共和国境内从事新建、扩建、改建等工程建设活动,必须执行工程建设强制性标准。”第 3 条规定:“本规定所称工程建设强制性标准是指直接涉及工程质量、安全、卫生及环境保护等方面的工程建设标准强制性条文。国家工程建设标准强制性条文由国务院建设行政主管部门会同国务院有关行政主管部门确定。”第 17 条规定:“勘察、设计单位违反工程建设强制性标准进行勘察、设计的,责令改正,并处以 10 万元以上 30 万元以下的罚款。有前款行为,造成工程质量事故的,责

令停业整顿,降低资质等级;情节严重的,吊销资质证书;造成损失的,依法承担赔偿责任。"

因此,如果设计文件不符合工程建设强制性标准、规范的规定,应认定为设计文件质量存在缺陷。

需要注意的是,除工程建设标准强制性条文外,工程建设标准领域还包含大量的非强制性标准(推荐性标准),如果设计文件不符合此类非强制性标准时,要结合本条第3项、第5项的规定综合考量认定。

三、设计文件不符合合同约定的技术标准或发包人要求

工程设计合同体现了发包人和设计人之间的意思自治,因此在不违反法律法规强制性规定的情况下,应尊重当事人的意思自治。实务中,合同约定的技术标准或发包人要求有以下几种表现形式。

(一)合同约定的技术标准

《2015版房建工程设计合同示范文本》和《2015版专业工程设计合同示范文本》第二部分"通用合同条款"第1.4.1项规定:"适用于工程的现行有效的国家标准、行业标准、工程所在地的地方性标准,以及相应的规范、规程等,合同当事人有特别要求的,应在专用合同条款中约定。"第1.4.2项规定:"发包人要求使用国外技术标准的,发包人与设计人在专用合同条款中约定原文版本和中文译本提供方及提供标准的名称、份数、时间及费用承担等事项。"

在实务中,建设工程设计领域的标准、规范数量极多,按专业可大致划分为建筑、暖通、城市规划、结构、给排水、道路桥梁、电气、消防等,如建筑专业常用标准有:《建筑设计防火规范》[GB 50016－2014(2018年版)]、《民用建筑设计统一标准》(GB 50352－2019)等;结构专业常用标准有:《建筑抗震设计规范》[GB 50011－2010(2016年版)]、《混凝土结构设计规范》[GB 50010－2010(2015年版)]、《钢结构设计标准》(GB 50017－2017)等。

因此,如果设计文件不符合合同约定的技术标准,应认定为设计文件质量存在缺陷。

(二)发包人要求

如果发包人对工程项目提出了具体的性能指标、规模标准、节能环保、建筑文化内涵、投资预算等方面的要求,那么设计文件还应当符合发包人要求。《2015 版房建工程设计合同示范文本》和《2015 版专业工程设计合同示范文本》第二部分“通用合同条款”第 1.4.3 项规定:“发包人对工程的技术标准、功能要求高于或严于现行国家、行业或地方标准的,应当在专用合同条款中予以明确。”例如,一般建设工程的合理使用年限为50 年,若发包人要求工程的合理使用年限超过 50 年的,应当在合同中明确约定,则设计文件应当符合相应的约定。

此外,发包人还可能会基于经济性和项目特点对具体技术指标提出要求。例如,在房地产项目设计合同中,发包人为了控制工程成本,可能会有结构含钢量的控制要求;在煤炭行业设计合同中,发包人为了实现预期产能,一般会有年产量的具体技术指标要求;在市政行业设计合同中,发包人为了达到预期目标,一般会有日污水处理能力的指标要求等。

上述指标、标准、技术要求等均构成了工程设计合同约定的质量标准,因此,如果设计文件不符合发包人要求,应认定为设计文件质量存在缺陷。

需要注意的是,发包人要求不得违反国家法律法规、工程建设强制性标准以及设计深度的规定,否则该项要求会因违反了相关法律规定而无效。例如,《建设工程质量管理条例》第 10 条第 2 款规定:“建设单位不得明示或暗示设计单位违反工程建设强制性标准,降低建设工程质量。”

(三)发包人提供的某些设计资料

在实务中,工程设计合同签订时,通常发包人应向设计人提供必要的设计资料,如项目的立项报告和审批文件、设计任务书、建筑红线图、建筑钉桩图、建筑地形图、建筑规划意见书、工程勘察报告等。在这些设计资料中,有的属于发包人要求,如设计任务书;有的属于政府文件,如规划意见书;有的则属于设计条件。

设计任务书作为工程设计合同中发包人向设计人提供的设计资料,在性质上属于发包人要求。因此,如果设计文件不符合设计任务书的要求,应认定为设计文件质量存在缺陷。

四、设计文件不符合相关行业设计文件编制深度的规定

所谓设计深度，是指设计图纸所要达到的详细程度。为加强对工程设计文件编制工作的管理，保证各阶段设计文件的质量和完整性，住建部颁布了《建筑工程设计文件编制深度规定》《市政公用工程设计文件编制深度规定》，其他行业领域也有类似设计深度的规范性文件，如石化行业的《化工工厂初步设计文件内容深度规定》、电力行业的《串补站初步设计内容深度规定》、机械行业的《机械工业建设工程设计文件深度规定》、铁道行业的《城市轨道交通工程设计文件编制深度规定》等。部分省市也有相关的规范性文件，如《上海市建筑幕墙工程设计文件编制深度标准》《天津市装配式混凝土建筑工程设计文件编制深度规定》《北京市园林设计文件内容及深度》等。

以建筑行业为例，建筑工程一般应分为方案设计、初步设计和施工图设计三个阶段；对于技术要求相对简单的民用建筑工程，当有关主管部门在初步设计阶段没有审查要求，且合同中没有关于初步设计的约定时，可在方案设计审批后直接进入施工图设计。各阶段设计文件编制深度一般应按以下原则进行：

1. 方案设计文件，应满足编制初步设计文件的需要，应满足方案审批或报批的需要；

2. 初步设计文件，应满足编制施工图设计文件的需要，应满足初步设计审批的需要；

3. 施工图设计文件，应满足设备材料采购、非标准设备制作和施工的需要。

按照设计的一般规律，设计深度的规定是对工程设计成果的最低要求，也是判断工程设计成果是否存在质量缺陷的基础性标准。[①] 因此，如果设计文件不符合相关行业设计文件编制深度的规定，应认定为设计文件质量存在缺陷。

需要注意的是，工程设计文件原则上应涵盖相关专业领域设计深度规定要求的所有要素，但由于实务中工程设计极其复杂，即便是经过审图机构审查通

---

① 常设中国建设工程法律论坛第十工作组：《建设工程总承包合同纠纷裁判指引》，法律出版社2020年版，第300~305页。

过的设计文件，也可能存在不符合相关行业设计文件编制深度要求的情形，实务中应结合设计文件缺陷程度作合理判断。

五、设计文件存在影响工程安全性、使用性或其他功能的缺陷

工程设计行业，尤其是结构设计领域，由于基础理论仍在不断发展完善，结构计算分析的结果往往与基本假定、计算模型密切相关，边界条件或输入参数的改变会导致计算结果大不相同。因此，虽然工程设计行业的政府监管、行业规范相对健全，设计单位内部审核流程也较为严格，但工程设计质量事故仍时有发生，仅“抗浮设计争议”，近年来就有多起纠纷案件。例如，浙江高院（2013）浙民提字第 133 号、山东高院（2020）鲁民终 2572 号、扬州中院（2016）苏 10 民终 2819 号、毕节中院（2020）黔 05 民终 1975 号等。这些案件的民事判决书，在设计行业引起了巨大争议。但不管怎样，如果设计文件存在影响工程安全性的问题，应认定为设计文件质量存在缺陷。

在实务中，设计文件还有可能出现影响使用性或其他功能性的缺陷，如层高不足、隔声效果欠佳、日照时数不够、屋面女儿墙防水未设置压顶、楼板厚度偏薄等，此类缺陷虽不至于影响结构安全性，但会影响房屋耐久性、舒适性等。使用功能受到影响，也应认定为设计文件质量存在缺陷。

第 4.4 条 【发包人要求或其提供的设计资料对设计质量的影响】因发包人要求或其提供的设计资料存在缺陷导致设计文件错误或质量缺陷，发包人主张设计人承担责任的，人民法院或者仲裁机构不予支持；但设计人根据专业知识能够判断发包人要求或其提供的设计资料存在缺陷仍进行设计的，设计人应当承担相应责任。

【条文主旨】

本条是关于建设工程设计合同中，由于发包人要求或其提供的设计资料存在缺陷导致设计文件错误或质量缺陷时责任归属的确定原则的规定。

【理解与适用】

一、发包人要求或其提供的设计资料对设计人的约束力

（一）发包人要求

实务中，发包人要求一般包括工程选址、设计范围、建设规模、质量标准、功能指标、节能环保、文化内涵、投资预算等。《2015 版房建工程设计合同示范文本》《2015 版专业工程设计合同示范文本》第一部分“合同协议书”第 6 条“合同文件构成”均对发包人要求有类似规定：“本协议书与下列文件一起构成合同文件：(1)专用合同条款及其附件；(2)通用合同条款；(3)中标通知书（如果有）；(4)投标函及其附录（如果有）；(5)发包人要求；(6)技术标准；(7)发包人提供的上一阶段图纸（如果有）；(8)其他合同文件。”根据上述示范文本的相关条款可以看出，“发包人要求”一般被认为属于合同约定的一部分，对设计人具有约束力。

《2015 版房建工程设计合同示范文本》第二部分“通用合同条款”第 5.1.1.2目规定：“发包人要求进行主要技术指标控制的，钢材用量、混凝土用量等主要技术指标控制值应当符合有关工程设计标准的要求，且应当在工程设计开始前书面向设计人提出，经发包人与设计人协商一致后以书面形式确定作为本合同附件。”由此可以看出，发包人要求应以书面形式确定并有明确的量化指标。

例如，北京二中院在（2020）京 02 民终 507 号案中认为，按照设计合同的约定，设计人提供的设计图纸应当满足工程投资估算约为 450 万元的要求；根据现有设计图纸，工程投资估算为 900 余万元，该估算金额远远超过了设计合同约定的估算金额；设计人履行合同不符合合同约定，无法实现发包人签订设计合同的合同目的；依照我国原《合同法》的相关规定，当事人一方迟延履行债务或者有其他违约行为致使不能实现合同目的的，守约方可以解除合同；因此，一审法院判令解除双方设计合同，由违约方设计人退还发包人合同款，合法有据，并无不当。

又如，陕西高院在（2017）陕民终 134 号案中认为，案件经过司法鉴定，设计人设计的部分施工图纸钢筋含量未达到补充协议约定的优化指标，发包人也已

重新委托其他设计公司，双方签订的《建设工程设计合同》客观上已无继续履行之必要，原审法院判决驳回设计人要求继续履行合同和要求支付违约金的诉讼请求，合法有据，依法予以维持。

因此，发包人要求对设计人具有约束力。

（二）发包人提供的设计资料

《2015 版专业工程设计合同示范文本》第二部分“通用合同条款”第 1.1.3.5 目规定：“工程设计资料：是指根据合同约定，发包人向设计人提供的用于完成工程设计范围与内容所需要的资料。工程设计资料包括项目基础资料和现场障碍资料。项目基础资料包括经有关部门对项目批准、核准或备案的文件、报告（如选址报告、资源报告、勘察报告、专项评估报告等）、资料（如气象、水文、地质等）、协议（如燃料、水、电、气、运输等）和有关数据等其他基础资料。现场障碍资料包括地上和地下已有的建筑物、构筑物、线缆、管道、受保护的古建筑、古树木等坐标方位、数据和其他相关资料。”在实务中，发包人提供的设计资料根据工程实际情况会略有不同，这些设计资料一般也被认为属于合同约定的一部分，对设计人具有约束力。

例如，杭州中院在（2015）浙杭民终字第 2276 号案中认为，设计人与发包人签订的《民用建设工程设计合同》系双方当事人的真实意思表示，不违反法律、行政法规的强制性规定，自依法成立时生效；根据合同约定，发包人应向设计人提交项目建设批文、设计任务书（委任书）、地质勘察报告、地形图等资料，如未及时交付的，设计人交付设计文件的时间相应顺延；设计人明知合同上述约定，但在未依约取得发包人交付的案涉工程设计有关资料的前提下进行了设计，现设计人以其已向发包人提交了适当的设计方案文本为由，向发包人主张合同进度款依据不足，原审法院对此未予支持并无不当。

因此，发包人提供的设计资料对设计人具有约束力。

二、发包人要求或其提供的设计资料存在缺陷时发包人应承担的责任

《民法典》第 805 条规定：“因发包人变更计划，提供的资料不准确，或者未按照期限提供必需的勘察、设计工作条件而造成勘察、设计的返工、停工或者修改设计，发包人应当按照勘察人、设计人实际消耗的工作量增付费用。”《2015

版房建工程设计合同示范文本》第二部分“通用合同条款”第4.1款规定:“发包人应当在工程设计前或专用合同条款附件2约定的时间向设计人提供工程设计所必需的工程设计资料,并对所提供资料的真实性、准确性和完整性负责……”第5.4.2项又规定:“因发包人原因造成工程设计文件不合格的,设计人应当采取补救措施,直至达到合同要求的质量标准,由此增加的设计费用和(或)设计周期的延长由发包人承担。”由此可见,因发包人要求或其提供的设计资料存在缺陷导致设计文件错误或质量缺陷的,发包人理应承担相应责任。

例如,最高院在(2019)最高法民终969号案中认为,从本案《技术咨询合同》约定内容看,合同明确约定由发包人负责提供该项目的技术资料,包括与该工程设计有关的书面基础资料、与本工程有关的前期各种报告和资料、设计需要的其他资料,并对提供的时间、进度和资料的可靠性、准确性负责;虽然该约定中并未对技术资料是否包含选址测风数据资料加以明确,但根据合同约定完成可研性报告的时间,可以推定测风数据是由发包人提供的;因此,发包人向设计人主张违约责任及赔偿损失的请求,没有事实和法律依据。

因此,除非合同有明确的相反约定,否则发包人要求或其提供的设计资料存在缺陷导致设计文件错误或质量缺陷,进而造成发包人损失的责任通常由发包人自行承担,发包人因此主张设计人承担责任的,不予支持。

三、设计人的合理注意义务

建设工程设计具有高度专业性,相对于发包人而言,设计人掌握更多的技术和经验,专业知识储备更丰富,在发包人要求或其提供设计资料的技术性缺陷的识别方面,设计人具有天然优势。因此,设计人应当有一定程度的合理注意义务。《民法典》第776条规定:“承揽人发现定作人提供的图纸或者技术要求不合理的,应当及时通知定作人。因定作人怠于答复等原因造成承揽人损失的,应当赔偿损失。”该规定即是上述合理注意义务的体现。《2015版房建工程设计合同示范文本》第二部分“通用合同条款”第5.1.2.1目也有类似规定:“设计人应当按法律和技术标准的强制性规定及发包人要求进行工程设计。有关工程设计的特殊标准或要求由合同当事人在专用合同条款中约定。设计人发现发包人提供的工程设计资料有问题的,设计人应当及时通知发包人并经发包人确认。”

例如,河北高院在(2020)冀民申2332号案中认为,对本案争议的污水处理工程,鉴定意见明确了根据设计人提供的废水中去除率表格,含铬废水及综合废水中的悬浮物均需在“厂方自建过滤池”中过滤掉90%,而设计人在设计合同中并未明确其是在“厂方自建过滤池”过滤掉悬浮物90%的进水水质基础上进行的设计;设计人作为污水处理设计的专业单位,应当知道本案“厂方自建过滤池”在污水处理过程中的重要性,应当属于设计人设计中考量的范围;发包人提交的设计人出具的《工艺施工总说明》的工艺流程图中标有“厂方自建过滤池”,但设计人在设计时并未对发包人自建过滤池提出具体要求,导致涉案污水处理系统工程竣工后,在设计人调试下未能达到环保要求,设计人的设计显属不当,原审法院认定合同解除并返还设计费并无不当。

又如,山东高院在(2020)鲁民终2572号案中认为,设计人以勘察单位出具的勘察报告为据,抗辩因案涉场地未见地下水,故无须对案涉工程地下室进行抗浮设计的理由并不充分;设计人作为专业的设计机构,其履行合同不仅应当符合国家法律、法规,符合工程行业的标准和规范,还应当秉持专业的精神,最大限度地尽到专业机构的注意义务,提供合理可使用的设计方案,保证工程按照设计方案施工后能够正常投入使用;综上所述,本案工程抗浮设计上存在疏漏,且该疏漏与工程受损之间存在因果关系,故设计人应当承担相应的责任,考虑到抗浮设计上存在遗漏主要是由于勘察报告缺失相关记载,故设计人承担10%的赔偿责任为宜。

因此,设计人根据专业知识能够判断发包人要求或其提供的设计资料存在缺陷仍进行设计的,设计人应当承担相应责任。

四、发包人要求或其提供的设计资料不明确的处理规则

在实务中,发包人要求或其提供的设计资料不明确时,有可能导致发包人和设计人对此产生理解上的差异,这种情形属于发包人和设计人之间“约定不明”,应根据证据规则并结合行业惯例加以判断。

例如,四川高院在(2020)川民终558号案中认为,发包人不能举证证明其通过微信发送的效果图上已明确载明或标注了其要求的结构功能、工艺材质、几何参数等具体内容,其要求设计人据此调整设计的前提条件不成立;同时,设计人已经完成了设计工作,发包人已进入施工阶段,表明发包人对设计人的包

括其调整的设计内容在内的设计成果已予以认可并实际运用，据此，发包人以设计人擅自调整设计以及不按效果图和成册方案调整施工图设计为由认为设计人构成根本违约的上诉理由不成立，不予支持。

又如，辽宁高院在(2018)辽民终456号案中认为，根据设计人提交的景观概念方案图纸、电子邮件及EMS回执单等证据来看，设计人已经完成了合同约定的A区概念设计方案，全部履行了己方概念设计阶段的合同义务；发包人的副总经理邓某虽未签字确认，亦未对该方案提出异议，况且，建筑工程设计成果的审核并无明确的客观标准，具有较强的主观性，所以合同明确约定发包人审核确认的内容为设计公司实际完成的工作量，而非其他主观性考核目标；根据双方往来邮件和会议纪要的内容，经过一个月的多次修改后，发包人对于设计人提交的设计方案在设计层面上的技术问题未再提出任何书面异议，仅认为其设计风格不符合其董事长的个人要求；因此，综合本案证据和事实，可以认定设计人已经完成了景观概念设计工作，发包人支付概念阶段的设计费用的条件已成就。

因此，如果发包人要求或其提供的设计资料并不明确、发包人与设计人存在争议时，应结合具体情况综合判断。

第4.5条 【前一阶段设计对后一阶段设计质量的影响】因发包人提供的前一阶段设计文件的质量缺陷导致后一阶段设计质量缺陷的，按以下情形分别处理：

(1)合同约定前一阶段设计的质量由设计人负责，设计人主张减轻或免除相应质量责任的，不予支持，但设计人客观上不能通过审核发现前一阶段设计质量缺陷的情形除外；

(2)除情形(1)外，前一阶段设计的质量应当由发包人负责，但设计人作为有经验的设计单位，应当发现前一阶段设计存在质量缺陷而未发现的，应当承担相应的过错责任。

【条文主旨】

本条是关于建设工程设计合同中，前一阶段设计文件存在质量缺陷导致后一阶段设计质量缺陷责任归属的处理原则。

【理解与适用】

一、工程设计各个阶段的分类及成果形式

(一)工程设计各个阶段的分类

工程建设领域包括城乡规划、城市建设、房屋建筑、工业建筑、水利工程、电力工程、信息工程、水运工程、公路工程、铁道工程、石油和化工建设工程、矿山工程、人防工程、广播电影电视工程和民航机场工程等十五部分。对于房屋建筑领域,工程设计一般分为方案设计、初步设计和施工图设计三个阶段;对于其他专业工程建设领域,工程设计一般分为初步(基础)设计、非标准设备设计(如有)、施工图设计三个阶段。对于大型基础设施、复杂工业项目等工程在方案设计(或初步设计)之前通常进行可行性研究,必要时进行预可行性研究,并在初步设计和施工图设计之间增加扩大初步设计或招标设计阶段。

以房屋建筑工程为例,各阶段设计文件编制深度应符合以下原则:(1)方案设计文件,应满足编制初步设计文件的需要,应满足方案审批或报批的需要;(2)初步设计文件,应满足编制施工图设计文件的需要,应满足初步设计审批的需要;(3)施工图设计文件,应满足设备材料采购、非标准设备制作和施工的需要。

需要指出的是,《2015版房建工程设计合同示范文本》附件1“工程设计范围、阶段与服务内容”将房屋建筑工程设计阶段划分为方案设计、初步设计、施工图设计及施工配合四个阶段;《2015版专业工程设计合同示范文本》附件1“工程设计范围、阶段与服务内容”将专业建设工程设计阶段划分为初步(基础)设计、非标准设备设计(如有)、施工图设计及施工配合四个阶段。

(二)工程设计各个阶段的成果形式

仍以房屋建筑工程为例,方案设计阶段的成果文件一般包括:(1)设计说明书,包括各专业设计说明以及投资估算等内容;对于涉及建筑节能、环保、绿色建筑、人防等设计的专业,其设计说明应有相应的专门内容。(2)总平面图以及相关建筑设计图纸,若为城市区域供热或区域燃气调压站,应提供热能动力专业的设计图纸。(3)设计委托或设计合同中规定的透视图、鸟瞰图、模型等。

初步设计阶段的成果文件一般包括:(1)设计说明书,包括设计总说明、各专业设计说明;对于涉及建筑节能、环保、绿色建筑、人防、装配式建筑等,其设计说明应有相应的专项内容。(2)有关专业的设计图纸。(3)主要设备或材料表。(4)工程概算书。(5)有关专业计算书。

施工图设计阶段的成果文件一般包括:(1)合同要求所涉及的所有专业的设计图纸(含图纸目录、说明和必要的设备、材料表)以及图纸总封面;对于涉及建筑节能设计的专业,其设计说明应有建筑节能设计的专项内容;涉及装配式建筑设计的专业,其设计说明及图纸应有装配式建筑专项设计内容。(2)合同要求的工程预算书;对于方案设计后直接进入施工图设计的项目,若合同未要求编制工程预算书,施工图设计文件应包括工程概算书。(3)各专业计算书。

二、工程设计不同阶段之间的关系

大部分工程建设行业设计阶段起始于方案设计或初步设计,结束于施工图设计。但某些行业如矿山工程、电力工程等,会将设计阶段向前延伸,规定预可行性研究报告、可行性研究报告也归入设计阶段。

设计工作的专业特点决定了设计工作需要反复协调,这种反复协调主要体现在三个方面:首先,建设工程的设计涉及许多不同的专业领域,需要在各专业设计之间进行反复协调;其次,在设计过程中,还要在不同设计阶段之间进行反复协调,既可能是同一专业之间的协调,也可能是不同专业之间的协调;最后,设计过程中还需要与外部资源进行反复协调,主要涉及与业主需求和政府有关部门审批工作的协调。

一般情况下,建筑工程设计应按照方案设计、初步设计和施工图设计三个阶段依次顺序进行,但对于技术要求相对简单的民用建筑工程,当有关主管部门在初步设计阶段没有审查要求,且合同中没有作初步设计的约定时,可在方案设计审批后直接进入施工图设计。

例如,贵州高院在(2016)黔民终 61 号案中认为,案涉项目系复杂的组团项目,不属于技术要求简单的民用建筑工程,且发包人未举证证明该案涉工程已取得相关主管部门同意不进行初步设计的文件,据此,案涉项目的设计应当分为方案设计、初步设计和施工图设计三个阶段;另外,施工图设计需要以地勘材料为基础,该地勘材料发包人至今未交付,且发包人已向设计人发出设计工作停止通知,设计人亦未提供充分证据证明已全面进入或完成施工图设计阶段,故该案涉项目现阶段尚处于初步设计阶段,发包人不应当承担施工图设计阶段费用。

三、前一阶段设计对后一阶段设计质量的影响

在实务中,发包人可能基于统一管理、方便协调等原因,将同一工程的全部设计工作均委托同一设计人进行设计,也可能根据项目进展状况或基于发挥专业设计团队优势等原因,将同一工程的不同设计阶段委托不同的设计人(包括联合体)进行设计。根据工程设计行业特点,前一阶段设计输出一般会构成后一阶段设计的输入,故通常会对后一阶段的设计产生比较大的影响。因此,在同一工程的不同设计阶段由不同的设计人完成的情形下,如果发生前一阶段设计文件的质量缺陷导致后一阶段设计文件质量缺陷的争议时,通常首先要考虑合同条款对于不同设计阶段质量责任的约定。

《2015 版房建工程设计合同示范文本》《2015 版专业工程设计合同示范文本》对不同设计阶段质量责任归属均未作明确的规定,仅在部分条款中有提及。例如,《2015 版房建工程设计合同示范文本》第二部分"通用合同条款"第5.1.2.1目"对设计人的要求"中规定:"设计人应当按法律和技术标准的强制性规定及发包人要求进行工程设计。有关工程设计的特殊标准或要求由合同当事人在专用合同条款中约定。设计人发现发包人提供的工程设计资料有问题的,设计人应当及时通知发包人并经发包人确认。"在司法案例中,此类责任归属在合同中有明确约定的也不多见。

如果合同约定前一阶段设计质量应由设计人负责,基于设计人的专业身份,其具有对前一阶段设计文件进行审核的能力。如果设计人对此需要增加额外的时间或费用,其可以要求在合同中予以明确。在这种情形下,如果因前一阶段设计文件的质量缺陷导致了后一阶段设计的质量缺陷,后一阶段的设计人应当按照合同约定承担相应的质量责任,其主张减轻或免除相应质量责任的,人民法院或者仲裁机构应不予支持。但在实务中,有时设计人并不能通过审核轻易发现前一阶段的设计质量缺陷,如果对设计人太过苛求,显失公平。因此,设计人客观上并不能通过审核发现前一阶段设计质量缺陷的,其主张减轻或免除相应质量责任的,人民法院或者仲裁机构应予支持。

如果合同约定前一阶段设计质量由发包人负责，由于前一阶段的设计工作由发包人另行委托第三方完成，基于合同的相对性，由发包人承担相应质量责任的约定合法有效，故应从其约定。同时，作为一个专业的设计单位，设计人仍应负有合理的注意义务。如果设计人在前一阶段设计文件的基础上进行设计时，未尽到一个专业设计人应尽的注意义务，具有明显过错，故应当承担过错责任。

此外，如果合同对质量责任未作明确约定，前一阶段设计文件存在质量缺陷，从而导致后一阶段的工程设计出现质量缺陷时，当事人应当在其过错范围内承担责任。具体来说，对于发包人不允许修改或设计人无法核实的前一阶段的设计文件或资料，因其缺陷或错误导致后一阶段设计文件出现质量缺陷的，应当由发包人承担相应责任；同时，对于一个专业的设计人应当发现的质量缺陷或错误，设计人未能发现的，其也应在过错范围内承担相应责任。

四、工程总承包合同中设计人的审核责任

《建设项目工程总承包合同（示范文本）》（GF－2020－0216）第二部分"通用合同条件"第4.7.1项规定："除专用合同条件另有约定外，承包人应对基于发包人提交的基础资料所做出的解释和推断负责，因基础资料存在错误、遗漏导致承包人解释或推断失实的，按照第2.3款［提供基础资料］的规定承担责任。承包人发现基础资料中存在明显错误或疏忽的，应及时书面通知发包人。"第4.7.2项又规定："承包人应对现场和工程实施条件进行查勘，并充分了解工程所在地的气象条件、交通条件、风俗习惯以及其他与完成合同工作有关的其他资料。承包人提交投标文件，视为承包人已对施工现场及周围环境进行了踏勘，并已充分了解评估施工现场及周围环境对工程可能产生的影响，自愿承担相应风险与责任。在全部合同工作中，视为承包人已充分估计了应承担的责任和风险，但属于4.8款［不可预见的困难］约定的情形除外。"《标准设计施工总承包招标文件》（2012年版）合同条款及格式第1.13.1项规定："承包人应认真阅读、复核发包人要求，发现错误的，应及时书面通知发包人。发包人作相应修改的，按照第15条约定处理。对确实存在的错误，发包人坚持不作修改的，应承担由此导致承包人增加的费用和（或）延误的工期。"第1.13.2项规定："承包人未发现发包人要求中存在错误的，承包人自行承担由此导致的费用增加和

（或）工期延误，但专用合同条款另有约定的除外。”

在实践中，工程总承包合同通常会规定，承包人对业主前期的设计成果在投标前有审校义务，有的合同甚至要求承包人为业主在项目前期所做的勘察设计成果的正确性负责。[①] 由于总承包人对工程总承包项目最终能够满足业主要求负责，故其对项目设计成果也应承担最终的责任。因此，总承包人应当对业主前期的设计成果承担审核责任。同时，除合同明确约定前期设计不可更改或由业主负责，或总承包人无法核实前期设计成果的质量（如第三方完成的勘察报告以及因该勘察报告缺陷导致的设计缺陷等）外，总承包人也应当对业主前期设计成果的正确性负相应责任。[②]

第4.6条 【输入介质、环境条件对设计质量的影响】因输入介质、环境条件等改变导致设计项目的质量不符合发包人要求，发包人主张设计人承担质量责任的，不予支持；但有证据证明设计文件存在质量缺陷的，设计人应当承担相应责任。

【条文主旨】

本条是关于建设工程设计合同中，由于输入介质、环境条件等改变导致设计项目的质量不符合发包人要求，发包人和设计人责任归属的确定原则。

【理解与适用】

一、输入介质、环境条件的含义

（一）输入介质

本条中的输入介质，指的是某些专业工程设计中，为达到项目预期功能必须输入的水、电、气等媒介的统称。比如，水力发电的基本原理是水的势能转化为机械能，再转化为电能的过程。因此，水电站设计项目，输入介质就是“水”，

---

① 张水波、陈勇强编著：《国际工程总承包EPC交钥匙合同与管理》，中国电力出版社2009年版，第61页。

② 高印立编著：《建设工程施工合同法律实务与解析》（第2版），中国建筑工业出版社2018年版，第364页。

水头高度、汇水面积与设计发电量有直接关系。如果在实际运行过程中，输入介质的水头高度发生改变，项目实际发电量相较于预期势必会受到影响。再如，工业污水处理的工艺有物理工艺、化学工艺、物化工艺、生化工艺等，针对不同的输入介质（如印染污水、医用污水、石化污水等），需要不同的污水处理工艺，如果输入介质的指标发生改变，限于设计的污水处理工艺已无法改变，因而会直接影响污水处理能力。

（二）环境条件

本条中的环境条件，是指在工程设计中，为达到项目预期功能，设计人预先假定的基本条件，如红线范围、环境温度、气候条件、受力状态等。比如，在工业厂房的结构设计中，不同吊车荷载的取值，决定了吊车梁要选择相应强度等级的钢材和连接方式，在此条件下，吊车梁的承载能力和疲劳性能也会有所不同。如果受力状态改变（如实际起吊的重量超过设计范围），极有可能引发工程事故；如果环境温度发生改变（如严寒环境），还可能会出现由低温冷脆引发的钢结构脆性破坏、坍塌事故。

二、输入介质改变导致设计项目的功能性指标不符合发包人要求的处理原则

在工业设计项目中，项目的质量是否合格大多体现为其功能性指标是否符合发包人要求。此处的功能性指标，指的是工程设计中预期达到的产能或节能目标，如发电量、煤炭产量、钢铁产量、污水处理能力、节能减排效果等。输入介质发生变化，通常会影响设计项目的功能性指标。输入介质一般都是由发包人提供或由发包人、设计人事先约定，设计人将此种输入介质作为设计的一个基本输入条件。因而，在实际工程使用或运行时，一旦输入介质发生改变，那么设计的基本条件亦发生变化，设计预期的功能性指标也极有可能达不到发包人的要求。由于输入介质改变，并非由设计人造成，因此，除非发包人有证据证明设计文件存在质量缺陷，否则，发包人主张设计人承担质量责任的，人民法院或者仲裁机构应不予支持。

例如，某设计、采购、施工（Engineer，Procure，Construct，EPC）项目合同争议仲裁案中，仲裁庭注意到：当事人之间的《设备移交清单》写明，设备虽然移交，

由于现场水质未达到设计标准，故无法作最终性能考核；被申请人在对申请人律师函的回复中称，双方进行了友好协商，达成共识，由于业主水质变化导致的蒸汽消耗量增加，双方共同与业主协商，调增水费。由此，仲裁庭认为，蒸发结晶处理装置未进行最终性能考核的原因为现场水质未达到设计标准，并非申请人的原因造成，且被申请人也认可，水质变化导致了蒸汽消耗量的增加。根据《技术协议》第7.3.1项的约定，性能考核内容包括设计处理来水量、蒸汽消耗量、出盐品质等多个指标。这表明，因现场水质未达到设计标准，从而导致蒸发结晶处理装置的性能考核指标受到了影响。同时，由于被申请人未在合同约定的质量异议期间内对装置的质量提出异议，最终，仲裁庭对被申请人关于处理装置的蒸汽消耗量不符合合同约定的意见未予采纳，对被申请人关于支付因违反性能考核造成的蒸汽损失的仲裁反请求未予支持。

又如，山西高院在(2015)晋商终字第153号案中认为，发包人与承包人签订的合同约定了发包人既向承包人提供进水，同时发包人也是合格产品出水的采购方，在源水水量及水质满足合同相关条款规定的条件下，承包人应保证在整个运营期内保持本项目的设计产水能力；对于支付违约金的问题，承包人提供的出水水质及发包人提供的进水处理水质是否达标和符合合同要求，是本案构成根本违约的重要条件；发包人主张承包人没有提供合乎约定的出水水质导致严重影响该矿的生产生活和无法估量的经济损失，但其没有有效证据证明承包人提供的出水水质存在未达标的情形；同时承包人主张发包人拖欠水费构成违约应承担违约责任，但是也没有有效证据证明发包人提供的进水水质存在未达标的情形，双方均应承担举证不能的法律后果。

三、环境条件改变导致设计项目的质量不符合发包人要求的处理原则

环境条件发生变化通常也会影响设计项目的质量，甚至会发生质量事故。环境条件一般都是客观存在、不随主观意志而改变的，设计人进行工程设计时也会将此种环境条件作为设计的一个基本输入条件。与输入介质改变对设计项目的功能性指标的影响类似，在实际工程使用或运行的时候，一旦环境条件发生改变，那么设计的基本条件亦会发生变化，工程也有可能因此出现质量问题。由于环境条件改变并非由设计人造成，因此，除非有证据证明设计文件存在质量缺陷，否则，发包人主张设计人承担质量责任的，人民法院或者仲裁机构

可不予支持。

例如，某水上乐园设计合同争议仲裁案中，仲裁庭认为，发包人与设计人签订的设计合同合法有效，设计人已履行合同义务；案涉挡土墙设计高度为 8 米，钢筋混凝土结构，挡土墙背面土体设计高度为 7.2 米，经鉴定机构鉴定，案涉挡土墙工程发生开裂、变形系由案外第三人进行市政道路施工时将挡土墙背面土体增高 0.5～0.8 米、挡土墙实际受力状态相较于设计假定发生根本性改变所致，该受力状态的改变与设计人并无关系；经鉴定校核，该挡土墙在设计土体高度为 7.2 米时，承载能力符合国家相关标准规范的规定，钢筋配置、抗裂验算也满足规范要求；对于发包人主张设计人应对挡土墙开裂、变形质量事故承担责任并赔偿其违约金的反请求，仲裁庭不予支持。

四、有证据证明设计文件存在质量缺陷的，设计人应当承担相应责任

在实务中，设计项目的功能性指标不符合发包人要求可能有多种原因，即使确定输入介质、环境条件等的改变是上述原因之一，也不能完全排除设计人的责任。这是因为，在设计文件本身即存在质量缺陷的情况下，无论输入介质、环境条件是否改变，都有可能导致设计项目的功能性指标不符合发包人要求，如果不查明设计文件本身是否存在缺陷，则可能导致误判。有证据证明设计文件存在质量缺陷的，设计人应当承担相应责任。当然，在因输入介质、环境条件等的改变导致项目功能性指标不符合要求的情况下，对于设计人的设计质量缺陷，发包人可能要承担更重的举证责任。

例如，南通中院在（2021）苏 06 民终 252 号案中认为，虽然双方签订的合同中没有明确处理废水的水温，但案涉工程从签订《环境影响评价技术合同书》，到设计人编制《建设项目环境影响评价报告表》，再到双方签订《污水处理工程合同》，前后衔接，是一个整体的过程，可表明案涉工程需要处理的是高温废水，双方在对工程进行调试时，出水水质无法达到合同约定标准；此后双方就合同履行、整改问题进行磋商，设计人就案涉合同制定纺织污水处理整改设计方案，并按该方案加装冷却塔等设备，但仍不能达到合同约定出水水质；设计人的设计明显存在缺陷，应当承担整改费用、违约金、鉴定费等费用；由于设计人的设计成果未能达到合同约定，发包人有权拒付工程款，设计人主张违约金不予支持。

第 4.7 条 【将未经施工图审查的施工图用于施工的质量责任】对于施工前需进行施工图审查的项目，发包人将设计人已完成但未经审查机构审查的施工图用于施工，又以施工图未经审查为由拒绝支付设计费的，人民法院或者仲裁机构不予支持。

发包人将未经审查的施工图用于施工后，因设计缺陷引发质量问题的，产生的有关费用按以下原则承担：

(1)因属于施工图审查内容的设计缺陷导致工程质量问题的，设计修改费用由设计人承担；因此产生的工程返工和修复费用主要由设计人承担，发包人亦应在其过错范围内承担相应责任。

(2)对于其他设计缺陷引发的质量问题，设计修改、工程返工和修复费用应由设计人承担。

【条文主旨】

对于工程施工前需进行施工图审查的项目，本条规定，发包人将设计人已完成但未经审查机构审查的施工图用于施工的，发包人应当支付相应的设计费；同时，本条对上述情形下因设计缺陷引发的设计修改、工程返工和修复费用承担作出规定。

【理解与适用】

一、施工图设计文件审查的概念和范围

(一)施工图设计文件审查的概念

施工图设计文件审查（以下简称施工图审查），是指施工图审查机构（以下简称审查机构）按照有关法律、法规规定，对施工图涉及公共利益、公众安全和工程建设强制性标准的内容进行的审查。施工图设计文件未经审查批准的，不得使用。对此，我国有关行政法规、规范性文件都作了详细规定。

《建设工程质量管理条例》第 11 条规定："施工图设计文件审查的具体办法，由国务院建设行政主管部门、国务院其他有关部门制定。施工图设计文件未经审查批准的，不得使用。"

《建设工程勘察设计管理条例》第 33 条规定："施工图设计文件审查机构应

当对房屋建筑工程、市政基础设施工程施工图设计文件中涉及公共利益、公众安全、工程建设强制性标准的内容进行审查。县级以上人民政府交通运输等有关部门应当按照职责对施工图设计文件中涉及公共利益、公众安全、工程建设强制性标准的内容进行审查。施工图设计文件未经审查批准的,不得使用。”

《房建市政工程施工图审查管理办法》第 3 条规定:“国家实施施工图设计文件(含勘察文件,以下简称施工图)审查制度。本办法所称施工图审查,是指施工图审查机构(以下简称审查机构)按照有关法律、法规,对施工图涉及公共利益、公众安全和工程建设强制性标准的内容进行的审查。施工图审查应当坚持先勘察、后设计的原则。施工图未经审查合格的,不得使用。从事房屋建筑工程、市政基础设施工程施工、监理等活动,以及实施对房屋建筑和市政基础设施工程质量安全监督管理,应当以审查合格的施工图为依据。”

《铁路建设工程施工图设计文件审查管理办法》第 3 条规定:“本办法所称施工图设计文件审查,是指铁路建设工程施工图设计文件交付施工前,由建设单位委托施工图设计文件审查机构(以下简称审查机构),按照有关法律法规、技术标准与规范及本办法规定,对施工图设计文件中涉及公共利益、公众安全、工程建设强制性标准的内容进行的审查。”

(二)施工图设计文件审查的范围

关于施工图设计文件审查的范围,2018 年之前不包括消防设计审核、人防设计审查等技术审查。但为了深化“放管服”改革和优化营商环境,行政机关从 2018 年起便开始推行“联合体审图”,将前述技术审查并入施工图审查范围内。

根据国务院办公厅《关于开展工程建设项目审批制度改革试点的通知》(国办发〔2018〕33 号)和国务院办公厅《关于全面开展工程建设项目审批制度改革的实施意见》(国办发〔2019〕11 号)的规定,将消防设计审核、人防设计审查等技术审查并入施工图设计文件审查,相关部门不再进行技术审查。同时,根据住建部《关于修改〈房屋建筑和市政基础设施工程施工图设计文件审查管理办法〉的决定》第 2 条的规定,施工图审查的内容增加了“消防安全性”和“人防工程(不含人防指挥工程)防护安全性”。《建设工程消防设计审查验收管理暂行规定》第 24 条也规定:“实行施工图设计文件联合审查的,应当将建设工程消防设计的技术审查并入联合审查。”

需要注意的是，国家强制要求进行施工图设计文件审查的同时，也允许试点地区探索取消施工图审查或缩小审查范围。[①] 国务院办公厅《关于全面开展工程建设项目审批制度改革的实施意见》第二部分“（四）精简审批环节”中规定：“试点地区要进一步精简审批环节，在加快探索取消施工图审查（或缩小审查范围）、实行告知承诺制和设计人员终身负责制等方面，尽快形成可复制可推广的经验。”在上述试点地区，确实也部分取消了施工图设计文件审查的范围，具体介绍如下：

1. 深圳

深圳的取消范围较大，除重大工程、重大危险源项目、保密工程以及轨道交通工程外，房屋建筑和市政基础设施（含水务、交通）工程均取消施工图审查，实行告知承诺制。深圳市住房和建设局《关于做好我市建设工程施工图审查改革工作的通知》第一部分“适用范围”规定：“2020 年 7 月 1 日起，本市行政区域范围内新建、扩建、改建房屋建筑和市政基础设施（含水务、交通）工程取消施工图审查，实行告知承诺制，各项行政许可均不得以施工图审查合格文件作为前置条件，但交通、水利、能源等领域需上报省和国家审批的重大工程，油气库、油气长输管线、民爆仓库等重大危险源项目、保密工程，以及轨道交通工程除外。”

2. 北京

北京也限缩了需施工图审查的项目范围。根据北京市规划和自然资源委员会、北京市住房和城乡建设委员会《关于加强建设工程施工图全流程管理的通知》附件，开工前需进行施工图审查的项目仅包括：

（1）地上建筑面积大于 $5000m^2$ 或地下建筑面积大于 $2000m^2$ 的独立单体；

（2）人防工程（内部改造项目和大于 $300m^2$ 的新建扩建改建项目）；

（3）老旧小区综合整治工程及加装电梯工程；

（4）改变平面布局（消防）或消防设施改造工程；

（5）改变建筑主体和承重结构的工程；

---

① 根据国务院办公厅《关于开展工程建设项目审批制度改革试点的通知》的规定，试点地区包括：北京市、天津市、上海市、重庆市、沈阳市、大连市、南京市、厦门市、武汉市、广州市、深圳市、成都市、贵阳市、渭南市、延安市和浙江省。

(6)改变原规划或使用性质的工程;

(7)所有的市政基础设施工程;

(8)符合《建设工程消防设计审查验收管理暂行规定》的特殊建设工程。

由以上情况可知,一个建设工程项目是否需要在开工前进行施工图审查,需要综合当地的监管规定及该工程的性质、规模等进行判断。

二、关于发包人在使用施工图后,能否以施工图未经审查为由拒付设计费

对于开工前需进行施工图审查的项目,仍可能出现在未经审查时,发包人便将设计人已经完成的施工图用于施工的情形。在设计合同中,施工图审查通过经常会作为一个付款节点。例如,在《2015 版房建工程设计合同示范文本》中,其附件 6 第 5 条约定:“施工图设计文件通过审查后 7 天内或施工图设计文件提交后 3 个月内,发包人向设计人支付设计费总额的 10%。”深圳市建设工程造价管理站编印的《深圳市岩土工程设计合同》第 8.1 款也约定:“乙方提交施工图经审定通过,甲方签署《施工图成果验收证明》后____个工作日内,甲方支付签约合同价的____%,计¥______万元。”

发包人将未经审查的施工图用于施工,在一定程度上,类似于施工合同纠纷中的工程未经竣工验收即提前使用。对于施工合同纠纷,根据《施工合同司法解释(一)》第 14 条的规定①,发包人在提前使用工程后,不能以未通过验收为由请求拒绝或减少支付工程价款。福建高院《关于审理建设工程施工合同纠纷案件疑难问题的解答》第 10 条②、河北高院《建设工程施工合同案件审理指南》(冀高法〔2018〕44 号)第 41 条③也有类似规定。

同时,报送施工图审查是发包人的法定义务,发包人未报审即使用施工图,

---

① 《施工合同司法解释(一)》第 14 条规定:“建设工程未经竣工验收,发包人擅自使用后,又以使用部分质量不符合约定为由主张权利的,人民法院不予支持;但是承包人应当在建设工程的合理使用寿命内对地基基础工程和主体结构质量承担民事责任。”

② 福建高院《关于审理建设工程施工合同纠纷案件疑难问题的解答》第 10 个问题的解答中规定:“……工程未经竣工验收,发包人擅自使用后,又以质量不符合约定为由请求减少支付工程价款的,不予支持。”

③ 河北高院《建设工程施工合同案件审理指南》第 41 条规定:“建设工程未经竣工验收或未经验收合格,发包人擅自使用后,承包人主张工程款的,发包人又以使用部分质量不合格主张付款条件不成就或者拒付工程款的,人民法院不予支持。但确因承包人原因导致建设工程的地基基础工程和主体结构存在质量问题的除外。”

违反了法定义务。根据《民法典》第 159 条[①]的规定，因发包人自身违反法定义务导致付款条件未成就，应视为条件已经成就，其不能再以此作为抗辩付款的理由。而且，施工图设计文件的主要用途是用于施工，而在发包人将施工图用于施工后，其已实现了上述用途，享有了相应利益。从权利义务对等的角度，发包人也应支付施工图审查通过后应当支付的相应勘察设计费。

三、将未经审查的施工图用于施工，是否免除设计人的设计责任

首先，设计人是建设工程设计的责任主体，《建设工程勘察设计管理条例》第 5 条第 2 款对此作出规定："建设工程勘察、设计单位必须依法进行建设工程勘察、设计，严格执行工程建设强制性标准，并对建设工程勘察、设计的质量负责。"

其次，虽然发包人将未经审查的施工图用于施工，但并不免除设计人的设计责任。《房建市政工程施工图审查管理办法》第 15 条规定："勘察设计企业应当依法进行建设工程勘察、设计，严格执行工程建设强制性标准，并对建设工程勘察、设计的质量负责。审查机构对施工图审查工作负责，承担审查责任。施工图经审查合格后，仍有违反法律、法规和工程建设强制性标准的问题，给建设单位造成损失的，审查机构依法承担相应的赔偿责任。"

《铁路建设工程施工图设计文件审查管理办法》第 7 条也规定："审查机构对审查工作质量负责，依法承担审查责任。施工图设计文件审查不免除设计单位依法承担的质量责任。"

由此可见，即使在施工图通过审查的情形下，也不会免除设计人的质量责任，举轻以明重，发包人将未经审查的施工图用于施工的，当然也不应免除设计人的设计责任。

四、关于因设计缺陷导致的费用承担

（一）因属于施工图审查内容的设计缺陷引发的质量问题

1. 施工图设计文件审查的内容

根据《建设工程勘察设计管理条例》第 33 条的规定，针对房屋建筑工程和

---

① 《民法典》第 159 条规定："附条件的民事法律行为，当事人为自己的利益不正当地阻止条件成就的，视为条件已经成就；不正当地促成条件成就的，视为条件不成就。"

市政基础设施工程,施工图审查的内容是“涉及公共利益、公众安全、工程建设强制性标准的内容”。在住建部2013年印发的《建筑工程施工图设计文件技术审查要点》中,则针对建筑工程的不同专业(建筑专业、结构专业、给排水专业、暖通专业、电气专业、建筑节能),详细列举了技术审查要点。

如果引发质量问题的设计缺陷属于前述施工图审查的内容、要点,则为属于施工图审查内容的设计缺陷。

2. 关于前述设计缺陷引发质量问题的费用承担

(1)设计修改费用

根据《民法典》第800条①的规定,设计质量不符合要求的,设计人应当继续完善设计。交付通过审查的施工图是设计人的义务,设计人在审查不通过时修改设计,属于对设计质量不符合要求这一违约行为的纠正,相关费用应由设计人自行承担。《房建市政工程施工图审查管理办法》第13条②亦规定,如果在施工图设计文件审查时发现施工图存在设计缺陷,则审查不合格,施工图将退给建设单位,并由设计人修改。

因此,设计人对其设计缺陷应承担修改义务,该义务不会因发包人未经审查而使用施工图的行为受到影响,相应修改费用应由设计人承担。

(2)因开工前未进行施工图审查而增加的工程返工、修复费用

针对属于施工图审查内容的设计缺陷,其本应在施工图审查时发现并修复,但如果在开工后发现,很可能会增加返工修复费用。比如,工程已经按照有缺陷的设计文件进行了施工,为修复质量问题,可能既需要拆除已完工程,也需要修改设计,并按修改后的设计重新施工,由此发生的费用包括:设计修改费用+返工修复费用。当前述设计缺陷在施工图审查过程中发现时,则为修复质

---

① 《民法典》第800条规定:“勘察、设计的质量不符合要求或者未按照期限提交勘察、设计文件拖延工期,造成发包人损失的,勘察人、设计人应当继续完善勘察、设计,减收或者免收勘察、设计费并赔偿损失。”

② 《房建市政工程施工图审查管理办法》第13条规定:“审查机构对施工图进行审查后,应当根据下列情况分别作出处理:……(二)审查不合格的,审查机构应当将施工图退建设单位并出具审查意见告知书,说明不合格原因。同时,应当将审查意见告知书及审查中发现的建设单位、勘察设计企业和注册执业人员违反法律、法规和工程建设强制性标准的问题,报工程所在地县级以上地方人民政府住房城乡建设主管部门。施工图退建设单位后,建设单位应当要求原勘察设计企业进行修改,并将修改后的施工图送原审查机构复审。”

量问题，仅将发生设计修改费用。因此，由于开工前未进行施工图审查，增加的费用为返工修复费用。

就前述增加的返工修复费用，仍应由设计人承担主要责任。其原因在于：设计人有义务向发包人提交不存在设计缺陷、能够通过施工图审查的图纸，如果其提交的图纸符合要求，则无论在开工前是否进行施工图审查，均不会出现设计缺陷，也不会产生返工修复费用。因此，返工修复费用产生的根本原因仍在于设计人，设计人应当承担主要责任。

需要注意的是，虽然设计人承担主要责任，但如果发包人按法律法规要求进行施工图审查，则可在审查时发现设计缺陷并进行修改，由此便不会产生在施工后修复设计缺陷所增加的返工修复费用。考虑到将施工图报送审查是发包人的法定义务，就因发包人违反前述义务而增加的返工修复费用，发包人亦应在过错范围内承担相应责任。

综上所述，针对属于施工图审查内容的设计缺陷，设计修改费用应由设计人承担；但对于因开工前未进行施工图审查而增加的返工修复费用，虽然主要由设计人承担，但发包人亦应在其过错范围内承担相应责任。

（二）关于其他设计缺陷引发质量问题的费用承担

如前所述，施工图审查的内容是“涉及公共利益、公众安全、工程建设强制性标准的内容”。即使不违反公共利益、公众安全、工程建设强制性标准，但如果不符合发包人的设计要求或合同要求，也属于设计缺陷。就该类设计缺陷，即使进行了施工图审查，也难以发现。

因此，就该类设计缺陷所引发质量问题的设计修改费用、工程返工和修复费用，并不受是否进行施工图审查的影响，应由设计人承担。

第 4.8 条　【设计文件未通过专家评审时的责任认定】采用专家评审方式进行施工图设计文件审查的建设项目，因设计人原因导致施工图设计文件未通过专家评审的，设计人应负责修改完善。因此造成发包人损失的，由设计人承担相应的赔偿责任。

因发包人原因导致施工图设计文件未通过评审，发包人以此为由要求设计人承担质量责任的，人民法院或者仲裁机构不予支持。设计人对施工图设计文件未通过评审有过错的，应当承担相应的过错责任。

发包人、设计人对施工图设计文件未通过专家评审均有过错的，由双方根据各自的过错程度承担相应的责任。

【条文主旨】

对于实行施工图设计文件审查制度的建设项目，或者取消施工图审查制度的试点项目而自行委托审图机构对施工图设计文件进行审查的建设项目，其依然贯彻"法定的审查要求和审查范围"，发包人无法通过约定的方式改变审查要求和审查范围。对于未实行施工图设计文件审查制度的行业工程或取消施工图审查制度的试点项目，其采用专家评审方式进行施工图设计文件验收的建设项目，发包人可根据具体要求增加或缩小审查范围或与专家组约定审查要求，属于"约定的审查要求和审查范围"，与上述施工图设计文件审查方式有着本质的区别。故本条仅针对以专家评审方式进行施工图设计文件验收的情形，规定相适应的裁判规则。

【理解与适用】

一、施工图设计文件审查的现状

建设工程是一个庞大的系统工程，周期一般较长，各个环节和阶段都有各自的特点和要求，既相对独立，又紧密联系，每个环节的质量都会影响整个工程的进展和质量。依据《建设工程质量管理条例》第5条第1款的规定，从事建设工程活动必须严格执行基本建设程序，坚持先勘察、后设计、再施工的原则。在设计阶段，具有相应资格的设计人员，应当根据勘察报告和其他有关基础资料，在对工程项目的技术、经济、资源、环境等条件进行综合分析、论证的基础上编制出设计文件，相应设计文件需要满足《建设工程勘察设计管理条例》对于设计文件的要求。①

---

① 《建设工程勘察设计管理条例》第25条规定："编制建设工程勘察、设计文件，应当以下列规定为依据：（一）项目批准文件；（二）城乡规划；（三）工程建设强制性标准；（四）国家规定的建设工程勘察、设计深度要求。铁路、交通、水利等专业建设工程，还应当以专业规划的要求为依据。"

2017年10月,国务院对《建设工程质量管理条例》《建设工程勘察设计管理条例》中有关施工图设计文件审查的部分进行了修改,取消了其中“县级以上人民政府建设行政主管部门应当对施工图设计文件中涉及公共利益、公众安全、工程建设强制性标准的内容进行审查”的相关规定,仅保留了“县级以上人民政府交通运输等有关部门应当按照职责对施工图设计文件中涉及公共利益、公众安全、工程建设强制性标准的内容进行审查”。可见,自此除交通运输等有关部门外,建设行政主管部门等相关部门对施工图进行审查,没有了法定义务和责任。2018年12月29日,住建部修订了《房建市政工程施工图审查管理办法》,提出“逐步推行以政府购买服务方式开展施工图设计文件审查”。2019年3月13日,国务院办公厅发布《关于全面开展工程建设项目审批制度改革的实施意见》,提出“将加快探索取消施工图审查”,施工图设计文件审查制度的行政强监管态势逐渐弱化。

然而,设计文件质量依然是工程建设管理的重要环节,在加快探索取消施工图设计文件审查(或缩小审查范围)的同时,告知承诺制、设计人员终身负责制等管理措施以及“谁设计,谁负责”“谁投资,谁负责”的理念不断被强化。同时,《建设工程质量管理条例》第11条规定:“施工图设计文件审查的具体办法,由国务院建设行政主管部门、国务院其他有关部门制定。施工图设计文件未经审查批准的,不得使用。”虽然建设行政主管部门等相关部门(除交通运输等部门外)不再直接对施工图设计文件进行审查,但施工图设计文件未经审查仍然不得使用。这里的“审查”,既包括由政府确定的审图机构进行的审查,也包括发包人自行组织专家评审或者委托相关审图机构进行的审查。

在实务中,未实行施工图设计文件审查制度的建设工程项目,主要是指某些工程项目分阶段建设时,某些工程不进行施工图审查的情形。比如,因工程项目的特殊要求,将土建工程和机电工程进行分阶段或分期立项与建设,机电工程阶段的施工图设计文件并不进行施工图审查。取消施工图审查制度的试点项目,是指为贯彻落实国务院办公厅《关于全面开展工程建设项目审批制度改革的实施意见》的精神而“探索取消施工图审查制度”试点城市的试点类房屋建筑和市政基础设施项目。

对于上述类型的建设项目,其施工图设计文件的审查可能存在以下几种情形：

1. 发包人自行委托施工图审图机构开展设计文件审查；

2. 发包人选择不进行施工图设计文件审查，仅在相关审查系统上传施工图设计文件；

3. 发包人以专家评审方式对施工图设计文件进行审查。

由于情形一是通过自行委托施工图审图机构开展施工图设计文件的审查，即仍然是贯彻了施工图审查制度的要求；而情形二则是完全不进行施工图审查，仅将施工图设计文件进行上传，即采用“事后监督”方式。对于情形一而言，由于履行的是法定审查要求和审查范围，除发包人存在过错外（如延迟支付或不予支付审查费用），其施工图未通过审查的责任主要由设计人承担；对于情形二而言，对于允许发包人选择不进行施工图设计文件审查的试点城市，如果后期因事后监督抽查到该施工图设计文件不符合审查要求，除发包人存在过错外，由设计人承担施工图设计文件的质量责任。以上两种情形与情形三存在较大的差异，不在本条文适用的范围内，因此本条仅针对上述第三种情形作出规定。

二、因发包人原因导致施工图设计文件未通过专家评审

发包人组织施工图设计文件专家评审时，除了要求评审专家对施工图中涉及公共利益、公众安全和工程建设强制性标准的内容进行审查外，还可能会根据发包人的需求，对项目的经济性、合理性以及与设计委托书的符合性等内容进行评审。然而，项目设计是否经济、合理以及是否符合合同约定，不但涉及工程技术问题，还涉及社会、经济、法律等多种因素，而且，评审专家由发包人委托，评审结论难免存在不客观的问题。因此，施工图设计文件未通过评审可能是因发包人的原因导致。实践中主要有以下几种情形。

（一）发包人设置的控制指标不合理或控制指标前置条件发生变化

此种情形在房地产项目中较为常见。部分房地产公司习惯采用限额设计的方式对技术、经济指标进行控制，如通过设置含钢量、混凝土含量等指标促进

结构优化[①],进而控制总成本。然而,结构设计中体型、高宽比[②]、转换层设置[③]等因素对于含钢量都有不同程度的影响,一味控制含钢量而不针对具体实际情况弹性调整,势必会带来结构安全隐患。因此,如果发包人设置的控制指标不合理,但其又要求设计人必须按其要求进行设计,由此导致施工图设计文件未通过专家评审的,发包人应承担相应责任。

同时,《2015 版房建工程设计合同示范文本》"通用合同条款"第 5.1.1.2 目规定:"发包人要求进行主要技术指标控制的,钢材用量、混凝土用量等主要技术指标控制值应当符合有关工程设计标准的要求,且应当在工程设计开始前书面向设计人提出,经发包人与设计人协商一致后以书面形式确定作为本合同附件。"第 5.1.1.3 目规定:"发包人应当严格遵守主要技术指标控制的前提条件,由于发包人的原因导致工程设计文件超出主要技术指标控制值的,发包人承担相应责任。"可见,对于发包人设置的技术指标控制值除应当符合有关工程设计标准的要求外,发包人还应当严格遵守主要技术指标控制的前提条件。比如,发包人对于设防烈度 7 度(0.1g)、层数为 7 ~ 11 层的住宅楼设定的含钢控制量为 $40kg/m^2$,在后续设计过程中如果设防烈度或层数等前提条件改变,则发包人不能再以 $40kg/m^2$ 作为其技术控制指标。对于技术控制指标前提变化而导致施工图设计评审未能满足发包人要求的,设计人不承担相应责任。

当然,设计人明知发包人的要求违反工程建设强制性标准而未拒绝的,其也应承担相应的过错责任。

(二)发包人未提供完备的设计条件或提供的设计条件存在质量缺陷

设计条件是设计人开展设计的基础性输入条件,一般包括设计/建设任务

---

① 结构的限额设计通常采用含钢量和含混凝土量两个指标来衡量,其基本内容包含地下指标、标准层指标两部分,以标准层指标控制为主要内容,基本定义为标准层含钢量和含混凝土量 = 上部标准层的钢筋重量(混凝土的立方量)/(计容面积 + 不计容面积)。计容面积是指所有计算容积率的建筑面积之和,不计容面积是指不计入容积率的建筑面积。在实务中,会因不同建设单位具体管理要求,对于上述公式进行微调以获取相应的指标。

② 高宽比是指房屋高度与宽度的最大比值,影响结构刚度、整体稳定性、承载能力和经济性,是建筑结构的宏观控制性指标之一。

③ 建筑物某层的上部与下部因平面使用功能不同,该楼层上部与下部采用不同结构类型(刚度突变的楼层),并通过该楼层进行结构转换,那么该楼层称为结构转换层。

书、可行性研究报告、用地出让规划条件、城市总体规划图以及发包人建设指导意见等。对于某些政府投资项目,获批复的初步设计文件及相应概算文件也是施工图设计阶段的设计条件。发包人有义务向设计人提供完成设计工作的设计条件,其完备性应由发包人负责。《2015 版房建工程设计合同示范文本》第二部分"通用合同条款"第 4.1 款规定:"发包人应当在工程设计前或专用合同条款附件 2 约定的时间向设计人提供工程设计所必需的工程设计资料,并对所提供资料的真实性、准确性和完整性负责。"这里的工程设计资料可进一步分为设计文件法定编制依据和发包人具体要求两类,其中设计文件法定编制依据主要指项目批准文件和城乡规划文件;[①]发包人具体要求则指设计任务书、建设需求书以及企业备案类项目的可行性研究报告(对于某些政府投资项目,可行性研究报告也应归入项目批准文件)等。因此,因上述工程设计资料的真实性、准确性和完整性存在瑕疵而导致施工图设计文件未通过评审的,应由发包人负责。当然,设计人对设计资料也应当履行基本的注意义务。设计资料存在明显错误或互相矛盾,设计人应当发现而未发现的,也应承担一定的过错责任。

(三)发包人未在设计合同(含设计任务书)中明确具体要求

设计合同(设计任务书)是业主对工程项目设计提出的要求,是工程设计的主要依据。其内容不仅包含工程设计的指导思想和原则、设计目的和任务、设计条件、各专业设计要求、设计成果及服务要求等,也可能包括发包人对于该项目的其他特殊性要求,如建筑信息模型(Building Information Modeling,BIM)全过程咨询服务要求、限额设计要求等。因此,设计任务书构成了发包人要求,如果设计任务书中未明确具体要求,属于发包人要求的遗漏或缺失,对此导致的施工图设计文件未通过评审,除该种要求是工程设计标准、规范明确规定或者设计人作为专业单位应当知道的情形外,应由发包人承担相应责任。

三、因设计人原因导致施工图设计文件未通过专家评审

设计人应按照合同约定(含设计任务书要求)向发包人提供设计成果,同

① 《建设工程勘察设计管理条例》第 25 条规定:"编制建设工程勘察、设计文件,应当以下列规定为依据:(一)项目批准文件;(二)城乡规划;(三)工程建设强制性标准;(四)国家规定的建设工程勘察、设计深度要求。铁路、交通、水利等专业建设工程,还应当以专业规划的要求为依据。"

时，相应的设计文件还应当符合工程建设强制性标准。设计文件未通过发包人组织专家评审的，除发包人要求不合理或者违反法律法规、强制性标准的规定外，设计人应根据专家意见进行修改完善直到通过专家复核。未通过专家复核的，设计人应对由此给发包人造成的损失承担赔偿责任。

在实践中，因设计人原因导致施工图设计文件未能通过专家评审的情形主要有以下几种：

（一）设计人未按法定依据编制设计文件

《建设工程勘察设计管理条例》第25条规定："编制建设工程勘察、设计文件，应当以下列规定为依据：（一）项目批准文件；（二）城乡规划；（三）工程建设强制性标准；（四）国家规定的建设工程勘察、设计深度要求。铁路、交通、水利等专业建设工程，还应当以专业规划的要求为依据。"可见，设计文件的编制应以项目批准文件、城乡规划、工程建设强制性标准、国家规定的建设工程设计深度要求为依据。在实务中，因设计人疏忽导致部分设计文件未按上述依据进行设计的情形并不鲜见。

对于一般的疏忽或者考虑不周的情况，即使存在部分不满足工程建设强制性标准的情况，专家评审时一般也会给予修改复审的机会。对于此类情形，虽然由于设计人原因导致评审周期延长，只要设计人通过修改、补充和完善并通过专家复审的，则可认定设计文件合格；但因评审周期过长导致发包人损失的，设计人应承担相应责任；对于专家评审中发现施工图设计文件不符合土地出让条件和建设工程规划许可要求，或结构计算存在重大错误有严重安全隐患，或不符合国家、省、市关于节能、绿建、装配式建筑设计执行标准的，可能导致本轮专家评审直接终止或评审结果为不合格而给发包人带来的损失，设计单位应承担相应赔偿责任。

（二）设计人在合理的修改次数和期限内仍未通过专家复审

除非合同约定了修改次数和期限，发包人应给予设计人合理的期限以修改、完善评审专家所提出的修改意见，但对于设计人在合理的修改次数和期限内仍未通过专家复审的，应认为设计人未尽到相应的补救义务，属于因设计人原因造成工程设计文件不合格致使工程设计文件审查无法通过，由此造成设计周期延长、窝工损失及发包人增加费用的应承担相应赔偿责任。

四、发包人和设计人共同原因导致施工图设计文件未通过专家评审的情形

发包人、设计人因各自原因导致施工图设计文件未通过审查的，应根据各自导致施工图设计文件未通过审查的原因力大小和各自的过错程度，确定各自应承担的责任份额。例如，发包人设置的控制指标不合理，设计人经过数次合理修改完善依然无法达到该控制指标要求，从而导致施工图设计文件未能通过专家复审。显然，不管是从原因力角度抑或过错程度而言，发包人对于该情形应承担更多的责任份额。

第4.9条　【工程总承包项目中设计分包的责任划分】工程总承包单位和设计分包单位就分包工程的设计质量对发包人承担连带责任。工程总承包单位和设计分包单位因各自原因共同造成设计质量缺陷的，应按照设计分包合同的约定承担相应责任。设计分包合同对此没有约定或约定不明的，可在查明双方质量风险行为的基础上，根据双方造成设计质量问题的原因力大小及过错程度，综合判定双方应当承担的责任。

【条文主旨】

本条是针对工程总承包单位和设计分包单位就分包工程的设计质量出现质量缺陷的责任分担处理规则。工程总承包模式下，工程总承包单位和设计分包单位因各自原因共同造成设计质量缺陷，从而引起的赔偿责任分配争议是一种多主体质量争议的具体情形。对于人民法院或者仲裁机构来说，最公平的做法莫过于达到“责任与过错相等”的状态①，即实现分配正义意义上的“应得”②。

【理解与适用】

工程总承包单位和设计分包单位因各自原因共同导致分包工程设计质量

① See Hoffman v. Jones, 280 So. 2d 431, 436 (Fla. 1973).

② 王竹：《论数人侵权责任分担中最终责任份额的确定方式》，载《法商研究》2010年第6期。

缺陷的责任分配问题，是一类混合质量责任分配问题。归纳此类法律责任分配判断准则时所考虑的基本因素主要有两个方面：一是各行为主体的过错程度；二是行为与损害结果之间的原因力，同时也应考虑上述两个因素的关联关系。因此，在分析工程总承包单位和设计分包单位成员各自责任份额承担时，应将原因力及过错程度作为主要考量因素，综合考虑两者之间的关联关系。

一、工程质量风险行为类型

为了归纳总结工程总承包单位和设计分包单位成员质量风险行为的表现形式及特点，根据《建筑法》《建设工程质量管理条例》《建设工程勘察设计管理条例》《工程质量安全手册（试行）》，并结合相关学术著作及工程实践经验，将上述成员可能出现的质量风险行为进行分类，详见表4－3。

表4－3　联合体成员的质量风险行为分类表

类别	依据	特点
技术缺陷类质量风险行为（以下简称技术缺陷类）	《建筑法》《建设工程质量管理条例》《建设工程勘察设计管理条例》等	可由鉴定机构鉴定
违规管理类质量风险行为（以下简称违规管理类）	《建筑法》《建设工程质量管理条例》《建设工程勘察设计管理条例》等	无法鉴定，由法律法规明确规定
不规范类质量风险行为（以下简称不规范类）	《工程质量安全手册（试行）》、相关学术著作和工程实践经验	无法鉴定，法律法规无明确规定

需要指出的是，不同类别的质量风险行为所对应的原因力存在较大差异，如技术缺陷类风险行为，其完全由司法鉴定机构所确认，即为造成工程质量缺陷最为直接和最易追溯的原因，因此该类风险行为与缺陷结果之间存在较大的原因力。违规管理类、不规范类质量风险行为属于间接性原因，相对于损害结果的原因力弱于技术缺陷类风险行为。因此，在原因力考量权重系数时应根据不同类型的质量风险行为区分确定。

考虑到工程总承包单位可能是设计单位或施工单位，抑或是两者组成的联合体，因此难以穷尽工程总承包单位可能出现的风险情形，以下仅就可能导致工程设计文件出现质量缺陷的风险行为进行列举式梳理，详见表4－4、表4－5。

表 4 – 4　工程总承包单位设计质量风险行为情况表

责任主体	序号	质量风险行为的具体表现	类型
工程总承包单位	1	明示或者暗示分包设计单位违反工程建设强制性标准设计	违规管理类
	2	任意压缩合理工期	违规管理类
	3	向分包设计单位提供的原始资料存在瑕疵	违规管理类
	4	对有重大修改、变动的主体施工图设计文件未重新报审	违规管理类
	5	专项设计中发现的设计问题,未及时解决	不规范类

表 4 – 5　分包设计单位设计质量风险行为情况

责任主体	序号	质量风险行为的具体表现	类型
设计分包单位	1	未按照工程建设强制性标准进行设计	技术缺陷类
	2	设计文件中选用的建筑材料、建筑构配件和设备,其注明规格、型号、性能等技术指标,不符合国家规定的标准	技术缺陷类
	3	未根据主体设计文件进行设计	技术缺陷类
	4	未取得资质或者超越其资质等级许可的范围或者以其他单位的名义承揽工程	违规管理类

二、多主体质量责任分配方法

鉴于工程质量纠纷的争议具有专业性、复杂性的特点,呈现明显的多层次、多元性特征,需要采用较为科学的责任分配方法进行多主体责任量化判定。

以工程总承包单位与设计分包单位为例,在一次涉及分包设计文件质量责任争议中,质量责任主体的过错表现为:该工程质量责任主体实施了一项或者多项"工程质量风险行为",即所实施的具体质量风险行为的严重程度作为实施主体过错程度的判定,同时对每一项"工程质量风险行为"应按技术缺陷类、违规管理类、不规范类进行原因力的判定。据此,借助模糊数学原理,可将综合决策问题简化为单因素评判问题。对于一项由双方共同导致的工程质量非正常状态,其中一方的责任比例可用数学式表达为:

(原因力论域)R(过错程度论域)=(责任比例论域)

式中:原因力论域是指各个质量风险行为对工程质量产生危害和损害的原因力大小描述,由$(X_1X_2...X_m)$组成。过错程度论域是指某主体所实施的该风险行为的严重程度,从而推断该行为主体存在的过错程度,由$(Y_1Y_2...Y_n)$组成。责任比例论域是指实施质量风险行为的主体应承担的质量责任比例,由K表示。即为:

$$(X_1X_2...X_m)R(Y_1Y_2...Y_n)=K$$

式中:K为该风险行为对应责任主体质量责任的计算值,R为算子。

当R采用矩阵乘法运算时,以双方质量责任主体T_1和T_2为例,T_1和T_2共同实施了一系列质量风险行为导致了工程质量非正常状态的产生,可将双方应承担的相应质量责任比例表示为:

$$(\{A_{11}...A_{1m}\},\{A_{21}...A_{2m}\}...\{A_{n1}...A_{nm}\})\begin{pmatrix}C_1\\C_2\\...\\C_n\end{pmatrix}=K_1$$

$$(\{B_{11}...B_{1m}\},\{B_{21}...B_{2m}\}...\{B_{n1}...B_{nm}\})\begin{pmatrix}C_1\\C_2\\...\\C_n\end{pmatrix}=K_2$$

其中,$\{A_{n1}...A_{nm}\}$,$\{B_{n1}...B_{nm}\}$为对应风险类型C_n的质量风险行为集。

工程质量风险行为集和质量风险行为类型关联度集(原因力程度)需满足以下两个条件:

(1)质量风险行为集应满足$A_{nm},B_{nm}\in[0,1]$和$\sum_{i=1}^{m}(A_{ni}+B_{ni})=1,n=1,2,3...$

(2)质量风险类型集(原因力程度)$C_i\in[0,1]$和$\sum_{i=1}^{n}C_i=1$

通过上述公式计算,可得出T_1和T_2责任主体应承担各自的质量比例为:

T_1的综合评定责任比例为:$T_1=\dfrac{K_1}{K_1+K_2}\%$

T_2的综合评定责任比例为:$T_2=\dfrac{K_2}{K_1+K_2}\%$

三、工程质量风险行为危害度及类型关联度的确定

质量行为在原《工程质量监督工作导则》①的术语里被解释为“在工程项目建设过程中,责任主体和有关机构履行国家有关法律、法规规定的质量责任和义务所进行的活动”。可见,工程质量行为是一种组织行为。② 组织行为可以分为正向组织行为和反向组织行为,显然,工程质量风险行为的发生阻碍了工程质量目标的实现,所以工程质量风险行为是一种反向的组织行为。在实务中,各责任主体的质量风险行为表现形式多样,同一个质量主体不同的质量风险行为对于造成工程质量损害程度是不同的,甚至不同的质量主体同样的质量风险行为对于造成工程质量损害程度也存在差异。对于同一种类型但不同主体实施的质量风险行为,其对于阻碍工程质量目标实现的程度也是不同的,将这种程度的差异用危害度的概念进行量化。作为专业实施主体,理应明知所实施的风险行为可能带来的后果,因此,在实务判定中,应根据具体表现形式及危害程度以确定实施主体的过错程度,但此种量化涉及因素极其复杂和专业,需根据实际情况由工程法律或工程质量鉴定专家进行判定。

四、模拟案例仿真应用分析

(一)案情概要

某工程总承包单位 A 与分包设计单位 B 于 2009 年 5 月签订了《某钢结构工程专项设计分包合同》,工程总承包单位 A 向分包设计单位 B 提供了主体工程的全套施工图设计文件(未经过施工图审查),并由分包设计单位 B 依据该主体工程设计成果进行该主体工程配套的钢结构专项设计。后因主体工程施工图设计文件审查中审查机构提出了修改意见,工程总承包单位按审查要求修改完成施工图设计文件,并顺利拿到审查合格证书。然而,工程总承包单位并未向设计分包单位提供最终经审查合格的主体工程设计文件。该工程建成后不久,钢结构部分开始出现重大变形,于是工程总承包单位请鉴定机构对于该钢结构部分质量缺陷进行成因鉴定,鉴定结论为:钢结构的设计荷载取值不符合

---

① 《工程质量监督工作导则》(建质〔2003〕162 号)已于 2010 年 9 月 30 日失效。

② 张荣生、李伟:《正向工程质量行为是工程实体质量的保证》,载《工程质量》2005 年第 3 期。

《荷载规范》要求；钢结构部分的支座条件输入与经审查合格的主体工程施工图不符。工程总承包单位A找了专业加固公司对该钢结构进行加固，花去300万元加固费。后该分包设计单位B是以挂靠形式获得该设计分包合同。对于300万元的加固费分担问题双方存在争议。

1. 工程总承包单位A对于造成质量缺陷存在的质量风险行为情况

工程总承包单位A向设计分包单位提供的施工图存在瑕疵，即未提供审查合格的施工图设计文件。

2. 分包设计单位B对于造成质量缺陷存在的质量风险行为情况

(1)未按照工程建设强制性标准进行设计。

(2)以其他单位的名义承揽工程。

(二)仿真模拟

由上述案情概况可知，工程总承包单位A、设计分包单位B均因各自的质量风险行为对于造成的工程事故存在过错和因果关系。双方责任主体的质量风险行为、风险行为类别归类汇总后详见表4－6。

表4－6　责任主体的质量风险行为情况表

责任主体	质量风险行为情况		
	技术缺陷类	违规管理类	不规范类
工程总承包单位A	—	向分包设计单位提供的原始资料存在瑕疵	—
设计分包单位B	未按照工程建设强制性标准进行设计	以其他单位的名义承揽工程	—

根据表4－6所列的责任主体风险行为情况，建立本次工程质量责任划分的层次模型如图4－1所示。

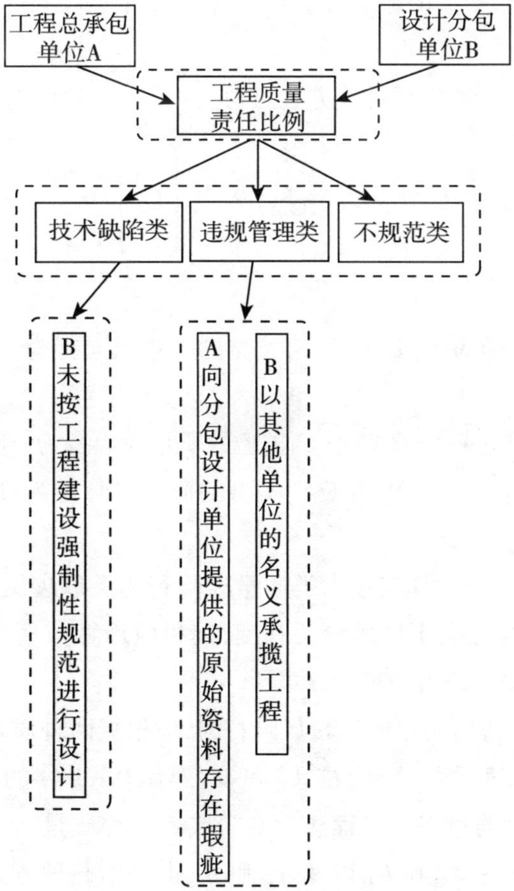

图4-1 工程质量责任量化划分的层次模型

其中,工程总承包单位A的责任计算方程可写为:

$$(\{A_{11}\},\{A_{21}\},\{A_{31}\})\begin{pmatrix}C_1\\C_2\\C_3\end{pmatrix}=K_1$$

式中:

A_{11}表示工程总承包单位A归于C_1类型的质量风险行为:擅自修改原设计方案。

A_{21}表示工程总承包单位A归于C_2类型的质量风险行为:无设计资质。

A_{31}表示工程总承包单位 A 归于 C_3类型的质量风险行为：未尽到设计注意义务。

设计分包单位 B 的责任计算方程可写为：

$$(\{B_{11}\},\{B_{21}\},\{B_{31}\})\begin{pmatrix}C_1\\C_2\\C_3\end{pmatrix}=K_1$$

式中：

B_{11}表示设计分包单位 B 归于 C_1类型的质量风险行为：提供的勘察报告数据不完整、不准确。

B_{21}表示设计分包单位 B 归于 C_2类型的质量风险行为：违反工作程序。

B_{31}表示设计分包单位 B 归于 C_3类型的质量风险行为：勘察方法和手段选择不当。

其中：C_1、C_2、C_3分别代表技术类质量风险行为关联度、违规管理类质量风险行为关联度、不规范类质量风险关联度，其相应计算数值由相关文献研究表明可取为：0.604、0.326、0.070。

A_{11}和 B_{11}同属于 C_1类型的质量风险行为，应根据两种质量风险行为对于工程质量问题的危害度进行计算，在 A_{11}和 B_{11}遵循 0 - 1 律的原则下满足 $A_{11}+B_{11}=1$，具体数值可通过多位工程法学专家或者工程质量司法鉴定专家的比较判断进行量化。同理，A_{21}和 B_{21}以及 A_{31}和 B_{31}也采用此种方式量化计算。本案通过咨询 5 位工程法学专家和 5 位工程质量司法鉴定专家从而确定为：$A_{11}=0$，$B_{11}=1$；$A_{21}=0.7$，$B_{21}=0.3$；$A_{31}=0$，$B_{31}=0$；双方质量责任主体的质量责任比例权重汇总详见表 4 - 7。

表 4 - 7　双方质量责任主体的责任比例权重汇总

责任主体	模型计算			模拟计算值
	技术缺陷类 0.604	违规管理类 0.326	不规范类 0.070	
工程总承包单位 A	0	0.7	0	24.54%
设计分包单位 B	1	0.3	0	75.46%

由表4－7结果可知，对于该设计质量缺陷责任的分担，可按工程总承包单位A 25%和设计分包单位B 75%进行分配。故对于300万元的加固费，可由工程总承包单位A承担75万元，设计分包单位B承担225万元。

第4.10条　【勘察、设计质量鉴定的主体】当事人对于工程勘察、设计文件的质量问题存在争议需要鉴定的，鉴定机构和鉴定人按下列方式确定：

（1）人民法院或者仲裁机构设立的鉴定机构名录内有工程勘察、设计鉴定机构的，一般在名录内选定；人民法院或者仲裁机构设立的鉴定机构名录内没有工程勘察、设计鉴定机构或名录内鉴定机构不受理委托的，在名录外选定。

（2）鉴定机构和鉴定人应符合工程勘察、设计鉴定的资质条件，鉴定机构和鉴定人的选定程序应当符合法律法规的有关规定。

（3）因客观原因导致无法鉴定或不适合进行鉴定的，当事人可以申请专家辅助人出庭，人民法院或者仲裁机构可以向具备相关资格的法人、其他组织或者具有专门知识的人进行咨询，也可以委托有资质的专业机构，由其组织相关学科的专家进行鉴定。

【条文主旨】

本条是关于建设工程勘察、设计合同中，当事人对于勘察、设计文件的质量问题发生争议需要鉴定时，如何确定鉴定机构和鉴定人的规定。

【理解与适用】

一、司法鉴定行业发展历程

2005年2月28日，第十届全国人民代表大会常务委员会第十四次会议审议通过了《关于司法鉴定管理问题的决定》（以下简称《决定》），《决定》确立了司法鉴定管理的基本法律框架，也明确了司法鉴定的定义，即："司法鉴定是指在诉讼活动中鉴定人运用科学技术或者专门知识对诉讼涉及的专门性问题进行鉴别和判断并提供鉴定意见的活动。"《决定》还规定了司法鉴定人和鉴定机构的登记管理制度，即：由国务院司法行政部门主管全国鉴定人和鉴定机构的登记管理工作，省级人民政府司法行政部门负责对鉴定人和鉴定机构的登记、名册编制和公告。《决定》颁布之后，司法部陆续出台了一系列司法鉴定的规范性文件，如《司法鉴定机构登记管理办法》《司法鉴定人登记管理办法》《司法鉴定程序通则》《司法鉴定执业活动投诉处理办法》《司法鉴定文书规范》等。

《决定》颁布以后，我国司法鉴定行业进入高速发展的快车道，截至2015年11月底，全国经司法行政机关审核登记的司法鉴定机构共4924家（其中建设工程类鉴定机构为1017家），司法鉴定人55,662人，鉴定业务涉及法医、物证、声像资料、知识产权、司法会计、交通、电力、建设工程质量等十余种鉴定类别。2015年，最高院、最高检、司法部联合印发了《关于将环境损害司法鉴定纳入统一登记管理范围的通知》，正式将环境损害鉴定纳入国务院司法行政部门登记管理范围。司法鉴定行业内部，将法医、物证、声像资料、环境损害四类鉴定称为“四类内鉴定”，将其他类别的鉴定称为“四类外鉴定”。

2017年，司法部发布《关于严格准入　严格监管　提高司法鉴定质量和公信力的意见》（以下简称《双严十二条》），明确了司法行政机关审核登记管理范围为从事法医类、物证类、声像资料，以及根据诉讼需要由国务院司法行政部门商最高院、最高检确定的其他应当实行登记管理的鉴定事项（环境损害司法鉴定）的鉴定机构和鉴定人。对没有法律、法规依据的，一律不予准入登记。《双严十二条》发布后，全国各地陆续开始了“四类外”鉴定机构和鉴定人的注销、清理工作，截至2021年1月1日，包括北京在内的全国绝大部分地区都已完成“四类外”鉴定机构和鉴定人的注销、清理。至此，除法医、物证、声像资料、环境损害四类鉴定外，其余各类司法鉴定机构的“司法鉴定许可证”和鉴定人的“司法鉴定人执业证”正式退出历史舞台，司法鉴定行业由原来的“司法行政机关登记管理制”转变为“人民法院备案制”，审判过程中鉴定、评估机构的入围、管理、委托等工作由人民法院负责，各地仲裁机构办案时参考法院的鉴定机构名录或自行确定鉴定机构名录。

二、建设工程类司法鉴定资质的演变与发展

（一）建设工程类司法鉴定资质变化情况

2005年《决定》颁布以前，我国民事诉讼或商事仲裁领域，涉及建设工程类

的司法鉴定，对于资质并无明确法律规定，人民法院或仲裁机构一般委托有行业资质的机构进行。

2005年《决定》颁布以后至2017年《双严十二条》发布之前，人民法院或仲裁机构委托的鉴定机构资质要求普遍为各省级司法行政机关颁发的“司法鉴定许可证”。对于建设工程类的司法鉴定，“司法鉴定许可证”内的执业范围只有建设工程质量司法鉴定、工程造价司法鉴定两类，而对于工程勘察、设计等领域，长期以来一直没有细分。在实务中，各级人民法院或仲裁机构审理的建设工程争议案件，涉及工程造价的，一般委托工程造价司法鉴定机构进行；涉及非工程造价的，不管是工程质量检测，还是结构安全性鉴定，不管是房屋建筑、幕墙、装饰装修、暖通、给排水，还是工业厂房、构筑物、市政桥梁，甚至工期鉴定、勘察设计工作量鉴定等，由于“司法鉴定许可证”缺少专业细分领域，大多数情况下，人民法院或仲裁机构仍委托具有建设工程质量司法鉴定资质的机构进行。

2017年《双严十二条》发布之后，法院在对外委托鉴定、评估方面，逐步推行“入库备案”制，即由各地中级人民法院负责具体编制鉴定机构名录、报各省高级人民法院备案。目前全国各省高级人民法院均设立了鉴定机构名录。在最高院组建的人民法院诉讼资产网中，“建筑工程类”鉴定机构分为以下九个类别：工程设计、工程勘察测量（住建部门资质）、工程造价、工程检测、市政工程质量、交通工程质量鉴定和设计、水利工程、水运工程、测量测绘（测绘局资质）。尽管上述九种分类仍不能涵盖实务中遇到的建设工程纠纷案件中的所有专业类别（如工期鉴定、修复方案鉴定等），但比起司法行政机关登记管理的时期，进步显著。由于全国各地经济技术发展水平的差异，各地法院对鉴定机构备案，仍存在尺度不一的情况，但原则上讲，具备行业主管部门颁发的资质证书，是未来“四类外”鉴定机构的基本准入条件。

（二）工程勘察、设计鉴定资质现状

在建设工程司法鉴定领域，关于工程造价和工程检测的资质条件，由于行业发展相对成熟，几乎没有争议。但对于工程勘察、设计类的鉴定机构和鉴定人的资质认定方面，实务中尚无定论，原因如下：

第一，国家对从事建设工程勘察、设计活动的单位，实行资质管理制度；对

从事建设工程勘察、设计活动的专业技术人员，实行执业资格注册管理制度。

工程勘察单位的资质分为两个类别：工程勘察综合资质和工程勘察专业资质。其中，工程勘察综合资质是指包括全部工程勘察专业资质的工程勘察资质，不分等级；工程勘察专业资质包括岩土工程、工程测量、勘探测试等三类专业资质，分甲、乙两级。工程设计单位的资质主要分为综合资质、行业资质、专业资质和事务所资质。

《建设工程勘察设计管理条例》第8条规定："建设工程勘察、设计单位应当在其资质等级许可的范围内承揽建设工程勘察、设计业务。禁止建设工程勘察、设计单位超越其资质等级许可的范围或者以其他建设工程勘察、设计单位的名义承揽建设工程勘察、设计业务。禁止建设工程勘察、设计单位允许其他单位或者个人以本单位的名义承揽建设工程勘察、设计业务。"

第二，国家对建设工程勘察、设计鉴定机构的资质条件、人员要求，没有明确的法律规定。

由于建设工程勘察、设计鉴定主要集中在诉讼活动过程中，因此虽然勘察、设计行业已经比较成熟，但勘察、设计鉴定领域却非常小众。各地法院对于勘察、设计鉴定类别的理解和准入条件，实务中差别较大。北京高院2018年2月发布《关于司法鉴定、评估、拍卖等机构申请进入"北京法院对外委托专业机构名册"的公告》，对建设工程设计鉴定机构的要求是：应具备行业主管部门颁发的工程设计甲级资质证书，但该公告中并未提及建设工程勘察鉴定机构的准入条件；2020年6月，宁夏高院发布关于编制《宁夏法院对外委托备选专业机构名录》的公告，10类专业机构分类中，仅有"工程质量"，并未制定勘察、设计鉴定机构的准入条件；2021年1月，湖北高院发布《2020年司法委托鉴定机构名单》，名单中建设工程类的鉴定机构仅有"工程质量"类，也未见勘察、设计鉴定机构入围。在人民法院诉讼资产网中，全国范围内工程设计鉴定机构仅有69家，工程勘察鉴定机构仅有20家，甚至在有的省份法院鉴定机构名录中，没有一家工程勘察、设计鉴定机构。

三、鉴定机构和鉴定人的选定程序

工程勘察、设计鉴定机构和鉴定人的选定程序，原则上与其他类别的鉴定一样，采用当事人协商选择与法院指定（随机指定或法院依职权指定）相结合的

方式进行。但在实务中,各地法院具体做法还存在一定差异,部分列举如下:

(一)最高人民法院

根据《最高人民法院对外委托鉴定、评估、拍卖等工作管理规定》的相关规定,鉴定机构和鉴定人实行协商选择与随机选择相结合的方式。当事人可以协商选择名册以内的专业机构,也可以协商选择名册以外的专业机构。如果当事人协商一致选择名册以外的专业机构或专家的,法院应对选择的专业机构进行资质、诚信、能力的程序性审查,并告知双方应承担的委托风险。

如果有下列情形之一的,则采用随机选择方式:(1)当事人都要求随机选择的;(2)当事人双方协商不一致的;(3)一方当事人表示放弃协商选择权利,或一方当事人无故缺席的。

随机选择程序主要有计算机随机法和抽签法两种。

如果名册中的专业机构仅有一家时,在不违反回避规定的前提下,即为本案的专业机构。

(二)北京市高级人民法院

根据北京市高级人民法院《关于对外委托鉴定评估工作的规定(试行)》的相关规定,专业机构的确定以当事人协商选择与人民法院指定相结合的方式进行。当事人申请鉴定评估的,可以由双方当事人协商选择。当事人协商不成或者人民法院依职权委托鉴定评估的,由人民法院根据不同类别按照以下方式在名册内指定:

1. 涉法医类、物证类、声像资料类、环境损害类鉴定的,由各院随机指定。

2. 涉资产评估、房地产评估、工程造价鉴定、会计审计鉴定、知识产权鉴定类别的,由北京高院诉讼服务部门随机指定;遇有特殊情况,经本院院长审核批准和纪检监察部门登记备案,报北京高院诉讼服务部门同意,可以由各院随机指定。

3. 其他鉴定评估类别,由各院随机指定或者自行指定。

当事人协商不成或者人民法院依职权委托鉴定评估,有在名册内无法指定专业机构情形的,各院可以在名册外自行指定。

当事人协商选择或者人民法院指定名册外专业机构的,法官应当对相关专业机构、专业人员的资格和专业能力进行审查,并决定是否委托。

(三)广东省高级人民法院

根据广东省高级人民法院《关于司法委托管理工作暂行规定》的相关规定,确定受托中介机构采取摇珠随机选定、双方当事人协商选定、人民法院指定三种方式。当事人协商选定司法委托中介机构,一般应从法院司法委托中介机构名册中选取。

人民法院指定采用小组合议选定的方式,即由司法委托管理部门指定3人组成合议小组,合议选定受托中介机构,并须报部门领导批准。合议实行少数服从多数的原则。人员不足3人的,由司法委托管理部门和案件经办部门等部门人员组成合议小组。

申请进行会计审计、资产评估、房地产评估、土地评估、工程造价评估、拍卖、破产清算的,一律按照相关规定,采用摇珠随机选定的方式选定受托中介机构。

有下列情形之一的,采用合议的方式指定受托中介机构:(1)法律、法规、政策、司法解释有特殊要求,明确不适用随机选定方式及当事人自主协商方式的;(2)名册中没有符合资质要求的机构,需从社会上相关专业中选定的;(3)当事人协商不成的。

当事人在规定的选择受托中介机构的时间内无故缺席或双方当事人不能协商一致的,由司法委托管理部门从本院司法委托中介机构名册中随机选定或指定。

有下列情形之一的,由省法院司法委托管理部门负责确定受托中介机构:(1)司法委托涉及的专业在本省内没有司法委托中介机构或没有相应资质、能力的;(2)重大、疑难、影响较大的案件;(3)中级人民法院司法委托管理部门自行委托确有困难,需省法院协助的。

标的物在管辖区域外的,可以使用标的物所在地人民法院的司法委托中介机构名册,并可商请当地人民法院司法委托管理部门协助。

(四)浙江省高级人民法院

根据《浙江省人民法院实施〈人民法院对外委托司法鉴定管理规定〉细则》

的相关规定，选定鉴定机构应当由当事人协商选择和人民法院指定相结合，并遵循公开、公平、公正的原则。

当事人协商选择鉴定机构应当在鉴定督办人主持下进行，原则上从本院鉴定机构名册内选定，也可从其他鉴定机构名册内选定。当事人协商选定的鉴定机构不在鉴定机构名册内的，应当从其选定，但需经管理部门审查，如该鉴定机构的资格、资质存在问题的，当事人应当重新协商选定。

当事人协商不一致或放弃协商的，由管理部门从本院鉴定机构名册内采用摇号、抽签、轮候等随机方式选定，无合适的，再从上级人民法院鉴定机构名册内选定，必要时也可从省内其他鉴定机构名册内选定。本省鉴定机构名册内均无相关鉴定机构的，可从社会相关鉴定机构中选定。

不适用协商选择鉴定机构的案件，由管理部门直接指定鉴定机构。

对涉及多学科的司法鉴定或所涉专业尚无法定鉴定机构的，可委托有鉴定资质或鉴定能力的机构组织鉴定。特殊案件的鉴定，可采用公开招标的方式确定鉴定机构。

委托省外鉴定机构鉴定的，应当报省高院管理部门审核同意。

（五）江苏省高级人民法院

根据江苏省高级人民法院《关于规范委托鉴定工作的意见》的相关规定，省法院建立全省法院统一使用的委托鉴定机构电子信息平台。全省各级法院需要委托的鉴定机构，应当从信息平台中产生。全省各级法院不再编制委托鉴定机构名册。《国家司法鉴定人和司法鉴定机构名册》所列的法医、物证、声像资料类司法鉴定机构，或符合相关行业资质等级标准的其他鉴定机构，可以自愿进入委托鉴定机构电子信息平台。

选择确定鉴定机构应当公开进行。双方当事人可以在江苏法院委托鉴定机构电子信息平台内协商鉴定机构或随机选择范围。协商一致的，法院应当准许；协商不一致的，在列入电子信息平台当地（地级市）相应资质类别的全部机构中随机确定。当事人对鉴定机构资质等级有要求的，可以在符合等级条件的机构中随机确定。

在电子信息平台以外选择鉴定机构的，由双方当事人自行协商确定相应资质的鉴定机构或选择范围后随机确定；协商不一致的，在双方提供的具有鉴定资质的机构中随机确定。

对于暂未实行专门资质管理的鉴定类别,审判(执行)部门认为需要鉴定的,应当由双方当事人协商确定具有国家相应能力认定(或验证)的鉴定机构;协商不一致的,由合议庭指定。

(六)河北省高级人民法院

根据《河北省高级人民法院对外委托工作实施细则(试行)》的相关规定,选择鉴定、检验、评估、审计专业机构,指定破产管理人实行协商选择与摇号选择相结合的方式。凡需要由人民法院依职权指定的案件由司法技术辅助部门按照摇号的方式,选择对外委托的专业机构,然后进行指定。

协商选择程序:(1)监督协调员告知当事人在选择程序中的权利、义务。(2)监督协调员向当事人介绍名册中相关专业的所有专业机构或者专家的情况。当事人听取介绍后协商选择双方认可的专业机构或者专家,并告知监督协调员。(3)当事人协商一致选择名册以外的专业机构或者专家,应当共同对其资质、诚信、能力负责;司法技术辅助部门只负责对专业机构或者专家资质等情况进行程序性审查,不负责实体性审查,并告知双方承担委托责任风险。除资质不符或者有违法违规的情况外,在不损害国家利益、集体利益或者第三方他人利益的情况下应当允许。(4)当事人协商不一致的、当事人表示放弃选择权利的或者一方当事人无故缺席的,直接进入摇号选择程序。

摇号选择程序:(1)摇号选择前,由监督协调员向当事人介绍摇号机的工作原理、操作过程等情况;(2)监督协调员公布相关专业的入围专业机构及编号;(3)确定有无回避机构;(4)首先通过摇号从名册中选择5~7个专业机构,再通过摇号从已选出的5~7个专业机构中确定受委托机构;(5)监督指导办公室成员对摇号选择拍卖机构的全过程进行监督指导,并对摇号结果进行签字确认。

名册中的专业机构仅有一家时,在不违反回避制度的前提下,即为本案的受委托方。

对委托要求超出名册所涉及专业技术的,监督协调员应当根据委托要求从具有相关专业资质的专业机构或者专家中选取,并征求当事人意见。当事人也可以向司法技术辅助部门提供相关专业机构或者专家的信息,经监督协调员审查认为符合委托条件的,应当听取其他当事人意见。

应当事人或者合议庭的要求，对重大、疑难、复杂或者涉及多学科的专门性问题，司法技术辅助部门可以委托有资质的专业机构组织相关学科的专家进行鉴定。

四、勘察、设计鉴定机构选择时应考虑的几个因素

（一）工程勘察、设计鉴定机构和鉴定人的基本资格条件

2020年9月1日起施行的最高院《关于人民法院民事诉讼中委托鉴定审查工作若干问题的规定》第6条规定："人民法院选择鉴定机构，应当根据法律、司法解释等规定，审查鉴定机构的资质、执业范围等事项。"第9条规定："人民法院委托鉴定机构指定鉴定人的，应当严格依照法律、司法解释等规定，对鉴定人的专业能力、从业经验、业内评价、执业范围、鉴定资格、资质证书有效期以及是否有依法回避的情形等进行审查。"可以看出，最高院在对鉴定机构和鉴定人的执业资格认定方面，似乎并没有解决长期以来一直存在的行业细分问题，但能够确定的是：鉴定机构应该具有公信力的专业条件，鉴定人应该具有足够的专业能力。

《浙江省人民法院实施〈人民法院对外委托司法鉴定管理规定〉细则》第5条规定："本细则所指的鉴定机构，是指依照我国相关法律、法规设立，具有行业执业资格和相应技能的机构；以及虽无相关法律、法规规定，但有能力承担相关专业技术鉴定的机构。"从这一细则的相关表述来看，无法律规定，但有能力承担相关专业技术鉴定的机构在实务中也确实大量存在。

综上所述，人民法院或仲裁机构在工程勘察、设计鉴定机构和鉴定人资质审查和委托过程中，原则上应优先委托具备行业主管部门（住建部）颁发的工程勘察、设计资质证书的机构进行鉴定，鉴定人应具有工程勘察、设计注册工程师执业资格；对于人民法院或仲裁机构名录内确无具有上述资质机构的情况下，可以委托具备专业能力的其他鉴定机构和鉴定人进行鉴定，有些仲裁机构甚至根本不设置鉴定机构名录，直接由当事人协商确定或由仲裁庭指定。

（二）鉴定项目涉及的专业领域

工程勘察、设计纠纷案件涉及的专业领域非常广泛。根据住建部颁布的

2007年版《工程设计资质标准》，设计行业大致分为煤炭、化工石化医药、石油天然气（海洋石油）、电力、冶金、军工、机械、商物粮、核工业、电子通信广电、轻纺、建材、铁道、公路、水运、民航、市政、农林、水利、海洋、建筑等21个类别，这21个行业领域基本都会涉及工程勘察。

在实务中，对于不同专业领域的勘察、设计合同纠纷，如启动鉴定程序，原则上应选择与案涉工程专业相匹配的鉴定机构，这样有利于化解矛盾、提高鉴定的公信力。

（三）鉴定项目涉及的技术特点

在实务中，工程勘察、设计合同纠纷涉及的争议问题专业性强，技术特点突出，而鉴定事项通常又是极其复杂的专业技术问题，因此在选定鉴定机构时，要根据案件争议的内容，合理判断。比如，在某输煤栈桥设计合同纠纷案中，发包人与设计人争议的主要内容是“输煤栈桥钢结构设计是否存在安全隐患”，因此在选择鉴定机构时，只要鉴定机构具备常规钢结构设计的相应资质或能力即可，不必流于形式，必须要求在煤炭领域选择；再如，在某石化项目的设计合同纠纷案中，发包人与设计人争议的主要内容是“设备基础配筋率是否符合最小配筋率的要求”，此类属于基本的结构概念争议，因此在选择鉴定机构时，也不必强求鉴定机构是否属于石化领域。但如果争议内容涉及冶金、通信、军工等特别专业的技术问题，选择鉴定机构时应考虑鉴定机构的行业背景。

（四）鉴定项目涉及的资质等级

由于工程勘察、设计行业的企业资质有等级差别（如工程设计甲级、乙级等），各个企业人员配备、技术实力存在不少差距，因此在选择鉴定机构时，还要考虑鉴定机构的资质等级原则上不应低于案涉合同的勘察人、设计人的资质等级。比如，案涉合同的设计人资质为工程设计甲级，鉴定机构的资质等级也应为工程设计甲级。

五、无法鉴定或者不适合鉴定时的处理

由于工程勘察、设计争议事项经常涉及专业问题，受行业技术水平所限，岩土工程、结构工程在实践中往往没有“精确解”，甚至不同的技术规范、标准之间

也存在一定程度的矛盾。因此,在实务中,未必所有的工程勘察、设计争议都能通过鉴定加以解决,如果确因客观原因导致无法鉴定或者不适合进行鉴定,建议按照下列方式处理:

(一)专家辅助人出庭

专家辅助人(或专家证人、有专门知识的人)制度最早见于2002年最高院《关于民事诉讼证据的若干规定》①第61条第1款的规定:“当事人可以向人民法院申请由一至二名具有专门知识的人员出庭就案件的专门性问题进行说明。人民法院准许其申请的,有关费用由提出申请的当事人负担。”

《民事诉讼法》第79条规定:“当事人可以申请人民法院通知有专门知识的人出庭,就鉴定人作出的鉴定意见或者专业问题提出意见。”《关于民事诉讼证据的若干规定》第83条规定:“当事人依照民事诉讼法第七十九条和《最高人民法院关于适用〈中华人民共和国民事诉讼法〉的解释》第一百二十二条的规定,申请有专门知识的人出庭的,申请书中应当载明有专门知识的人的基本情况和申请的目的。人民法院准许当事人申请的,应当通知双方当事人。”第84条规定:“审判人员可以对有专门知识的人进行询问。经法庭准许,当事人可以对有专门知识的人进行询问,当事人各自申请的有专门知识的人可以就案件中的有关问题进行对质。有专门知识的人不得参与对鉴定意见质证或者就专业问题发表意见之外的法庭审理活动。”北京市高级人民法院《关于对外委托鉴定评估工作的规定(试行)》第44条也规定:“当事人可以申请人民法院通知具有专门知识的人出庭,就鉴定意见、评估报告或者专业问题提出意见,人民法院应当将庭审过程记入笔录。”

因此,由于客观原因导致无法鉴定或不适合进行鉴定的,当事人可以申请专家辅助人(或专家证人、有专门知识的人)出庭。

(二)向具备相关资格的法人、其他组织或者具有专门知识的人进行咨询

《关于民事诉讼证据的若干规定》第84条第1款规定:“审判人员可以对有

---

① 该规定于2001年12月6日由最高院审判委员会第1201次会议通过,自2002年4月1日起施行。后于2019年10月14日进行修订,自2020年5月1日起施行。

专门知识的人进行询问。经法庭准许，当事人可以对有专门知识的人进行询问，当事人各自申请的有专门知识的人可以就案件中的有关问题进行对质。”北京高院《关于对外委托鉴定评估工作的规定（试行）》第 17 条规定：“对审判和执行过程中的专门性问题，无法通过对外委托鉴定评估解决的，法官可以向具备相关资格的法人、其他组织或者具有专门知识的人进行咨询。”

因此，由于客观原因导致无法鉴定或不适合进行鉴定的，法院可以向具备相关资格的法人、其他组织或者具有专门知识的人进行咨询。

本款规定的情形与上述第 1 款区别在于，第 1 款规定适用于当事人申请，而本款适用于人民法院或仲裁机构主动咨询。

（三）组织专家鉴定

《最高人民法院对外委托鉴定、评估、拍卖等工作管理规定》第 23 条规定：“应当事人或合议庭的要求，对重大、疑难、复杂或涉及多学科的专门性问题，司法技术辅助工作部门可委托有资质的专业机构组织相关学科的专家进行鉴定。组织鉴定由 3 名以上总数为单数的专家组组成。”《吉林省高级人民法院对外委托司法辅助工作程序通则》第 19 条规定：“应当事人或合议庭的要求，对重大、疑难、复杂或涉及多学科的专门性问题，人民法院委托管理部门可以委托有资质的社会专业机构组织相关学科的专家进行鉴定。组织鉴定应由 3 名以上总数为单数的专家组组成。”

因此，工程勘察、设计争议案件中，如果涉及重大技术问题没有规范规定或规范规定不明时，专业鉴定机构可能无法接受委托，法院也可以委托有资质的专业机构，由其组织相关学科的专家进行鉴定。

第 4.11 条　【工程质量鉴定和质量修复设计鉴定标准的适用】对工程质量鉴定、质量修复设计鉴定适用的技术标准有争议的，人民法院或者仲裁机构应根据鉴定目的、争议范围等确定适用的技术标准。

为鉴定勘察、设计、施工质量是否存在缺陷的，适用勘察、设计、施工当时的技术标准；对现有工程质量缺陷进行质量修复设计鉴定的，适用鉴定时的技术标准。

【条文主旨】

本条是关于工程质量鉴定和质量修复设计鉴定所适用技术标准的规定。

【理解与适用】

一、关于鉴定标准适用的审查

工程质量鉴定和质量修复设计鉴定的目的是查清与争议有关的专门性事实,该种鉴定必须依据相应的技术标准进行。但是,当技术标准因修订而有不同的版本时,对同一鉴定事项,采用不同的版本,其鉴定出来的结论和修复费用也不相同,当事人、鉴定人之间经常因此产生分歧。因此,应当根据不同的鉴定目的,适用不同的技术标准版本。

《关于民事诉讼证据的若干规定》第32条第3款规定:"人民法院在确定鉴定人后应当出具委托书,委托书中应当载明鉴定事项、鉴定范围、鉴定目的和鉴定期限。"第36条第1款规定:"人民法院对鉴定人出具的鉴定书,应当审查是否具有下列内容:……(四)鉴定所依据的原理、方法……"在鉴定初期确定鉴定方案时,人民法院或者仲裁机构应就鉴定所依据的标准规范对应的版本充分听取各方当事人的意见。双方当事人对鉴定机构主张适用的技术标准或版本不能达成一致的,人民法院或者仲裁机构应当对技术标准的适用进行审查并予以确定。

反之,如果不在鉴定初期明确鉴定所依据的技术标准或版本,不充分征求当事人意见,而是由鉴定机构自行确定直到鉴定结束时才在鉴定意见书中披露,将导致当事人即便对鉴定依据提出异议,但因鉴定工作已经完成,鉴定人对异议也难免有抵触情绪,人民法院或者仲裁机构又难以对当事人异议进行实质性审查,最终仍以鉴定意见作为定案依据,从而难以消除当事人的疑虑,甚至导致鉴定意见的错误。如新疆高院在(2015)新民一初字第6号案[①]中关于该案勘察范围与设计、施工范围是否相符的鉴定,法院委托第二测绘院出具《建设工程勘察合同纠纷一案测绘说明》载明:第二测绘院进行的敦德选矿主厂房范围复测与《新疆有色地质工程公司勘察范围坐标》基本一致。实测建设位置与设计

① 最高人民法院(2020)最高法民终474号民事裁定书已裁定撤销该判决,将本案发回新疆高院重审。

位置未发生变化，其主厂房建设在范围内。有色公司提出异议：敦德公司主厂房在有色公司勘察范围东北角边缘，测绘说明使用1980西安坐标系，而设计单位、施工单位采用1954北京坐标系，两者对角偏离80～100米。因此设计单位、施工单位、敦德公司变更了厂房施工地点。该判决书没有披露第二测绘院对该异议是否进行了回复，但从测绘领域的1954北京坐标系、1980西安坐标系换算差别来看，新疆地区两套坐标系的某点坐标算术值如果完全一致，则实际位置要相差近80～100米；反之，如果某点的坐标在两套坐标系中，则不可能一致。因此，该测绘鉴定意见不足以消除有一定测绘知识人员的疑虑。

二、鉴定勘察、设计质量是否存在缺陷的，适用勘察、设计、施工时的技术标准

工程项目在勘察、设计和施工时是按当时的技术标准执行的，因此要查明勘察、设计质量是否存在缺陷的，应当以勘察、设计和施工时的技术标准为判断依据，无论在启动鉴定时工程建设标准是否进行了修订。这一点与对工程质量的现状鉴定不同。以《混凝土结构设计规范》的修订为例，我国《混凝土结构设计规范》经历了1974年、1989年、2010年三轮大规模的修订。每一轮修订，其结构设计的参数指标都有较大变化，按老标准设计的建筑，即便符合当时的规范，但如果对其按新标准进行鉴定或复核，相当多的项目是不能满足新标准要求的。

三、工程质量缺陷修复设计鉴定适用鉴定时的技术标准

工程质量缺陷修复设计涉及社会公共利益，鉴于对建设工程质量缺陷修复时相关技术标准发生了变化，鉴定时应适用现行的技术标准。如《混凝土结构设计规范》(GB 50010－2010)第3.7.1项规定了既有结构设计的原则，即为既有结构延长使用年限、安全复核、改变用途、改建、扩建或加固修复等，应对其进行评定、验算或重新设计。第3.7.2项规定对既有结构的评定、验算或重新设计应符合下列原则：(1)应按现行国家标准《工程结构可靠性设计统一标准》(GB 50153)的要求，进行安全性、适用性、耐久性及抗灾害能力的评定。(2)应根据评定结果、使用要求和后续使用年限确定既有结构的设计方案。(3)对既有结构进行安全复核、改变用途或延长使用年限而进行承载能力极限状态的验

算时，宜符合本规范的规定。(4)对既有结构进行改建、扩建或加固改造而重新设计时，承载能力极限状态的计算应符合本规范和相关标准的规定。(5)既有结构的正常使用极限状态验算及构造要求宜符合本规范的规定。(6)必要时可对使用功能作相应的调整，提出限制使用的要求。

《民用建筑修缮工程查勘与设计标准》(JGJ/T 117－2019)第3.2.3项规定："修缮设计应符合现行标准，条件不具备时，不应低于原建造时的标准。修缮设计宜根据当地对房屋抗震设防、虫害防治、火灾预防、抗洪防风和避雷等技术要求，提出相应的技术措施。"第3.2.5项规定："房屋修缮设计的荷载取值应按实际使用的荷载和不利组合取值，并应符合现行国家标准《建筑结构荷载规范》(GB 50009)的规定。"

此外，根据《建筑震后应急评估和修复技术规程》(JGJ/T 415－2017)第4.5.1项、第5.5.1项、第6.5.1项、第7.5.1项、第8.5.1项的规定，地基基础以及砌体结构、混凝土结构、底部框架和内框架房屋结构、钢结构、村镇民居的震后修复加固设计，都按应按现行国家标准《建筑抗震设计规范》(GB 50011－2010)的有关规定执行。

四、鉴定标准是否应与合同约定标准、国家标准、行业标准相符的问题

由于我国的技术标准体系本身非常复杂，各种技术标准对同一事项的规定不尽相同，合同对技术标准适用的约定也可能存在模糊或矛盾，这给鉴定的标准适用带来更大的困难，也经常成为当事人的争议焦点。如济宁中院(2020)鲁08民终2501号案认为，上诉人主张被上诉人制作的幕墙等装饰工程存在质量问题，其应当举证证明被上诉人承揽制作的幕墙等装饰工程不符合双方合同中约定的质量标准，现其提供的2012年10月15日国家建筑工程质量监督检验中心出具的BETC－JG1－2012－3(A)号《检验报告》采用的检验依据为"GB 50292－1999、JGJ 102－96、JGJ/T 139－2001"等标准，上诉人没有举证证明该《检验报告》采用的标准与双方当事人约定的施工图纸、做法说明、设计变更及"JGJ 73－91、GBJ 300－88、GBJ 50505"等标准为同一标准，且该(A)号《检验报告》亦未注明其参考了施工图纸、做法说明、设计变更等资料，故该《检验报告》不能作为判定本案被上诉人施工的装饰工程存在质量问题且需依该《检验报告》进行修复的依据。

第 4.12 条 【工程质量缺陷修复责任的承担方式】 因勘察、设计原因造成工程质量缺陷且缺陷未修复，发包人向勘察人、设计人主张缺陷修复费用的，人民法院或者仲裁机构可按以下情形分别处理：

(1)发包人主张勘察、设计修复费用，勘察人、设计人主张自行修复勘察、设计缺陷而拒绝赔偿，发包人有正当理由拒绝其修复的，则勘察人、设计人应赔偿勘察、设计修复费用；

(2)发包人主张施工修复费用，勘察人、设计人主张自行施工修复而拒绝赔偿的，不予支持。

因勘察、设计原因造成工程质量缺陷且缺陷已经修复的，发包人向勘察人、设计人主张缺陷修复费用的，应予支持。

【条文主旨】

本条是有关工程质量缺陷修复责任承担方式的认定规则，即是由当事人直接修复还是以赔偿修复费用来替代。

【理解与适用】

一、工程质量缺陷修复的基本情况

在与勘察、设计质量缺陷有关的争议中，工程质量缺陷的修复责任承担是技术性较强的一类。《民法典》第 577 条规定："当事人一方不履行合同义务或者履行合同义务不符合约定的，应当承担继续履行、采取补救措施或者赔偿损失等违约责任。"工程质量修复属于质量缺陷的必要补救措施，也是基本建设程序中重要的善后工作，其包括工程返工、加固和修补，涉及的相关主体包括修复设计单位、修复施工单位、修复后质量检测和鉴定机构等。工程质量缺陷的修复设计、修复施工等行为属于工程建设活动的一部分，受到国家基本建设程序的质量监管，并纳入资质许可、市场准入的范围，需要特定的主体来实施。

工程质量纠纷在诉讼或仲裁阶段时，工程质量缺陷既可能尚未修复，也可能已经修复。对于质量缺陷尚未修复的，关于工程质量责任的承担方式是由责任人赔偿修复费用还是直接修复，各方当事人之间时常会发生争议。根据《民法典》第 577 条的规定，当事人承担违约责任的方式有继续履行、采取补救措施和赔偿损失等，其中继续履行、采取补救措施与赔偿损失之间具有替代性。但对于质量责任的承担方式，在当事人主张以实施修复而非赔偿损失的方式时，要考虑由其实施修复是否具备可行性。对于质量缺陷已经修复的情形，修复设计费、修复施工价款等修复费用可按其已实际支出的合理部分认定。但无论哪种情况，当事人请求赔偿工程质量缺陷修复费用的，都应按当事人的责任比例来计算赔偿金额。

二、建设工程质量修复实施的特殊性

除第 577 条外，《民法典》第 800 条还规定："勘察、设计的质量不符合要求或者未按照期限提交勘察、设计文件拖延工期，造成发包人损失的，勘察人、设计人应当继续完善勘察、设计，减收或者免收勘察、设计费并赔偿损失。"该规定中勘察人、设计人"继续完善勘察、设计"属于补救措施。如果发包人另行委托其他勘察人、设计人继续完善勘察、设计，大多会增加勘察费、设计费，进而导致发包人的损失扩大。

此外，《建筑法》第 58 条第 2 款规定：" ……工程设计的修改由原设计单位负责，建筑施工企业不得擅自修改工程设计。"《建设工程质量管理条例》第 24 条规定："设计单位应当参与建设工程质量事故分析，并对因设计造成的质量事故，提出相应的技术处理方案。"《建设工程勘察设计管理条例》第 28 条规定："建设单位、施工单位、监理单位不得修改建设工程勘察、设计文件；确需修改建设工程勘察、设计文件的，应当由原建设工程勘察、设计单位修改。经原建设工程勘察、设计单位书面同意，建设单位也可以委托其他具有相应资质的建设工程勘察、设计单位修改。修改单位对修改的勘察、设计文件承担相应责任。施工单位、监理单位发现建设工程勘察、设计文件不符合工程建设强制性标准、合同约定的质量要求的，应当报告建设单位，建设单位有权要求建设工程勘察、设计单位对建设工程勘察、设计文件进行补充、修改。建设工程勘察、设计文件内容需要作重大修改的，建设单位应当报经原审批机关批准后，方可修改。"由上述规定可知，对工程设计的修改、补充和对因设计造成质量事故提出技术处理方案，是原设计单位的法定义务；对工程勘察文件的补充、修改也应由原勘察单位进行。因此，补充、修改原勘察、设计文件的实施主体具有一定的排他性。

《建筑法》第 60 条规定："建筑物在合理使用寿命内，必须确保地基基础工程和主体结构的质量。建筑工程竣工时,屋顶、墙面不得留有渗漏、开裂等质量缺陷;对已发现的质量缺陷,建筑施工企业应当修复。”第 74 条规定:“建筑施工企业……造成建筑工程质量不符合规定的质量标准的,负责返工、修理,并赔偿因此造成的损失……”据此,施工人对工程质量缺陷也具有法定的修复义务。

而且,工程质量修复还涉及修复后的验收程序。《建设工程质量管理条例》第 32 条规定:“施工单位对施工中出现质量问题的建设工程或者竣工验收不合格的建设工程,应当负责返修。”《建筑工程施工质量验收统一标准》(GB 50300－2013)第 5.0.6 项规定:“当建筑工程施工质量不符合要求时,应按下列规定进行处理:1. 经返工或返修的检验批,应重新进行验收;2. 经有资质的检测机构检测鉴定能够达到设计要求的检验批,应予以验收;3. 经有资质的检测机构检测鉴定达不到设计要求、但经原设计单位核算认可能够满足安全和使用功能的检验批,可予以验收;4. 经返修或加固处理的分项、分部工程,满足安全及使用功能要求时,可按技术处理方案和协商文件的要求予以验收。”该规范的强制性条文第 5.0.8 项还规定:“经返修或加固处理仍不能满足安全或重要使用要求的分部工程及单位工程,严禁验收。”

根据上述规定,施工单位对施工中出现的质量缺陷不但有修复义务,还有验收义务,经工程质量缺陷修复后方可验收。并且,原设计单位对经检测机构检测达不到设计要求的检验批,具有核算认可验收的职权,而工程验收又是建设项目投入使用的前提和办理产权证的必要手续。因此,如果质量缺陷的修复及验收手续不及时进行,还可能会引起各方一系列的纠纷。

由以上规定可知,勘察人、设计人、施工人对工程质量缺陷具有法定补救责任,具有一定的排他性。同时,又鉴于原勘察人、原设计人、原施工人对工程比较熟悉,优先由原勘察人修复勘察文件缺陷,由原设计人修改设计文件缺陷或出具质量缺陷修复设计方案,由原施工人实施工程修复,具有便利性。因此,对勘察、设计文件的补充修改和技术处理,应优先由原勘察人、原设计人实施,对工程质量缺陷的修复也应优先由原施工单位实施。当然,在原勘察人、原设计人或原施工人与发包人或其他利害关系人之间的纠纷陷入僵局,或因原勘察人、原设计人或原施工人工作的质量缺陷导致发包人对其失去信任,或发包人有其他正当理由时,发包人可将相应修复工作委托具有相应资质和技术力量的其他勘察人、设计人或施工人实施。

三、以赔偿修复费用的替代方式承担质量缺陷修复责任

工程质量缺陷修复责任的承担方式，既有由责任人修复的直接履行方式，也有由责任人承担修复费用的替代方式。《民法典》第577条列举了违约责任的承担方式，包括继续履行、采取补救措施或者赔偿损失等。在建设工程质量纠纷中，各方当事人的矛盾比较激烈，往往难以对工程修复工作进行配合，由此不具备由原当事人组织修复的可行性。该情形下，只能采用由负有责任的当事人承担修复费用的方式，才能定分止争。在《最高人民法院公报》2014年第8期公报案例江苏高院(2012)苏民终字第0238号案中，法院认为，在双方当事人已失去合作信任的情况下，为解决双方矛盾，人民法院可以判决由发包人自行委托第三方参照修复设计方案对工程质量予以整改，所需费用由承包人承担。该公报案例就是对当事人以支付修复费用的方式承担质量修复责任规则的运用。

四、工程缺陷与修复费用之间的关联性、合理性界定

对修复范围与讼争质量缺陷的相关性、合理性进行甄别，有利于区分各方当事人的质量责任，也是司法裁判精细化的需要。

当事人之所以对工程质量缺陷责任的承担方式是直接修复还是赔偿修复费用存在争议，一个重要原因就是双方当事人互相失去了信任。一方当事人不相信对方能按期将质量缺陷修复，而另一方当事人则认为要求其承担的修复费用标准过高、金额不合理或范围过大、与质量缺陷修复不相关等。这就涉及对工程缺陷修复费用的关联性、合理性界定。当一方当事人主张属于修复费用，而另一方当事人主张该费用范围过大或与讼争缺陷范围无关时，人民法院或者仲裁机构应综合各方证据，进行有针对性的查明。具体来说，工程质量缺陷可能涉及工程的不同部位、不同的分部分项工程以及不同的承包人、分包人，往往是多因一果、多方责任，而修复方案则具有整体性，当事人可能出于诉讼策略或利益最大化的需要，将不属于讼争范围内的缺陷也主张纳入修复范围。此种主张是通过扩大修复范围来主张增加修复费用，而人民法院或者仲裁机构应将与讼争缺陷修复无关的费用剔除。比如，在地下室、屋面工程质量纠纷中，水泥基涂料防水层和钢筋混凝土结构的质量都存在缺陷，都需要修复。对于钢筋混凝

土结构的修复费用,不属于涂料防水层的修复范围,不应该由防水施工分包人承担。[①] 又如,在含软基处理的道路工程质量缺陷修复费用中,水泥土搅拌桩质量缺陷的返工费用,属于软基处理的修复费用,应由软基处理分包方承担;混凝土路面的强度、厚度等指标如不符合设计及规范要求,则属于混凝土质量缺陷的返工费用,属于混凝土路面的修复费用,应全部或部分由路面分包方承担。但是,如果修复设计方案中在路面又加了一层降噪沥青,则因该沥青面层所增加的费用不属于修复费用,无论软基处理分包方还是路面分包方,都不应该承担。

五、与修复费用相关的鉴定问题

在诉讼或仲裁程序中,与工程质量修复费用相关的鉴定通常有四种:第一种是工程质量是否合格的鉴定。第二种是引发质量缺陷的原因鉴定,即因果关系鉴定,在不鉴定无法判断责任人的情况下启动。因果关系鉴定既是质量缺陷修复方案鉴定的依据,又可以作为划分勘察人、设计人、施工人、发包人及其他当事人的责任大小和确定修复费用分担比例的依据。第三种是质量缺陷修复设计鉴定,其可以作为质量缺陷修复造价鉴定的依据。第四种是质量缺陷修复造价鉴定,其根据质量缺陷修复设计方案预估出修复费用的具体金额,以作为损失分摊的基数。

工程质量缺陷尚未修复,但发包人委托原设计人或具有相应设计资质的设计人已经出具修复设计施工图,经施工图审查或专家评审满足强制性规范要求的,当事人申请进行修复设计鉴定的,人民法院或者仲裁机构一般不予支持。如果修复设计施工图经施工图审查或专家评审不满足强制性规范要求的,宜启动鉴定程序。

原设计人或具有相应设计资质的设计人没有出具修复设计施工图,当事人申请进行修复设计鉴定的,应予支持。此时,人民法院或者仲裁机构宜征求当事人意见,如当事人对委托原设计人出具修复设计施工图无异议,则可优先委托原设计人。原设计人不再具备相应的资质条件或发包人有正当理由不同意

---

① 各施工分包人与总承包人就质量缺陷对发包人承担连带责任,但各施工分包人与总承包人内部之间的责任追偿是按份责任。此处只讨论按份责任。

委托原设计人的，应委托有相应资质等级的其他设计人出具修复设计施工图。

在与工程质量缺陷修复方案有关的鉴定中，各方当事人还可能就鉴定依据的标准版本产生争议，修复设计鉴定标准的版本适用又将关系到修复费用鉴定。对此类问题的处理，可参见本书第4.11条【工程质量鉴定和质量修复设计鉴定标准的适用】。

第4.13条　【勘察、设计质量缺陷造成损失的多方责任处理】因勘察、设计质量缺陷给发包人造成损失的，勘察人、设计人应承担赔偿责任。责任不完全是勘察人、设计人一方责任的，勘察人、设计人按相应的责任比例赔偿。

前款因勘察、设计质量缺陷给发包人造成的损失，既包括发包人自身的损失，也包括发包人由此赔偿或支付给施工人、监理人、检测人等第三人的损失或合理支出。

【条文主旨】

本条是关于多方原因导致质量缺陷造成损失的责任承担问题的规定。

【理解与适用】

一、区分勘察、设计质量缺陷造成损失各方责任比例的必要性

与建设工程勘察、设计质量缺陷有关的纠纷中，各责任方的责任比例划分通常比较复杂，既是各方当事人的争议焦点，也是社会、建筑行业领域关注的热点，更是诉讼或仲裁审理判断的难点。

勘察质量缺陷通常会导致工程项目设计差错、施工工期延误、引发质量安全事故，给发包人造成损失。设计缺陷导致的不良后果与之类似，也会给发包人造成损失。勘察、设计质量缺陷造成发包人损失的赔偿责任，除了勘察人、设计人的责任外，通常还有发包人自身，以及施工人、监理人、检测人等其他责任人，是多因一果的多方责任。根据权利义务相对等的原则，无论在勘察、设计阶段，还是在勘察、设计文件交付后，都应当依法区分各方主体责任。《民法典》第592条第1款规定："当事人都违反合同的，应当各自承担相应的责任。"第793

条第3款规定:“发包人对因建设工程不合格造成的损失有过错的,应当承担相应的责任。”关于勘察、设计质量缺陷损失赔偿的归责原则,无论是主张违约责任还是侵权责任,除了连带责任之外,都要考虑各方承担勘察、设计质量缺陷的责任比例问题。赔偿责任根据违约或侵权的具体情形,综合衡量合同履行程度、勘察人或设计人的过错、预期利益等多项因素,根据合同约定,或者按照公平原则、诚实信用原则确定不同的责任比例。

关于勘察、设计等多方质量缺陷引发的纠纷,因地下室底板上浮事故发包人起诉勘察人、设计人、施工人主张侵权赔偿是比较典型的一类。如威海中院在(2019)鲁10民初166号案中援引鉴定意见认为:造成目前出现地下室底板隆起、开裂积水等现象的原因是勘察报告未提供地下水位变化幅度,补充说明提供的地下水位建议值不准确,不符合勘察规范。部分框架柱基础附近未连续浇筑,存在施工冷缝。防水底板厚度偏小。部分底板存在南北方向裂缝,裂缝沿板厚贯通至板底。以上三点不符合《地下防水工程质量验收规范》。防水底板厚度偏小,依上述规范防水混凝土结构厚度不应小于250mm。混凝土施工存在施工偏差,地下室外墙及顶板存在多处渗漏现象。施工养护未按规范进行造成柔性防水破坏,是工地管理、防水措施不到位造成的,不符合《建筑施工组织规范》。该判决(一审)对各方责任比例认定为:两个联合勘察单位50%(其中文登利丰公司25%),设计人无责任,施工人25%,发包人25%。又如,山东高院在(2020)鲁民终2572号案中认为,勘察人之一文登利丰公司责任比例25%不变,设计人10%、施工人10%,勘察人威海勘察院、监理人富尔咨询公司的责任比例另行解决。尽管一审、二审法院确定的各方责任的具体比例有所不同,但都进行了责任比例的量化,这表明司法实践中区分各方承担损失责任比例的必要性。

二、勘察人、设计人的赔偿责任

关于勘察人、设计人对勘察、设计质量缺陷造成损失的赔偿责任,《民法典》的规定有三条,分别是第577条规定:“当事人一方不履行合同义务或者履行合同义务不符合约定的,应当承担继续履行、采取补救措施或者赔偿损失等违约责任。”第583条规定:“当事人一方不履行合同义务或者履行合同义务不符合约定的,在履行义务或者采取补救措施后,对方还有其他损失的,应当赔偿损失。”第800条规定：“勘察、设计的质量不符合要求或者未按照期限提交勘察、设计文件拖延工期，造成发包人损失的，勘察人、设计人应当继续完善勘察、设计，减收或者免收勘察、设计费并赔偿损失。”根据《民法典》的上述规定，勘察、设计质量缺陷给发包人、施工人、设计人等其他当事人造成损失的，勘察人、设计人应当承担赔偿责任。

此外，《建筑法》第73条规定建筑设计单位不按照建筑工程质量、安全标准进行设计的，对造成损失应承担赔偿责任。

三、发包人的责任

（一）发包人提供的基础资料不准确

按时提供准确的基础资料，属于发包人的法定义务，也是其基本的协作义务，更是勘察人、设计人开展工作的必要前提。通常应由发包人提供的基础资料包括规划图、地形图、测量水准点、工程立项批文、相邻建筑物和构筑物、地下工程的有关资料等。《民法典》第805条规定：“因发包人变更计划，提供的资料不准确，或者未按照期限提供必需的勘察、设计工作条件而造成勘察、设计的返工、停工或者修改设计，发包人应当按照勘察人、设计人实际消耗的工作量增付费用。”《建设工程质量管理条例》第9条规定：“建设单位必须向有关的勘察、设计、施工、工程监理等单位提供与建设工程有关的原始资料。原始资料必须真实、准确、齐全。”《建设工程安全生产管理条例》第6条第1款规定：“建设单位应当向施工单位提供施工现场及毗邻区域内供水、排水、供电、供气、供热、通信、广播电视等地下管线资料，气象和水文观测资料，相邻建筑物和构筑物、地下工程的有关资料，并保证资料的真实、准确、完整。”第6条第2款还规定了相关部门或单位应当及时向建设单位提供查询资料的便民义务。

根据以上法律、法规的规定，因发包人提供的基础资料不准确造成勘察、设计文件质量缺陷的，发包人应该承担责任。当然，因发包人或有关政府主管部门提供的基础资料不准确，如勘察人、设计人未尽必要核对义务的，属于勘察人、设计人的过错，勘察人、设计人也应该承担责任；反之，如果勘察人、设计人已尽到必要的核查义务但仍造成勘察、设计文件质量缺陷的，应适当减轻勘察人、设计人的责任。

(二)发包人要求勘察人、设计人违反法律法规和强制性标准规定出具勘察、设计文件

当前勘察、设计行业处于买方市场,存在过度竞争,发包人对勘察人、设计人工作的主导性较强,甚至存在不当干预。发包人要求勘察人、设计人违反建设工程质量和安全生产法律法规和强制性标准规定出具勘察、设计文件,实际上也是要求勘察人、设计人违背工程客观规律,极易导致勘察、设计质量缺陷。例如,发包人在审核《勘察大纲》和勘察方案工作量时,往往要求勘察人违背工程勘察客观规律,不顾工程勘察实际,要求勘察人尽量减少勘察布孔个数、减少入岩深度、取样和测试组数,按相关勘察标准的较少数甚至下限部署勘察工作量;发包人在审核《工程地质勘察报告》时则对地基承载力等参数,要求勘察人按相关勘察标准的较高值甚至上限取值履行,对抗浮水位则降低标高,以节约基础设计造价。又如,发包人要求设计人对房屋建筑结构采用过低的含钢量指标,对基坑、边坡周边的坡顶标准和堆载重量进行不切实际的假定,这些不合理要求往往导致设计的质量安全储备不足,可靠度过低,造成质量安全隐患。

《建筑法》第54条规定:“建设单位不得以任何理由,要求建筑设计单位或者建筑施工企业在工程设计或者施工作业中,违反法律、行政法规和建筑工程质量、安全标准,降低工程质量。建筑设计单位和建筑施工企业对建设单位违反前款规定提出的降低工程质量的要求,应当予以拒绝。”《建设工程安全生产管理条例》第7条规定:“建设单位不得对勘察、设计、施工、工程监理等单位提出不符合建设工程安全生产法律、法规和强制性标准规定的要求,不得压缩合同约定的工期。”

根据以上法律规定,发包人要求勘察人、设计人违反建设工程质量和安全生产法律、法规和强制性标准规定出具勘察、设计文件的,发包人对勘察、设计文件的质量缺陷形成存在过错,当然也应该对由此造成的损失承担责任。

(三)发包人不履行通知、协作义务

发包人不履行通知、协作义务,如发包人在设计、施工过程中不及时通知勘察人参与技术交底、图纸会审、施工验槽、桩基、锚杆承载力参数试验等涉及水

文地质专门性问题处理工作，会导致勘察缺陷未能及时消除，酿成质量安全事故或导致事故扩大。《民法典》第 509 条规定："当事人应当按照约定全面履行自己的义务。当事人应当遵循诚信原则，根据合同的性质、目的和交易习惯履行通知、协助、保密等义务。"发包人不履行通知、协作义务，既属于违约行为，也属于明显的过错，应对由此造成的损失承担相应的责任。

四、施工人、监理人、检测人、监测人等其他非勘察、设计合同缔约方责任人的责任

各当事人之间通常会就勘察质量缺陷和损失赔偿责任的承担产生纠纷，涉及不同责任方之间的诉讼或仲裁。相关的民事案件，既有合同纠纷，也有侵权责任纠纷。在这些纠纷中，并非每个相应的责任人都是诉讼或仲裁案件的当事人。在此类情形下，与发包人有合同关系的施工人、监理人、检测人等责任人不一定是诉讼或仲裁案件的当事人，在确定勘察人、设计人承担的责任比例时，必须将发包人和施工、监理、检测、监测等责任问题统筹考虑。

关于监理人的责任，监理人受发包人的委托和授权，代表发包人对工程项目行使"三控三管一协调"[①]的职权，其履职产生的责任当然应该由发包人承担。

关于施工人的责任，《民法典》第 801 条规定了施工人对建设工程质量缺陷的违约责任，第 802 条规定了承包人对建设工程在合理使用期限内造成人身损害和财产损失的赔偿责任（"质量责任终身制"），第 1252 条规定了建设单位与施工单位对建筑物、构筑物或者其他设施倒塌、塌陷造成他人损害的承担连带责任。此外，《建筑法》第 74 条规定建筑施工企业在施工中偷工减料的，使用不合格的建筑材料、建筑构配件和设备的，或者有其他不按照工程设计图纸或者施工技术标准施工的行为的，造成建筑工程质量不符合规定的质量标准的，负责返工、修理，并赔偿因此造成的损失；第 75 条规定建筑施工企业不履行保修义务或者拖延履行保修义务的，对在保修期内因屋顶、墙面渗漏、开裂等质量缺陷造成的损失承担赔偿责任。《建设工程勘察设计管理条例》第 28 条第 2 款规定了施工和监理单位

---

① 三控：质量控制、进度控制、造价控制；三管：合同管理、信息管理、安全管理；一协调：协调项目各参与方工作。参见《建设工程监理规范》（GB/T 50319－2013）第 4.2.3 项。

对发现建设工程勘察、设计文件质量缺陷时，有报告建设单位的义务。

关于监测人的具体责任，在施工过程中因第三方岩土工程、水文地质监测人工作失误，造成基坑、边坡等工程事故早期预警机制失效，往往也是酿成质量安全事故或事故扩大的原因之一。监测人如果是发包人委托的，与发包人委托的监理人类似，监测人的责任比例也应归属发包人范围。广州海事法院在（2010）广海法初字第73号案中认为（一审），岸坡滑移事故的法律原因及监理、检测人的法律责任，由于监理人东华公司、东华公司委托的检测人中铁深圳设计院对施工中的异常情况未能及时预警和报警，以致监测未能有效地指导施工，监理未能发挥有效监督施工的作用。如果监理监测方能对超标的监测数据进行系统、连续的分析，就沉降速度超标、位移速度超标等作定性的判断，及时采取停止加载等措施，岸坡滑移事故或许是可以避免的。然而，第二次滑移事故前的一段时间，1号泊位最大沉降速度达76毫米/天，而设计的标准为小于或等于16毫米/天，高于设计要求的控制标准近5倍；最大的测斜位移速度达22毫米/天，而设计的标准为小于或等于3毫米/天，高于设计要求的控制标准7倍以上，如此明显的监测数据报警却没有引起监理监测方的重视并采取措施，监理监测形同虚设，最终酿成事故的发生。对于监测方中铁深圳设计院来说，事故发生后的整改措施并不完善，如2007年12月17日至2008年1月18日武汉港湾工程质量检测中心在对其监测工作的审查中发现，虽然监测数据真实、可信，但存在监测的分析计算工作尚待改进，未严格按照设计文件和业主的要求定时监测，不能提供测斜仪等仪器的计量检定证书，不能提供现场监测人员的各项资质证书，不能提供其质量管理体系在本监测项目中的运行情况等问题。东华公司依据监理合同对监测工作承担合同义务，因而中铁深圳设计院的上述过错应由东华公司承担责任。综上可见，监理监测方并未认真履行码头工程施工监理合同的义务，监理指令不清晰，随意性大，在复杂的地质条件下没有发挥根据现场实际情况由监测数据来控制和指导加载速度的作用，对岸坡滑移事故的发生负有不可推卸的法律责任。施工方中交三航局应承担50%的责任，监理监测方东华公司应承担30%的责任，设计方中交四航设计院应承担20%的责任。广东高院在（2014）粤高法民四终字第63号案中维持了原判。

五、工程总承包模式下勘察人、设计人、施工人等多方混合责任的诉讼程序问题

由于勘察、设计质量缺陷造成损失，如果发包人仅起诉其中一方承担损失赔偿责任的，根据《民事诉讼法》第56条第2款关于“第三人虽然没有独立请求权，但案件处理结果同他有法律上的利害关系的，可以申请参加诉讼，或者由人民法院通知他参加诉讼”的规定，被告方或者未参加诉讼的责任方有权申请人民法院追加其作为第三人参加到诉讼中来；如果当事人不申请追加其他责任方为第三人参加诉讼的，人民法院为了查明事实，分清责任，也可以主动追加其他责任方为第三人，并在查明案件事实后，按照发包人的诉讼请求结合各责任方的过错，按比例判决被告方所应承担的责任。但是，在仲裁程序中，因缺少第三人制度，当事人不能申请仲裁机构追加第三人，仲裁机构也不能主动追加第三人参加仲裁，除非仲裁双方及第三人均同意追加或同意案外人申请参加仲裁。

六、发包人的损失范围

发包人作为建设项目的牵头方，其投资建设活动通过工程发包、设备采购和管理服务等方式与产业链的上下游供应方形成合同关系。因勘察、设计质量缺陷导致工期延误、工程质量问题或质量安全事故，极易引发与发包人有合同关系的产业链上下游供应方依据合同，向发包人索赔或主张补偿。以发包人作为房地产企业为例，工程项目如果出现工期延误、质量安全事故，项目的各参与方依据合同向发包人索赔或费用补偿，包括工期延误损失、返工、维修、工程拆除重建等损失，延期交房还会引发商品房预售合同纠纷（包括退房、逾期交房违约金等）的索赔。这些相关的索赔或费用补偿，都属于发包人的损失。如兰州市城关法院在（2019）甘0102民初219号案中认为，发包人（原告）在楼房出现质量问题后，先后向鉴定机构、纠偏加固施工单位、监理单位支付了相应的费用，并向住户支付了安置款、补偿款、赔偿款等款项，上述款项属于因被告违约所造成的损失，属于损失赔偿的范围。

值得注意的是，发包人的损失范围，即便是工程项目尚未开工建设，但发包人在勘察、设计阶段仍然会产生许多支出，都属于损失范围。如舟山定海法院在（2018）浙0902民初3443号案中，一审查明并确认舟山中院在（2019）浙09

民终637号案中(二审)维持的发包人海洋农商行在案涉项目前期工作中的支出损失共12项:(1)编制项目申请报告咨询费用;(2)临时变电线路勘察设计费;(3)水土保持补偿费;(4)造价咨询首付款;(5)编制项目水土保持方案咨询费;(6)前期物业管理费;(7)临时变电预算编制费;(8)招标代理费;(9)基坑支护设计费;(10)地质勘探费用;(11)节能评估技术咨询费;(12)工程勘察外业见证费用。以上共计支出84万余元。该案的特殊之处在于,设计成果因日照分析出现问题。

第五章 》》建设工程勘察、设计工期

第 5.1 条 【勘察、设计工作开始日期争议的处理】发包人与勘察人、设计人对工程勘察、设计开始日期有争议的，应分别按照下列情形予以认定：

（1）发包人向勘察人、设计人发出开始工作通知或类似文件的，以开始工作通知载明的开始时间为工程勘察、设计开始日期；开始工作通知发出后，尚不具备勘察、设计条件的，以具备勘察、设计条件的时间为工程勘察、设计开始日期；因勘察人、设计人原因导致开始时间推迟的，以开始工作通知载明的时间为工程勘察、设计开始日期。

（2）勘察人经发包人同意已经实际进场勘察的，以实际进场勘察时间为工程勘察开始日期；设计人经发包人同意已经实际进行设计的，以实际设计时间为工程设计开始日期。

（3）发包人未发出开始工作通知或类似文件，亦无相关证据证明实际开始日期的，应当结合双方所签订的合同、发包人向勘察人、设计人提供的工程勘察、设计所需的批准及许可文件、基础图纸及技术资料、地下埋藏物资料等的时间，发包人向勘察人、设计人支付预付款项的时间，并结合是否具备勘察、设计开始条件的事实，综合考虑认定工程勘察、设计开始日期。

【条文主旨】

本条是关于勘察、设计工作开始日期的认定规则。勘察、设计工作的开始日期一般以开始工作的通知或类似文件载明的开始时间为准，若已经实际开始勘察、设计工作的，则以实际开始工作时间为准，若既无开始工作的通知，亦无相关证据证明实际开始日期的，则需结合其他事实情况综合认定勘察、设计开始日期。

【理解与适用】

勘察、设计工期是指完成合同约定的勘察、设计内容的期限。勘察、设计开始日期，是计算勘察、设计工期的起始时间，对于确认勘察、设计工期是否延误进而确认发包人与勘察人、设计人之间的责任承担影响重大。因此，如何认定勘察、设计开始时间在实践中意义重大。

关于勘察开始时间，《2017 版标准勘察招标文件》第四章“合同条款及格式”第 1.1.4.2 目规定：“开始勘察日期：指发包人按第 6.1 款发出的开始勘察通知中写明的开始勘察日期。”第 6.1 款规定：“……勘察服务期限自开始勘察通知中载明的开始勘察日期起计算……”该文件直接将开始时间定义为开始勘察通知中载明的开始勘察日期。《2016 版建设工程勘察合同示范文本》通用合同条款第 1.1.13 项则规定：“开工日期：指合同当事人在合同中约定，勘察人开始工作的绝对或相对日期。”该文件则将勘察开始时间定义为合同中约定的开始工作时间。

关于设计开始时间，《2017 版标准设计招标文件》第四章“合同条款及格式”第 1.1.4.2 目规定：“开始设计日期：指发包人按第 6.1 款发出的开始设计通知中写明的开始设计日期。”《2015 版房建工程设计合同示范文本》第 1.1.4.1 目规定：“开始设计日期：包括计划开始设计日期和实际开始设计日期。计划开始设计日期是指合同协议书约定的开始设计日期；实际开始设计日期是指发包人发出的开始设计通知中载明的开始设计日期。”在该文件中，将开始设计日期区分为计划开始设计日期和实际开始设计日期，并分为按照合同约定开始设计日期和开始设计通知中载明的开始设计日期进行认定。

从上述文件中可以看出，勘察、设计开始时间存在合同约定和开始通知两种情形。在实践中，除了上述情形外，由于实际履约行为的变化，往往还涉及开始条件具备与否影响开始时间的认定、无开始工作通知下如何认定开始日期等情形。在发包人与勘察人、设计人对勘察、设计开始日期有争议时，应当区分不同情形予以认定。

一、在发包人向勘察人、设计人发出开始工作通知或类似文件的情况下，开始日期的认定

开始工作通知作为发包人要求勘察人、设计人开工的基础资料，是确认开始工作的事实文件。一般情况下，在接到发包人开始工作通知后，勘察人、设计人即会开始实施相应的勘察、设计活动。在实践中，与施工活动不同的是，勘察、设计活动中需要投入的主要是人力、设备等资源，特别是设计活动中，一般仅有人力资源的投入，基本不涉及材料等方面的投入，由此导致实践中，对于正式的勘察、设计开始工作通知并不是特别重视。随着各类传媒技术的发展，开始工作通知的载体更多地表现为电子数据，典型形式是各类即时通讯工具如微信、钉钉等，但这类载体往往会存在因时间过久，或者设备更换等原因导致信息灭失。有鉴于此，对于发包人和勘察人、设计人而言，固定开始工作通知是一项非常重要的工作。

相比较合同约定的开始工作时间而言，发包人发出的开始工作通知往往是根据现场情况和自身需要适时发出的，其形成时间一般在合同之后，也更符合实践中发包人对勘察、设计开始日期的要求，因此，在没有其他证据资料足以推翻开始工作通知的情况下，原则上均应当以开始工作通知或类似文件上载明的开始时间作为工程勘察、设计开始日期。

但是，同时我们也要注意，由于开始工作通知一般情况下为发包人发出的，属于发包人的单方行为，其往往基于项目工期等自身利益的考虑，有可能在不具备条件的情况下强行要求勘察人、设计人开始工作，损害勘察人、设计人的合法权益。因此，为维护勘察人、设计人的合法权益，在开始工作通知发出后，尚不具备勘察、设计条件的，应当以具备勘察、设计条件的时间为工程勘察、设计开始日期。

一般情况下，勘察活动开始实施时需具备的条件主要包括：(1)发包人提供的明确勘察任务及技术要求；(2)开展工程勘察工作所需要的图纸及技术资料；(3)工程勘察作业所需的批准及许可文件；(4)具备条件的作业场地及进场通道；(5)作业场地内地下埋藏物的资料、图纸等。设计活动开始实施时需具备的条件主要包括开展设计工作所需要的设计任务书、基础文件、技术资料、图纸等。如贵港中院在(2016)桂 08 民终 646 号民事判决书中认为，上诉人请被上诉

人确认相关问题和工作量及费用,被上诉人没有回复和处理……由此可以证实,在上诉人设计过程中,被上诉人对上诉人提出的问题和要求没有答复、确认和解决,影响了上诉人设计的进度,设计开始时间应以被上诉人确认设计条件后起算。

当然,涉及具体的工程,勘察、设计活动开始实施时需具备的条件还需要结合合同约定来确定,如勘察活动中要求的“具备条件的作业场地及进场通道”,有些合同中会将该条件约定为勘察人的义务,在这种情况下,此项即不构成开始勘察活动的必备条件。如设计活动中,常常约定有预付款或者定金,在这种情况下,预付款或者定金就成为设计活动开始实施的必备条件。

在是否具备开始条件的争议中,我们还需要关注举证责任的分配问题。虽然开始条件具备与否是勘察人、设计人主张以对抗发包人的开始工作通知的,但因为勘察、设计开始实施的条件是由发包人提供的,发包人承担相应的履行义务,因此相应的举证责任应当由发包人承担,发包人未能举证证明其已经提供满足开始工作的条件的,则应当承担举证不能的后果,以具备勘察、设计条件的时间为工程勘察、设计开始时间。

另外,在发包人发出开始工作通知或类似文件后,因勘察人、设计人的原因导致开始时间推迟的,应当以开始工作通知载明的时间为工程勘察、设计开始日期,从而计算勘察人、设计人延误的工期进而确认其应当承担的违约责任。

二、在勘察人、设计人经发包人同意并已经实际进行勘察、设计活动的情况下,勘察、设计开始时间的认定

发包人向勘察人、设计人发出开始勘察、设计工作通知书前或者发包人未向勘察人、设计人发出开始勘察、设计工作通知书的,勘察人、设计人经发包人同意已经实际进场勘察或开始设计工作的,应当以实际开始时间为工程勘察、设计开始时间。对此,我们需要注意本项的前提是“经发包人同意”,即双方就开始工作已经达成一致的意思表示,在这种情况下,应当充分尊重当事人的意思自治,以双方的一致意思表示为准来认定勘察、设计工作的实际开始日期。如阜新海州法院在(2018)辽0902民初1065号案中认为,原告于2012年12月19日正式合同签署前开始详勘,完成了进场钻孔勘查工作。依照合同约定,本工程详勘工作以甲方通知日期为准,被告未出示证据证明通知原告入场时间,原告主张于2012年12月19日进行详勘的观点,法院予以认可。在本案中,发

包人无证据证明通知勘察人进场时间,因此法院将勘察人实际进场勘察时间认定为工程勘察开始工作时间。

需要注意的是,本项与第1项的不同之处在于发出开始工作通知是发包人主动的行为,而本项中勘察人、设计人经发包人同意实际开始进行勘察、设计工作,则属于勘察人、设计人主动的行为。对于勘察人、设计人的主动行为,应当获得发包人的同意。未经发包人同意,勘察人、设计人自行开始的勘察、设计工作,属于勘察人、设计人的单方行为,因其行为产生的费用或者造成的损失应当由勘察人、设计人自行承担,发包人无须承担责任。

三、在发包人未发出开始工作通知或类似文件,亦无相关证据证明实际开始日期情况下,工程勘察、设计开始日期的认定

在实践中,除了勘察外业工作需要现场实施外,其他的勘察活动以及设计活动均由勘察人、设计人在其地点自行完成,同时由于投入内容与一般施工活动的差异,使勘察、设计活动中往往缺失开始工作通知或类似文件。同时,如果没有其他证据资料证明实际开始工作日期的情况下,往往导致发包人与勘察人、设计人之间对于勘察、设计开始日期的认定存在争议。

在这种情况下,认定勘察、设计活动开始日期就需要结合双方签订的合同、发包人向勘察人设计人提供的工程勘察、设计所需的批准及许可文件、基础图纸及技术资料、地下埋藏物资料等的时间,发包人向勘察人、设计人支付预付款项的时间,并结合是否具备勘察、设计开始条件的事实,综合考虑认定工程勘察、设计开始日期。

如合同已明确约定开始日期,同时发包人能够举证证明勘察、设计开始条件已具备的情况下,应当综合认定合同约定开始日期为勘察、设计工作开始日期。另外,如果双方签订的合同中明确约定以预付款支付时间来认定开始日期的,在开始工作条件具备的情况下,应当结合合同中关于预付款支付时间的约定以及发包人实际支付预付款时间来综合认定勘察、设计工作开始日期。

在上述情况均缺失的情况下,则需要结合发包人与勘察人、设计人在勘察、设计活动实施过程中往来的联系单、会议纪要、确认单、审批文件等资料中体现的相关开始工作日期,并结合开始条件具备的情况来综合认定勘察、设计工作开始日期。

第 5.2 条　【具备勘察开始条件的认定】发包人与勘察人对具备勘察开始条件有争议的，应分别按照下列情形予以认定：

(1)合同有约定的，按照合同约定予以认定；

(2)合同未约定的，开始勘察应具备下列条件：

1)明确的勘察任务及技术要求；

2)开展工程勘察工作所需要的图纸及技术资料；

3)工程勘察作业所需的批准及许可文件；

4)具备条件的作业场地及进场通道；

5)作业场地内地下埋藏物的资料、图纸。

【条文主旨】

本条是关于勘察活动开始实施时需具备条件的认定规则。勘察工作的开展，必须要满足相应的前提条件，在条件不具备的情况下，勘察人难以开展勘察工作，勘察开始日期也因此无法确认。

【理解与适用】

通常情况下，发包人与勘察人应当在勘察合同中约定勘察开始条件。如果勘察合同对此有约定的，应当按照合同约定对于是否具备勘察开始条件进行认定。如果合同对此未约定，或约定不明的，本条规定了具备勘察开始条件应满足的五种情形。

需要说明的是，从广义上说，工程勘察包括工程测量、岩土工程勘察、水文地质勘察，还包括煤炭、水利水电、长输管道、铁路、公路、通信、海洋工程等专业工程勘察以及诸如工程物探、室内试验等专项工程勘察。本条所规定的具备勘察开始条件应满足的五种情形是针对常规的勘察工作而言的，具体到不同的专业工程勘察或专项工程勘察，尚需结合具体的勘察内容，认定是否具备勘察工作条件。

一、明确的勘察任务及技术要求

《建设工程勘察质量管理办法》第 2 条第 2 款规定："本办法所称建设工程勘察，是指根据建设工程的要求，查明、分析、评价建设场地的地质地理环境特征和岩土工程条件，编制建设工程勘察文件的活动。”从该管理办法对工程勘察的定义可以看出，勘察活动开展的方案是根据建设工程的要求来确定的，勘察任务及技术要求则是根据建设工程的要求来确定的。也就是说，明确勘察任务及技术要求是开展勘察活动的前提。如《2017 版标准勘察招标文件》第四章“合同条款及格式”第 1.6.2 项规定：“按专用合同条款约定由发包人提供的文件，包括基础资料、勘察任务书等，发包人应按约定的数量和期限交给勘察人。”《2016 版建设工程勘察合同示范文本》通用合同条款第 2.2.1 项规定：“发包人应以书面形式向勘察人明确勘察任务及技术要求。”

《建设工程勘察设计管理条例》第 26 条第 1 款规定：“编制建设工程勘察文件，应当真实、准确，满足建设工程规划、选址、设计、岩土治理和施工的需要。”也就是说，勘察工作须满足工程不同阶段的不同需要，而明确的勘察任务和技术要求就是工程不同阶段的不同需求的体现。勘察工作按照阶段的不同，一般分为可行性研究勘察、初步设计阶段勘察、施工图设计阶段勘察和施工勘察。不同阶段的勘察对于勘察任务的要求是不一样的，一般情况下，可行性研究勘察的勘察任务是对拟选场址的稳定性和适宜性作出评价，从而满足确定场址方案的设计要求；初步设计阶段勘察的勘察任务是通过初步查明场地岩土条件，满足初步设计的需要；施工图设计阶段勘察时查明场地岩土条件，提出设计、施工所需参数，满足施工图设计的要求；施工勘察的勘察任务则是满足施工中关于具体问题的设计。上述各个阶段的勘察任务需要结合项目的实际情况和发包人的要求进行明确，若没有明确勘察任务，勘察人不知道勘察的目的和要求，也就无法实施勘察工作。

明确的技术要求也是各阶段勘察工作开展的前提之一。技术要求是根据建设工程的要求来确定的，包括相关的技术标准。《2020 版房建市政工程勘察深度规定》第 2.0.1 项规定：“工程勘察文件编制应根据工程与场地情况、设计要求选择所依据的现行技术标准，同一部分内容涉及多个技术标准时，应在相应部分进一步明确所依据的技术标准。”

明确的勘察任务和技术要求在实践中的表现形式一般为发包人发出的勘察任务书。勘察任务书的内容一般包括：(1)工程概况：主要内容为项目的基本情况、地理位置、功能用途等；(2)委托内容：主要有需查明的内容、地质水文情况、技术要求、相关地质处理方案、技术标准等；(3)需提交的书面资料：主要包括勘察纲要、勘察方案、勘察报告、结果资料等。当然,除了发包人发出的勘察任务书,发包人与勘察人也可以直接在合同中约定勘察任务书中的相关内容。

二、开展工程勘察工作所需要的图纸及技术资料

《岩土工程勘察规范》第4.1.1项规定:“房屋建筑和构筑物(以下简称建筑物)的岩土工程勘察,应在搜集建筑物上部荷载、功能特点、结构类型、基础形式、埋置深度和变形限制等方面资料的基础上进行。”该规范已明确开展勘察工作所需要的基础资料及技术资料,这是开展勘察活动的前提条件。《建设工程勘察质量管理办法》第5条第1款规定:“建设单位应当为勘察工作提供必要的现场工作条件,保证合理的勘察工期,提供真实、可靠的原始资料。”提供真实、可靠的原始资料是发包人的基本义务。同时,《2017版标准勘察招标文件》第四章“合同条款及格式”第5.4.1项第1目规定:“除专用合同条款另有约定外,发包人应在开始勘察前7日内,向勘察人提供测量基准点、水准点和书面资料等……”《2016版建设工程勘察合同示范文本》通用合同条款第2.2.2项规定:“发包人应提供开展工程勘察工作所需要的图纸及技术资料,包括总平面图、地形图、已有水准点和坐标控制点……”因此,在合同没有其他约定的情况下,发包人应当为勘察人提供相应的图纸及技术资料,这是勘察人开展勘察工作的前提条件。

在实践中,开展工程勘察工作所需要的图纸及技术资料主要包括附有坐标和地形的建筑总平面图、场区的地面整平标高、建筑物的性质、规模、荷载、结构特点、基础形式、埋置深度、地基允许变形等资料。只有在上述资料齐备的情况下,才能开展勘察工作。不同阶段的勘察工作,所需要的图纸及技术资料是不同的,根据《岩土工程勘察规范》第4.1款的规定,可行性研究勘察,主要需要区域地质、地形地貌、地震、矿产、当地的工程地质、岩土工程和建筑经验等资料;初步设计阶段勘察主要需要拟建工程的有关文件、工程地质和岩土工程资料以及工程场地范围的地形图;施工图设计阶段勘察主要需要附有坐标和地形的建筑总平面图,场区的地面整平标高,建筑物的性质、规模、荷载、结构特点,基础形式、埋置深度,地基允许变形等资料。

但是,如果合同中明确约定上述资料的搜集工作由勘察人负责的,在这种

情况下，基础资料的提供则不再成为勘察人开展勘察工作需具备的条件。如果由于勘察人的原因导致开展工程勘察工作所需要的图纸及技术资料搜集不完整，进而导致勘察工作无法开展的，由此导致的工期延误的责任应当由勘察人承担，开展工程勘察工作所需要的图纸及技术资料不完整也不再成为认定勘察开始日期的参考因素。

三、工程勘察作业所需的批准及许可文件

工程勘察作业前涉及的批准及许可文件主要包括项目立项文件、批准文件、场地占用许可文件、场地挖掘许可文件、道路占用许可文件及道路挖掘许可文件等。

《建设工程勘察设计管理条例》第 25 条第 1 款规定："编制建设工程勘察、设计文件，应当以下列规定为依据：(一)项目批准文件；(二)城乡规划；(三)工程建设强制性标准；(四)国家规定的建设工程勘察、设计深度要求。"该管理条例明确项目批准文件为勘察人开展勘察工作的依据之一。

同时，因为工程勘察，主要是勘察外业时，往往涉及场地、道路的占用和挖掘、勘探等工作，当涉及国家或第三方时，就需要有国家或者第三方许可场地、道路占用挖掘的相关文件。在合同没有其他约定的情况下，这些文件办理的责任主体是发包人。如《2017 版标准勘察招标文件》第四章"合同条款及格式"第 5.6.2 项第 1 句规定："位于本工程区域内的临时占地，由发包人协调提供。"《2016 版建设工程勘察合同示范文件》通用合同条款第 2.2.3 项规定："发包人应提供工程勘察作业所需的批准及许可文件，包括立项批复、占用和挖掘道路许可等。"

但是，如果合同中明确约定相关场地的占用、挖掘等许可文件由勘察人负责，则约定的相关许可文件的办理就不再成为勘察人开展勘察工作的条件之一，由于勘察人未及时办理相关场地、道路的占用、挖掘许可文件导致工期延误的，应当由勘察人承担相应的违约责任，关于相关许可文件的具备与否也不再成为认定勘察开始日期的依据。

四、具备条件的作业场地及进场通道

在建设工程全生命周期中，勘察工作作为建设工程开始实施的第一步，特

别是在可行性研究阶段和初步设计阶段，进行可行性研究勘察或初步设计阶段勘察时，工程现场往往还是白地，甚至可能存在土地未征用、拆迁未完成、基础的“三通一平”不具备等情形。在这种情况下，开展勘察工作时，具备条件的作业场地及进场通道就成为勘察人开展勘察工作的前提之一。一般情况下，具备条件的作业场地及进场通道应当由发包人负责提供，若作业场地或进场通道不具备条件，勘察人将无法开展勘察工作，勘察条件也就不具备。如《2016 版建设工程勘察合同示范文本》通用合同条款第 2.2.4 项规定：“发包人应为勘察人提供具备条件的作业场地及进场通道（包括土地征用、障碍物清除、场地平整、提供水电接口和青苗赔偿等）并承担相关费用。”

同样地，如果合同中明确约定作业场地及进场通道由勘察人自行解决的，则作业场地及进场通道不具备条件就不能成为勘察工作开展条件不具备的原因。由于勘察人未及时完成具备条件的作业场地及进场通道导致的工期延误责任应当由勘察人自行承担，是否具备条件的作业场地及进场通道也不再是认定勘察开始日期的依据。

五、作业场地内地下埋藏物的资料、图纸

《建设工程勘察质量管理办法》第 2 条第 2 款规定：“本办法所称建设工程勘察，是指根据建设工程的要求，查明、分析、评价建设场地的地质地理环境特征和岩土工程条件，编制建设工程勘察文件的活动。”从管理办法对工程勘察的定义中可以看出，工程勘察主要是对地质地理环境特征和岩土特征进行勘察，其勘察内容并不包括地下埋藏物的确认。因此，提供作业场地内地下埋藏物包括地下管道、管廊、地下电缆、地下构筑物等的资料、图纸是发包人的基本义务，其应当在勘察人开展勘察工作前提供相关的资料和图纸。若由于发包人未及时提供导致勘察工作无法开展的，应当认定为勘察条件尚不具备，进而需要结合实际情况来综合判定勘察开始日期。《2016 版建设工程勘察合同示范文本》通用合同条款第 2.2.5 项中明确规定：“发包人应为勘察人提供作业场地内地下埋藏物（包括地下管线、地下构筑物等）的资料、图纸，没有资料、图纸的地区，发包人应委托专业机构查清地下埋藏物……”

六、虽不具备勘察开始条件，但勘察人已经开始勘察工作，对勘察人以勘察开始条件不具备为由，主张以具备勘察开始条件后认定开工日期的，不予支持

在有些情况下，虽然现场不完全具备勘察开始条件，但勘察人基于各种各样的原因仍然进场开始勘察活动，若勘察人主张具备勘察开始条件后再认定开工日期的，不予支持。在这种情形下，勘察人以实际行为已经开始履行合同义务，勘察工作已经实际开始，若仍然生搬硬套开始日期的认定标准则明显不合时宜。对这类情况，应当结合勘察人进场原因、勘察条件对勘察工期的影响情况认定是否应当顺延相应的勘察工期。若是发包人要求勘察人直接进场开始勘察活动，因勘察条件不具备导致勘察工期延迟，这是由于发包人的过错导致的工期延误，勘察工期应当予以顺延。若发包人未要求勘察人进场，勘察人擅自进场实施勘察活动，因勘察条件不具备，导致勘察工期延迟的，在这种情形下，勘察人明知不具备勘察开始条件仍然擅自进场，本身存在过错，勘察人要求勘察工期顺延的，应不予支持。

第5.3条 【勘察、设计成果完成日期争议的处理】发包人与勘察人、设计人对勘察成果、设计成果完成日期有争议的，分别按照以下情形予以认定：

（1）勘察、设计成果经验收合格的，以验收合格之日为完成日期；

（2）勘察人、设计人提交勘察、设计阶段成果，发包人要求进入下一阶段工作的，以勘察人、设计人提交勘察、设计阶段成果之日为完成日期；

（3）勘察人、设计人已经提交勘察、设计成果，发包人拖延验收或擅自使用的，以勘察人、设计人提交勘察、设计成果之日为完成日期。

【条文主旨】

本条是关于勘察、设计成果完成日期的认定规则。一般情况下，以验收合格之日为完成日期。勘察人、设计人提交勘察、设计成果后，若发包人要求直接进入下一阶段工作的，或者发包人拖延验收或擅自使用的，以勘察人、设计人提交之日为完成日期。

【理解与适用】

一、勘察、设计成果完成日期

本条是关于勘察、设计成果完成日期的认定规则。在实践中，需要注意完成勘察、设计成果与完成勘察、设计合同义务的联系与区别，还需要注意完成勘察、设计成果与通过施工图审查的关系。

（一）完成勘察、设计成果与完成勘察、设计合同义务的关系

根据《2017 版标准勘察招标文件》第四章“合同格式及条款”第 1.1.4.4 目规定，完成勘察日期是指约定勘察服务期限届满时的日期。《2016 版建设工程勘察合同示范文本》中则没有勘察成果完成日期的定义，仅在通用合同条款第 1.1.14 项规定成果提交日期是指合同当事人在合同中约定，勘察人完成合同范围内工作并提交成果资料的绝对或相对日期。《2017 版标准设计招标文件》第四章“合同格式及条款”第 1.1.4.4 目规定完成设计日期是指约定设计服务期限届满时的日期。《2015 版房建工程设计合同示范文本》通用合同条款第 1.1.4.2 目则规定完成设计日期包括计划完成设计日期和实际完成设计日期。计划完成设计日期是指合同协议书约定的完成设计及相关服务的日期；实际完成设计日期是指设计人交付全部或阶段性设计成果及提供相关服务日期。从上述定义中可以看到，不同文件中对于勘察、设计成果完成日期的界定是存在分歧的，而主要分歧就在于完成内容，即完成勘察、设计成果与完成勘察、设计合同义务的区别。

在勘察、设计合同中，勘察报告、设计图纸是勘察、设计成果的主要表现形式，完成勘察、设计工作，出具相应的勘察报告、设计图纸只是合同约定的主要义务之一。在勘察合同中，除了出具勘察报告外，一般还附随有勘察报告交底、施工验槽等义务；在设计合同中，则往往还有图纸会审、现场服务的相关约定。但是，对于勘察报告交底、施工验槽以及设计现场服务等内容，其时间一般根据现场实际情况及现场施工进度来确定，其完成时间主要受制于发包人、施工人对工程进度的安排，实践中几乎不涉及完成时间的争议问题。

在勘察、设计合同纠纷中，对于完成日期的争议，几乎都集中于勘察报告出具时间或图纸提交时间的争议，即对于勘察、设计成果完成日期的争议。因此，

本条中讨论的勘察、设计成果完成日期的认定，仅限于对勘察报告完成日期、设计图纸完成日期的认定，对于勘察、设计合同中约定的其他合同义务如勘察报告交底、图纸交底、现场服务等内容的完成日期不在本条的探讨范围之内。

（二）完成勘察、设计成果与通过施工图审查的关系

根据《房建市政工程施工图审查管理办法》第 3 条的规定，国家实施施工图设计文件（含勘察文件，以下简称施工图）审查制度。施工图未经审查合格的，不得使用。因此，在实践中，除了发包人的审查外，有些合同会约定勘察、设计成果的完成日期以通过施工图审查日期为准。在这种情况下，对于勘察、设计成果完成日期的认定以合同约定为准。如银川中院在（2017）宁 01 民终 422 号案中认为，勘察人给发包人出具的《承诺书》中载明，勘察人于 2010 年 9 月 20 日前送交经过自治区国土资源厅评审通过的最终报告，设计报告、成果报告的评审由勘察人负责通过自治区国土资源厅评审，该《承诺书》证实由勘察人负责勘察报告通过且于此日前送交经过评审的最终报告。且合同附件 A1. 2 项约定：提交具有经过相应资质的储量评审部门审核批准的《红墩子矿区红二井田煤炭资源勘探地质报告》纸介质一式八份、电子版两份。亦可表明 2010 年 9 月 15 日应为勘察人向被发包人提交经过自治区国土资源厅评审通过的报告的时间，涉案勘察报告于 2010 年 11 月 23 日通过最终评审。进而最终认定以勘察报告通过评审之日为勘察完成日期。

需要注意的是，根据《房建市政工程施工图审查管理办法》第 9 条的规定，建设单位应当将施工图送审查机构审查。也就是说，施工图审查是建设单位的法定义务，在合同没有明确约定的情况下，施工图审查并非勘察人、设计人应当履行的义务。因此，在合同没有明确约定的情况下，认定勘察、设计成果完成日期不需要考虑何时通过施工图审查。本条所探讨的，即是在合同未约定的情况下，如何认定勘察、设计成果完成日期。

二、如何认定勘察、设计成果完成日期

勘察、设计成果完成日期的认定，往往涉及勘察、设计费用的支付及违约金的计算等问题，因此，在实践中存在较大争议。对于该类争议，应按照以下情形处理。

(一)勘察、设计成果经验收合格的,以验收合格之日为完成日期

勘察、设计成果的提交,只是完成勘察、设计成果的一个环节,而验收合格才是勘察、设计成果的最终完成。《民法典》第800条规定:“勘察、设计的质量不符合要求或者未按照期限提交勘察、设计文件拖延工期,造成发包人损失的,勘察人、设计人应当继续完善勘察、设计,减收或者免收勘察、设计费并赔偿损失。”勘察、设计成果应当是一个合格产品,如果勘察人、设计人提交勘察、设计成果,经发包人验收不合格的,勘察人、设计人应当继续修改完善勘察、设计成果直至合格,勘察人、设计人修改完善勘察、设计成果的期间属于工期延迟期间,勘察人、设计人应当承担相应的违约责任。只有经发包人验收合格,才能认定勘察、设计成果已完成。

在成都中院(2018)川01民终12823号案中,法院认为,合同约定施工图设计、报消防主管部门施工图消防审查设计及审批阶段的工作,在2014年7月15日内交付施工图设计、报消防主管部门施工图消防审查设计且完成施工图第三方审图工作。十一设计院的施工图在2014年9月第一次消防评审时未通过,而是在2014年12月12日才通过的第三方审图机构审查,2014年12月16日第二次才通过并备案,因此十一设计院所完成的设计成果事实上是在2014年12月16日才达到双方合同所约定的交付条件,以此认定2014年12月16日为设计成果完成日期并据此判定设计人延迟交付设计图纸。

(二)勘察人、设计人提交勘察、设计阶段成果,发包人要求进入下一阶段工作的,以勘察人、设计人提交勘察、设计阶段成果之日为阶段成果完成日期

勘察、设计工作相较于施工,存在的显著区别在于勘察、设计存在分阶段工作及审批情形。在勘察工作中,勘察流程一般分为编写勘察纲要、外业施工、内业处理、报告编写等。在部分合同中,双方会约定具体的工作完成期限。在设计工作中,设计一般分为方案设计、初步设计和施工图设计阶段,不同类型工程的设计工作,还会存在中间审批的情形。这就使阶段成果完成日期的争议在实践中也常常发生。

在勘察、设计活动中,上一阶段的工作成果往往是下一阶段工作开展的基

础，只有在完成上一阶段工作后才能继续进行下一阶段的工作。如《2016版建筑工程设计文件编制深度规定》第1.0.5项规定，方案设计文件，应满足编制初步设计文件的需要，应满足方案审批或报批的需要。初步设计文件，应满足编制施工图设计文件的需要，应满足初步设计审批的需要。

在实践中，由于发包人往往注重最终完成结果的情况，对阶段性成果很少出具验收合格的书面资料。在这种情况下，发包人直接要求勘察人、设计人进入下一阶段工作的，由于下一阶段工作的开展一般是在上一阶段工作成果的基础上进行，对于发包人的这种行为，应当认定为发包人已经以其自身的行为认可了上一阶段的工作成果，进而应当以勘察人、设计提交勘察、设计阶段成果之日为阶段成果完成日期。

在银川中院（2017）宁01民终422号案中，法院认为，关于野外工作完成时间，发包人认为勘察人完成野外工作时间应为其向原告发出的函告中载明的2010年8月2日，勘察人提交的宁矿调发〔2010〕54号文件载明2010年5月24日由其组织有关专家对中间报告进行评审，双方当事人对中间报告形成及评审时间无争议，且中间报告形成须以野外勘察采集工作即合同约定的野外工作完成为基础，中间报告评审提交时间为2010年5月20日，且现双方再无其他证据证明野外工作完成时间，故认定被告野外工作完成时间为2010年5月20日。即认为在无法证明上一阶段成果提交日期的情况下，进行下一阶段工作的时间为上一阶段工作成果完成时间。

（三）勘察人、设计人已经提交勘察、设计成果，发包人拖延验收或擅自使用的，以勘察人、设计人提交勘察、设计成果之日为完成日期

组织验收是发包人的法定义务，验收也是勘察、设计费用的支付节点之一。在实践中，发包人拖延验收的目的往往是以此拖延支付相应的勘察、设计费用。《民法典》第159条规定："附条件的民事法律行为，当事人为自己的利益不正当地阻止条件成就的，视为条件已经成就……"发包人拖延验收，实际上是为自己的利益阻碍付款条件的成就，在这种情况下，应当认定勘察人、设计人提交勘察、设计成果之日为完成日期。在《2016版建设工程勘察合同示范文本》通用合同条款第5.4款规定勘察人向发包人提交成果资料后，如需对勘察成果组织验收的，发包人应及时组织验收。除专用合同条款对期限另有约定外，发包人

14 天内无正当理由不予组织验收,视为验收通过。《2015 版房建工程设计合同示范文本》通用合同条款第 8.1 款规定了合同约定的审查期满,发包人没有作出审查结论也没有提出异议的,视为设计人的工程设计文件已获发包人同意。上述示范文本中的规定,实际上也是针对发包人违法阻碍条件成就时的处理方式。因此,发包人拖延验收的,以勘察人、设计人提交勘察、设计成果之日为完成日期。

《建设工程勘察设计管理条例》第 33 条第 2 款规定:"施工图设计文件未经审查批准的,不得使用。"也就是说,施工图设计文件(含勘察文件)未经审查不得擅自使用。但在实践中,由于项目进度要求,往往会存在发包人未经验收擅自使用勘察、设计成果或者在送审同时直接使用勘察、设计成果。在这种情形下,发包人未经验收擅自使用的,说明勘察人、设计人已完成了相应的勘察、设计义务并提交了相应的勘察、设计成果,而发包人以其自身的行为认可了勘察人、设计人的勘察、设计成果,说明勘察人、设计人的勘察、设计成果符合发包人的要求,那么就应当以勘察人、设计人提交勘察、设计成果之日为完成日期。

当然,在这里也要注意未经验收擅自使用与勘察、设计成果质量的关系。不同于施工的情形,在发包人擅自使用的情况下,可能存在施工图审查不通过,从而认定勘察、设计成果质量存在问题。但即使存在施工图审查不通过的情形,在发包人擅自使用的情况下,我们认为仍然应当以勘察人、设计人提交勘察、设计成果之日为完成日期。发包人不验收即擅自使用,其目的往往是以不验收的形式阻碍相应付款条件的成就,会侵害勘察人、设计人的合法权益,在这种情况下,未进行施工图审查进而导致无法确认质量问题实际上处于一种情况不明的状态,但在这种情况下,勘察人、设计人的合法权益已经受到侵害,在勘察人、设计人的权益已经受到侵害的情况下,且无任何依据证明勘察人、设计人存在过错的,应当依法维护勘察人、设计人的合法权益,以勘察人、设计人提交勘察、设计成果之日为完成日期。

当然,对于发包人擅自使用认定勘察、设计成果完成日期并不等于免除了勘察人、设计人的质量责任。若发包人擅自使用后,勘察、设计成果出现质量问题或者施工图审查未通过的,勘察人、设计人仍有完善勘察、设计成果至质量合格的义务,对于勘察人、设计人完善成果的期间,则应当另行确认勘察、设计工期。

第5.4条 【勘察、设计工期顺延情形的认定】对于勘察、设计工期的顺延，合同有约定的，从其约定；合同没有约定或者约定不明，满足下列情形之一造成工期延迟，勘察人、设计人请求工期顺延的，人民法院或者仲裁机构应予支持：

(1)发包人未能按合同约定提供基础资料及开工条件；

(2)发包人未能按合同约定及时支付勘察、设计费用；

(3)发包人增加合同工作内容、改变工程勘察、设计技术要求或方案；

(4)恶劣气候条件影响勘察现场作业；

(5)不利物质条件变化；

(6)不可抗力；

(7)非勘察人、设计人原因导致工期延迟的其他情形。

【条文主旨】

本条是关于勘察、设计工期顺延情形认定的规定。在合同有约定的情况下，应当按照合同约定进行认定；在合同没有约定或者约定不明的情况下，应当根据工期延迟的原因认定勘察、设计工期是否可以顺延。

【理解与适用】

一、勘察、设计工期的定义

完成合同约定的勘察、设计内容的期限，在实践中的表述各不相同。《建设工程勘察质量管理办法》第5条第1款规定："建设单位应当为勘察工作提供必要的现场工作条件，保证合理的勘察工期，提供真实、可靠的原始资料。"该办法将涉及的勘察时间表述为"勘察工期"。《工程建设项目勘察设计招标投标办法》第30条规定："投标人不得通过故意压低投资额、降低施工技术要求、减少占地面积，或者缩短工期等手段弄虚作假，骗取中标。"此处将勘察设计时间表述为"工期"。

《工程建设项目勘察设计招标投标办法》第43条规定："招标人不得以压低勘察设计费、增加工作量、缩短勘察设计周期等作为发出中标通知书的条件，也不得与中标人再行订立背离合同实质性内容的其他协议。"此处关于勘察设计时间则表述为“勘察设计周期”。

《2017版标准勘察招标文件》中将完成合同勘察服务所需的期限定义为“勘察服务期限”。《2016版建设工程勘察合同示范文本》将工作天数定义为“工期”。《2017版标准设计招标文件》将完成合同设计服务所需的期限定义为“设计服务期限”。《2015版房建工程设计合同示范文本》将完成工程设计及相关服务所需的期限定义为“设计周期或设计工期”。

综合上述情况,可以看到实践中对于勘察设计工作的完成时间存在多种表述。有鉴于此,为统一概念,本书中将完成合同约定的勘察、设计内容的期限表述为“勘察、设计工期”。

二、具有本条规定情形的,是否必然导致工期顺延的结果

在本条中,有关工期延迟情形发生时,是否必然导致工期顺延的后果?《民法典》第803条规定:“发包人未按照约定的时间和要求提供原材料、设备、场地、资金、技术资料的,承包人可以顺延工程日期……”根据本条规定,发包人未履行相应义务的,工期顺延是“可以”而非“应当”。

具体如何认定是否应当顺延工期,需要综合考虑本条规定的情形是否足以影响工期进度,是否达到阻碍继续工作的程度,只有在本条约定的情形导致工期延迟的情况下,工期才应当予以顺延。如因勘察场地被第三人占用,发包人未予协调解决,导致勘察人无法进场实施勘察活动,在这种情况下,勘察人已经无法进入勘察现场实施勘察活动,必然导致工期延迟,因此工期应当顺延。如发包人未按照合同约定支付勘察、设计费用,但逾期支付时间较短,或者逾期支付的金额较小,或者勘察人、设计人已经通过其他方式解决资金问题,并未导致工期延迟,则工期可以不予顺延。但若发包人拖延支付时间较长,逾期支付金额较大,或者发包人逾期支付的行为已经导致勘察人、设计人经营困难,无力支付人员工资、设备费用等影响勘察、设计工作继续进行的,则工期应当予以顺延。这里,界定逾期金额大小和逾期时间是否足以导致工期延迟,则需要结合合同金额、付款期限、当事人主观意思、资信能力等综合考虑予以确定。

三、工期应当顺延的情形

(一)发包人未能按合同约定提供基础资料及开工条件

《民法典》第803条规定:"发包人未按照约定的时间和要求提供原材料、设备、场地、资金、技术资料的,承包人可以顺延工程日期,并有权请求赔偿停工、窝工等损失。"因此,在勘察、设计活动中,发包人未能按照合同约定提供基础资料及开工条件的,勘察人、设计人可以顺延相应工期。

《建设工程勘察质量管理办法》第5条第1款规定:"建设单位应当为勘察工作提供必要的现场工作条件,保证合理的勘察工期,提供真实、可靠的原始资料。"《工程建设项目勘察设计招标投标办法》第9条规定:"依法必须进行勘察设计招标的工程建设项目,在招标时应当具备下列条件:……(三)所必需的勘察设计基础资料已经收集完成……"因此,在勘察活动中,为勘察人提供必要的现场工作条件和原始资料是发包人的义务。

不同阶段的勘察工作,对基础资料的要求不同。通常情形下,立项阶段的可行性研究勘察,发包人需要提供的主要有基准点、水准点、勘察任务书、作业场地内地下埋藏物(包括地下管线、地下构筑物等)的资料、图纸(包括基础形式、埋置深度、地基允许变形)等资料;初步设计阶段的初步勘察和施工图设计阶段的详细勘察,发包人还需要提供拟建工程的有关文件、附有坐标和地形的建筑总平面图,场区的地面整平标高,建筑物的性质、规模、荷载、结构特点等基础资料;进入施工阶段的施工勘察,发包人则还需要提供设计文件等基础资料。在勘察工作开始后,发包人仍未提供上述基础资料,导致勘察人无法继续进行勘察工作的,勘察工期应当顺延。但若合同约定上述资料由勘察人负责搜集的,则勘察工期不予顺延。

进行现场勘察时,发包人则应当提供可供进行勘察作业的场地和进场通道。合同中约定发包人提供的场地需具备相应条件的,应当同时满足合同约定的条件,如合同中约定场地平整、障碍物清除、水电接口、青苗补偿等。若勘察场地未能满足上述条件或勘察过程中场地条件发生变化,导致工期延迟的,勘察工期应当顺延。

在设计工作中,提供基础资料同样是发包人的义务。通常情形下,发包人应当提供基准点、水准点、勘察报告、拟建工程的有关文件、设计任务书等基础资料。在设计工作中，发包人未提供基础资料导致设计人无法继续进行设计工作的，设计工期应当顺延。如广东高院在(2017)粤民申7871号案中认为，绿地公司在本案中提交的证据不足以证明其严格按照《战略合作合同》约定的期限向怡悦公司、怡境公司交付了设计所需的基础资料，绿地公司、华厦公司主张怡悦公司、怡境公司延期交付设计成果应承担民事责任缺乏理据，广州中院对此不予支持，并无不当，予以认可。

(二)发包人未能按合同约定及时支付勘察、设计费用

《民法典》第526条第1句规定："当事人互负债务，有先后履行顺序，应当先履行债务一方未履行的，后履行一方有权拒绝其履行请求。"第803条规定："发包人未按照约定的时间和要求提供原材料、设备、场地、资金、技术资料的，承包人可以顺延工程日期……"

通常情形下，在勘察、设计合同中，勘察、设计费用的支付是按照勘察、设计阶段约定的相应支付时间，因此，若发包人未能按照合同约定支付相应的勘察、设计费用，导致勘察人、设计人无法继续工作的，工期应当予以顺延。如何判定发包人未支付费用的行为已达到阻碍勘察人、设计人继续开展工作的程度，已在前文述及。湖北洪湖中院在(2018)鄂1083民初1260号案中认为，被告未能按照约定的期间和数额给付补勘工程款，因此，被告的行为已经构成违约，因被告拒绝付款给原告，原告至今未提交正式的补勘成果报告，根据原《合同法》第67条的规定，负有先履行义务的被告，其未履行的，后负有履行义务的原告有权拒绝被告的履行请求，因此，原告的行为不构成违约。即设计人拒绝提交报告的行为并不属于逾期交付行为，相应的工期应当予以顺延。

(三)发包人增加合同工作内容、改变工程勘察、设计技术要求或方案

工作内容的增加，勘察、设计技术要求或方案的改变，必然会导致勘察人、设计人的勘察、设计活动受到影响，相应人员、设备、资金等均会发生变化，进而会出现导致工期延迟的情形，在此情况下，工期应当予以顺延。

海口中院在(2016)琼01民终166号案中认为，京盛公司于2015年9月24日向中外建公司发出了设计任务书，但又于同年10月6日和11月9日向中外

建公司就设计要求提出了多处的修改意见,其中的修改意见涉及……基础性的问题,应认定京盛公司的设计任务书的要求和标准于11月9日才最终确定,中外建公司的设计任务开始时间应从11月10日起算。中外建公司于同年12月10日提交了第一阶段的设计方案,没有超出合同约定的45天时间。京盛公司主张中外建公司延期提交设计方案,存在重大违约,没有事实根据。

(四)恶劣气候条件影响勘察现场作业

外业施工是勘察工作的重要组成部分,因其室外露天作业的性质,导致其受气候条件变化影响较大。《2017版标准勘察招标文件》第四章"合同条款及格式"第6.3.1项规定:"由于出现专用合同条款规定的异常恶劣气候条件、不利物质条件等因素导致周期延误的,勘察人有权要求发包人延长周期和(或)增加费用。"《2016版建设工程勘察合同示范文本》通用合同条款第4.5款亦规定:"恶劣气候条件影响现场作业,导致现场作业难以进行,造成工期延迟的,勘察人有权要求发包人延长工期……"

通常情形下,恶劣气候条件由发包人与勘察人在勘察合同专用条款中约定。大连海事法院在(2016)辽72民初541号案中认为,由于合同中对勘察作业中遇有恶劣天气、大风浪、海面结冰等特殊天气状况有过明确约定,即原告可以顺延工期,故原告因此延期交付勘察资料的行为,不应视为其违反合同约定。

在合同未约定或约定不明的情况下,遇有大风、雨雪天气的,可以根据当地政府或气象部门的要求确认是否达到导致工期延迟的程度。若当地政府或气象部门要求停止室外作业的,那么勘察人明显无法继续实施勘察外业工作,此种情况下工期应当予以顺延。

(五)不利物质条件变化

《2016版建设工程勘察合同示范文本》通用合同条款第1.1.19项规定:"不利物质条件:指勘察人在作业场地遇到的不可预见的自然物质条件、非自然的物质障碍和污染物。"勘察主要是查明、分析、评价建设场地的地质、环境特征和岩土工程条件,这就使地下物质条件对勘察活动的影响很大。当出现不可预见的自然物质条件、非自然的物质障碍和污染物时,会引起勘察行为的变化,重新调整勘察方案,导致工程量增加。因为这种变化属于不可预见的情形,工程量的增加一般会导致工期的增加,因此应当顺延相应工期。

（六）不可抗力

《民法典》第180条第2款规定:“不可抗力是不能预见、不能避免且不能克服的客观情况。”不可抗力一般包括地震、海啸、瘟疫、洪水、骚乱、暴动、战争等自然灾害和社会突发事件,发包人和勘察人、设计人亦可在合同专用条款中约定其他不可抗力情形。

《民法典》第180条第1款同时规定:“因不可抗力不能履行民事义务的,不承担民事责任……”《2016版建设工程勘察合同示范文本》通用合同条款第10.3.1项规定,因不可抗力延迟的工期相应顺延。因此,因不可抗力导致勘察人、设计人无法继续实施勘察、设计活动的,工期应当予以顺延。

（七）非勘察人、设计人导致工期延迟的其他情形

从上述情形中可以发现,工期顺延的情形均是由于非勘察人、设计人导致的工期延迟,即判断工期是否应当顺延,要点在于判断工期延迟的责任方是否是勘察人、设计人,若工期延迟并非勘察人、设计人导致的,工期应当予以顺延。如设计活动中,审图机构拖延审图,导致工期延迟的,由此产生的责任不应当由设计人承担,工期应当顺延。在勘察活动中,第三方无故阻挠现场勘察作业,导致勘察作业无法继续的,工期应当顺延。因此,对于非勘察人、设计人导致工期延迟的情形,工期应当顺延。

第5.5条 【勘察、设计工期不予顺延情形的认定】下列情形之一造成工期延迟,勘察人、设计人请求工期顺延的,人民法院或者仲裁机构不予支持:

（1）因勘察人、设计人原因未按开工日期开展工作造成工期延迟的;

（2）因勘察人、设计人管理不善、组织不力造成工期延迟的;

（3）因弥补勘察人、设计人原因导致的质量缺陷或成果资料不合格返工而造成工期延迟的;

（4）因勘察人、设计人原因导致工期延迟的其他情形。

【条文主旨】

本条是关于勘察、设计工期不予顺延情形的认定规则。因勘察人、设计人的原因导致工期延迟的，勘察、设计工期不予顺延。

【理解与适用】

出现勘察、设计工期延迟的情形时，判定工期顺延与否，从根本上看，需要确认工期延迟的原因是哪一方导致的。因勘察人、设计人自身原因导致的工期延迟，勘察、设计工期不予顺延，常见的工期不予顺延情形如下。

一、因勘察人、设计人原因未按开工日期开展工作造成工期延迟

开工日期是指勘察人、设计人开始工作的日期，关于开工日期的认定，本指引第5.1条【勘察、设计工作开始日期争议的处理】中已经详细说明，在此不再赘言。

按照开工日期开展工作是勘察人、设计人的基本义务，《2015版房建工程设计合同示范文本》通用合同条款第6.2款规定："设计人应当在收到发包人提供的工程设计资料及专用合同条款约定的定金或预付款后，开始工程设计工作。"在已有明确开工日期的情形下，勘察人、设计人应当正常开展勘察、设计工作。

在实践中，勘察人、设计人未按开工日期开展工作的主要原因有以下几种：

1. 勘察、设计工作所需要的基础资料不完整。对于这类情形，判定工期是否予以顺延时，需要结合合同约定。若合同约定基础资料的搜集整理工作是由勘察人、设计人负责的，则由于勘察、设计工作所需要的基础资料不完整导致未按开工日期开展工作的责任由勘察人、设计人承担，工期不予顺延。若合同约定基础资料是由发包人提供的，则发包人未能提供基础资料导致勘察人、设计人未能按照开工日期开展工作的，工期应当予以顺延。

2. 在勘察活动中，勘察现场不具备勘察实施条件。现场勘察工作的开展，一般需要具备条件的作业场地及进场通道（包括土地征用、障碍物清除、场地平整、提供水电接口和青苗赔偿等），若上述条件不满足，则会导致勘察人无法按开工日期开展工作。这里同样要关注合同中对施工条件的约定，若上述条件约定由勘察人解决的，则相应条件不具备导致未能按开工日期开展工作的工期延迟责任由勘察人承担，工期不予顺延；若约定由发包人提供上述条件的，则发包人未能提供满足实施条件导致勘察人未能按开工日期开展工作的工期延迟责

任由发包人承担，工期应当予以顺延。

3. 发包人未按照合同约定支付定金或预付款。发包人未按照合同约定支付定金或预付款，属于发包人原因导致勘察人、设计人未按开工日期开展工作，相应的工期延迟责任应当由发包人承担。

4. 勘察人、设计人因人员、设备、材料安排等问题导致无力按开工日期开展工作。勘察人、设计人因为人员、设备、材料等无法及时到位，导致未能按开工日期开展工作的，由此导致的工期延迟责任由勘察人、设计人承担，工期不予顺延。

5. 因不可抗力、第三方原因导致勘察人、设计人未按开工日期开展工作。在实践中，常见的包括勘察活动中的群众阻挠、台风等各类因素可能导致勘察人无法按开工日期开展工作，对于此类情形，因其并非勘察人、设计人的原因导致，故由此导致的工期延迟责任不应由勘察人、设计人承担，工期应当予以顺延。

从上述几种常见情形中可以看到，若勘察人、设计人能够证明未按开工日期开展工作的原因并非勘察人、设计人导致的，则工期延迟的责任不应当由勘察人、设计人承担，具体可结合第5.2款认定是否属于工期顺延的情形。

在司法实务中，关于本条争议一般会对勘察人、设计人科以更高的举证责任。在开工日期已确定的情况下，因为开展勘察、设计工作是勘察人、设计人的义务，按照"谁主张，谁举证"的原则，对于工期延迟的责任，需要勘察人、设计人举证证明其按照开工日期正常开展工作，或者证明未按开工日期开展工作的原因非勘察人、设计人导致。这就要求勘察人、设计人在开工日期后出现无法正常开展工作的情形时，应当及时固定相关的事实证据，同时应当及时通过发函等形式向发包人说明无法开展工作非勘察人、设计人原因，并要求消除阻碍勘察、设计工作的因素。

二、勘察人、设计人管理不善、组织不力造成工期延迟

在勘察、设计活动实施过程中，按期完成勘察、设计工作是勘察人、设计人的基本义务，勘察人、设计人应当合理安排人员、设备等，并有序组织完成相应工作。因勘察人、设计人自身管理不善、组织不力导致工期延迟的，应当承担相应的违约责任，工期不应顺延。

在实践中，关于勘察人、设计人管理不善、组织不力的情形认定较难，管理属于企业内部行为，对于发包人而言，无法获知企业内部管理和组织情况。因此，在举证责任分配来看，一般并不要求发包人举证证明勘察人、设计人的管理或组织行为，发包人只要能够证明客观结果上出现工期延迟的情形即可，至于导致工期延迟的原因则不予考虑。如四川高院在（2016）川民终401号案中认为："设计院提交总平及单体方案设计的时间应在2009年8月12日之前。但设计院提交总平及单体方案设计蓝图的时间为2009年9月14日，迟延交付33天……其未能提供证据证实其逾期提交文件行为系创新公司责任所致，或者创新公司对其该逾期提交行为已经表示免予追究责任，理应按合同约定承担逾期提交设计文件的违约责任。"在这种情况下，只有勘察人、设计人举证证明工期延迟的责任并非其自身原因导致的，才会被认定为对工期延迟的责任不予承担。

三、因弥补勘察人、设计人原因导致的质量缺陷或成果资料不合格返工而造成工期延迟

《建设工程勘察设计管理条例》第26条规定："编制建设工程勘察文件，应当真实、准确，满足建设工程规划、选址、设计、岩土治理和施工的需要。编制方案设计文件，应当满足编制初步设计文件和控制概算的需要。编制初步设计文件，应当满足编制施工招标文件、主要设备材料订货和编制施工图设计文件的需要。编制施工图设计文件，应当满足设备材料采购、非标准设备制作和施工的需要，并注明建设工程合理使用年限。"因此，提供符合法律法规、技术标准和合同约定的质量要求的勘察、设计成果是勘察人、设计人的义务。

《民法典》第800条规定："勘察、设计的质量不符合要求或者未按照期限提交勘察、设计文件拖延工期，造成发包人损失的，勘察人、设计人应当继续完善勘察、设计，减收或者免收勘察、设计费并赔偿损失。"因此，因勘察人、设计人自身原因导致的质量缺陷或成果资料不合格的，不符合要求的，勘察人、设计人应当继续完善勘察、设计成果直至符合相关要求，由此导致的工期延迟责任亦应当由勘察人、设计人承担，工期不予顺延。如成都中院在（2018）川01民终12823号案中认为，十一设计院在2014年7月前已经按照约定向华贯分公司交付了方案设计、初步设计文件，2014年7月22日前交付了除基础施工图外的全

部施工图,但十一设计院的施工图在2014年9月第一次消防评审时未通过,是在2014年12月12日才通过的第三方审图机构审查,2014年12月16日第二次才通过消防评审并备案,因此十一设计院所完成的设计成果事实上是在2014年12月16日才达到双方合同所约定的交付条件,该时间晚于双方所约定的2014年7月15日,应当认定十一设计院的交付存在迟延。而交付符合法律法规和合同约定的勘察、设计成果之日是勘察人、设计人完成合同约定内容的日期,那么为满足法律法规和合同约定的要求对勘察、设计成果进行修改、完善的时间均属于勘察、设计工期的时间,在这种情况下,增加的工期应当不予顺延,由此导致的工期延迟责任应当由勘察人、设计人承担。

四、勘察人、设计人导致工期延迟的其他情形

在实践中,还存在其他勘察人、设计人导致工期延迟的情形,如勘察活动中勘察设备故障导致无法继续勘察活动,导致工期延迟的情形;设计活动中因意外事件导致设计成果在交付前灭失,进而导致设计人无法按期交付设计成果的情形等。对于这一类勘察人、设计人导致工期延迟的情形,只要能够认定工期延迟的责任是勘察人、设计人导致的,则工期不予顺延,工期延迟责任应当由勘察人、设计人承担。

第5.6条　【勘察、设计工期顺延时间的认定】勘察、设计工期应当顺延的,顺延时间按照合同约定予以认定;没有约定或者约定不明的,应根据勘察、设计工期的实际延迟时间予以认定。

【条文主旨】

本条是关于勘察、设计工期顺延时间的认定规则,在确认勘察、设计工期应当顺延的情况下,顺延时间合同有约定的,按照合同约定予以认定;合同未约定或约定不明的,应根据实际延迟时间予以认定。

【理解与适用】

存在影响勘察、设计工期的情形下,确定勘察、设计工期应当顺延时,如何认定顺延时间,在实践中往往存在较大的争议。

在勘察、设计合同中，如果已明确约定具体顺延时间的，按照合同约定予以认定即可。在实践中，勘察、设计合同关于工期延误的条款一般均约定的比较详细，但是具体顺延的时间通常未约定或者约定不明。如《2016版建设工程勘察合同示范文本》通用合同条款第4条工期条款、《2015版房建工程设计合同示范文本》通用合同条款第6条工程设计进度与周期条款中均约定有工期顺延情形，但是对具体的顺延时间却没有约定，由此导致发包人与勘察人、设计人约定适用相应示范文本后，出现工期顺延时间争议的情况，无法认定具体顺延时间。

在合同未约定或者约定不明的情况下，勘察、设计工期应当顺延的，应根据勘察、设计工期的实际延迟时间予以认定，具体而言如下。

一、发包人未能按合同约定提供基础资料及开工条件的，以发包人实际提供基础资料及开工条件的时间顺延勘察、设计工期

发包人向勘察人、设计人发出开始工作通知或类似文件，工程勘察、设计工作开始，在这种情况下，发包人应当按照合同约定向勘察人、设计人提供基础资料及相应的开工条件。发包人未提供基础资料及开工条件，导致工期延迟的，工期应当予以顺延，顺延时间应根据发包人实际提供基础资料及开工条件日期与发包人计划提供基础资料及开工条件日期的时差予以认定。

遵义中院在(2017)黔03民终1721号案中认为，双方当事人在合同第5条和第6条约定了设计人和发包人应提交资料、文件和设计图的时间，发包人应向设计人提供的基础资料新建项目地质勘探报告的时间为2014年4月20日，设计人应向发包人提交设计图的时间为2014年5月20日；同时，合同约定，发包人提交基础资料时间顺延，设计人提交设计文件时间顺延。但事实上发包人2014年8月4日才取走贵阳市工程设计质量监督站审查合格的《赤天化医院住院大楼及门诊大楼岩土工程勘察报告》，应认定发包人提交基础资料时间顺延至2014年8月4日。设计人交付设计文件时间也相应顺延至2014年9月4日。

二、发包人未能按合同约定及时支付定金、预付款或进度款的，以发包人实际支付定金、预付款或进度款的时间顺延勘察、设计工期

发包人未按时支付定金、预付款或者进度款，导致勘察人、设计人无法继续

工作的,工期应当予以顺延,应以合同约定的发包人支付定金、预付款或者进度款时间与发包人实际支付时间的时差作为具体顺延时间。《2017 版标准勘察招标文件》第四章“合同条款及格式”第 14.2 款以及《2017 版标准设计招标文件》第四章“合同条款及格式”第 14.2 款均规定发包人未按合同约定支付费用的,勘察人、设计人可以暂停工作,该暂停期间就是应当顺延的时间。

三、发包人增加合同工作内容、改变工程勘察、设计技术要求或方案的,结合合同工程量、合同工期、新增工程量、工作难度等认定勘察、设计顺延工期

发包人增加合同工作内容、改变工程勘察、设计技术要求或方案时,必然导致勘察、设计工程量增加,对此导致的工期延迟应当予以顺延。具体顺延周期则需结合合同工程量、合同工期、新增工程量、工作难度等予以认定。

在实践中,关于新增工程量导致增加的勘察、设计工期时间如何认定,往往会因为依据的不同而存在争议。在司法实务中,对于新增工程量导致的勘察设计工期顺延情形,因为认定标准存在差异,司法机关往往回避对具体顺延时间的认定,如江苏高院在(2015)苏审二民申字第 00451 号中认为,双方签订的《建设工程设计合同(一)》虽约定了交付期限为 2006 年 7 月 20 日,但双方至 2007 年 1 月 12 日,仍就图纸设计进行协商变更,应视为双方已就图纸交付期限进行了变更。在该案件中,司法机关直接认定对图纸进行协商变更即视为对图纸交付期限进行了变更,并未探究图纸变更所涉及的工期顺延时间认定事宜。在攀枝花市盐边法院(2018)川 0422 民初 1128 号案中,法院认为,因双方签订的补充协议增加了工作内容,且发包人未提供证据证明勘察人未按合同约定期限完成相应工作存在过错,故对该抗辩不予支持。在此案例中,司法机关同样未对新增工程量所涉及的具体工期顺延时间进行说理。

虽然司法机关一般避免对顺延时间的认定,但在实践中,因为此类争议的存在,仍有必要对此问题进行探讨。一般情况下,在勘察活动中可按照合同约定的勘察工程量对应的勘察工期进行折算,进而计算出新增工程量应当顺延的时间,因工程量计算的标准不同,又会区分按照建筑面积和进尺量等类型折算相应的工期;设计活动中,一般会按照设计面积折算相应的工期,因设计阶段的不同,又会区分方案设计、初步设计、施工图设计等不同设计阶段折算相应的工

期。但是，在上述折算方式中，仅仅是通过对数量的分析来折算相应的工期，在实践中，勘察作业环境、设计要求等的不同会导致勘察、设计活动增加的工程量的难度出现很大的差异，进而会导致勘察、设计活动应当顺延的时间难以确定。司法裁判中如何确定工程量增加导致的顺延时间确认，就需要寻找相关的法律法规和政策依据。

目前，对于勘察、设计工期的相关定额标准，部委层面在勘察方面尚无相应的工期定额标准，在设计方面仅有住建部 2016 年 12 月 21 日颁布的《全国建筑设计周期定额(2016 年版)》。《全国建筑设计周期定额(2016 年版)》中并未明确说明其确定相应设计工期定额的依据，仅在总说明中表明基于各类民用建筑设计一般需要投入的设计力量考虑来确定。在具体的设计工期定额中，则以单项工程为单位，按建筑类别及规模、复杂程度，按正常设计程序和方案设计、初步设计、施工图设计三个阶段(简单和一般类别的工程按方案设计和施工图设计两个阶段)，分别列出除施工配合至竣工验收以外的设计工作周期。关于设计活动中的新增工程量可以参照该定额标准予以认定。

地方层面，关于勘察、设计工期的相关定额标准，目前仅有《深圳市建设工程勘察设计工期定额(2018)》对此有相关的规定。该定额是“根据深圳市现有甲级勘察、设计单位的技术人员和技术装备配置以及深圳平均社会劳动强度和平均企业管理水平，采用合理生产组织方式和常规勘察、设计方法”来编制的。[①]勘察部分主要针对岩土工程勘察项目和岩土工程设计项目，根据可行性研究勘察、初步勘察、详细勘察等不同阶段、场地复杂程度、不同类型工程确定相应的定额工期。设计部分主要针对方案设计、初步设计和施工图设计三个阶段，根据工程的不同类型、建筑的不同类型、建筑面积等确定相应的定额工期。

四、恶劣气候条件影响勘察现场作业，并导致现场作业难以进行的，以恶劣气候条件结束的时间顺延勘察工期

恶劣气候条件往往会阻碍现场勘察作业的实施，勘察合同中一般会明确约定具体等级的风速、雨雪量等属于恶劣气候条件。对于恶劣气候条件影响下的

---

① 深圳市建设工程造价管理站主编：《深圳市建设工程勘察设计工期定额》，知识产权出版社 2018 年版，第 95 页。

工期顺延时间认定，一般情况下，应以恶劣气候条件开始时间至该气候条件结束时间之间的期间作为工期顺延时间。

五、不利物质条件变化，导致工程量增加的，综合合同工程量、合同工期、新增工程量认定勘察顺延工期

不利物质条件变化是勘察活动中可能发生的情形之一，其变化必然会导致工程量增加，进而影响勘察活动的工期。从本质上来看，工程量增加是工期变化的根本原因，其顺延时间的认定标准与前述发包人增加合同工作内容、改变工程勘察、设计技术要求或方案情形下确认工期顺延时间是一样的，具体顺延的认定可参考前述说明。

六、出现不可抗力情形的，以不可抗力情形结束并不再影响勘察人、设计人继续工作的时间顺延勘察、设计工期

关于不可抗力情形下的责任分配，通说以损失各自承担为原则，具体到工期延迟的责任承担，因其影响的是发包人的利益，因工期导致的损失原则上由发包人自行承担。因此，不可抗力导致的工期延迟应当予以顺延，其顺延时间则以不可抗力情形开始时间起计算至不可抗力情形结束后不再影响勘察人、设计人工作的时间。

在不可抗力情形下，认定工期顺延时间不能简单地以不可抗力情形结束的时间作为顺延时间计算依据，因为不可抗力情形的结束，并不意味着阻碍勘察人、设计人继续实施活动的因素已经消除。如出现地震、海啸等不可抗力情形时，这类灾害行为的发生往往是短期的，但是其造成的破坏性结果及影响却是长期的。因此，不可抗力情形导致的工期顺延时间应当以阻碍勘察人、设计人继续实施活动的因素已经消除为结束时间来认定。

第5.7条 【勘察、设计工作迟延完成的违约责任】勘察人、设计人未按照合同约定时间提交勘察、设计成果，发包人主张勘察人、设计人承担违约责任的，应予支持。

合同未约定勘察人、设计人逾期交付的违约责任，但发包人能够证明勘察人、设计人逾期交付行为造成发包人损失，发包人主张勘察人、设计人承担赔偿责任的，应予支持。赔偿责任根据违约的具体情形，综合衡量损失大小、可预见性、合同金额、预期利益、当事人过错、发包人的减损义务等多项因素，根据公平原则和诚实信用原则予以综合认定。

【条文主旨】

本条是关于勘察、设计工作延期完成的违约责任的处理。合同有约定的，按照合同约定处理，合同未约定但造成发包人损失的，应赔偿发包人的损失。

【理解与适用】

关于违约责任的承担，《民法典》第 585 条第 1 款规定："当事人可以约定一方违约时应当根据违约情况向对方支付一定数额的违约金，也可以约定因违约产生的损失赔偿额的计算方法。"具体到勘察、设计合同纠纷中，按期交付勘察、设计成果是勘察人、设计人的主要合同义务，因此逾期交付勘察、设计成果则成为勘察、设计合同纠纷中的常见争议情形。关于逾期交付的违约责任，勘察、设计合同中的约定一般是按照延误日期计算相应的违约金，在合同明确约定违约责任的情况下，勘察人、设计人延期交付勘察、设计成果的，按照合同约定承担违约责任。

合同未约定勘察人、设计人逾期交付违约责任，勘察人、设计人逾期交付勘察、设计成果该如何处理？《民法典》第 582 条规定："履行不符合约定的，应当按照当事人的约定承担违约责任。对违约责任没有约定或者约定不明确，依据本法第五百一十条的规定仍不能确定的，受损害方根据标的的性质以及损失的大小，可以合理选择请求对方承担修理、重作、更换、退货、减少价款或者报酬等违约责任。"根据该规定，受损害方可以选择修理、重作、更换、退货、减少价款或报酬等方式。具体到勘察、设计活动中，勘察人、设计人延期交付勘察、设计成果的，如成果质量存在瑕疵的，发包人可以要求勘察人、设计人重新修改、实施、解除合同、赔偿损失；在成果质量没有瑕疵的情况下，尽管发包人可以选择解除合同、赔偿损失等方式，但考虑行为经济性，解除或者重新修改合同等会造成社会资源浪费。从鼓励交易，实现经济性的角度考虑，由此导致损失的，发包人可以向勘察人、设计人主张减少勘察、设计费用，赔偿相应的损失。《民法典》第800条就规定："勘察、设计的质量不符合要求或者未按照期限提交勘察、设计文件拖延工期，造成发包人损失的，勘察人、设计人应当继续完善勘察、设计，减收或者免收勘察、设计费并赔偿损失。"

但是，认定承担赔偿损失责任时，同样会出现一个问题，就是赔偿损失范围的问题。勘察人、设计人逾期交付勘察、设计成果的行为，会导致哪些损失结果？行为和结果之间的因果关系如何判断，损失范围的大小如何判断，都是司法实务中需要解决的问题。《民法典》第584条规定："当事人一方不履行合同义务或者履行合同义务不符合约定，造成对方损失的，损失赔偿额应当相当于因违约所造成的损失，包括合同履行后可以获得的利益；但是，不得超过违约一方订立合同时预见到或者应当预见到的因违约可能造成的损失。"《民法典》对于损失赔偿的范围作了相关规定。具体到勘察、设计合同纠纷中，违约赔偿责任的范围，需要根据损失大小，结合可预见性、项目规模、合同履行情况、勘察人、设计人的过错程度、预期可得利益等因素综合认定。

一、损失的内容和大小

在勘察、设计活动中，延期交付勘察、设计成果对发包人的影响主要在于影响项目的后续开发时间损失以及发包人可能产生的其他支出或损失。对于发包人而言，因此造成的损失应当由勘察人、设计人承担赔偿责任，司法机关在判定赔偿责任方面，亦应当以损失为基础进行认定。一般情况下，延期交付勘察、设计成果对发包人的影响主要有以下几个方面：

1. 由于在发包人申报项目立项、规划审批时，需要相应的勘察、设计资料，相应勘察、设计成果延期交付，会导致发包人立项、规划审批受到影响。

2. 勘察、设计成果的延期交付，会对发包人招标造成影响。无论是工程总承包模式，还是施工承包模式，发包人在招标时都需要提供相应的可行性研究勘察成果、设计成果。如果工程总承包项目中仅包括施工图设计，则发包人在工程总承包招标前，应当提供初步设计成果文件；如果是施工招标，则需要提供施工图设计文件。因此，如果提供勘察、设计文件迟延，会对发包人的招标工作产生影响，进而给发包人造成损失。

3. 勘察、设计成果逾期交付还会造成发包人对施工人的违约。一般施工合同均约定在正式开工前7天,发包人应当向施工人提交设计图纸。发包人迟延提交设计图纸,导致工期延误的,施工人可以向发包人主张工期顺延,以及相应的损失。在这种情况下,发包人因此而承担的损失,也与勘察、设计成果延期交付有关。还有一种情形,就是施工合同履行过程中,需要进行设计变更的,设计人也应当按照发包人的要求及时出具设计变更成果,如因设计人延期提交设计变更文件等,造成施工人工期延误,发包人再向施工人承担责任后,可以向设计人追偿。

当然,若逾期交付勘察、设计成果的行为并没有造成任何损失,则要求勘察人、设计人承担赔偿责任的请求将无法得到支持。如北京三中院在(2018)京03民终13173号案中认为,当事人约定2017年4月24日前,设计人向发包人交付深化设计图纸电子版,在案证据显示设计人实际于2017年4月25日交付,即在超出合同约定不足1日的时间内将深化图纸电子版用邮件发送给发包人,结合发包人并未曾就迟延事宜在合同履行中提出异议并后续支付相应款项的事实,认定设计人无须承担违约责任赔偿损失。

二、预期可得利益

除了考虑发包人的损失大小外,还需要考虑发包人的预期可得利益。勘察人、设计人逾期交付勘察、设计成果的,会导致发包人的项目投入使用时间延迟,进而可能损害发包人的收益。具体而言,需要考虑项目的性质来评判损失额的大小,相对非营利项目而言,商业项目因其自身的营利性特点,其延后投入使用所造成的损失会比较大,因此,在认定损失时还需要结合项目的行业正常经营水平来界定相应的收益损失。

三、可预见性

同时,认定损失时,还需要考虑相应的可预见性,对此《民法典》第584条中已明确规定损失赔偿额不得超过违约方订立合同时预见到或者应当预见到的可能损失。关于可预见性的适用,需要注意以下两点:

1. 可预见的主体是违约方。具体到勘察、设计成果逾期交付的行为中,可预见性的主体是勘察人、设计人,即勘察人、设计人预见或者应当预见到的损失,对于超出勘察人、设计人可预见范围的损失不应当由勘察人、设计人承担。

如项目实施过程中的设计变更，这是设计人无法预见的，对于设计变更可能造成的损失扩大责任不应当由设计人承担。但是，对于图纸交付迟延，是否会导致项目竣工交付迟延，进而导致发包人产生逾期投入使用损失或收益损失，如果在勘察、设计合同中对此没有约定的，通常也不宜直接认定勘察人、设计人对此类损失是可预见的。

2. 可预见的时间。按照《民法典》的规定，可预见的时点应当是在订立合同时。因为发包人与勘察人、设计人达成勘察、设计合同是基于订立时所知晓及可预见的信息来确定的。如果以订立合同后的某一时间来确定可预见性，对于勘察人、设计人而言，等于是把订立合同时不可预见的风险加诸其身上，违反了公平原则。如项目在实施过程中的规划变更，对勘察人、设计人而言，其在订立合同时是无法预见的，也是勘察人、设计人不应当预见到的，因此，规划变更后的损失扩大结果就不应当由原规划涉及的勘察人、设计人来承担。

四、合同金额

认定赔偿责任时，还需要考虑勘察人、设计人的合同金额。在市场竞争日益激烈的情况下，勘察、设计费用越来越低，其费用在项目总投资中所占的比例也越来越低，相较于勘察人、设计人的收益而言，让勘察人、设计人承担远高于其收益的赔偿责任明显对其不公平。因此，在认定勘察人、设计人的赔偿责任时，也需要考虑合同金额。

五、当事人过错

在当事人过错方面，勘察人、设计人的过错程度是认定勘察人、设计人赔偿责任的因素之一。勘察人 、设计人逾期交付勘察、设计成果是多种因素交织的结果，不应当将全部损失责任由勘察人、设计人承担。如银川中院在（2017）宁01 民终 422 号案中认为，勘察人虽然构成违约，但《红墩子矿区红二井煤炭资源勘探报告评审意见书》载明勘探报告 2010 年 9 月 25 日送交宁夏矿产资源储量评审中心委托评审。宁夏回族自治区国土资源厅于 2010 年 11 月 23 日作出《矿产资源储量评审备案证明》，载明红墩子矿区红二井煤炭资源勘探报告通过评审，报送的材料符合规定予以备案。上述证据证实上诉人虽延期履行了合同，但报送的材料符合规定已予以备案，报告提交后，最终报告多长时间通过评审并不以上诉人一方的意志为转移，故法院酌情调整勘察人需承担的违约金数额。

此外，也需要考虑发包人在勘察人、设计人逾期交付勘察、设计成果中的过错情况，发包人存在过错的，应当考量发包人的过错大小、原因以及其他相关情况。上海二中院在(2013)沪二中民二(民)终字第1874号案中认为，设计人已经按照发包人的要求完成工作，并向发包人交付施工图电子文本，履行了合同的主要义务。设计人逾期交付图纸，已符合合同第5.1款的违约情形，但根据设计人提供的QQ聊天记录及图纸，设计过程中确实存在多次修改的事实，故根据事实酌情确定设计人的责任。在本案中，发包人修改图纸的行为也是导致逾期交图的原因之一，在这种情况下，法院综合考量酌情减轻了设计人的违约责任。

六、发包人的减损义务

《民法典》第591条第1款规定："当事人一方违约后，对方应当采取适当措施防止损失的扩大；没有采取适当措施致使损失扩大的，不得就扩大的损失请求赔偿。"该规定明确了受害人的减损义务，有效避免了受害人的消极不作为导致的扩大损失。具体到勘察、设计活动中，出现勘察人、设计人延期交付勘察、设计成果情形时，发包人对于其能够合理预见且有能力避免的扩大损失应当采取相应的措施以减轻损失。如在某水源勘探纠纷中，勘察人未能按约及时钻井勘探到水源，发包人主张农地因干旱无水灌溉导致的损失时，就需要考虑到发包人减损义务。在钻井工作滞后的情况下，因农业生产的时令性，发包人应当能够合理预见到无水灌溉的后果，且发包人有其他方式解决无水灌溉的问题，在这种情况下，发包人就负有相应的减损义务，应当采取必要的灌溉措施避免农业生产的损失，对于发包人采取减损措施所产生的费用应当由勘察人承担。

第六章 》其　他

第 6.1 条　【招标人不当使用未中标投标人智力成果的处理】 工程勘察、设计招投标过程中，招标人应在授权范围内合理使用投标人交付的智力成果。对于未中标的其他投标人投标文件中所包含的勘探方案、设计方案、效果图等智力成果，除投标人明确表示同意外，招标人不得以复制、修改等方式直接或间接使用，也不得以明示或暗示的方式允许第三人使用，超出合理使用范围构成侵权的，应当承担相应法律责任。

【条文主旨】

投标人拥有投标文件中由其创作的智力成果的著作权，招标人、中标人使用未中标方案的，应当征得提交方案的投标人同意并支付使用费。[①] 未经投标人许可，招标人、中标人不得擅自使用其他投标人投标文件中的技术成果或技术方案。[②]

【理解与适用】

一、投标人享有著作权的智力成果包括工程勘察投标方案、设计投标方案、勘察原始数据、设计原始资料、设计图、技术文件、美术作品等

《著作权法》所称作品，是指文学、艺术和科学领域内具有独创性并能以某种有形形式复制的智力成果。《著作权法》第 3 条第 7 款明

---

① 参见《建筑工程设计招标投标管理办法》第 26 条。

② 参见《建筑工程方案设计招标投标管理办法》第 40 条。

确指出工程设计图、产品设计图、地图、示意图等图形作品和模型作品属于著作权法保护的对象。基于建设工程领域中勘察、设计成果的复杂性、特殊性，人民法院在审理类似纠纷案件时，通常首先会对涉案智力成果是否属于著作权法的保护对象作出认定。每项作品、设计、模型，均是工程技术人员智慧和心血的凝结，并融合了自身的勘察设计理论知识、技术经验以及对美学的认识，且是经过实践并结合项目的特殊性而创作完成。原建设部和国家知识产权局曾于 2003 年 10 月 22 日联合印发《工程勘察设计咨询业知识产权保护与管理导则》，其中第 2 条对勘察设计咨询业的知识产权范围有较为明确的规定，包括以下内容。

（一）勘察设计咨询作品的著作权

勘察设计咨询作品包括：

1. 工程勘察投标方案，专业工程设计投标方案，建筑工程设计投标方案（包括创意或概念性投标方案），工程咨询投标方案等；

2. 工程勘察和工程设计阶段的原始资料、计算书、工程设计图及说明书、技术文件和工程总结报告等；

3. 工程咨询的项目建议书、可行性研究报告、专业性评价报告、工程评估书、监理大纲等；

4. 科研活动的原始数据、设计图及说明书、技术总结和科研报告等；

5. 企业自行编制的计算机软件、企业标准、导则、手册、标准设计等。

（二）勘察设计咨询业的专利权

勘察设计咨询业的专利权系指获得授权并有效的发明专利权、实用新型专利权和外观设计专利权，包括各种具有新颖性、创造性和实用性的新工艺、新设备、新材料、新结构等新技术和新设计，以及对原有技术的新改进、新组合等的专利权。

（三）勘察设计咨询业的专有技术权

勘察设计咨询业的专有技术权系指对没有申请专利，具有实用性，能为企业带来利益，并采取了保密措施，不为公众所知悉的技术享有的权利，包括各种新工艺、新设备、新材料、新结构、新技术、产品配方、各种技术诀窍及方法等。

(四)勘察设计咨询业的商业秘密

除上述第3项技术秘密以外的其他商业秘密,系指具有实用性,能为企业带来利益,并采取了保密措施,不为公众所知悉的经营信息,包括生产经营、企业管理、科技档案、客户名单、财务账册、统计报表等。

(五)勘察设计咨询业的商标权及相关识别性标志权

这是指企业名称、商品商标、服务标志,以及依照法定程序取得的各种资质证明等依法享有的权利。

(六)勘察设计咨询业其他受国家法律、法规保护的知识产权

结合行业特点可知,工程勘察投标方案、设计投标方案、计算书、设计图、技术文件、设计原始资料、原始数据、评估报告等具有原创性的智力成果,甚至包括雕塑等美术作品,皆属于《著作权法》保护的对象。

作品的作者即享有著作权的主体。根据《著作权法》第9条的规定,著作权人一般是作者,但也包括其他公民、法人、非法人组织。勘察、设计服务合同中承包人受发包人委托进行创作,根据《著作权法》第19条的规定,委托作品的著作权委托人和受托人双方之间,有约定从约定,没有约定的归受托人所有。委托人在约定或特定范围内无期限免费使用。著作权人享有的著作权自作品完成创作之日起产生,无论是否发表。因此,在招投标过程中,投标单位享有其提交的投标文件中的智力成果的著作权。

二、合理使用与侵权的甄别

在此类案件审理过程中,人民法院或仲裁机构通常会通过专业鉴定机构或自行对涉案智力成果进行比对,选取其中的独创性、标志性要素,比如设计成果中通过立面横纵向的凹凸设计、颜色的搭配组合、建筑造型、总体空间布局、构件选材、局部结构形式等多方面,甚至从笔误、修改痕迹等特殊角度进行比对。如存在实质上一致性,则认为侵权人对未中标智力成果的引用已经远远超出合理借鉴范围,且在未支付合理对价的情况下,违背了诚实信用、公平原则。

如四川高院在(2014)川民终字第226号案中认定:被控侵权图纸与国科天创分院的设计图纸在内容上除了排版、构件尺寸及配筋略有不同外,其余相同,尤其是国科天创分院在设计图纸上出现的笔误、修改,龙安分公司也在同类图纸上存在相同的笔误、修改。龙安分公司主张其独立完成了设计任务,既未提供证据证明其自身独立创作设计作品的过程,也与本案已查明事实不符,且有违日常生活经验,令人难以置信。虽然龙安分公司后期根据业主的要求增加了夹江县甘江中学校二号教学楼与三号教学楼楼间连廊共26张以及次入口大门共21张设计图纸,但并不改变龙安分公司所设计的施工图纸与国科天创分院所设计的施工图纸构成实质性相同的事实。[①]

又如,江苏高院在(2013)苏知民终字第0183号案中认为,对同一个建筑工程项目而言,因项目条件和设计要求的限制,不同设计者的设计方案在某些方面存在相似之处在所难免,但是这种相似不应超出合理的限度。天能公司对涉案建筑工程项目的外观并无具体要求,从广浩公司设计方案中的立面效果图来看,单体建筑外立面横向、纵向的凹凸设计、外立面颜色的搭配组合、裙楼与上部建筑结合部的设计是其作品中最具有独创性的表达,而时代公司的设计方案中的立面效果图在上述设计元素上与广浩公司极其近似,且两者的整体视觉效果基本相同,构成实质性相似。[②]

三、对共同侵权行为的认定,须考虑被授意使用的其他共同侵权人的主观善意

工程勘察、设计招投标过程中,即使招标人与中标单位签订勘察、设计服务合同并依约支付对价,虽合法获得交付的智力成果所有权,但作品的所有权与著作权相分离,招标人不享有著作权,作品的著作权仍属于创作单位,招标人对中标作品的使用限于双方合同约定范围内,对未中标作品的使用限于招标文件明确的范围。超越范围授意第三方合作单位对未中标人智力成果进行复制、修改、变更署名等,将构成共同侵权。且招标人授意第三方使用构成侵权的,无论智力成果来源是否合法,主观上都存在过错。但第三人能证明其智力成果来源

---

① 参见四川省高级人民法院(2014)川民终字第226号民事判决书。

② 参见江苏省高级人民法院(2013)苏知民终字第0183号民事判决书。

合法,且有理由相信授意人享有著作权的,那么其在授意下的复制、修改、署名等属于善意使用行为,虽构成共同侵权,但在民事责任承担上明显轻于授意人。

若根据侵权设计成果进行工程建设已经形成实体的,而整体及各部位的造型、配色、选材、结构、总体布局等各方面与原设计成果内容相同或相似,且侵权人没有相反证据证明设计成果系自行设计或他人设计的情况下,应当认定存在侵权事实。

四、侵犯著作权应当承担的民事责任

实际著作权人可根据《著作权法》第 52 条、第 53 条依法提起民事诉讼,要求侵权人承担停止侵害、消除影响、赔礼道歉、赔偿损失等民事责任。不同侵权情形对应不同的民事责任:侵犯著作财产权的,需承担经济赔偿的民事责任;侵犯著作人身权的,需承担赔礼道歉的民事责任。著作人身权包括:发表权、署名权、保护作品完整权、修改权;著作财产权包括:复制权、发行权、出租权、表演权、信息网络传播权等。

关于权利人的经济损失,根据《著作权法》第 54 条第 1 ~ 3 款的规定,侵犯著作权或者与著作权有关的权利的,侵权人应当按照权利人因此受到的实际损失或者侵权人的违法所得给予赔偿;权利人的实际损失或者侵权人的违法所得难以计算的,可以参照该权利使用费给予赔偿。对故意侵犯著作权或者与著作权有关的权利,情节严重的,可以在按照上述方法确定数额的一倍以上五倍以下给予赔偿。

权利人的实际损失、侵权人的违法所得、权利使用费难以计算的,由人民法院根据侵权行为的情节,判决给予 500 元以上 500 万元以下的赔偿。

就上述具体赔偿数额,可参考原《工程勘察收费标准》、原《工程设计收费标准》、侵权人之间另行签订的勘察设计服务合同、当地行业市场情况等,结合侵权内容、侵权范围、过错程度等综合考量。

赔偿数额还应当包括权利人为制止侵权行为所支付的合理开支。

被授意使用智力成果的其他共同侵权人,如施工单位、其他设计单位,在诉讼中能证明其作品来源合法且有正当理由相信授意人享有著作权的,那么其修改、署名、制作等行为属于善意使用,虽构成共同侵权但无须承担经济赔偿、赔礼道歉的民事责任。相反,恶意使用的其他共同侵权人依旧需承担相应的民事责任。

关于是否销毁侵权设计成果的诉请，根据《著作权法》第 54 条第 5 款的规定，人民法院在审理著作权纠纷案件中，如果权利人请求销毁侵权复制品，应予支持，不适于销毁的特殊情况除外。首先明确停止侵害规制的是侵权行为，侵权物品是承载知识产权侵权行为的物化载体，行为和物属于不同的客体，对侵权物品的处置应当结合侵权行为的严重程度、知识产权价值与侵权物品价值的衡量、销毁侵权物品对公共利益的影响和侵权物品的所有人及控制人等因素，综合考虑是否按照《著作权法》第 54 条第 5 款的原则性规定处置侵权复制品。比如，对于某些侵权设计成果包括施工图设计文件、图审材料等，不在侵权人控制范围内，而存放于施工图审查中心或行业主管行政部门的设计成果，对涉案侵权物品的处置责任不能施加于履行法定职责的案外人之上。而且涉案侵权物品是施工图审查中心作为审查机构对施工图进行结构安全和强制性标准、规范执行等情况进行审查的依据，或侵权物品已备案于当地城乡建设档案部门，涉及建筑工程质量、消防安全，销毁将带来公共利益损失，在此种特殊情况下，这一诉请难以得到支持。

五、权利人主张侵犯著作权的时效问题

根据《民法典》第 188 条的规定，侵犯著作权的诉讼时效为三年，自著作权人知道或者应当知道侵权行为之日起计算。权利人超过三年起诉的，如果侵权行为仍在持续，在该著作权保护期内，人民法院应当判决停止侵权行为；侵权损害赔偿数额应当自权利人向人民法院起诉之日起向前推算三年计算。因此，作为设计成果的实际著作权人在知道或应当知道侵权行为之日起三年内需及时向侵权人主张经济赔偿，诉讼时效因主张权利而中断。

第 6.2 条 【勘察、设计单位员工职务作品的知识产权归属】与用人单位形成劳动关系的勘察、设计人员为完成单位工作任务并主要利用其计算机、制图软件、仪器设备等物质技术条件创作形成的工程设计图、产品设计图、地图、示意图、计算机软件、岩土勘察报告等特殊职务作品的署名权由创作人员享有，著作权的其他权利由单位享有。

勘察、设计人员系以劳务派遣方式在勘察设计单位从事相关工作的，被派遣的勘察、设计人员享有执行工作任务创作形成的特殊职务作品的署名权，除署名权外的著作权的其他权利由接受劳务派遣的勘察、设计单位享有，当事人另有约定的除外。

勘察、设计人员未经许可擅自将职务作品以复制、摘录、转让或其他方式供其他单位或个人使用的，应承担相应法律责任，情节严重构成刑事犯罪的，应当依法追究刑事责任。

【条文主旨】

单位在特殊职务作品的创作过程中投入大量的人力、物力、财力，并承担一定责任风险，此类特殊职务作品，除署名权外的著作权其他权利归单位享有。在劳务派遣关系中，被派遣的勘察、设计人员享有创作形成的特殊职务作品的署名权，除署名权外的著作权其他权利由用工单位（接受派遣一方）享有，当事人另有约定的，从其约定。

【理解与适用】

一、用人单位享有著作权的作品包括工程设计图、产品设计图、地图、示意图、岩土勘察报告等利用单位物质技术条件创作的特殊职务作品

首先，根据《著作权法》第 3 条第 7 款的规定，工程设计图、产品设计图、地图、示意图等图形作品和模型作品属于《著作权法》保护的对象。同时，根据原建设部和国家知识产权局于 2003 年 10 月 22 日联合印发的《工程勘察设计咨询业知识产权保护与管理导则》第 2 条对勘察设计咨询业知识产权范围的规定，结合行业特点，可知工程勘察投标方案、设计投标方案、计算书、设计图、技术文件、设计原始资料、原始数据、评估报告等具有原创性的智力成果，甚至包括雕塑等美术作品皆属于著作权法保护的对象。

其次，需将职务作品进一步区分为一般职务作品和特殊职务作品。根据《著作权法》第 18 条的规定，勘察人、设计人若为完成单位工作任务创作职务作品而未主要利用单位物质技术条件的，视为一般职务作品，如受单位指派参加竞赛而创作的课题论文。同时，根据《著作权法实施条例》第 11 条的规定，上述

所称物质技术条件是指“法人或者组织为公民完成创作专门提供的资金、设备或者资料”。此类一般职务作品凝聚了作者和单位各自的投入。一方面,作者是作品的实际创作者,付出创造性智力劳动;另一方面,单位为创作提供了最基本物质保障,如发放薪资福利、提供办公设施等,故将此类一般职务作品的著作权,规定由作者享有,有利于激发创作人的热情。另外,根据《著作权法》第 18 条第 1 款“自然人为完成法人或者非法人组织工作任务所创作的作品是职务作品,除本条第二款的规定以外,著作权由作者享有,但法人或者非法人组织有权在其业务范围内优先使用。作品完成两年内,未经单位同意,作者不得许可第三人以与单位使用的相同方式使用该作品”的规定,作者即创作人所享有的著作权权利外观并不完整,需要经过两年权利限制期后,才能对作品享有完整的著作权。

那么,何为“特殊职务作品”?根据《著作权法》第 18 条第 2 款的规定,若勘察人、设计人在创作的同时又主要利用法人或非法人组织的物质技术条件的,并由法人或非法人组织承担责任,那么该类作品视为特殊职务作品,通常包括设计方案、工程设计图纸、产品设计图、岩土地质勘察报告、示意图以及计算机软件等。这些特殊职务作品在创作时,同时利用了单位的仪器、仪表、专业计算机软件、资金等,在《著作权法实施条例》第 11 条中对“物质技术条件”已有相关的解释。我国《著作权法》对此类职务作品的著作权归属作出有利于单位的规定,相关著作权除署名权外归单位享有,这样更有利于平衡单位和作者之间的利益。

二、劳务派遣中勘察、设计人员执行工作任务创作形成的特殊职务作品著作权归属单位应认定为用工单位,而非用人单位,另有约定的除外

劳务派遣是指劳务派遣单位(以下简称用人单位)与被派遣单位(以下简称用工单位)订立派遣协议,将与之建立劳动合同关系的劳动者派驻到用工单位接受工作任务,用人单位从用工单位获取派遣费,并向劳动者支付劳动报酬的一种特殊劳动关系。劳务派遣相对来说是一种较特殊的用工形式,同时涉及用人单位、劳动者、用工单位三方主体关系。用人单位只招不用,是形式上的雇主;用工单位只用不招,是实质上的雇主。在此种特殊劳动关系中,因用人单位未实际与劳动者发生工作业务上的关系,故不宜将“用人单位”作为职务作品相关权利的使用者或归属者。

虽然,用人单位与劳动者签订劳动合同,符合形式上的要件,但勘察、设计作业人员在劳务派遣中的工作任务实际上来源于用工单位,用人单位亦未就勘察、设计作业人员的创作提供物质技术条件支持,且作品与用人单位的业务范围通常并无关联。在此情形下,若将一般职务作品的优先使用权或特殊职务作品的著作权(除署名权)归属于用人单位,将导致利益的严重失衡,并打击了用工单位在职务创作方面的积极性,不利于鼓励创新、创造。

同时,不宜概括地认定为用人单位和用工单位共同享有。虽然用人单位的雇用与用工单位的使用在劳务派遣中是紧密的两层关系,用人单位与勘察、设计作业人员签订劳动合同并向其支付工资薪金,但始终与职务创作行为无关联;具体的创作实际是在用工单位的监管下,并与用工单位的业务范围有较强的关联性。例如,勘察外业人员在劳务派遣中利用某用工单位(勘察设计院)的GPS定位测量仪、重力仪、照相机、显微镜、取样器等为其进行数据采集、报告编制等工作。因此,用人单位不应参与相关智力成果权益的分配,但当事人另有约定的除外。

三、职工对单位享有著作权的特殊职务作品的侵权行为认定

根据《著作权法》第52条、第53条的规定,勘察、设计人员未经用人单位许可将创作的特殊职务作品进行复制、发表、篡改署名、信息网络传播等都属于《著作权法》规定的民事侵权行为,需承担停止侵害、消除影响、赔礼道歉、赔偿损失等民事责任。但是,在《著作权法》中,“思想与表达二分法”是一项重要原则。该原则将作品分为思想与表达两方面,著作权法只保护对于思想观念的独创性表达,而不保护思想观念本身。法院在认定职工侵犯单位施工设计图纸、产品设计图纸等特殊职务作品著作权时,需有较为充足的证据,不会仅凭图纸中所包含的数字、尺寸与角度认定为侵权。如上海高院在(2004)沪高民三(知)终字第5号案中认为,被告朱某发原为原告上海华凌建筑工程有限公司生产部负责人,于2003年2月底离开原告单位。2003年3月5日,被告与案外人钢之杰公司签订了一份加工定作合同,由案外人按照被告在生产计划单中图纸及表格内注明的参数要求,为22套通风机产品做收边工作。上述部分图纸与原告HL-24通风机相关设计图的侧视图中标注的尺寸及角度相同,挡水板图纸除

宽度尺寸外,其他参数与原告相关图纸的侧视图中标注的尺寸及角度相同;原告主视图中标注的长度与被告生产计划单对应表格中注明的长度相同。一审法院虽认定原告对 HL－24 屋脊通风机技术图纸中的部分设计图享有著作权。但一审法院认为,零部件的尺寸、角度等设计方案并不唯一,即产品的设计蕴含了设计人员的设计思路、风格等。被告提供的收边要求与原告对应图纸中零部件的尺寸及角度几乎完全相同,被告有关“属于巧合”的辩称比较勉强。作为著作权客体,受《著作权法》保护的是产品设计图纸,而非产品设计本身。即《著作权法》保护的是产品设计的图形化的表达形式,而非该产品设计中所包含的数字化的尺寸与角度。该案中,对比原告的设计图纸和被告提供的图纸,两者在表达形式上是不同的,原告的设计图包括主视图、俯视图、侧视图,其中的尺寸和角度采取了规范的标注格式,局部采取了放大图表达;而被告的图纸是产品一个截面的草图,仅由若干直线构成,直线的长度及夹角以数字在图中标明,关于产品的长度,被告并未以视图形式标明,而是在对应的表格中注明。故,无法认定被告存在侵权行为,遂驳回了原告的诉请。

由此可见,在是否构成侵权行为的认定上,需综合对比侵权作品和被侵权作品的各个方面,包括作品来源、理念、造型、颜色、关键构造、数值、尺寸等,需要法官综合各个方面来认定,这在较大程度上依赖审理法官的自由心证。

四、离职后对在原单位履职期间创作形成的职务作品的侵权行为认定

对于一般职务作品,勘察设计咨询企业的职工虽享有作品著作权,但应当注意原单位在作品完成两年内,享有业务范围内的优先使用权,未经原单位同意,创作者不得许可第三人以与原单位使用的相同方式使用该作品。同时,根据《著作权法实施条例》第 12 条的规定,一般职务作品完成两年内,若经原单位同意,作者许可第三人以与单位使用的相同方式使用作品所获报酬,由作者与单位按约定的比例分配。另外,自作者向单位交付作品之日起计算两年期限。

但是,勘察设计咨询企业的职工对于在单位履职期间获知的各类项目设计方案、设计图纸、科研成果等特殊职务作品,应严格遵守法律法规,在离职后未经原单位同意,不得发表、修改和使用其作品。在离职之前已经创作完成的特殊职务作品著作权(除署名权)显然属于原单位,但关于离职后一定时间内形成的特殊职务作品的著作权归属,在原建设部、国家知识产权局印发的《工程勘察

设计咨询业知识产权保护与管理导则》第5章中有较为直接的规定，其既包括在职职工侵犯勘察设计咨询企业特殊职务作品著作权的条款，也包括离休、退休、离职、停薪留职人员侵犯企业知识产权的条款。《工程勘察设计咨询业知识产权保护与管理导则》第5.5款规定："勘察设计咨询企业的离休、退休、离职、停薪留职人员将离开企业一年内形成的，且与其在原企业承担的工作或任务有关的知识产权视为己有或转让给他人的，均为侵犯了企业的知识产权。"当然，具体侵权行为显然不止于此。因此，员工的保密守约意识培养在市场竞争日益激烈的今天尤为重要。《企业知识产权管理规范》(GB/T 29490 - 2013)第6.1.3项、第7.6款等条款均对保密提出了严格的要求，执行该规范不仅能够提升企业员工整体保密意识，规范人事管理、知识产权保密制度，而且可以在企业内部建立起预防、监管、处理一体化的知识产权管理流程，一定程度上起到规避知识产权风险的作用。

五、勘察、设计人员侵犯单位特殊职务作品的著作权，情节严重构成刑事犯罪的，应追究刑事责任

《刑法》中侵犯知识产权罪规定在分则第三章第七节，勘察设计咨询企业的工程设计图、产品设计图、地图、示意图、计算机软件、岩土勘察报告等特殊职务作品既是著作作品，也可能是商业秘密。被追究刑事犯罪的通常会构成侵犯著作权罪、侵犯商业秘密罪等。在此，重点讲述构成侵犯著作权罪的情形。

首先，行为人在主观上是故意的，并且以营利为目的，这是罪与非罪的界限。以营利为目的，是指行为人侵犯他人权利的行为是为了获取非法利益，在最高院、最高检、公安部印发的《关于办理侵犯知识产权刑事案件适用法律若干问题的意见》(以下简称《意见》)第10条关于"以营利为目的"的认定上规定："除销售外，具有下列情形之一的，可以认定为'以营利为目的'：(一)以在他人作品中刊登收费广告、捆绑第三方作品等方式直接或者间接收取费用的；(二)通过信息网络传播他人作品，或者利用他人上传的侵权作品，在网站或者网页上提供刊登收费广告服务，直接或者间接收取费用的；(三)以会员制方式通过信息网络传播他人作品，收取会员注册费或者其他费用的；(四)其他利用他人作品牟利的情形。"

其次，关于侵犯著作权犯罪案件"未经著作权人许可"的认定问题。《意

见》第11条规定："'未经著作权人许可'一般应当依据著作权人或者其授权的代理人、著作权集体管理组织、国家著作权行政管理部门指定的著作权认证机构出具的涉案作品版权认证文书，或者证明出版者、复制发行者伪造、涂改授权许可文件或者超出授权许可范围的证据，结合其他证据综合予以认定。在涉案作品种类众多且权利人分散的案件中，上述证据确实难以一一取得，但有证据证明涉案复制品系非法出版、复制发行的，且出版者、复制发行者不能提供获得著作权人许可的相关证明材料的，可以认定为'未经著作权人许可'。但是，有证据证明权利人放弃权利、涉案作品的著作权不受我国著作权法保护，或者著作权保护期限已经届满的除外。"

根据最高院、最高检《关于办理侵犯知识产权刑事案件具体应用法律若干问题的解释(三)》第2条第2款的规定，在涉案作品、录音制品种类众多且权利人分散的案件中，有证据证明涉案复制品系非法出版、复制发行，且出版者、复制发行者不能提供获得著作权人、录音制作者许可的相关证据材料的，可以认定为《刑法》第217条规定的"未经著作权人许可""未经录音制作者许可"。

最后，在行为人有符合《刑法》第217条规定的具体侵犯知识产权的行为下，必须是违法所得数额较大或者其他严重情节的，才构成犯罪。对侵犯著作权罪，本条规定了两档处罚：即违法所得数额较大或者有其他严重情节的，处三年以下有期徒刑或者拘役，并处或者单处罚金；违法所得数额巨大或者有其他特别严重情节的，处三年以上十年以下有期徒刑，并处罚金。最高院、最高检《关于办理侵犯知识产权刑事案件具体应用法律若干问题的解释》第5条第1款规定："……违法所得数额在三万元以上的，属于'违法所得数额较大'；具有下列情形之一的，属于'有其他严重情节'：(一)非法经营数额在五万元以上的；(二)未经著作权人许可，复制发行其文字作品、音乐、电影、电视、录像作品、计算机软件及其他作品，复制品数量合计在一千张(份)以上的；(三)其他严重情节的情形。"该条第2款又规定："违法所得数额在十五万元以上的，属于'违法所得数额巨大'；具有下列情形之一的，属于'有其他特别严重情节'：(一)非法经营数额在二十五万元以上的；(二)未经著作权人许可，复制发行其文字作品、音乐、电影、电视、录像作品机软件及其他作品，复制品数量合计在五千张(份)以上的；(三)其他特别严重情节的情形。"

根据知识产权犯罪情况的变化，最高院、最高检《关于办理侵犯知识产权刑事案件具体应用法律若干问题的解释(二)》又于2007年4月发布,该解释第1条降低了复制发行侵权产品的数量标准,规定以营利为目的,未经著作权人许可,复制发行其文字作品、音乐、电影、电视录像作品计算机软件及其他作品,复制品数量合计在五百张(份)以上的,属于《刑法》第217条规定的"有其他严重情节";复制品数量在二千五百张(份)以上的,属于《刑法》第217条规定的"有其他特别严重情节"。该解释自2007年4月5日起实施后,复制发行侵权复制品构成《刑法》第217条规定之罪的,应适用新解释规定的数量标准。

2011年发布的《意见》第13条对通过信息网络传播侵权作品行为的定罪处罚作了进一步明确:"以营利为目的,未经著作权人许可,通过信息网络向公众传播他人文字作品、音乐、电影、电视、美术、摄影、录像作品、录音录像制品、计算机软件及其他作品,具有下列情形之一的,属于刑法第二百一十七条规定的其他严重情节:(一)非法经营数额在五万元以上的;(二)传播他人作品的数量合计在五百件(部)以上的;(三)传播他人作品的实际被点击数达到五万次以上的;(四)以会员制方式传播他人作品,注册会员达到一千人以上的;(五)数额或者数量虽未达到第(一)项至第(四)项规定标准,但分别达到其中两项以上标准一半以上的;(六)其他严重情节的情形。实施上述行为,数额或者数量达到第(一)项至第(五)项规定标准五倍以上的,属于《刑法》第二百一十七条规定的'其他特别严重情节'。"

第6.3条 【勘察、设计合同纠纷的管辖】建设工程勘察、设计合同纠纷按照一般合同纠纷确认地域管辖,但工程总承包合同履行过程中产生的勘察、设计纠纷宜由建设工程所在地人民法院专属管辖。

【条文主旨】

本条是关于建设工程勘察、设计合同纠纷的诉讼管辖规则。鉴于建设工程勘察、设计合同纠纷与建设工程施工合同纠纷存在差异,应当以普通管辖为原则,专属管辖为例外,且一般情况下应将勘察人、设计人所在地作为合同履行地。但是,工程总承包合同履行过程中产生的勘察、设计纠纷,因其与施工环节密不可分,宜适用专属管辖。

【理解与适用】

一、有关法律及规范性文件的规定

《民事诉讼法》第23条规定："因合同纠纷提起的诉讼，由被告住所地或者合同履行地人民法院管辖。"第33条规定："下列案件，由本条规定的人民法院专属管辖：(一)因不动产纠纷提起的诉讼，由不动产所在地人民法院管辖……"长期以来，人民法院不仅对于建设工程勘察、设计合同纠纷，而且对于上一级案由的建设工程合同纠纷是否属于专属管辖一直未予明确。《民诉法解释》施行后，建设工程施工合同纠纷管辖问题得到了进一步明确。该解释第28条第1款、第2款规定："民事诉讼法第三十三条第一项规定的不动产纠纷是指因不动产的权利确认、分割、相邻关系等引起的物权纠纷。农村土地承包经营合同纠纷、房屋租赁合同纠纷、建设工程施工合同纠纷、政策性房屋买卖合同纠纷，按照不动产纠纷确定管辖。"

对照《民事案件案由规定》(法〔2011〕41号)第100个第三级案由"建设工程合同纠纷"项下有9个四级案由，包括：(1)建设工程勘察合同纠纷；(2)建设工程设计合同纠纷；(3)建设工程施工合同纠纷；(4)建设工程价款优先受偿权纠纷；(5)建设工程分包合同纠纷；(6)建设工程监理合同纠纷；(7)装饰装修合同纠纷；(8)铁路修建合同纠纷；(9)农村建房施工合同纠纷。根据《民诉法解释》，除了第(3)类四级案由"建设工程施工合同纠纷"明确实行专属管辖外，其余8个四级案由包括"(1)建设工程勘察合同纠纷"和"(2)建设工程设计合同纠纷"是否适用专属管辖，最高院后续没有以司法解释等方式明确。

为配合《民法典》的施行，最高院印发修改后的《民事案件案由规定》(法〔2020〕346号)。2020年《民事案件案由规定》将原来的第100个第三级案由"建设工程合同纠纷"调整为第115个第三级案由，项下9个四级案由与2011年《民事案件案由规定》并无区别，即修改后的《民事案件案由规定》就勘察、设计合同是否适用专属管辖仍未进一步明确。由此可见，依据当前司法解释和民事案由规定，除建设工程施工合同纠纷明确适用专属管辖外，其余8个四级案由纠纷是否适用专属管辖，尚不明确。

二、实践中的不同观点

鉴于上述分析，对于建设工程勘察、设计合同纠纷的管辖问题存在争议。主要有两类代表性观点。

（一）适用专属管辖的规定

该观点认为，应当按照不动产纠纷由不动产所在地法院专属管辖建设工程施工合同纠纷，不仅限于“建设工程施工合同纠纷”，而应当扩展至2011年《民事案件案由规定》的第三级案由“建设工程合同纠纷”项下所有9个四级案由，包括建设工程勘察合同纠纷、建设工程设计合同纠纷等。比较典型的是江苏省的做法。

2018年6月26日，江苏省高级人民法院《关于审理建设工程施工合同纠纷案件若干问题的解答》第1问解答中规定：“‘建设工程施工合同纠纷’还包括建设工程价款优先受偿权纠纷、建设工程分包合同纠纷、建设工程监理合同纠纷、装饰装修合同纠纷、建设工程勘察合同纠纷、建设工程设计合同纠纷。”按照此规定，建设工程勘察合同纠纷、建设工程设计合同纠纷均应按照不动产专属管辖确定受诉法院。其理由主要是，“因为勘察、设计、监理活动与工程现场紧密关联，对于合同义务的履行情况需要结合现场和当地建设主管部门的相关文件进行认定，故与施工合同一样，亦应适用专属管辖”。①

此外，部分法院认定勘察、设计合同纠纷属于专属管辖，其主要理由：（1）勘察、设计合同纠纷属于不动产纠纷的范畴；（2）工程勘察、设计活动与工程现场紧密关联，所以勘察、设计合同与施工合同一样应适用专属管辖；（3）勘察、设计合同纠纷属于施工合同纠纷的一种。建设工程施工合同纠纷包括分包合同、监理合同、装饰装修合同、勘察合同、设计合同等纠纷。比如，佛山中院在（2017）粤06民辖终1975号案中认为，法院援引《民诉法解释》第28条第2款的规定，该案依不动产纠纷确定管辖，就是将建设工程设计合同纠纷作为建设工程施工合同纠纷的一种。②

---

① 李玉生主编：《建设工程施工合同案件审理指南》，人民法院出版社2019年版，第33页。

② 参见（2017）粤06民辖终1975号民事裁定书。

(二)适用一般管辖的规定

该观点认为,建设工程勘察、设计合同纠纷区别于建设工程施工合同纠纷,应当按照一般合同纠纷确认管辖。其理由主要是:

1. 从法律规定进行限缩性分析。《民法典》第 788 条第 2 款规定:"建设工程合同包括工程勘察、设计、施工合同。"故勘察、设计、施工分属不同的阶段,是相互独立、相互并列的概念,建设工程勘察合同、建设工程设计合同无法纳入建设工程施工合同之中。同时,无论是《民事诉讼法》还是《民诉法解释》,均未将建设工程勘察、设计合同纠纷纳入不动产专属管辖的范畴。《民诉法解释》第 28 条第 2 款规定将农村土地承包经营合同纠纷、房屋租赁合同纠纷、建设工程施工合同纠纷、政策性房屋买卖合同纠纷,按照不动产纠纷确定管辖,原因是这几类纠纷均与不动产紧密联系,由不动产所在地人民法院管辖更为便利,因此司法解释作出特别规定。尽管勘察、设计成果与不动产有关,但其本质上仍然属于一般的合同纠纷,在司法解释未明确情况下不宜突破。

2. 从勘察、设计合同的特殊性分析。勘察人、设计人的工作成果主要是提供勘察报告或者设计方案及文件,与其他承包人的合同义务主要系在工程现场完成、工程成果直接物化至不动产中明显不同,承包人的主要工作系在勘察单位或者设计单位内完成。故建设工程勘察合同、建设工程设计合同纠纷不适用专属管辖。[①] 从地方法院规定看,2015 年 12 月 31 日北京市高级人民法院《关于民事诉讼管辖若干问题的规定(试行)》第 9 条规定,勘察、设计合同纠纷不适用专属管辖。据不完全案例数据分析,将建设工程勘察合同、建设工程设计合同纠纷作为一般的合同纠纷来确定管辖的观点占多数。

三、通常情形下的勘察、设计合同纠纷管辖

(一)管辖法院的确定

上述不同观点的关键问题是对《民诉法解释》第 28 条第 2 款中规定的"建设工程施工合同纠纷"做扩大解释还是缩小解释。在《民诉法解释》未明确将建

---

① 周利明:《解构与重塑:建设工程合同纠纷审判思维与方法》,法律出版社 2019 年版,第 42 页。

设工程勘察合同、设计合同纠纷列入不动产专属管辖的情况下，该两类纠纷适用不动产专属管辖缺乏法律依据。主要理由如下：

1. 从勘察、设计的概念分析。建设工程勘察一般包括地质、地理环境特征和岩土工程条件的实地勘察与勘察报告的制作与分析，通常情况下这些工作可能在两个或两个以上地方完成。建设工程设计包括工程图纸制作、图纸交底、图纸设计变更等，该工作主要在设计人的经营场所完成。可见，在勘察、设计合同纠纷中，合同标的主要系智力成果的交付，此时的建筑物还在地质勘察、设计的“构思”当中，不存在所谓的“不动产”，因此勘察人、设计人所履行的合同义务与工程所在地缺乏实质意义上的联结点。

2. 从《民诉法解释》第 28 条第 2 款本意分析。将建设工程施工合同纠纷规定为专属管辖，主要考虑到建设工程施工合同纠纷中，往往涉及工程验收、资料备案、工程造价或质量鉴定、优先受偿权行使等事宜，由工程所在地法院管辖便于审理和执行，节约诉讼成本和司法资源，有利于统一裁判尺度，防止引发其他纠纷。[①] 鉴于建设工程价款优先受偿权纠纷、建设工程分包合同纠纷、装饰装修合同纠纷的合同标的受地域影响较大，如不同地域的工程价款有不同的定额，气候、地理等因素也对工期的认定有不同的标准，故诉讼事宜与不动产所在地关联度较大，工程所在地法院对诉讼纠纷的审理和执行具有合理性。

同样的逻辑，在劳务分包合同纠纷的管辖问题上，据不完全统计，最高院公开文书多数显示该类管辖按照不动产纠纷专属管辖，理由是劳务分包由建设工程施工引发，与建设工程所在地关联度较高，比如最高院（2018）民辖 44 号裁定、最高院（2017）民辖终 43 号裁定以及最高院（2015）民一终字第 222 号裁定。但是，勘察、设计合同与不动产的关联性相对不高，与司法解释的本意不符。

3. 从最高院的一贯指导思想分析。首先，根据《民法典》第 788 条第 2 款的规定，建设工程勘察合同、设计合同与施工合同并列。对照修改前后的两个案由规定，建设工程勘察合同纠纷、建设工程设计合同纠纷与建设工程施工合同纠纷亦属并列案由，不存在包含和被包含关系。

其次，《民诉法解释》出台后，最高院于 2015 年 8 月 27 日以高民智名义在

---

① 沈德咏主编：《最高人民法院民事诉讼法司法解释理解与适用：条文主旨、条文理解、审判实务》，人民法院出版社 2015 年版，第180～181 页。

《人民法院报》发表了《关于民诉法解释中有关管辖若干问题的理解与适用》一文,认为应当按照不动产纠纷由不动产所在地法院专属管辖的建设工程施工合同纠纷,不限于2011年《民事案件案由规定》的建设工程合同纠纷项下的第三个第四级案由“建设工程施工合同纠纷”,应当包括该项下的建设工程施工相关的案件为“(3)建设工程施工合同纠纷,(4)建设工程价款优先受偿权纠纷,(5)建设工程分包合同纠纷,(6)建设工程监理合同纠纷,(7)装饰装修合同纠纷,(8)铁路修建合同纠纷,(9)农村建房施工合同纠纷”。该文并没有把建设工程勘察合同纠纷、建设工程设计合同纠纷包括到按照不动产纠纷由不动产所在地法院专属管辖的建设工程施工合同纠纷的范畴。[①] 笔者认为,这并不是最高院的疏忽,而是再次印证了《民诉法解释》的规定。

最后,最高院在(2017)最高法民辖30号案中再次重申了上述《人民法院报》中的观点,说明这一观点不仅从理论上得到最高院民事审判庭认可,而且也被最高院进行实践应用。

4. 从最高院统一法律适用的坚决态度分析。司法权的本质系中央事权,涉及司法的重大事项必须进行顶层设计。2019年10月以来,最高院先后出台了《关于建立法律适用分歧解决机制的实施办法》《关于统一法律适用加强类案检索的指导意见(试行)》《关于完善统一法律适用标准工作机制的意见》,即针对法律适用存在的问题,各高院必须层报最高院协调解决,而不是各地法院各行其是。

此后,2020年12月1日最高院又下发《关于规范高级人民法院制定审判业务文件编发参考性案例工作的通知》(法〔2020〕311号),要求各高院制定的审判业务文件、编发的参考性案例不得与司法解释、指导性案例相冲突;对高院制定的审判业务文件、编发的参考性案例,不得在裁判文书中援引作为裁判依据;高院制定审判业务文件可以采用“纪要”“审判指南”等形式,不得使用“规定”“解释”“决定”“批复”“指导意见”等司法解释或司法解释性质文件的名称。其目的就是防止各地法院随意发文,导致法律适用不统一。鉴于某类纠纷是否属于专属管辖,对于当事人的权利义务影响较大,这类改革和试点均应在最高立

---

① 高民智:《关于民事诉讼法解释中有关管辖若干问题的理解与适用》,载最高人民法院民事审判第一庭编:《民事审判指导与参考》(总第63辑),人民法院出版社2016年版,第94页。

法机关和最高司法机关的主导下实施,可行的方法有待于最高院通过指导性案例、典型案例或者有关文件进行明确。

综上分析,建设工程勘察合同、建设工程设计合同纠纷应适用一般地域管辖。当然,对于虽然名为建设工程设计合同,但是实际上设计单位提供的是土地一级开发咨询性质的服务,或者是提供项目可行性分析报告等土地开发之前的相关服务合同等,即使名为建设工程设计合同,但其本质仍属于工程造价咨询类的服务,从探究真实法律关系角度分析,亦应按照一般合同纠纷确认管辖法院。

此外,对于海洋建设工程勘察合同、设计合同纠纷的管辖,是否比照海洋建设工程施工合同由工程所在地的海事法院管辖?鉴于上述观点的阐述,因海洋建设工程勘察合同、设计合同纠纷争议点主要在于勘察、设计义务有无履行,勘察、设计费用应否支付,主要依据双方的勘察、设计文件进行判断,与工程所在地关联性不大,亦适用一般合同管辖的原则。

(二)合同履行地的确定

《民事诉讼法》第 23 条规定:"因合同纠纷提起的诉讼,由被告住所地或者合同履行地人民法院管辖。"建设工程勘察、设计合同所产生的纠纷,被告住所地和合同履行地人民法院均有管辖权。同时,合同当事人也可根据《民事诉讼法》第 34 条之规定书面协议选择被告住所地、合同履行地、合同签订地、原告住所地、标的物所在地等与争议有实际联系的地点作为管辖法院,但不得违反法律对级别管辖和专属管辖的规定。

在实践中,当事人对于被告住所地法院的管辖权争议较少,争议较多的是在合同履行地的确定上,主要存在以下几种观点:

1. 合同履行地为工程项目所在地。理由是勘察、设计单位的主要合同义务需要到项目现场实地勘察、测量数据,并围绕该项目进行设计变更、参加项目现场会议、现场施工配合等工作。

2. 合同履行地为勘察人、设计人所在地。理由是勘察、设计主要工作是在其工作场所完成勘察报告的编写、设计计算、图纸的设计和出图等。

3. 在勘察人、设计人主张勘察费、设计费的案件中,根据《民诉法解释》第 18 条第 2 款的规定,认定接收货币一方所在地为合同履行地。

建设工程勘察合同、设计合同主要是根据发包人的要求交付勘察、设计成果或文件，虽然勘察人、设计人的前期工作可能需要到项目现场进行现场勘察、测量，但是这仅仅是基础性工作，况且发包人负有提供项目资料、数据并保证其真实性的义务，故勘察人、设计人主要是依托勘察、设计单位的人力、设备、技术等条件进行智力活动，其主要合同义务是在其单位或场所完成，后续勘察人、设计人到项目现场的汇报、施工配合等工作并不属于主要合同义务。因此，建设工程勘察合同、设计合同的履行地应当以勘察人、设计人所在地作为判断标准。当然，对于实际案件可能存在多个合同履行地，如因存在违法分包、挂靠等情况，实际承担勘察、设计工作的单位住所地与合同无法建立关联的，则应当根据个案具体判断勘察人、设计人的真实所在地。

四、工程总承包模式下的勘察、设计合同纠纷管辖

工程总承包有多种模式，最为典型的还是设计—采购—施工总承包模式和设计—施工总承包模式。《房建市政工程总承包管理办法》第3条规定："本办法所称工程总承包，是指承包单位按照与建设单位签订的合同，对工程设计、采购、施工或者设计、施工等阶段实行总承包，并对工程的质量、安全、工期和造价等全面负责的工程建设组织实施方式。"

目前，对于工程总承包合同纠纷的性质尚无明确法律规定，实践中对于工程总承包合同的案由确定主要有以下几种：(1)建设工程合同纠纷；(2)建设工程施工合同纠纷；(3)承揽合同纠纷；(4)买卖合同纠纷。工程总承包合同纠纷的管辖也存在专属管辖和一般管辖两种截然不同的观点。考虑到工程总承包合同作为一种以施工为核心内容的特殊的建设工程合同，从诉讼经济角度，宜参照建设工程施工合同纠纷适用专属管辖，即由工程所在地人民法院专属管辖。①

在工程总承包法律关系中，合同的根本目的是提供合格的建设工程，其中的设计工作是实现合同目的的一个环节，设计的最终成果是向发包人交付建设

① 常设中国建设工程法律论坛第十工作组：《建设工程总承包合同纠纷裁判指引》，法律出版社2020年版，第435页。

工程,并不因工程总承包合同含有设计内容就改变了其以施工为核心的根本属性。[①] 鉴于工程总承包模式下设计合同与整个总承包合同不可分,前者从属于后者,两者关联度较高,既然工程总承包合同适用专属管辖,那么工程总承包合同履行过程中产生的设计合同纠纷也应适用专属管辖,否则既不利于贯彻诉讼经济原则,又不便于法院查明案件基本事实。工程总承包合同履行过程中产生的勘察合同纠纷同理,亦适用专属管辖。

① 常设中国建设工程法律论坛第十工作组:《建设工程总承包合同纠纷裁判指引》,法律出版社2020年版,第436~437页。

附录 》》 建设工程勘察、设计主要术语解释

1. 项目建议书

项目设计前期最初的工作文件。建设项目需政府审批时，由项目主管单位或业主对拟建项目提出的轮廓设想，从宏观上说明拟建项目建设的必要性，同时初步分析项目建设的可行性和投资效益。

2. 可行性研究

建设项目投资决策前进行技术经济论证的一种科学方法。通过对项目有关的工程、技术、环境、经济及社会效益等方面条件和情况进行调查、研究、分析，对建设项目技术上的先进性、经济上的合理性和建设上的可行性，在多方案分析的基础上作出比较和综合评价，为项目决策提供可靠依据。

3. 概念设计

对设计对象的总体布局、功能、形式等进行可能性的构想和分析，并提出设计概念及创意。

4. 规划设计条件

城市规划管理部门对工程建设项目土地使用的具体要求。

5. 设计任务书

由建设方编制的工程项目建设大纲，向受托设计单位明确建设单位对拟建项目的设计内容及要求。

6. 方案设计

对拟建的项目按设计依据的规定进行建筑设计创作的过程，对拟建项目的总体布局、功能安排、建筑造型等提出可能且可行的技术文件，是建筑工程设计全过程的最初阶段。

7. 初步设计

在方案设计文件的基础上进行的深化设计，解决总体、使用功能、建筑用材、工艺、系统、设备选型等工程技术方面的问题，符合环保、节能、防火、人防等技术要求，并提交工程概算，以满足编制施工图设计文件的需要。

8. 施工图设计

在已批准的初步设计文件基础上进行的深化设计，提出各有关专业详细的设计图纸，以满足设备材料采购、非标准设备制作和施工的需要。

9. 投资估算

根据现有的资料和一定的方法，对工程项目建设费用的投资额进行的估计。投资估算是项目评价与投资决策的重要依据。

10. 初步设计概算

根据初步设计文件编制的工程项目建设费用的概略计算，是初步设计文件的组成部分。

11. 施工图预算

根据施工图设计文件和建筑工程预算定额编制的工程项目建设费用的详细预算。

12. 建筑密度

在一定范围内，建筑物的基底面积占用地面积的百分比。

13. 容积率

在一定范围内，建筑面积总和与用地面积的比值。

14. 结构设计

为实现建筑物的设计要求，并满足对结构的安全性、适用性和耐久性等结构可靠性要求，根据既定条件和有关设计标准的规定进行的结构选型、材料选择、分析计算、构造配置及制图等工作的总称。

15. 设计使用年限

设计规定的结构或结构构件无须进行大修即可按预定目的使用的年限。

16. 结构安全等级

工程结构设计时，根据结构破坏可能产生的危及人的生命、造成经济损失、对社会或环境产生影响等后果的严重性所规定的结构等级。

17. 结构构件

结构在物理上可以区分出的部分。如柱、梁、板、基础桩等。

18. 部件

结构中由若干构件组成的具有一定功能的组合件。如楼梯、阳台、屋盖等。

19. 基础

将建筑物承受的各种作用传递到地基上的结构部件。

20. 地基

支承基础的土体或岩体。

21. 地震烈度

地震引起的地面震动及其影响的强弱程度。

22. 抗震设防

各类工程结构按照规定的可靠性要求，针对可能遭遇的地震危害性所采取的工程和非工程的防御措施。

23. 抗震设防烈度

按国家规定的权限批准作为一个地区抗震设防依据的地震烈度。一般情况，取50年内超越概率10%的地震烈度。

24. 建筑抗震设防分类

根据建筑遭遇地震破坏后，可能造成人员伤亡、直接和间接经济损失、社会影响的程度及其在抗震救灾中的作用等因素，对各类建筑所作的设防类别划分。现分为特殊设防类（简称甲类）、重点设防类（简称乙类）、标准设防类（简称丙类）和适度设防类（简称丁类）。

25. 抗震等级

根据结构类型、设防烈度、房屋高度和场地类别将结构划分为不同的等级进行抗震设计，以体现在同样烈度下不同的结构体系、不同高度和不同场地条件有不同的抗震要求。

26. 可行性研究勘察

为查明场地的稳定性和适宜性，并为选择工程场址和可行性研究提供依据而进行的勘察。

27. 初步勘察

为初步查明和分析评价场地条件，并为工程的初步设计提供依据而进行的勘察。

28. 详细勘察

为详细查明和分析评价场地条件，并为工程的施工图设计提供依据而进行的勘察。

29. 施工勘察

当地质条件复杂、有设计变更或施工中发现问题时而进行的补充勘察。

30. 岩土工程勘察纲要

根据工程特点、场地条件和任务要求，编制的包括勘察依据、目的、方法、工作量、预期成果、进度安排等内容的技术文件，简称勘察纲要。